RaumFragen
Stadt – Region – Landschaft

Herausgegeben von
S. Kinder, Tübingen, Deutschland
O. Kühne, Saarbrücken, Deutschland
O. Schnur, Tübingen, Deutschland

Im Zuge des „spatial turns" der Sozial- und Geisteswissenschaften hat sich die Zahl der wissenschaftlichen Forschungen in diesem Bereich deutlich erhöht. Mit der Reihe „RaumFragen: Stadt – Region – Landschaft" wird Wissenschaftlerinnen und Wissenschaftlern ein Forum angeboten, innovative Ansätze der Anthropogeographie und sozialwissenschaftlichen Raumforschung zu präsentieren. Die Reihe orientiert sich an grundsätzlichen Fragen des gesellschaftlichen Raumverständnisses. Dabei ist es das Ziel, unterschiedliche Theorieansätze der anthropogeographischen und sozialwissenschaftlichen Stadt- und Regionalforschung zu integrieren. Räumliche Bezüge sollen dabei insbesondere auf mikro- und mesoskaliger Ebene liegen. Die Reihe umfasst theoretische sowie theoriegeleitete empirische Arbeiten. Dazu gehören Monographien und Sammelbände, aber auch Einführungen in Teilaspekte der stadt- und regionalbezogenen geographischen und sozialwissenschaftlichen Forschung. Ergänzend werden auch Tagungsbände und Qualifikationsarbeiten (Dissertationen, Habilitationsschriften) publiziert.

Herausgegeben von
Prof. Dr. Sebastian Kinder,   PD Dr. Olaf Schnur,
Universität Tübingen   Universität Tübingen

Prof. Dr. Dr. Olaf Kühne,
Universität Saarbrücken

Antje Schönwald

Identitäten und Stereotype in grenzüberschreitenden Verflechtungsräumen

Das Beispiel der Großregion

Antje Schönwald
Ottweiler, Deutschland

ISBN 978-3-531-19313-7　　　　　　ISBN 978-3-531-19314-4 (eBook)
DOI 10.1007/978-3-531-19314-4

Die Deutsche Nationalbibliothek verzeichnet diese Publikation in der Deutschen Nationalbibliografie; detaillierte bibliografische Daten sind im Internet über http://dnb.d-nb.de abrufbar.

Springer VS
© VS Verlag für Sozialwissenschaften | Springer Fachmedien Wiesbaden 2012
Das Werk einschließlich aller seiner Teile ist urheberrechtlich geschützt. Jede Verwertung, die nicht ausdrücklich vom Urheberrechtsgesetz zugelassen ist, bedarf der vorherigen Zustimmung des Verlags. Das gilt insbesondere für Vervielfältigungen, Bearbeitungen, Übersetzungen, Mikroverfilmungen und die Einspeicherung und Verarbeitung in elektronischen Systemen.

Die Wiedergabe von Gebrauchsnamen, Handelsnamen, Warenbezeichnungen usw. in diesem Werk berechtigt auch ohne besondere Kennzeichnung nicht zu der Annahme, dass solche Namen im Sinne der Warenzeichen- und Markenschutz-Gesetzgebung als frei zu betrachten wären und daher von jedermann benutzt werden dürften.

Einbandentwurf: KünkelLopka GmbH, Heidelberg

Springer VS ist eine Marke von Springer DE. Springer DE ist Teil der Fachverlagsgruppe Springer Science+Business Media
www.springer-vs.de

Danksagung

Mein größter Dank gilt meinen Interviewpartnern. Ohne ihre Bereitschaft, mir ihre Zeit zu widmen und von ihren Erfahrungen in der grenzüberschreitenden Zusammenarbeit zu berichten, wäre diese Arbeit nicht möglich gewesen.

Besonders bedanke ich mich auch bei meinem Doktorvater Prof. Dr. Dr. Olaf Kühne, der diese Arbeit betreute. Während des gesamten Forschungs- und Schreibprozesses konnte ich mich immer mit meinen Fragen, Zweifeln und Ideen an ihn wenden. Die gemeinsamen Gespräche, seine Anregungen und seine Kritik waren eine wertvolle wissenschaftliche Unterstützung.

Auch bei meinem Zweitgutachter Prof. Dr. Hans-Peter Dörrenbächer bedanke ich mich für seinen fachlichen Rat und seine Betreuung.

Des Weiteren gilt mein Dank dem Team des Modellvorhabens der Raumordnung (Moro) „Überregionale Partnerschaften in grenzüberschreitenden Verflechtungsräumen". Die Diskussionen bei den Workshops waren stets sehr ideenreich. Hier sei insbesondere Frau Andrea Hartz für ihre konstruktive Kritik bei verschiedenen Gesprächen gedankt. Dem Ministerium für Umwelt des Saarlandes danke ich für die finanzielle Unterstützung des Forschungsprojekts.

Meinen Eltern, Dunja Reinhardt und Julia Rupp bin ich für das Korrekturlesen dieser Arbeit zu Dank verpflichtet.

Meinem Mann und meiner Familie danke ich von ganzem Herzen, weil sie immer für mich da waren.

Inhaltsverzeichnis

1. Einführung 11

2. Grundlegendes 19
   2.1 Begriffsdefinitionen 19
      2.1.1 Der Begriff der Grenze in der Wissenschaft 19
         2.1.1.1 Überbegriff Grenze 19
         2.1.1.2 Grenzen in der Großregion 22
      2.1.2 Der Begriff der Region in der Wissenschaft 23
   2.2 Bedingungen der grenzüberschreitenden Zusammenarbeit 28
   2.3 Multi-level governance 32
   2.4 Geschichte der Großregion 36
   2.5 Grenzüberschreitende Verflechtungsräume an der westdeutschen Grenze... 41

3. Forschungsüberblick: Identität und Stereotyp 45
   3.1 Identität – Stand der Forschung 45
      3.1.1 Theorie der Sozialen Identität (SIT) und Selbstkategorisierung.. 46
      3.1.2 Identität und Postmoderne 50
      3.1.3 Identität im Hinblick auf Globalisierung, Transnationalisierung
            und Kosmopolitisierung 57
      3.1.4 Patchwork-Identität / Mehrdimensionale Identitäten 62
      3.1.5 Raumbezogene Identität 64
      3.1.6 Kollektive Identität 72
   3.2 Stereotyp – Stand der Forschung 76
      3.2.1 Begriffsdefinition und Funktion 77
      3.2.2 Abgrenzung Stereotyp – Vorurteil 81
   3.3 Identitäten / Stereotype: Schlussfolgerungen und Arbeitsdefinition 82

3.4 Forschungsstand zu Identitäten und Stereotypen in grenzüberschreitenden
Verflechtungsräumen 84
 3.4.1 Forschungsstand zu Identitäten und Stereotypen in der
  Großregion 84
 3.4.2 Forschungsstand zu Identitäten und Stereotypen in anderen
  westdeutschen grenzüberschreitenden Verflechtungsräumen 92
 3.4.3 Zusammenfassung 95
3.5 Forschungsdefizite und weitere Fragestellung 96

4. Empirische Untersuchung 99
4.1 Methode der empirischen Untersuchung 99
4.2 Kategorisierung 105
 4.2.1 Von der Kategorisierung zum Stereotyp 110
4.3 Auswirkungen von Stereotypen 118
 4.3.1 Positive Wirkung 119
  4.3.1.1 Orientierungshilfe 119
  4.3.1.2 Bevorzugung („Positive Diskriminierung") 121
  4.3.1.3 Stabilisierung der sozialen Identität 125
 4.3.2 Negative Wirkung 127
  4.3.2.1 Rechtfertigung des Status Quo 127
  4.3.2.2 Soziale Diskriminierung / Meidung 130
  4.3.2.3 Bedrohungswahrnehmung / Schwächung der
   sozialen Identität 135
 4.3.3 Abschließende Bemerkung 137
4.4 Was schafft Identität? 138
 4.4.1 Bedeutung des Raums 139
 4.4.2 Bedeutung der Sprache 145
 4.4.3 Bedeutung der Symbole 151
  4.4.3.1 Name der Großregion 152
  4.4.3.2 Räumliche Symbole 153
  4.4.3.3 Raumbezogene Symbole 156
 4.4.4 Bedeutung der Geschichte 163
 4.4.5 Bedeutung des Kontakts 168
 4.4.6 Bedeutung funktionaler Beziehungen 173
 4.4.7 Bedeutung des Interesses, der gemeinsamen Ziele und des
  Mehrwerts 178
 4.4.8 Bedeutung der Bildungssysteme 180

4.5 Zur Bedeutung der Polyzentralität 182

4.6 Abgrenzung in der Großregion 185

4.7 Die Macht der Gewohnheit – Zur Rolle des Habitus bei
grenzüberschreitenden Verflechtungen 199

4.8 Einfluss großregionaler Identitäten auf das Handeln 202

Exkurs: Forumsdiskussionen 207

4.9 Zur Rolle der Außenwahrnehmung 213
    4.9.1 Fragestellung 213
        4.9.1.1 Gefühlte Außenwahrnehmung der Großregion
seitens der Akteure – Einfluss auf das Selbstbild 215
        4.9.1.2 Fazit 225
    4.9.2 Außenwahrnehmung der Großregion seitens der Nationalstaaten
und Europa 226
        4.9.2.1 Image von Grenzregionen 226
        4.9.2.2 Image des ländlichen Raums 230
        4.9.2.3 Fazit 230
        4.9.2.4 Außenwahrnehmung der Großregion
(von Europa, von den vier Nationalstaaten) 232
        4.9.2.5 Außenwahrnehmung der einzelnen Teilregionen 238
        4.9.2.6 Zusammenfassung 239
    4.9.3 Ausblick 241

4.10 Bedeutung von Netzwerken 242

5. Schlussbemerkungen 249

5.1 Fazit und Typenbildung 249

5.2 Handlungsempfehlungen 260

Literatur 265

Abbildungsverzeichnis

Abbildung 1:   Zusammensetzung des Ausschuss der Regionen 30

Abbildung 2:   Einwohnerzahlen der Großregion 36

Abbildung 3:   Karte der Großregion 37

Abbildung 4:   Vergleich der grenzüberschreitenden Zusammenarbeit ..... 42f.

Abbildung 5:   Moderne und Postmoderne nach Zygmunt Bauman 54

Abbildung 6:   Liste der geführten Interviews 100

Abbildung 7:   Kategorisierungsgrundlagen 109

Abbildung 8:   Beispiel eines positiven Stereotypenverlaufs 127

Abbildung 9:   Beispiel eines negativen Stereotypenverlaufs 137

Abbildung 10:   Auswirkungen von Stereotypen 138

Abbildung 11:   Der blaue Hirsch, Symbol der Kulturhauptstadt 2007 „Luxemburg und die Großregion" 157

Abbildung 12:   Logo des Vereins Kulturraum Großregion 157

Abbildung 13:   Logo der Großregion, Umriss 160

Abbildung 14 a, b: Grenzüberschreitende Berufspendler in der Großregion ... 175

Abbildung 15:   Idealtypen – Markt, Netzwerk und Hierarchie 243

Abbildung 16:   Eigenschaften von Netzwerken 248

Abbildung 17:   Identitätstypen in der Großregion 251

1 Einführung

Die Identitätsforschung erlebte in der jüngeren Vergangenheit einen Wandel. Der Konstruktcharakter von Identitäten wurde aufgedeckt, sie wurden als dynamischer Prozess identifiziert. Besonders nachdem in der jüngeren Vergangenheit der Konstruktcharakter von Identitäten aufgedeckt wurde und diese als dynamischer Prozess identifiziert wurden, erlebte die Identitätsforschung einen deutlichen Wandel. Früher geltende und Orientierung spendende Rollenzuweisungen haben ihre Gültigkeit verloren und „der Einzelne wird zunehmend zum *Zentrum seiner eigenen Lebensplanung.*"[1] Hartmut Rosa spricht von „Temporalisierung, Kontextualisierung und Individualisierung der Identität"[2]. Mit der Veränderung der Bedeutung von Nationalstaatsgrenzen wird auch das Konzept der nationalen Identität vermehrt in Frage gestellt und die mögliche Entwicklung einer europäischen Identität immer häufiger Thema zahlreicher öffentlicher und wissenschaftlicher Diskussionen. Im Zuge dessen präsentiert Europa sich immer öfter als eine Einheit über Grenzen hinweg oder aber als „Europa der Regionen"[3]. Sichtbar ist dies besonders in der Ernennung von Luxemburg und der Großregion als ‚Europäische Kulturhauptstadt 2007', denn hier wurde erstmals eine ganze Region zur Kulturhauptstadt gekürt. In der Förderung einzelner Regionen, etwa durch den Ausschuss der Regionen (AdR), soll neben Nationalstaaten und Europa eine dritte Handlungsebene gebildet werden. Von dieser Neuerung verspricht sich die Europäische Union eine Europäisierung von unten, bei der die einzelnen Nationalitäten in den Hintergrund des Bewusstseins rücken.

Die vorliegende Arbeit untersucht Identitäten und Stereotype in grenzüberschreitenden Verflechtungsräumen. Als Beispielraum wurde die Großregion (Saarland, Lothringen, Luxemburg, Rheinland-Pfalz, Wallonien mit französischsprachiger Gemeinschaft und Deutschsprachiger Gemeinschaft Belgiens) ausgewählt. Qualitative Interviews mit Akteuren aus der Großregion sollen Aufschluss darüber geben, wie Identitäten in der Großregion konstruiert werden, welchen Stellenwert der Raum – Nation, Europa, Großregion, Teilregion – dabei

---

[1] Eickelpasch, Rolf; Rademacher, Claudia (2010): S.17.
[2] Vgl. Rosa, Hartmut (2007): S.51.
[3] Vgl. hierzu Klatt, Hartmut (1995) und Raich, Silvia (1995).

hat und wie sich diese Identitäten auf das Handeln der Akteure auswirken.[4] Die Untersuchung des grenzüberschreitenden Verflechtungsraums „Großregion" verspricht besonders interessant zu sein, da „die multilaterale Zusammenarbeit zwischen den fünf SaarLorLux-Partnerregionen komplizierter nicht sein kann, denn die unterschiedlichen Rechts- und Verwaltungssysteme in diesem Kooperationsraum weisen insgesamt die größte Heterogenität aller existierenden grenzüberschreitenden Zusammenschlüsse in Europa auf."[5] Der Einfluss besonderer Eigenschaften von grenzüberschreitenden Verflechtungsräumen, wie Sprachprobleme, unklare Kompetenzverteilungen, wirtschaftliches Gefälle, Polyzentralität oder periphere Lage innerhalb des Nationalstaates, auf Identitäten wird analysiert. Darüber hinaus werden Stereotypen der Akteure erforscht. Es wird hierbei sowohl nach der Funktion von Stereotypen geforscht als auch nach deren Einfluss auf das Handeln der Akteure. Die parallele Untersuchung von Identitäten und Stereotypen ist aufschlussreich, da Stereotype ein Teil jeder Identität darstellen, da diese immer auch von Zuschreibungen von außen und von der Selbstdarstellung nach außen geprägt sind. Mit Hilfe von Stereotypen können Individuen sowohl sich selbst, als auch ihr Umfeld kategorisieren. Derart gedanklich konstruierte Gruppen ermöglichen es Individuen, sich Bilder von Fremden zu verschaffen und jenen dadurch vertrauter und mit gewissen Erwartungen begegnen zu können. Diese erste Erwartungshaltung basiert auf einer homogenen Wahrnehmung einer oftmals willkürlich konstruierten Gruppe, es handelt sich damit um eine Vereinfachung, die im besten Fall nur der ersten Orientierung dient.

Die gemeinsame Untersuchung von Identitäten und Stereotypen ist auch deshalb wichtig, weil, so Goffman[6], jeder Mensch Theater spiele. Die Stereotypen, die Außenstehende vom Einzelnen haben, sind daher nicht selten von der Selbstdarstellung des Einzelnen eigens mit gestaltet.

Die Forschungsfrage nach Identitäten und Stereotypen in grenzüberschreitenden Verflechtungsräumen reiht sich in die Diskussion verschiedener Disziplinen zu den Auswirkungen der Globalisierung und der damit einhergehenden veränderten Bedeutung von Nationalstaaten und Grenzen auf Identitäten ein. Anders als zunächst z.B. mit dem Schlagwort der McDonaldisierung[7] angenommen, schafft die Globalisierung keine global-homogenisierte Einheitskultur, die Beeinflussung muss differenzierter betrachtet werden. Besonders

---

[4] Vorliegende Forschung entstand im Rahmen einer Expertise für das MORO-Projekt „Überregionale Partnerschaften in grenzüberschreitenden Verflechtungsräumen" des Bundesinstituts für Bau-, Stadt- und Raumforschung (BBSR) im Bundesamt für Bauwesen und Raumordnung (BBR) unter Projektleitung des Ministeriums für Umwelt, Energie und Verkehr des Saarlandes.
[5] Vgl. Niedermeyer, Martin; Moll, Peter (2007): S.317.
[6] Goffman, Erving (2010).
[7] Vgl. Ritzer, George (1995).

Robertson ist hier zu nennen, der mit seinem Konzept der Glo*k*alisierung entscheidend dazu beigetragen hat, den bisher in Mikro- und Makroansatz getrennten Diskurs hin zu einer Verknüpfung von Mikro- und Makro-Ansatz zu führen.[8] Durch das Fortschreiten der „zur Zeit Nationalstaaten erschütternden Regionalismen [erlangt die Identitätsforschung, Anm. A.S.] eine nicht zu unterschätzende Bedeutung"[9].

Eine komplexer werdende Welt und die Gewissheit der ständigen Revidierbarkeit des Wissens [10] haben ihre Spuren in Identitätsprozessen hinterlassen, was zur Folge hat, dass bisherige direkte Bezugs- und Identitätspunkte an Gültigkeit verlieren oder ihre Bedeutung ändern. Obwohl der räumliche Bezug in der heutigen Zeit einen Wandel erlebt, Grenzen an Bedeutung verlieren, virtuelle Räume wiederum an Bedeutung gewinnen und sich „ortspolygame Lebensformen"[11] ausbreiten, ist der Einfluss von Räumen noch immer signifikant. Neben der Nation gewinnen bei Identitätsbildungsprozessen verstärkt weitere Kategorien, wie etwa Region, Europa oder auch raumunabhängige Kategorien, an Bedeutung. Die schwindende Barrierefunktion der EU-Binnengrenzen bringt andererseits mancherorts ein Erstarken anderer Grenzen mit sich, also „weiche[n] Grenzen der potenziell unterschiedlichen ökonomischen, sozialen und kulturellen Systeme"[12]. Mancherorts besteht der Verdacht, diese würden noch verschärft, „um eine vermeintliche mentale Sicherheit in soziokultureller Hinsicht zu bewahren"[13]. [14]

Menschen verfügen heute über ein Mehr an Eigenverantwortung, das ihnen einerseits neue Freiheiten erlaubt, andererseits jedoch bislang eindeutige Orientierungsmöglichkeiten verwehrt. Markus Vogt spricht von einem modernen Unbehagen in der Anonymität, welches ein Gefühl der Sehnsucht nach Gemeinschaft erzeugt.[15] Gerhard Schulze berichtet in seiner Untersuchung zur Erlebnisgesellschaft ebenfalls davon, dass Individualität und Kollektivität gleichzeitig auftreten. „Wie erzwungene Gemeinschaft eine Individualisierungstendenz erzeugt, so die Entgrenzung des Lebens eine Bereitschaft zur Gemeinsamkeit".[16] Die Untersuchung großregionaler Identitätsformen unter Berücksichtigung verstärkter Individualisierungstendenzen und gestiegener Selbst-

---

[8] Vgl. hierzu auch: Wei, Shu-Er (1999): S.153f.
[9] Werlen, Benno (1992): S.10.
[10] Vgl. Dürrschmidt, Jörg (2004): S.50f. [er bezieht sich auf Anthony Giddens]. Vgl. auch: Kühne, Olaf; Spellerberg, Annette (2010): S.22 [sie beziehen sich auf Pierre Bourdieu].
[11] Vgl. Beck, Ulrich (2004): S.69.
[12] Deppisch, Sonja (2007): S.45.
[13] Ebd: S.46.
[14] Schroer, Markus (2006): Klappentext.
[15] Vgl. Vogt, Markus (2007).
[16] Schulze, Gerhard (1993): S.78.

gestaltung verschiedener Lebensbereiche, welche die Welt komplexer erscheinen lassen, wird auch nach dem Bedürfnis nach Orientierung und Entkomplexisierung fragen. Der aktuelle Diskurs der „Pluralisierung der Möglichkeiten von Identitätskonstruktionen"[17] geht mit Diskussionen zu einem gleichzeitig aufkommenden kollektiven „Identitäts-Vakuum" einher. Welche Rolle potentiellen großregionalen Identitäten bei der Beseitigung dieses Vakuum zukommt, wird analysiert werden. Es gibt bereits Stimmen, die der Region einen entscheidenden Einfluss hierbei zusichern: „Deutschland hat keine die Loyalitätsgefühle erreichende integrierende Idee oder Institution. [...] Die Region avanciert zur Projektionsfläche grundlegender Identifikationsansprüche."[18] Hierbei ist die veränderte Bedeutung der Region nur ein Merkmal für eine Diskussion zum Thema Raum. „Neben das Territorium als raumbestimmendes Merkmal treten wirtschaftliche, kulturelle und politische Kriterien, die die Ausbildung und weitere Ausdifferenzierung der verschiedenen sozialen (Teil-)Systeme bedingen."[19] Die Bedeutung grenzüberschreitender regionaler Handlungsräume oder auch die der virtuellen Räume verlangte eine Überarbeitung traditioneller Raumvorstellungen: „[...] im Sinne von Distanzbewältigung durch schnellere und zugänglichere Verkehrsmittel, ist die Welt heute rund 50-mal kleiner als um 1500."[20] Die Vorstellung abgeschlossener Container-Räume gilt als überholt. Die wissenschaftliche Raumforschung verlor zwischenzeitlich massiv an Bedeutung, der Fokus lag nun verstärkt auf dem Phänomen „Zeit", wodurch die Betrachtung von Räumen und Entfernungen etwas in den Hintergrund rückte. Aktuell zeigt die Forschung jedoch eine erneute Hinwendung zum Raum[21], wobei auffällt, dass „seine Wiederentdeckung [...] paradoxerweise parallel zu seiner Verabschiedung [verläuft]"[22]. Während der räumliche Aspekt in den Gesellschaftswissenschaften in Zeiten der Globalisierung für die einen stetig an Bedeutung verliert, gibt es andere, die „von einer steten Raumvermehrung" sprechen, da „Raum durch die gegenseitige Erreichbarkeit vormals isolierter Orte erst entsteht"[23].

Das Selbstkonzept des postmodernen Menschen ist weniger statisch, der Einzelne kann somit in verschiedenen Lebensbereichen unterschiedliche

---

[17] Reckinger, Rachel; Wille, Christian (2010): S.15.
[18] Buß, Eugen (2002): S.12.
[19] Krämer, Raimund; König, Frank (2002): S.280.
[20] Dürrschmidt, Jörg (2004): S.59.
[21] Das zeigt beispielsweise die Forschung „Grenzen der Enträumlichung" von Daniela Ahrens aus dem Jahr 2001. Oder auch „Räume, Orte, Grenzen. Auf dem Weg zu einer Soziologie des Raums" von Markus Schroer, aus dem Jahr 2006.
[22] Schroer, Markus (2006): S.162.
[23] Ebd. S.164.

Identitäten abrufen. „Der Angelpunkt der postmodernen Lebensstrategie ist nicht, eine Identität zu fundieren, sondern eine Festlegung zu vermeiden."[24]

Da es sich bei regionaler Identität genau wie bei allen anderen Identitäten um ein Konstrukt handelt, wird dies in der vorliegenden Untersuchung stets hinterfragt und nicht einfach als gegeben akzeptiert. Doch trotz der Konstruiertheit haben Identitäten reale Auswirkungen. Es werden daher „Identifikationsprozesse untersucht, die sich auf [...] [die Großregion] als gemeinsame praktizierte, empfundene oder nur „gedachte" Sinnordnung beziehen."[25] Die vorliegende empirische Studie nimmt das Vorhandensein von Gruppen und Identitäten an, obwohl deren Konstruktion bekannt ist, auch wenn dies in der Wissenschaft kontrovers diskutiert wird.[26].

Bei der Untersuchung regionaler Identitäten und Stereotypen fehlt es auch heute noch an methodischen Alternativen. Mit diesem Ansatz nehme ich mir Walter Reese-Schäfers Worte zu Herzen, in denen er kritisiert: „In etwa achtzig Prozent der einschlägigen Literatur wird sehr viel Raum auf den Nachweis verwendet, dass Identität, sei es die nationale, die personale, die geschlechtliche oder die soziale, immer Produkt einer gesellschaftlichen Konstruktion sei. Sie könne also weder als essentiell noch substantiell angesehen werden. Gerade in seiner ermüdenden Wiederholung bis hin in jede Seminararbeit und Dissertation wird dieser Antiessentialismus als argumentativ trivial erkennbar: denn er folgt aus der Definition, nicht aus der Beobachtung, und er kann dementsprechend wenig damit anfangen, wenn die irgendwann einmal auf die künstlichste Weise konstruierten ethnischen oder nationalen Identitäten plötzlich als soziale Tatsachen manifeste Wirkung entfalten."[27] Im Forschungsfeld der Konstruktion und Funktionsweise von Identitäten gibt es eine Vielzahl von Studien, empirische Untersuchungen zum Thema sind jedoch selten.[28] Mit der Fokussierung der Auswirkungen auf das Handeln, also den konstitutiven Folgen der Konstrukte Identität und Stereotyp unterscheidet sich vorliegende Forschung von vielen anderen.

Der Terminus Raum ist durch seine Polysemie gekennzeichnet.[29] Über *den* Raum zu reden, bedeutet deshalb immer auch andere Räume zu vernachlässigen. Wenn hier also in der empirischen Analyse die identitätsstiftende Bedeutung des Raums untersucht wird, können nicht alle *Räume* betrachtet werden. Gemeint ist

---

[24] Bauman, Zygmunt (1999): S.160. (im Original hervorgehoben).
[25] Fach, Wolfgang; Köhnke, Karl Christian; Midell-Matthias; Mühler, Kurt; Siegrist, Hannes; Tzschaschel, Sabine; Wollersheim, Hans-Werner (1998): S.1.
[26] Rogers Brubakers Kritik an Gruppen wird an späterer Stelle detaillierter erläutert.
[27] Reese-Schäfer, Walter (1999): S.7.
[28] Vgl. Berghold, Josef; Menasse, Elisabeth; Ottomeyer, Klaus (2000): S.7.
[29] Vgl. Hard, Gerhard (2008).

in dem Fall kein abstrakter Raum, sondern der „lebensweltlich-alltagssprachlich erscheinende Gegenstand"[30].

Das besondere Interesse der Beeinflussung des Handelns der Akteure durch vorhandene Identitäten und Stereotype zeichnet sich auch dadurch aus, dass die soziale Welt „über Handlungen in konkreten Interaktionssituationen konstituiert"[31] wird. Die Fokussierung auf grenzüberschreitend agierende Akteure bietet daher eine Gelegenheit, Vorgänge innerhalb grenzübergreifender Verflechtungsräume besser zu deuten und zu verstehen.

Im Gegensatz zu vielen anderen territorialen Begrifflichkeiten des Alltags, wie beispielsweise Mitteldeutschland[32], beinhaltet der Terminus Großregion, zumindest aus politisch-administrativer Sicht, ein klar definiertes territoriales Bezugssystem. Doch, so fragt die vorliegende Untersuchung: Haben die Akteure dieses auch verinnerlicht? Benötigen heutige Identitäten überhaupt klar abgegrenzte Bezugsräume? Die empirische Identitäten- und Stereotypenforschung versucht, Selbst- und Fremdkategorisierungsschemen sowie ihre Einflussnahmen auf Denken und Handeln der befragten Akteure zu dekonstruieren und zu verstehen. Es sollen zudem Besonderheiten der Identitäts- und Stereotypenzusammensetzung in einem grenzüberschreitenden Verflechtungsraum herausgestellt werden. Darüber hinaus soll rekonstruiert werden, welche Auswirkung eine Identifikation mit der Großregion bei den Akteuren hat. Damit wird zusätzlich überprüft, welchem Zweck, abgesehen dem der Selbst-Legitimierung, die allseits gewünschte großregionale Identität eigentlich dient.

Aufbau der Arbeit

Die Forschung beginnt mit der Skizzierung einiger Grundlagen und Vorüberlegungen zum Thema der grenzüberschreitenden Verflechtungsräume. Hierfür werden zunächst die Begriffe Grenze und Region näher beleuchtet. Im Anschluss folgt eine Zusammenstellung der wichtigsten Bedingungen der grenzüberschreitenden Zusammenarbeit in Europa. Um die künftigen Potentiale und Herausforderungen europäischer Regionen zu veranschaulichen, widmet sich daran anschließend ein kleiner Abschnitt dem europäischen Phänomen des Multi-level-governance. Ein nächstes Kapitel stellt die Geschichte der Großregion von ihren Anfängen in Zeiten der Montanindustrie bis heute dar. Ein anschließender kurzer Blick auf andere grenzüberschreitende Verflechtungsräume an der westdeutschen Grenze ermöglicht einen Vergleich solcher Koope-

---

[30] Ebd. S.269.
[31] Werlen, Benno (1992): S.11f. (bezieht sich auf Anthony Giddens).
[32] Vgl. Schlottmann, Antje; Felgenhauer, Tilo; Mihm, Mandy; Schmidt, Mark (2007): S.327f.

rationsgeflechte und weist auf Gemeinsamkeiten sowie Unterschiede hin. Nach diesen Vorüberlegungen gilt es, auf die Forschungsfelder Identitäten und Stereotype detaillierter einzugehen und den Forschungsstand zu skizzieren. Hierzu werden verschiedene wissenschaftliche Forschungsansätze vorgestellt.

Den nächsten großen Teil der Arbeit stellt die empirische Untersuchung dar. Dieser beginnt mit der Darstellung und Begründung der gewählten Methode. Es folgt eine qualitative Untersuchung der Themen Kategorisierung und Stereotype und deren Auswirkungen auf das Handeln. Anschließend gilt es, identitätsstiftende Faktoren der Akteure zu präzisieren. Die Bedeutung von Polyzentralität und Abgrenzung in großregionalen Identitäten wird im Folgenden untersucht. Als Beispiel eines intergruppalen Konfliktes innerhalb der Großregion werden Forumsdiskussionen ausgewertet. Ein anschließender Blick auf die Wahrnehmung der Großregion von außen ermöglicht einen Aufschluss zum Verhältnis von Selbst- und Fremddarstellung und -wahrnehmung.

Es folgt eine Auseinandersetzung mit Netzwerken im Allgemeinen und ihren Qualitäten und Potentialen als neue Governanceformen in grenzüberschreitenden Verflechtungsräumen.

Als Abschluss dient ein Fazit mit einer Typenbildung großregionaler Identitäten. Handlungsempfehlungen sowie Anknüpfungspunkte zukünftiger Forschungen werden benannt.

2 Grundlegendes

2.1 Begriffsdefinitionen

2.1.1 Der Begriff der Grenze in der Wissenschaft

Die Großregion zeichnet sich durch ihre Grenzlage und insbesondere durch die Vielzahl an Grenzen aus – sechs Teilregionen (Saarland, Lothringen, Luxemburg, Rheinland-Pfalz, Deutschsprachige Gemeinschaft Belgiens, französischsprachige Gemeinschaft Belgiens) verfügen jeweils über eigene Grenzen, hinzu kommen die Nationalstaatsgrenzen von vier Staaten (Deutschland, Frankreich, Belgien, Luxemburg). Ob Wirtschaft, Kultur oder schlicht das alltägliche Leben der Bewohner – das Leben im Grenzraum beeinflusst viele Aspekte des Alltags. Das Konstrukt Grenze und dessen Wahrnehmung unterlag in den vergangenen Jahren und unterliegt auch heute noch einem deutlichen Wandel. Diesen Wandel, seine Ursachen und seine möglichen Auswirkungen auf die Grenzräume gilt es im Folgenden darzustellen.

2.1.1.1 Überbegriff Grenze

Das Thema Grenze als Forschungsthema erfährt auch im Zuge der Globalisierung verstärktes Interesse in der Wissenschaft. Derzeit erkennt man einen Schwerpunkt beim Thema der grenzüberschreitenden Zusammenarbeit, in dessen Zusammenhang Grenze oft interdisziplinär untersucht wird.[33]

Simmel erkennt in der Grenze „nicht eine räumliche Tatsache mit soziologischen Wirkungen, sondern eine soziologische Tatsache, die sich räumlich formt"[34]. Eine Gesellschaft sei auch innerlich zusammengehörig charakterisiert, weil „ihr Existenzraum von scharf bewussten Grenzen eingefasst ist, [...] und umgekehrt: die funktionelle Beziehung jedes Elementes zu jedem gewinnt ihren

---

[33] Vgl. Feng, Gequn (2003): S.7.
[34] Simmel, Georg (1992): S.697.

räumlichen Ausdruck in der einrahmenden Grenze"[35]. Wissenschaftliche Untersuchungen prägt heute ein Konsens, dass es sich bei Grenzen um veränderliche soziale Konstrukte handelt. Mit den Neuerungen, die das Schengener Abkommen, die Europäische Union und das Fortschreiten der Globalisierung bringen, verändert sich dieses Konstrukt, denn die Staatsgrenzen innerhalb der EU, und damit innerhalb des Untersuchungsraums, die es in dieser Form erst seit der Französischen Revolution gibt, erleben politisch einen Bedeutungs- und Funktionsverlust. Wolfgang Kaschuba glaubt daher in Zeiten der Globalisierung eine Verschiebung gesellschaftlicher Beziehungen von der räumlichen auf die zeitliche Ebene zu erkennen, „als ob uns künftig nur noch kulturelle Phänomene identifizieren könnten, nicht mehr soziale Orte. Nicht mehr ‚wer' und ‚wo', sondern ‚wie' du bist, erscheint als die ständig neu zu beantwortende Frage."[36]

Doch obwohl einerseits die Bedeutung nationaler Grenzen rückläufig ist, spüren viele Menschen zusehends die Folgen von Ausgrenzung. Während die innereuropäischen Grenzen durchlässig geworden sind, erleben wir in jüngster Zeit eine Verschärfung der Abgrenzung an den EU-Außengrenzen. Krause spricht von einer postmodernen Ambivalenz der Grenzen Europas, da diese „zwar einerseits aufs Schärfste kontrolliert werden, [...] sie jedoch andererseits in hohem Maße durchlässig und nicht einmal eindeutig verortbar sind."[37] Menschen aus sozial schwachen Milieus fürchten darüber hinaus einen sozialen „Ausschluss aus der Gesellschaft"[38]. Neben den sozialen Grenzziehungen ist aber auch der Symbolcharakter von politischen Grenzen nach wie vor nicht in die Betrachtung mit einzubeziehen:[39] Niedermeyer und Moll behaupten sogar, „die traditionelle Grenze gibt es nicht mehr, stattdessen eine zunehmende Zahl und wachsende Komplexität unterschiedlicher Grenzen mit verschiedenen Reichweiten."[40] Die Entstehung neuer Grenzen im Zuge des Bedeutungsverlustes alter Grenzen wird im Allgemeinen, unter anderem bei Simmel, mit dem menschlichen Bedürfnis nach Sicherheit und Klarheit erklärt.[41] Wenn auch die Barriere-Funktion der Staatsgrenzen abnimmt, so ist diese noch immer nicht verschwunden. Verschiedene Sprachen und verschiedene Rechtssysteme machen den Bewohnern die Grenze in unterschiedlichen Alltagssituationen nach wie vor deutlich, etwa in Form einer Barriere oder eines Hemmnisses. Diese klassischen Nachteile einer Grenzregion, so Feng, verlieren jedoch zunehmend

---

[35] Vgl. Schroer, Markus (2006): S.68. Er zitiert hier Georg Simmel: *Soziologie. Untersuchungen über die Formen der Vergesellschaftung*. Gesamtausgabe. Band II. Frankfurt am Main. 1992.
[36] Kaschuba, Wolfgang (2004): S.243.
[37] Krause, Johannes (2009): S.356.
[38] Augé, Marc (1995): S.89.
[39] Vgl. Riedel, Heiko (1994).
[40] Niedermeyer, Martin; Moll, Peter (2007): S.304.
[41] Vgl. Schroer, Markus (2006): S.69.

an Bedeutung. Vielmehr erkennt man heute die Grenzlage immer mehr als Vorteil. „Die Grenze wird zur Kontaktzone, die sich durch Zusammenarbeit, Kooperationen, Komparativität, Integration, Verminderung von Unsicherheiten und Inwertsetzung spezifischen *Know-hows* auszeichnet."[42] Eine ähnliche Meinung vertritt auch Detlev Arens, wenn er davon spricht, dass „die Grenze [...] die Kraft zu ihrer Überwindung in sich [trägt]. Sie stellt ein Potential dar, das entfaltet werden muss. Die Grenze als Produktivkraft zu verstehen, ist ein Privileg der Grenzraumbewohner."[43] Jedoch, so Tomke Lask, ändert eine Bevölkerung ihre Grenzwahrnehmung nur äußerst langsam, denn ein im Habitus verankerter Grenzverlauf überdauert jedes politische System.[44] Ist die Grenze erst einmal im Habitus der Bevölkerung verinnerlicht, so bedarf „der Erhalt der Grenze keiner besonderen staatlichen Fürsorge mehr."[45] Auch Schmitt-Egner verweist auf die weiterhin anhaltende Barrierewirkung von Grenzen, auch auf die der Binnengrenzen der EU. Denn auch wenn es sich hierbei um sogenannte „weiche" Grenzen handelt, sind diese Grenzen „nur scheinbar offen. Sie sind nur weniger juristischer denn politischer, ökonomischer, sozialer und kultureller Natur."[46]

Zu nennen sind aber auch Studien, die den identitätsstiftenden Charakter von Grenzen, der durch die Möglichkeit der Abgrenzung der Bewohner nach außen entsteht, betonen. Das dadurch entstehende Gefühl der Orientierung und des Schutzes trägt wesentlich zur Identitätsbildung und -bewahrung bei.[47] Neben der Abgrenzung von den Bewohnern jenseits der Grenze fungiert die Grenzlage bei den Bewohnern auch als Abgrenzung von den Mitbürgern im Binnenland. Denn „border communities" eint häufig ihr Gefühl der „political and social separateness and otherness"[48], sie fühlen kulturelle Unterschiede ihrer Gemeinschaft zu der Mehrheit der Bewohner ihres Nationalstaates. Grenzen wird ein direkter Einfluss sowohl auf das Handeln als auch auf die Wahrnehmung zugeschrieben, Grenze fungiert als „Schmelztiegel von Handlungen, Erfahrungen und Diskursen, die Raum, Identität, Alterität und Transfer ständig konstruieren"[49].

---

[42] Feng, Gequn (2003): S.12.
[43] Arens, Detlev (1991): S.22.
[44] Lask, Tomke (2002): S.133.
[45] Ebenda, S.134.
[46] Schmitt-Egner, Peter (2005b): S.21.
[47] Vgl. Riedel, Heiko (1994): S.19.
[48] Donnan, Hastings; Wilson, Thomas M. (2001): S.5.
[49] Duhamelle, Christoph; Kossert, Andreas; Struck, Bernhard: (2007): S.11.

2.1.1.2 Grenzen in der Großregion

Dass es sich bei Grenzen nicht um natürliche Gegebenheiten, sondern um soziale Konstrukte handelt, wie der vorhergehende Abschnitt erläuterte, zeigt sich am Beispiel des Saar-Lor-Lux-Raumes sehr deutlich. Denn nicht nur die Großregion selbst hat im Laufe ihrer Existenz ihre Grenzen mehrmals verschoben, auch die Nationalstaatsgrenzen Deutschlands, Frankreichs, Luxemburgs und Belgiens erlebten bereits einige Veränderungen. Sie demonstrieren die „historische Instabilität von Grenzen"[50], von der besonders die deutsch-französische Grenze betroffen war. Teile des heutigen Saarlandes, Saarlouis und Saarbrücken, gehörten zwischen 1793 und 1815 zu Frankreich. 1871 wurden das Elsass und Teile Lothringens an das Deutsche Reich angegliedert. Sie wurden nach dem Ersten Weltkrieg wieder an Frankreich zurückgegeben. Ebenfalls nach dem Ersten Weltkrieg wurde das Saargebiet zur französischen Wirtschafts- und Verwaltungshoheit gerechnet. Im Jahr 1935 wurde das Saargebiet wieder Deutschland zugehörig, nach dem Zweiten Weltkrieg unterstand es jedoch erneut der französischen Verwaltungs- und Wirtschaftshoheit. Die Volksabstimmung im Jahre 1955, in der sich die Mehrheit der Saarländer für eine Wiederangliederung an Deutschland entschied, beendete das Kapitel der ständigen Grenzverschiebungen zwischen Frankreich und Deutschland: 1957 wurde das Saarland neues deutsches Bundesland und 1959 gliederte man es auch wirtschaftlich an die Bundesrepublik Deutschland an.[51] Brücher betont, dass der Saar-Lor-Lux-Raum in den letzten zwei Jahrhunderten der westeuropäische Raum mit den labilsten politischen Grenzen war.[52]

Ein wichtiger Umstand, der die grenzüberschreitende Zusammenarbeit im Saar-Lor-Lux Raum belebte, war die gegenseitige Abhängigkeit in der Montanindustrie. Die wirtschaftlichen Interessen setzten sich über die Grenzen der Nationalstaaten hinweg. „Die saarländische Eisenindustrie hing hinsichtlich der Versorgung mit Eisenerz von Lothringen ab, transformierte andererseits einen Teil des lothringischen Eisenerzes in Stahl. Und Luxemburg erhielt die Kohle zunächst von der Saar, bevor es sie auch aus anderen Teilen des Deutschen Reiches bezog. Investitionen und Firmenbeteiligungen illustrieren die wirtschaftliche Zusammenarbeit. Auf sozialer Ebene sind ebenfalls Vernetzungen festzustellen. Große Bedeutung hatten dafür die Migrationsbewegungen. Der häufige Wechsel des Wohnortes machte an nationalen Grenzen nicht halt."[53]

---

[50] Brücher, Wolfgang; Quasten, Heinz; Reitel, François (Hg.) (1982): S.14.
[51] Vgl. Brücher, Wolfgang (1989).
[52] Ebenda: S.526.
[53] Lehners, Jean-Paul; Bolle, Lars: (2001): S.370.

Da Grenzen immer auch als Mittel der Abgrenzung fungieren, sind sie häufig Grundlage der Kategorienbildung und damit von Bedeutung für die Konstruktion von Identitäten und Stereotypen. Die vorliegende Forschung wird daher immer wieder – nicht nur im räumlichen Sinne – auf Kategorisierungen, Grenzen und Abgrenzung zurückkommen.

2.1.2 Der Begriff der Region in der Wissenschaft

Je nach Kontext existieren vielfältige Definitionsansätze bezüglich des Begriffs „Region". Folgende Diskussion kann nur als eine Auswahl von Ansätzen verstanden werden, die zu einer genaueren Beleuchtung des Regionenbegriffs, wie er für den Kontext der vorliegenden Arbeit von Bedeutung ist, beitragen soll,.

Geographen begannen bereits im 18. Jahrhunderts von Regionen zu sprechen, um die für geographische Beschreibungen ungeeignete Kategorie der konstruierten politischen Einheiten zu vermeiden.[54] Die Schwierigkeit, Regionen voneinander abzugrenzen, also Regionalisierungen vorzunehmen, löste in der Zeit zwischen den beiden Weltkriegen in der Wissenschaft erhebliche Kritik am bisherigen Regionenbegriff aus.[55] Die Kritiker bemängelten vor allem die deterministische Sichtweise vieler Geographen, die das menschliche Leben den räumlichen Verhältnissen vollständig unterordneten. Außerdem betonten sie, Regionen seien nicht genau abzugrenzen, es handele sich niemals um isolierte, homogene Räume und besonders nicht um statische Gegebenheiten. Die Forschung über Regionen und deren Klassifizierung sei daher immer eine Momentbetrachtung. Die Kritik des damaligen regionalen Konzeptes führte zu einigen Veränderungen in der geographischen Forschung. So werden Regionen heute „immer mehr als ein vornehmlich soziales Konzept verstanden."[56] Da Nationalstaaten in vielerlei Hinsicht an Bedeutung verlieren, fühlen sich immer mehr Menschen durch ihre Städte und Regionen repräsentiert.[57] Der Regionen-Begriff erfährt daher in der Forschung wie im öffentlichen Diskurs immer stärkere Beachtung.

Peter Schmitt-Egner definiert Region als „unabhängig von ihrer internationalen, transnationalen oder subnationalen Gestalt als eine räumliche Teileinheit mittlerer Größenordnung und intermediären Charakters, deren materielles

---

[54] Vgl. Grigg, David B. (1978): S.68.
[55] Vgl. ebd. S.78.
[56] Wardenga, Ute; Miggelbrink, Judith (1998): S.39.
[57] Vgl. Chabert, Joe (2002): S.211.

Substrat das Territorium bildet."[58] Helmuth Köck verweist auf die Gemeinschaftscharta der Regionalisierung des Europäischen Parlamentes aus dem Jahr 1988. Dort benutzt man den Terminus Region als „ein Gebiet, das aus geographischer Sicht eine deutliche Einheit bildet, oder aber ein(en) gleichartige(n) Komplex von Gebieten, die ein in sich geschlossenes Gefüge darstellen und deren Bevölkerung durch bestimmte gemeinsame Elemente gekennzeichnet ist, die die daraus resultierenden Eigenheiten bewahren und weiterentwickeln möchte, um den kulturellen, sozialen und wirtschaftlichen Fortschritt voranzutreiben."[59]

Der Gebrauch des Begriffs Region bleibt jedoch problematisch, da es unzählige Definitionen gibt. „Region" kann vieles sein: „ein Ort, wo etwas stattfindet, ein real existierender politisch-administrativer Raum, eine von Aktivitätslinien durchzogene Fläche, der räumliche Rahmen, quasi die Kulisse, vor der menschliche Handlungen ablaufen, ein Behälter für oder gar ein Element von sozialer Kommunikation, ein mentales und psychosoziales Konstrukt, ein symbolischer Bedeutungsträger, ja sogar ein Gefüge, dem so etwas wie eine eigene Wirkkraft zugeschrieben wird."[60] Besondere Schwierigkeiten bereitet der Terminus, wenn man ihn über die Staatsgrenzen hinaus verwendet. Denn *Region* bedeutet in Frankreich etwas anderes als in Deutschland und dort wiederum etwas anderes als beispielsweise in der Schweiz.[61] „Auf EU-Ebene hat sich die Formel durchgesetzt, die Region als die nächst tiefere Ebene unterhalb des Nationalstaates zu betrachten."[62] Durch die Aufwertung der Regionen seitens der EU konnten sie sich vielerorts als eigenständige Akteure profilieren und erheblich an Selbstbewusstsein und Gestaltungswillen gewinnen.[63] Sturm zweifelt dennoch an der „Regionenfähigkeit" der EU. Die Handlungsspielräume der Regionen seien stark begrenzt, ihre Möglichkeiten leider noch eher symbolischen Charakters.[64] Winfried Böttcher[65] betrachtet den Nationalstaat in seiner heutigen Form als überholt in einer Welt, die durch technischen Fortschritt, Handel und Wirtschaft immer enger zusammenwächst. Die Menschen, so Böttcher, suchen nach Einheit, sowohl im politischen als auch im geistigen und materiellen Sinne. Gleichzeitig stellt er eine wachsende Regionalisierung fest. Dies erklärt Böttcher damit, dass die Menschen sich im Zuge der Globalisierung und den dadurch wachsenden Organisationseinheiten

---

[58] Schmitt-Egner, Peter (2005a): S.56.
[59] Köck, Helmuth (2005): S.5.
[60] Wardenga, Ute; Miggelbrink, Judith (1998): S.33.
[61] Vgl. Rausch, Ulrike (2000): S.17, Vgl. Sinewe, Werner (1998): S.292.
[62] Rausch, Ulrike (2000): S.17f.
[63] Vgl. Hrbek, Rudolf; Weyand, Sabine (1994): S.160.
[64] Vgl. Sturm, Roland (2009): S.20.
[65] Vgl. Böttcher, Winfried (2002): S.285-295.

trotzdem nach Unverwechselbarkeit und emotionaler Bindung sehnen. Das gleichzeitige Aufblühen von Globalisierung und Regionalisierung stellt daher für Böttcher keinen Widerspruch dar, denn Regionalismus müsse auch nicht im Separatismus enden. Regionalisierungen zeigten klare Vorteile, so zum Beispiel die größere Bürgernähe durch Subsidiarität und partizipative Demokratie, die auch das oft gewünschte Prinzip des Europas ‚von unten' erleichtert, bessere Sicherheit und Orientierung für die Bürger oder die kulturelle Autonomie.[66] Peter Schöller behauptete bereits 1983, die zunehmende Großräumigkeit politischer, sozialer und ökonomischer Verflechtungen wirke sich sogar stärkend auf den Regionalismus aus. „Ja es scheint, dass viele ernste Probleme unserer Lebenswelt überhaupt nur noch kleinräumig zu lösen sind, ökologisch, wirtschaftlich, gesellschaftlich"[67]. Einer Interpretation des wachsenden Regionalbewusstseins als Schmälerung der staatlichen Verantwortung und Antwort auf eine komplexer werdende Wirklichkeit hin zu einer Entkomplexisierung entgegnet Ulrich Ante mit dem Verweis, „dass mit der Verkleinerung gebietlicher Einheiten keineswegs zugleich auch eine Verringerung der Komplexität gesellschaftlicher und wirtschaftlicher Bezüge einherzugehen hat."[68] Dass der Nationalstaat dem Niedergang entgegen strebt, bleibt umstritten, weitestgehende Übereinstimmung findet hingegen die Annahme, Nationalstaaten müssten sich zukünftig den veränderten gesellschaftlichen Anforderungen anpassen und somit einer Transformation unterziehen.[69] So führen postmoderne Einflüsse etwa zur Kritik der „Totalitätsvorstellung des Nationalstaatmodells mit seinen eindeutig verorteten territorialen Grenzen und seiner homogenisierenden Handlungsorientierung nach innen und Abgrenzung nach außen."[70]

Benno Werlens handlungszentrierte Theorie der alltäglichen Regionalisierung findet in der Wissenschaft große Beachtung. Sie besagt, dass Regionen von der Gesellschaft täglich neu produziert werden und Regionen Produkte des alltäglichen Geographie-Machens seien [71,72], Werlen fordert daher von Geographen: „A modern geographical representation of the world has to take the subject into account by studying how subjects live and realize the world, particularly their world, and not just live in a world. Space is therefore an element in the processes of world-binding and not constitutive for the social

---

[66] Vgl. ebd.: S.289f.
[67] Schöller, Peter (1984): S.31.
[68] Ante, Ulrich (1994): S.56.
[69] Vgl. Dürrschmidt, Jörg (2004): S.91.
[70] Wolkersdorfer, Günter (2001): S.61.
[71] http://www.leader-austria.at/leader/veranstaltungen/downloads-veranstaltung/leader-forum/weichhart_erfolgsfaktor_regionalitaet, S.7, 2009.
[72] Werlen, Benno (2005): S.48.

world (at least not in a deterministic sense)."[73] Werlens Theorie wird positiv zugeschrieben, den Diskurs über Raum in der Geographie neu angestoßen zu haben.[74]

Europa der Regionen

Das Schlagwort *Europa der Regionen* ist aus dem europapolitischen Diskurs nicht mehr wegzudenken. Dabei wird das Vorhaben mitunter recht unterschiedlich interpretiert. Die Deutungen reichen von der radikalen Vorstellung, „dass die Regionen an die Stelle der Staaten als Bausteine des europäischen Zusammenschlusses treten sollten"[75] bis zum einfachen Wunsch des erleichterten europäischen Zusammenwachsens.[76] Häufig impliziert der Begriff aber auch lediglich die Idee „von der Notwendigkeit eines dreistufigen Aufbaus der Europäischen Gemeinschaft bzw. Union, der die Regionen neben den Nationalstaaten und der supranationalen Ebene als eigenständige Akteure im Integrationsprozess anerkennt"[77] sowie das Ziel der Bürgernähe. Viele Kritiker bewerten das politische Modell *Europa der Regionen* als realitätsfern. Dass die Regionen in naher Zukunft die Aufgaben der Nationalstaaten übernehmen könnten, nennt Raich aufgrund der großen Heterogenität der europäischen Regionalstruktur utopisch.[78]

Köck befürchtet, das Konzept *Europa der Regionen* könne dazu führen, dass die Vertreter der einzelnen Regionen die EU-Fördermittel lediglich für die Interessen ihrer eigenen Regionen einsetzen. „Dieses regionale Eigeninteresse impliziert sodann Verhaltensstrategien wie Abgrenzung, Konkurrenz sowie die Unterscheidung zwischen Innen und Außen, Zugehörigen und Fremden, Oben und Unten, so dass die Fixierung auf das eigene regionale Territorium und die für dieses relevanten Interessen wenig mentalen Spielraum für die Europäische Integration, und nicht nur für diese, lässt."[79] Diesen kritischen Stimmen stehen andere positive Einschätzungen entgegen. So erkennt etwa Franz Borkenhagen in der Entwicklung eines kooperativen Föderalismus durch das Projekt Europa der Regionen eine Chance für Europa. Durch die stärkere Beteiligung der Regionen, so seine Auffassung, lässt sich die europäische Integration und die Bildung einer europäischen Identität vorantreiben. Allerdings erkennt er wie auch Köck, dass dies eine große Herausforderung für die Regionen bedeutet. Denn „ihre

---

[73] Ebd. S.57.
[74] Vgl. beispielsweise Blotevogel, Hans Heinrich (1999).
[75] Hrbek, Rudolf; Weyand, Sabine (1994): S.13.
[76] Vgl. Ebd.
[77] Ebd. S.14.
[78] Vgl. Raich, Silvia (1995): S.26.
[79] Köck, Helmuth (2005): S.8.

Politik und Wirtschaft müssen sich gleichzeitig an dem eigenen Nutzen *und* an einem vitalen Europa orientieren."[80] Eine kritischere Deutung verweist eher auf die Europaskepsis der Europa-der-Regionen-Befürworter als auf ihre Integrationsbereitschaft. Demnach ist das Europa-der-Regionen-Konzept mancher eher skeptisch eingestellter Befürworter als „Gegenentwurf zu einem vermeintlich drohenden europäischen Einheitsstaat"[81] zu werten. Hrbek und Weyand erkennen in der Bezeichnung Europa der Regionen einen Ausdruck der Vielfalt des Wirkens von Regionen und der Strukturentwicklung, die sich innerhalb der einzelnen Staaten in Form von Regionalisierungen und innerhalb Europas in Form von Europäisierung deutlich macht.[82]

Die Kontroversen bezüglich des Konzeptes des Europas der Regionen werden in vielen Fällen von einer Diskussion um die zukünftige Rolle Europas und der Nationalstaaten begleitet. Wissenschaftler, die den Nationalstaaten eine weitere Schwächung ihrer Funktion voraussagen, wie etwa Hanspeter Oschwald, prognostizieren für die Zukunft Europas meistens eine Stärkung der Regionen: „Die Zukunft der Regionen wird also kontinuierlich im Widerstand gegen die Nationalstaaten aufgebaut werden müssen. Daran ändert wohl auch die wachsende Überzeugung in allen Staaten Europas nichts, dass der Typus Nationalstaat am Beginn des 21. Jahrhunderts sich endgültig überlebt hat."[83] Jedoch wird von der Mehrzahl der Wissenschaftler hervorgehoben, dass es falsch wäre, die europäischen Nationalstaaten zu Gunsten eines *Europa der Regionen* vollständig aufzulösen.[84] „Die Regionen Europas und die Nationalstaaten stehen in keinem Widerspruch zueinander. Beide sollten auf ihren verschiedenen Ebenen und auf ihre Weise zu einem, wie es in der Präambel des alten EWG-Vertrages heißt, immer engeren Zusammenschluss der europäischen Völker beitragen."[85] Aschauer verweist sogar auf die stabilisierende Wirkung nationaler oder regionaler Gruppen für das bestehende System.[86] Forschungen zeigen, dass sich starke nationale oder subnationale Identitäten positiv auf eine Identifikation mit Europa auswirken.[87] Marie-France Gaunard bescheinigt beispielsweise französischen Grenzräumen eine systemstabilisierende Wirkung: „The evolution of border regions is positive with an integration of the local level to the European

---

[80] Borkenhagen, Franz H. U. (1995): S.56.
[81] Vgl. Müller, Verena (2009): S.15.
[82] Vgl. Hrbek, Rudolf; Weyand, Sabine (1994): S.167.
[83] Oschwald, Hanspeter (1999): S.21.
[84] Vgl. Schauer, Hans (1995).
[85] Ebenda: S.67.
[86] Vgl. Aschauer, Wolfgang (1990): S.24.
[87] Vgl. Marxhausen, Christiane (2010): S.35.

level through the national one. There is no risk of secession; to the contrary, it is a way to gather people and to stabilize borders."[88]

Unabhängig vom umstrittenen Begriff des Europas der Regionen haben die Regionen durch die Bildung der Europäischen Union an Stellenwert gewonnen: „In dem Maße, in dem nationale Interessen zugunsten gesamteuropäischer oder gar globaler Belange zurücktreten, erfahren subnationale Interessen und Bezugsmuster eine deutliche Aufwertung."[89] Deppisch zufolge zeugen insbesondere grenzüberschreitende Kooperationen von der steigenden Bedeutung der Region als Handlungs- und Steuerungsebene, „da zum einen regionalpolitische Probleme nicht nur im Rahmen der nationalstaatlichen Außenpolitik gelöst werden können und zum anderen ökologische und ökonomische Bezüge nicht zwangsläufig identisch mit den politisch-administrativ abgegrenzten Räumen sind."[90]

Eine mögliche Definition grenzüberschreitender Regionen, die auch für die vorliegende Sichtweise der Großregion gelten kann, gibt Sonja Deppisch: „Es handelt sich um eine grenzüberschreitende Region, wenn sich über eine Staatsgrenze hinweg kommunale und regionale Akteure aus benachbarten Grenzregionen zusammenfinden, zusammenarbeiten und explizit für ihre Kooperation einen gemeinsamen Bezugsrahmen konstruieren, in diesem auch Aufgaben der grenzüberschreitenden Steuerung wahrnehmen und diese Kooperation stabilisieren über gemeinsame Einrichtungen und Handlungen."[91]

2.2 Bedingungen der grenzüberschreitenden Zusammenarbeit

Um das Fortschreiten grenzüberschreitender Zusammenarbeit zu verstehen, ist es erforderlich, sich zunächst einen knappen Überblick über die Außenbedingungen der Kooperationen innerhalb der Europäischen Union zu verschaffen. Deshalb werden im Folgenden wichtige Gesetze, Richtlinien sowie Förderprogramme und ihre Bedeutung für die grenzüberschreitenden Verflechtungsräume betrachtet.

Im Jahr 1958 wurde die Europäische Wirtschaftsgemeinschaft (EWG) gegründet, die später Europäische Gemeinschaft (EG) und schließlich zur Europäischen Union (EU) wurde. Diese neue Kooperationsform bildet die Basis für grenzüberschreitende Zusammenarbeit."[92] Von besonderer Bedeutung für grenzübergreifende Kooperationen ist die Unterzeichnung des Deutsch-Französischen

---

[88] Gaunard, Marie-France (1999): S.123.
[89] Buß, Eugen (2002): S.20.
[90] Deppisch, Sonja (2007): S.22.
[91] Ebd. S.49.
[92] Herrmann, Hans-Walter (2001): S.29.

Freundschaftsvertrags, des Elysée-Vertrags, im Januar 1963. Beide Länder vereinbarten damit „eine weitreichende politische, wirtschaftliche und kulturelle Zusammenarbeit."[93] Hans-Walter Herrmann sieht darin sogar „den Hauptpfeiler der europäischen Integration"[94], der nicht zuletzt die grenzüberschreitende Zusammenarbeit zwischen dem Saarland, Lothringen und Luxemburg durch Abbau rechtlicher Barrieren erleichtert hat.

Seit 1968 ist es den Bewohnern von Belgien, Frankreich, Deutschland, Italien und Luxemburg durch die Freizügigkeitsrechte möglich, einen Arbeitsplatz in einem der anderen Länder anzunehmen. Die Regelung der Freizügigkeit wurde im Laufe der Jahre auf die jeweils neuen EU-Länder ausgeweitet.[95] Trotzdem ist das Grenzpendeln ein relativ kleines Phänomen geblieben. Zwischen 1990 und 1995 waren im Durchschnitt in Westeuropa nur 0,26% der Erwerbstätigen hinter der nationalen Grenze regelmäßig sozialversicherungspflichtig beschäftigt.[96]

Das Madrider Abkommen, das 1980 unterzeichnet wurde, strebt an, „der grenzüberschreitenden Zusammenarbeit auf regionaler und lokaler Ebene eine Grundlage zu verschaffen,"[97] indem den Gebietskörperschaften die Kontaktaufnahme und die Zusammenarbeit erleichtert werden. Kritisiert wird das Abkommen häufig aufgrund des Fehlens „einer im Übereinkommen vereinbarten Ermächtigung der Gemeinden gegenüber ihren Staaten, grenzüberschreitend selbständig auf öffentlich-rechtlicher Grundlage kooperieren zu können."[98]

Die Europäische Charta der kommunalen Selbstverwaltung trat am 1. September 1988 in Kraft. Sie stellt einen weiteren Schritt seitens Europa hin zur Kompetenzverlagerung nach unten dar. „Im Rahmen der Gesetze und der Rechtsaufsicht sollen die Gemeinden in der Lage sein, öffentliche Angelegenheiten in eigener Verantwortung zum Wohl ihrer Einwohner zu regeln und zu gestalten. Folglich sieht die Charta vor, dass die Wahrnehmung öffentlicher Aufgaben vorzugsweise den Behörden obliegen soll, die den Bürgern am nächsten sind."[99]

Mit dem Vertrag von Maastricht aus dem Jahr 1992 löste die Europäische Union (EU) die Europäische Gemeinschaft (EG) ab. Der Vertrag spricht den Regionen durch das neu aufgenommene Subsidiaritätsprinzip erstmals das Recht

---

[93] http://www.dhm.de/lemo/html/dokumente/DieZuspitzungDesKaltenKrieges_vertrag ElyseeVertrag/index.html.
[94] Herrmann, Hans-Walter (2008). S.47.
[95] Vgl. Janssen, Manfred; Woltering, Michael (2001): S.102.
[96] Vgl. ebd. S.104.
[97] http://library.fes.de/fulltext/fo-wirtschaft/00308001.htm#E9E1.
[98] Ebd.
[99] Europarat Zusammenfassung ETS Nr.122. Nachzulesen unter: http://conventions.coe.int/Treaty/ger/Summaries/Html/122.htm.

zur Mitwirkung auf europäischer Ebene zu.[100] Bei der Umsetzung des Subsidiaritätsprinzips soll der Ausschuss der Regionen (AdR) dienen, der auf Initiative des Maastrichter Vertrags 1994 errichtet wird. Dem AdR gehören gewählte Regional- und Kommunalpolitiker der Mitgliedländer an, deren Zahl abhängig von der jeweiligen Einwohnerzahl ist. Daraus ergibt sich, wie in Abbildung 1 aufgeführt, eine Mitgliederzahl von 344. Alle zwei Jahre wählt der Ausschuss einen Präsidenten aus ihrer Mitte. Die Mitglieder sind jeweils für vier Jahre vom Rat der Europäischen Union ernannt.

Mitgliedsländer	Anzahl der Vertreter im AdR pro Land
Deutschland, Frankreich, Italien, Vereinigtes Königreich	24
Spanien, Polen	21
Rumänien	15
Belgien, Bulgarien, Tschechische Republik, Griechenland, Ungarn, Niederlande, Österreich, Portugal, Schweden	12
Dänemark, Irland, Litauen, Slowakei, Finnland:	9
Estland, Lettland, Slowenien	7
Zypern, Luxemburg	6
Malta	5
GESAMT	344

Abbildung 1: Zusammensetzung des Ausschusses der Regionen (AdR).
Quelle: http://europa.eu/institutions/consultative/cor/index_de.htm

Allerdings hat der Ausschuss der Regionen lediglich eine beratende Funktion, an der Gesetzgebung ist er nicht direkt beteiligt.[101] In Politikbereichen, „die lokale und regionale Behörden unmittelbar betreffen"[102], müssen die Kommission und der Rat der EU den Ausschuss der Regionen jedoch anhören.

Im Karlsruher Übereinkommen, welches Luxemburg, Deutschland, Frankreich und die Schweiz im Jahr 1996 unterzeichnen, erklären die Partner zum gemeinsamen Ziel, „die grenzüberschreitende Zusammenarbeit zwischen

---

[100] Vgl. Schmitt-Egner, Peter (2001): S.160.
[101] Vgl. Baum-Ceisig, Alexandra; Busch, Klaus; Nospickel, Claudia (2007): S.55.
[102] http://europa.eu/institutions/consultative/cor/index_de.htm

deutschen, französischen, luxemburgischen und schweizerischen Gebietskörperschaften und örtlichen öffentlichen Stellen [...] zu erleichtern und zu fördern."[103] Damit stellt das Karlsruher Abkommen „einen neuen rechtlichen Rahmen dar, denn erstmals wird saarländischen oder rheinland-pfälzischen Gebietskörperschaften die Möglichkeit eingeräumt, mit luxemburgischen, französischen oder Schweizer Gebietskörperschaften verbindliche Verträge abzuschließen oder grenzüberschreitende Zweckverbände zu gründen."[104] Das Karlsruher Übereinkommen stärkt somit die kommunale Selbstverwaltung.

Von großer Bedeutung für grenzüberschreitende Beziehungen sind die Interreg-Projekte, da sie in allen untersuchten Partnerregionen die grenzübergreifende Kooperation förderten und noch immer fördern und sie die grenzüberschreitenden Verflechtungen bei Akteuren und nicht zuletzt auch bei den Medien bewusster machen.[105] Vorgeworfen wird der Interreg-Förderung jedoch immer wieder, sie unterstütze eine „Mentalität des Handaufhaltens", was zur Folge habe, dass nicht nur sinnvolle Projekte durchgeführt würden, sondern vor allem solche, deren Förderung als besonders wahrscheinlich erachtet wird.[106] Auch wenn die durch Interreg-Förderungen erbrachten konkreten Erfolge kontrovers diskutiert werden, kann zumindest „von einem großen symbolischen Stellenwert gesprochen werden"[107].

Im Jahr 1989 wurde das erste Interreg-Programm eine Gemeinschaftsinitiative der Europäischen Union entwickelt. Die erste Förderperiode verlief in den Jahren 1990 bis 1994, die zweite von 1994 bis 1999, Interreg III zwischen 2000 und 2006, die Förderperiode IV begrenzt sich auf den Zeitraum zwischen 2007 und 2013. Es gibt drei verschiedene Interreg-Ausrichtungen. Für die Thematik der vorliegenden Arbeit ist besonders Ausrichtung A[108] von Interesse, die die grenzübergreifende Zusammenarbeit benachbarter Gebiete fördert. Ausrichtung B fördert die transnationale Zusammenarbeit großräumiger Zusammenschlüsse europäischer Regionen und Interreg C möchte die interregionale Zusammenarbeit fördern, indem es „die Politiken und Instrumente für Regionalentwicklung durch einen umfangreichen Informations- und Erfahrungsaustausch (Vernetzung) effizienter zu gestalten [versucht]"[109]. Die Europäische Union fördert europäische Regionen mit Mitteln aus dem Europäischen

---

[103] Karlsruher Übereinkommen, nachzulesen unter: http://www.espaces-transfrontaliers.org/de/publikationen/karlsruher_uebereinkommen.pdf.
[104] EURES Regionalprofil Saar-Lor-Lux-Rheinland-Pfalz (2001): S.68.
[105] Vgl. hierzu auch: Blatter, Joachim (2002): S.259.
[106] Vgl. Schäfer, Nicole (2003): S.161.
[107] Müller, Verena (2009): S.226.
[108] Viele der für vorliegende Forschung interviewten Akteure arbeiteten und arbeiten noch immer im Rahmen der Interreg-A-Programme.
[109] http://ec.europa.eu/regional_policy/interreg3/abc/abc_de.htm

Fonds für regionale Entwicklung (EFRE), bei Projekten von EU-Staaten übernimmt die Europäische Union 50% der Projektkosten, ist ein Drittstaat beteiligt, wie etwa die Schweiz, reduziert sich die Förderung auf maximal 40% der Kosten. Die Möglichkeit der Integration solcher Drittstaaten ist eine Neuheit europäischer Förderprogramme und eine Chance für eine bessere Integration.[110]

Mit der neuen Interreg-Förderperiode 2007-2013 wurde am 1.1.2007 der Europäische Verbund für territoriale Zusammenarbeit (EVTZ) als neues Rechtsinstrument handlungsfähig. „Der EVTZ stellt insofern ein Novum dar, als er einen Verbund zwischen Gebietskörperschaften verschiedener Mitgliedstaaten ermöglicht, ohne dass zuvor ein von den nationalen Parlamenten ratifiziertes internationales Abkommen unterzeichnet werden muss. Die Mitgliedstaaten müssen jedoch den potenziellen Mitgliedern aus ihrem Staatsgebiet ihr Einverständnis für eine Teilnahme am EVTZ erteilen."[111] Das Ziel des EVTZs ist es, die grenzüberschreitende Zusammenarbeit zu erleichtern. So wurde beispielsweise im Mai 2010 im Rahmen des EVTZ der „Eurodistrict SaarMoselle" gegründet. Es handelt sich hierbei um einen grenzüberschreitenden Zweckverband, der die Kooperation zwischen dem Regionalverband Saarbrücken auf deutscher Seite und den Gemeindeverbänden im Gebiet von Forbach, Sarreguemines, St. Avold, Freyming-Merlebach, Sarralbe, Faulquemont und Creutzwald auf französischer Seite fördern und vertiefen soll. Die kommunale Ebene steht bei dem Zusammenschluss im Vordergrund.[112]

2.3 Multi-level governance

„Verbindliches Entscheiden im formalen Rahmen hierarchischer 'government'-Strukturen mit Regierungen und Verwaltungen als dominanten Akteuren verliert in fast allen Gesellschaften der Gegenwart an Bedeutung"[113]. Anstelle von „,government' treten mehr und mehr ‚governance'-Strukturen in das öffentliche Handlungsfeld. Unter ‚governance' versteht man „komplexe Abstimmungs-, Koordinations- und Verhandlungsprozesse in plurizentrischen Netzwerkstrukturen, an denen neben staatlichen auch private Akteure partizipieren und die häufig mehrere politische Handlungsebenen umfassen – von lokal über national und regional bis global."[114] Das politische Gebilde der Europäischen Union hat eine

---

[110] Vgl. Newrly, Petra (2002): S.77ff.
[111] http://ec.europa.eu/regional_policy/funds/gect/index_de.htm
[112] Vgl. http://www.saarbruecken.de/de/wirtschaft/interregionale_zusammenarbeit/ eurodistrict_saarmoselle und: http://saar-report.de/2010/05/grosregion-als-labor-fur-evtz-nutzen/print/
[113] http://www.uni-due.de/gesellschaftswissenschaften/profilschwerpunkt/Government.shtml
[114] Ebd.

neue Art der Verflechtung zwischen europäischer, nationaler und regionaler Politik geschaffen, die gewisse demokratische Defizite aufweist: „Therefore, the European Union is a new subject for theories of legitimacy which poses fundamental questions to the established principles and concepts of democratic theory."[115]

Der Politikwissenschaftler Gary Marks widmet sich in vielen Forschungen der Frage, welche Veränderungen hinsichtlich Kompetenzen und Souveränität die Entstehung und das Erstarken der EU bei europäischen Staaten hinterließ. Ein großes Interesse Marks' gilt hierbei dem Aspekt der *multi-level governance*.[116] Damit beschreibt er die EU als eine besondere Ordnung, die durch eine Mehrebenenverflechtung gekennzeichnet ist: „[...] multi-level governance presupposes that competencies are shared by actors at different levels; whereas state-centric governance is hierarchical, multi-level governance is driven by interdependence among actors at different political levels."[117] Marks verdeutlicht in seinen Studien, dass die Nationalstaaten nicht mehr länger als einheitliche Akteure aufgefasst werden können. „In wichtigen Politikfeldern der EU wirken neben Regierungen der Mitgliedstaaten auch Vertreter von Regionen und Kommunen sowie Experten aus Verwaltungen und Interessengruppen an Entscheidungen mit und kooperieren vielfach in Netzwerken mit europäischen Akteuren."[118] Arthur Benz definiert den Kern des Konzeptes der multi-level governance als „die Tatsache, dass in einem institutionell differenzierten politischen System Akteure unterschiedlicher Ebenen aufeinander angewiesen sind und ihre Entscheidungen koordinieren müssen."[119] Für Benz liegt der Mehrwert des neuen Terminus darin, „dass er nicht nur die Struktur einer Mehrebenenorganisation beschreibt, sondern auch die aus dieser Differenzierung resultierenden Interaktionsmuster und Koordinationsmechanismen."[120] Zentrales Merkmal hierbei ist die Verflechtung und Interdependenz der verschiedenen Akteure. Benz kritisiert, Marks und Hooghes Ansatz berücksichtige zwar die verschiedenen Ebenen der Akteure und deren Interdependenzen, weshalb sich die Theorie zur Darstellung der Komplexität europäischer Politik eigne, sie erkläre jedoch

---

[115] Höreth, Marcus (1998): S.4.
[116] Der Begriff "Governance" wird in der Literatur nicht immer einheitlich definiert. „Unter anderem wird mit dem Governance-Konzept die Entwicklung neuer komplexer Steuerungsprozesse kollektiven Handelns beschrieben. In Abgrenzung zu dem Begriff *Government* wird *Governance* oft mit Adjektiven wie informell bzw. nur schwach institutionalisiert, horizontal, flexibel, dezentral und selbststeuernd verbunden." (Deppisch, Sonja: 2007, S.21).
[117] Marks, Gary; Hooghe, Liesbet; Blank, Kermit (1995): S.5.
[118] Benz, Arthur (2007): S.301.
[119] Ebd. S.297.
[120] Ebd. S.297.

nicht die Kausalzusammenhänge zwischen Strukturen, Prozessen und Politikergebnissen.[121]

Anders als die Kompetenzen der Nationalstaaten sind jene der EU oftmals so begrenzt, dass ihre Politik als Ergebnis von Verhandlungen zwischen Akteuren Europas, seiner Nationalstaaten und seiner Regionen bezeichnet werden kann.[122]

Roland Sturm erkennt in „allen EU-Mitgliedstaaten auf Regierungsebene eine Aversion gegen die Nebenaußenpolitik substaatlicher Einheiten. [...] Dennoch ist die Paradiplomatie der europäischen Regionen ein ‚Wachstumsmarkt' [...]."[123] Auch Thomas Conzelmann beschreibt die Ambivalenz der europäischen Regionalpolitik. Die bestehenden „Kopplungsmechanismen" europäischer und nationaler Kompetenzen führten auf regionaler Ebene dazu, dass „die Zulässigkeit bzw. die Zuschusswürdigkeit regionalpolitischer Maßnahmen der Mitgliedstaaten [stets] an Kriterien [...] [gebunden sind], die den europäischen Raum zur Bezugsgröße haben."[124] Dieser Konflikt der verschiedenen Bezugsräume – Conzelmann nennt auch seine Publikation dementsprechend „Große Räume, kleine Räume" – erweist sich als prägend für die Regionalpolitik der EU.

Dass Nationalstaaten gewisse direkte Steuerungsaufgaben abgeben, indem sie den Regionen neue governance-Formen ermöglichen, kann, so Kriele, als „neoliberalistische[r] Formwandel des Regierens [bezeichnet werden], der auf die wirtschaftlichen Bedingungen der Globalisierung reagiert. [...] Für Grenzregionen gilt dabei, dass ihnen keine eigenen Staatsqualitäten zuwachsen, sondern dass nur unter Mitwirkung des Staates und einer gut funktionierenden Verwaltung Kooperation und Governance gelingen."[125] Mit den zu beobachtenden Regionalisierungsprozessen geht „eine Verlagerung von staatlicher Steuerung von übergeordneter Ebene auf die Ebene der Region als Handlungsebene"[126] einher. Kohlisch nennt die vielfältigen Regional-Governance-Arrangements charakteristisch für die Großregion, obgleich es sich nicht um ein eigenständiges Regierungssystem handele.[127] Joachim Blatter weist darauf hin, dass die Europäische Kommission durch Interreg erheblichen Einfluss auf grenzüberschreitende Regionen hat, die grenzüberschreitende regionale Zusammenarbeit betrachtet er daher als Stärkung der supranationalen Ebene. In governance-Prozessen konzentriert sich die Aufgabe des Staates insgesamt weniger

---

[121] Vgl. ebd. S.302.
[122] Ebd. S.310.
[123] Sturm, Roland (2009): S.19f.
[124] Conzelmann, Thomas (2002): S.16.
[125] Kriele, Almut (2005): S.94.
[126] Von Löwis, Sabine; Wiechmann, Thorsten; Müller, Bernhard (2004): S.17.
[127] Vgl. Kohlisch, Thorsten (2008): S.93.

auf zielgerichteten Interventionen als vielmehr auf das Unterstützen soziopolitischer Aktionen.[128] Trotzdem sind nach wie vor „die politischen Zuständigkeiten überwiegend national geregelt und liegen somit außerhalb der Gestaltungsspielräume der Grenzregionen."[129]

Insgesamt wird seit einigen Jahren eine Machtverschiebung von der staatlichen hin zur regionalen und europäischen Ebene diskutiert. Ante spricht von einem Wandel staatlicher Macht und einem geographischen Transformationsprozess. Er behauptet gar, die Vorstellung von der Einheit des Staates ließe sich nicht länger aufrecht halten. Als Grund hierfür nennt er unter anderem den Trend der Individualisierung der Gesellschaft. Die Pluralisierung der Interessen- und Wertvorstellungen machten Konsensfindungen schwieriger und verlangten nach immer weiter aufgespaltenen staatlichen Handlungsfeldern. „Der regionale Rahmen kann nicht nur eine übergemeindliche und überfachliche Zusammenarbeit effektiver gestalten, ein so denkbarer regionaler Dialog vermag divergierende Interessen zu verknüpfen und langfristige Orientierungen in einem und für einen überschaubaren Rahmen zu leisten."[130] Ähnliche Prognosen stellen Donnan und Wilson. Auch sie bemerken eine Veränderung der Bedeutung der Nationalstaaten bis hin zu der Infragestellung der „territorial integrity and monopoly of force which for so long have been hallmarks of the nation state."[131] Eine konträre Interpretation der aktuellen Prozesse bietet Marie-France Gaunard. Nationalstaaten, so Gaunards Schlussfolgerung, geben zwar verschiedene Kompetenzen an Grenzregionen ab, trotzdem müssen sie keine negativen Folgen befürchten, denn das bestehende System wird durch die Grenzregionen tendenziell sogar gestärkt: „The national power weakens in many fields in favour of regional power (economic, planning) but it remains strong in order to guarantee the territorial integrity."[132]

Inwiefern die neuen governance-Formen auch der Zivilgesellschaft eine verstärkte Möglichkeit der Partizipation geben, wird die Zukunft zeigen. Sichtbar sind jedoch schon jetzt eine verstärkte Verflechtung verschiedener Ebenen und ein Aufbrechen vormals starrer Hierarchien bei Prozessen der Entscheidungsfindung.

---

[128] Vgl. Deppisch, Sonja (2007): S.22.
[129] Niedermeyer, Martin; Moll, Peter (2007): S.304.
[130] Ante, Ulrich (1994): S.61.
[131] Donnan, Hastings; Wilson, Thomas M. (2001): S.154.
[132] Gaunard, Marie-France (1999): S.123.

2.4 Geschichte der Großregion

Erstmals trat der Name Saar-Lor-Lux im Jahr 1969 auf. Der Vorstandsvorsitzende der Saarbergwerke führte die Bezeichnung für die Region damals auf der Barabara-Feier ein, um damit die große Bedeutung der Zusammenarbeit der drei Regionen Saarland, Lothringen und Luxemburg in der Montanindustrie zu betonen.[133]

Die Großregion wurde im Laufe der Jahre einige Male erweitert. Im Zuge dieser territorialen Veränderungen wechselte sie auch entsprechend ihren Namen und hieß deshalb erst Saar-Lor-Lux, dann Saar-Lor-Lux-Trier / Westpfalz (noch heute die Bezeichnung der Regionalkommission), schließlich Saar-Lor-Lux-Rheinland-Pfalz-Wallonie. Allerdings findet weiterhin häufig die bekannteste Bezeichnung Saar-Lor-Lux Verwendung. Die Wortschöpfung Saar-Lor-Lux wurde „auch zum Symbol der Hoffnung für eine Schicksalsgemeinschaft peripherer, wirtschaftlich schwacher Grenzräume, die in einem heranwachsenden ‚Europa der Regionen' eine neue Identität und eine bessere Zukunft suchen."[134]

Jahr	Saarland	Lothringen	Luxemburg	Rh.-Pfalz	Wallonien	Großregion
2002	1.066.470	2.325.873	444.050	4.049.066	3.358.560	11.244.019
2003	1.064.988	2.329.205	448.300	4.057.727	3.368.250	11.268.470
2004	1.061.376	2.331.578	455.000	4.058.682	3.380.498	11.287.134
2005	1.056.417	2.334.245	461.200	4.061.105	3.395.942	11.308.909
2006	1.050.293	2.339.000	469.100	4.058.843	3.413.978	11.331.214
2007	1.043.167	2.336.500	476.187	4.052.860	3.435.879	11.344.593
2008	1.036.598	2.337.000	483.799	4.045.643	3.456.775	11.359.815

Abbildung 2: Einwohnerzahlen der Großregion (nach: http://www.grande region.net/de/GROSSREGION/BEVOLKERUNG/index.html)

Die Großregion, wie man sie heute definiert, umfasst eine Fläche von 65.401 km², auf der mehr als 11 Millionen Menschen leben (vgl. Abb. 2). Sie ist somit die größte grenzübergreifende Region Europas. Zu ihr gehören die beiden Bundesländer Saarland und Rheinland-Pfalz, Lothringen mit den Départements Meurthe-et-Moselle, Meuse, Moselle und Vosges, das Großherzogtum Luxemburg sowie die Wallonie mit der Deutschsprachigen Gemeinschaft Belgiens und

---

[133] Glöckner, Christian (2001).
[134] Schulz, Christian (1998).

der französischsprachigen Gemeinschaft. Die Großregion umfasst also Teilgebiete aus vier verschiedenen Staaten mit sehr unterschiedlichen Kompetenzen, man spricht daher auch von einem multilevel-mismatch. Aber auch über die Kompetenzunterschiede hinaus handelt es sich um einen sehr heterogenen Raum. Es existiert ein starkes Wirtschaftsgefälle, die Arbeitslosenzahlen variieren stark und es besteht eine nicht zu vernachlässigende Sprachbarriere.

Im Gegensatz zu Christian Schulz, der darin unterschwellig die „Konnotation eines Großmachtdenkens"[135] zu erkennen glaubt, lehne ich den Begriff Großregion nicht ab und werde ihn daher im Folgenden verwenden. Die Erfahrung der qualitativen Interviews mit Akteuren zeigte, dass der Begriff Großregion zwar Schwächen insbesondere bezüglich seiner inhaltlichen Aussagekraft und seiner Verwechselbarkeit[136] aufzeigt, jedoch im Sprachgebrauch der Akteure stark verankert ist. Die Konnotation eines Großmachtdenkens bestätigte sich in den Interviews nicht.

Abbildung 3: Karte der Großregion (Quelle: http://www.granderegion.net/ pictures/photos/de/grande_region/Grossregion_Portal_de.jpg Zugriff: 19.07.2011 (verändert)).

---

[135] Ebenda: S.18.
[136] Auf die symbolische Bedeutung des Begriffs ‚Großregion' für die Akteure wird weiter unten noch eingegangen.

Obwohl die politisch korrekte Bezeichnung der Großregion „SaarLorLux/Rheinland-Pfalz/Wallonien"[137] wäre, verwenden viele die Begriffe Großregion und Saar-Lor-Lux aufgrund der hohen Bekanntheit des Kürzels synonym. Eine Umfrage zur Verbreitung des Terminus ergab, dass 98,8 % der Saarländer, 78,9 % der Rheinland-Pfälzer, 73,6 % der Einwohner Luxemburgs, 42,8 % der Lothringer und 15,3 % der Wallonen die Bezeichnung Saar-Lor-Lux kennen.[138] In der politischen Sprache hat sich die Bezeichnung Großregion bzw. Grande Région etabliert.

Im Folgenden wird ein Überblick über die bisherigen Entwicklungen der grenzüberschreitenden Zusammenarbeit im Saar-Lor-Lux-Raum gegeben. Aufgrund der Vielzahl der Projekte und Entwicklungen kann der Überblick nicht den Anspruch auf Vollständigkeit erfüllen.

„Die Verflechtungsdichte wirtschaftlicher Probleme und die historische Tradition gleichermaßen erforderten eine gemeinsame grenzüberschreitende Zusammenarbeit schon in sehr frühen Stadien."[139] Die Bewohner des Saar-Lor-Lux-Raumes wurden sich zunehmend der Bedeutung einer starken gemeinsamen Industrieregion bewusst. Im Jahr 1970 wird die deutsch-französische Regierungskommission gegründet, der Luxemburg im folgenden Jahr beitritt. Diese Kommission will die grenzüberschreitende Zusammenarbeit erleichtern, „indem sie die erforderlichen formellen Voraussetzungen auf internationaler Bühne zu schaffen versucht. Des Weiteren diskutiert sie allgemeine Fragen zur regionalen Kooperation."[140] Unmittelbar danach wird „die Gründung einer „Unterabteilung" mit der Bezeichnung *Regionalkommission Saar-Lor-Lux-Trier / Westpfalz* beschlossen."[141] Sie ist das handelnde Organ der Regierungskommission.[142] Seit 1998 nehmen auch Vertreter des belgischen Teilgebietes der Großregion als Beobachter teil.[143] Claude Gengler lobt einerseits zwar besonders die interessanten Studien und Projekte der Regionalkommission, nennt jedoch auch viele Kritikpunkte, indem er beispielsweise die fehlende Nähe zum Bürger sowie das Fehlen von Transparenz, Sprachprobleme, unterschiedliche Kompetenzverteilungen und den Mangel an eindeutigen Richtlinien bemängelt.[144] Niedermeyer und Moll schreiben der Regionalkommission eine wichtige Rolle hin-

---

[137] Groß, Bernd; Wille, Christian; Gengler, Claude; Thull, Patrick (2006): S.13.
[138] Vgl. ebenda: S.39.
[139] Ebd. S.52.
[140] Regionalprofil Saar-Lor-Lux-Rheinland-Pfalz. (2001). S.69.
[141] Raich, Silvia (1995). S.107.
[142] Vgl. Regionalprofil Saar-Lor-Lux-Rheinland-Pfalz. (2001). S.69.
[143] Vgl. http://www.granderegion.net.
[144] Groß, Bernd; Wille, Christian; Gengler, Claude; Thull, Patrick (2006): S.69.

sichtlich der Kontinuitätswahrung der grenzüberschreitenden Zusammenarbeit zu.[145]

Seit Mitte des 20. Jahrhunderts entstehen vereinzelt Europa-Häuser. Diese sind unabhängige Bildungseinrichtungen, als deren Vorbild das Konzept der Amerika-Häuser bezeichnet werden kann. Die Europäische Akademie Otzenhausen, im Jahr 1971 gegründet, ist „ein Europa-Haus der ersten Stunde."[146]

Im Jahr 1986 folgt die Gründung des Interregionalen Parlamentarierrats (IPR) „von den Präsidenten des saarländischen Landtages, der Abgeordnetenkammer des Großherzogtums Luxemburg, des rheinland-pfälzischen Landtages, des lothringischen Regionalrates und des Provinzialrates der Provinz Luxemburg (Belgien).[147]" Es handelt sich um das erste grenzüberschreitende Gremium dieser Art in der Europäischen Union.[148] Christian Schulz sieht im Interregionalen Parlamentarierrat lediglich eine „Form der Kontaktpflege der Parlamentarier der Großregion"[149], denn er hat keine legislative Befugnis inne. Eine Einflussnahme auf die regionalen Exekutiven durch entsprechende Empfehlungen ist trotzdem möglich.[150] Ein Thema, mit dem der IPR sich beschäftigt und für das er sich einsetzt, ist beispielsweise die ersehnte Zweisprachigkeit im Grenzbereich.

Im Jahr 1988 konstituiert sich der Gemeinsame Ausschuss der regionalen Exekutiven Saarland-Lothringen (Gemeinsamer Ministerrat). „Seine Funktion liegt in der Koordinierung der Exekutiven Lothringens und des Saarlandes und in der wirtschaftlichen, kulturellen und gesellschaftlichen Kooperation. [...] Des Weiteren gilt der Ausschuss als Ansprechpartner für den IPR. Er soll eine kontinuierliche Zusammenarbeit gewährleisten und die Eignung und den Fortgang geplanter Projekte überprüfen."[151]

Seit 1995 treffen sich die Exekutiven der einzelnen Teilregionen regelmäßig zu den so genannten Gipfeltreffen. Groß, Wille, Gengler und Thull behaupten in ihrer Studie zur Großregion, die Gipfeltreffen verhelfen der Saar-Lor-Lux-Zusammenarbeit „auf ein neues politisches Niveau einer bis dahin nicht existierenden Dimension."[152] Kohlisch hebt jedoch hervor, „dass es sich beim SaarLorLux-Verbund trotz des hohen Institutionalisierungsgrades und dem ausgefeilten Regelsystem nach wie vor um eine freiwillige Kooperation handel[e], die im Gegensatz zu festen Government-Strukturen auf dem ‚Good-

---

[145] Vgl. Niedermeyer, Martin; Moll, Peter (2007): S.300.
[146] Krause, Arno (2001). S.330.
[147] EURES Regionalprofil Saar-Lor-Lux-Rheinland-Pfalz. (2001).
[148] Grimm, Christoph (2001): S.91.
[149] Schulz, Christian (1998): S.56.
[150] Vgl. EURES Regionalprofil Saar-Lor-Lux-Rheinland-Pfalz. (2001). S.71.
[151] Ebd. S. 72.
[152] Groß, Bernd; Wille, Christian; Gengler, Claude; Thull, Patrick (2006): S.55f.

will' der Partner beruh[e]."[153] Generell wirft man grenzüberschreitenden Kooperationen vor, als Bearbeiter konflikthaltiger Themen weniger geeignet zu sein und sich daher eher auf Felder der Zusammenarbeit zu konzentrieren, die eine win-win-Situation für alle Beteiligten versprechen. Gründe hierfür sind auch die besonderen Bedingungen, wie etwa rechtliche Barrieren, hohe Transaktionskosten oder der Mangel an gemeinsamen Statistiken, denen grenzüberschreitenden Kooperationen unterliegen.[154]

Seit 1997 gibt es einen Wirtschafts- und Sozialausschuss für die Großregion (WSAGR). Er „ist im sozio-ökonomischen Bereich das beratende Organ des Gipfels der Großregion."[155] Die Amtsperiode des Vorsitzenden des WSAGR entspricht der des Gipfelvorsitzenden. Jede Teilregion stellt sechs Mitglieder, so dass der WSAGR insgesamt 36 Mitglieder zählt. Ein Drittel der Mitglieder stammen aus Arbeitnehmerverbänden, ein weiteres Drittel aus Arbeitgeberorganisationen und ein Drittel der Mitglieder können seitens der Region frei eingesetzt werden.

Im Oktober 1998 beschließen ein Vertreter des Großherzogtums Luxemburg, ein Vertreter des Saarlandes, eine Vertreterin des Bundeslandes Rheinland-Pfalz und eine Vertreterin Frankreichs die Charta für die kulturelle Zusammenarbeit in der Region Saar-Lor-Lux-Trier / Westpfalz. Ihr erstes erklärtes Ziel lautet: „Im Rahmen des zusammenwachsenden Europas streben die Partner eine Bewusstseinsbildung der Bevölkerung für die kulturelle Zusammengehörigkeit an, die durch geeignete identitätsstiftende Maßnahmen auf dem Gebiet des gemeinsamen kulturellen und historischen Erbes vertieft werden soll."[156]

Als weitere sichtbare Fortschritte der Kooperation innerhalb der Großregion können - stellvertretend für viele andere Projekte – die Gründung eines gemeinsamen Büros Haus der Großregion, das Städtenetzwerk Quattropole oder das Online-Kulturportal plurio.net, das der Bevölkerung das Kulturprogramm der Großregion transparenter machen möchte, genannt werden. Jüngst wurde das Angebot um ein Jugendkulturportal erweitert, das sich grrrrr.eu nennt.

Die Tatsache, dass Luxemburg und die Großregion im Jahr 2007 zur europäischen Kulturhauptstadt ernannt wurden, spricht ebenfalls dafür, dass sich die grenzübergreifende Zusammenarbeit weiter ausweitet. Es zeigt auch den Trend, dass die grenzüberschreitende Zusammenarbeit heute verstärkt die gemeinsame Kulturarbeit fördert.

---

[153] Kohlisch, Thorsten (2008): S.97.
[154] Vgl. Deppisch, Sonja (2007): S.51f.
[155] http://www.granderegion.net/de/print/print.html?page=/de/coll_pol/index_EF0E75938A3B47F2A40FD4ECD47B66BB.html&MyDate=19-02-2009.
[156] Aus: Charta für die kulturelle Zusammenarbeit in der Region Saar-Lor-Lux-Trier / Westpfalz.

2.5 Grenzüberschreitende Verflechtungsräume an der westdeutschen Grenze

Um Gemeinsamkeiten und Spezifika grenzüberschreitender Verflechtungsräume darstellen zu können, wird im Folgenden ein Blick auf andere derartige Kooperationsräume an der westdeutschen Nationalstaatsgrenze geworfen. Dazu werden zunächst die drei grenzüberschreitenden Verflechtungsräume Euregio Maas-Rhein, Euroregion Oberrhein und Euregio Bodensee kurz skizziert, um daran anschließend tabellarisch Parallelen und Besonderheiten zu demonstrieren. Bei der Darstellung des Forschungsstandes bezüglich Identitäten und Stereotypen finden die genannten Räume erneut Beachtung, um wiederum einen Vergleich mit bisherigen Forschungen zum Thema in der Großregion zu zeigen.

Nördlich der Großregion befindet sich die Euregio Maas-Rhein, die sich im Jahr 1976 als Arbeitsgemeinschaft gebildet hat. Zu der Region, in der fast 3,8 Millionen Menschen leben, zählen die fünf Teilgebiete Provinz Lüttich (Belgien), Provinz Limburg (Belgien), Provinz Limburg (Niederlande), Regio Aachen e.V. (Deutschland) sowie die Deutschsprachige Gemeinschaft Belgiens, die Region umfasst damit drei Staaten. In der Euregio Maas-Rhein werden drei verschiedene Sprachen gesprochen, wobei die drei Sprachgebiete nicht an den Staatsgrenzen enden.[157] Da die Region kulturell, traditionell und sprachlich eine große Heterogenität aufweist, wird sie auch häufig als „Europa im Kleinformat"[158] bezeichnet.

Die Oberrhein-Region setzt sich ebenfalls aus Teilgebieten dreier Länder zusammen: Deutschland, Frankreich und der Schweiz. Im Gebiet der Oberrheinkonferenz, 1975 durch eine deutsch-französisch-schweizerische Regierungsvereinbarung gegründet[159], leben auf 21.500 km² Fläche circa 5,7 Millionen Menschen.[160] Sie umfasst in Deutschland die Regionen Südpfalz, Mittlerer Oberrhein, Südlicher Oberrhein und Hochrhein, in Frankreich die Région Alsace und in der Schweiz die Kantone Basel-Stadt, Basel-Landschaft, Aargau, Solothurn und Jura.[161] Die institutionalisierte grenzüberschreitende Zusammenarbeit in der Oberrheinregion hat ihren Ursprung in dem 1963 gegründeten Verein Regio Basiliensis.[162] Wirtschaftlich ist die Euroregion Oberrhein eine

---

[157] Vgl. Breuer, Helmut W. (2002): S.305.
[158] In: *Operationelles Programm. Ziel Europäische Territoriale Zusammenarbeit. INTERREG IV-A Euregio Maas-Rhein. 2007-2013.* (nachzulesen auf der Homepage der Regio Aachen)
[159] Die deutsch-französisch-schweizerische Regierungskommission „war das erste zwischenstaatliche Abkommen in Europa, das die grenzüberschreitende Zusammenarbeit regelte!" (Newrly, Petra (2002): S.62).
[160] Vgl. Baasner, Frank; Neumann, Wolfgang (2005): S.97.
[161] Vgl. Feng, Gequn (2003): S.25.
[162] Vgl. Newrly, Petra (2002): S.59.

überdurchschnittlich starke Region. Dies gilt besonders für den schweizerischen Teil der Euroregion.

Der Euregio Bodensee gehören Gebiete aus den vier Staaten Deutschland, Schweiz, Österreich und Liechtenstein an. Es handelt sich dabei um das Fürstentum Liechtenstein, das österreichische Bundesland Vorarlberg, die Landeskreise Lindau Oberallgäu, Ostallgäu, Ravensburg, der Bodenseekreis, Sigmaringen und Konstanz, die kreisfreien Städte Kempten und Kaufbeuren sowie die Schweizer Kantone Zürich, Schaffhausen, Thurgau, Appenzell Außerrhoden, Appenzell Innerrhoden und St. Gallen.[163] Auf einer Fläche von etwas mehr als 16.000 km² leben circa 3,6 Millionen Menschen. Die Regionsabgrenzungen variieren aber je nach Thema der Zusammenarbeit. Trotz der enormen Fläche der Region und der Tatsache, dass die Teilgebiete vier verschiedenen Staaten zugehören, lässt sich die Region hinsichtlich Landschaft, Sprach und Kultur als relativ homogen bezeichnen.[164] Das Zentrum der Region bildet der Bodensee, der auch als Auslöser für die grenzüberschreitende Zusammenarbeit in der Region bezeichnet werden kann: Um den Bodensee als Trinkwasserspeicher zu schützen, erkannte man die Notwendigkeit der staatenübergreifenden Kooperation.[165]

Aus dem Vergleich der verschiedenen Kooperationsräume und aus Forschungen zu diesen lassen sich folgende Merkmale und Besonderheiten grenzüberschreitender Verflechtungsräume herauslesen:

Merkmale	Beispiel	Ausnahmen / Besonderheiten
Gemeinsames Problem als Auslöser und Motor der Zusammenarbeit	▪ Großregion: Zusammenarbeit bei Kohle und Stahl ▪ Euregio Maas-Rhein: wirtschaftliche Probleme, Verhindern erneuter Kriege[166] ▪ Schutz des Bodensees als Trinkwasserspeicher	
Heterogene Kompetenzverteilung und Unwissenheit bezüglich der Kompetenzverteilung	▪ Teilräume sind häufig sehr unterschiedlich: z.B. Luxemburg und Liechtenstein als eigenständige Staaten, daneben Départements aus zentralistischem Frankreich, Bundesländer aus föderalistischem Deutschland, belgische Gemeinschaften, oder die Region Aachen, die nur kommunal wirken kann	
Kritik an fehlender Transparenz und auch fehlender Demokratie in den grenzüberschreitenden politischen Gremien	▪ Interreg. Parlamentarierrat der Großregion ist delegiert, nicht demokratisch gewählt ▪ Fehlen politischer Sanktionen ▪ Fluktuation in der Zusammensetzung der Repräsentanten ▪ Flexibilität und Unverbindlichkeit der grenzüberschreitenden Zusammenarbeit	

---

[163] Vgl. http//:www.statistik.euregiobodensee.org.
[164] Vgl. ÖROK (2005): S.32.
[165] Vgl. ebd.
[166] Breuer, Helmut W. (2002): S.297.

Willkürliche Grenzziehung	• Häufige Veränderung der Abgrenzung in der Großregion • Arbiträre Grenzziehung in der heutigen Euregion Maas-Rhein nach dem Wiener Kongress (strategische Interessen statt kulturelle Wurzeln waren ordnungsgebend)[167]	• Regionen um Rhein und Bodensee wirken weniger willkürlich abgegrenzt
Polyzentralität	• Städtenetze (z.B. Quattropole in der Großregion, MHHAL in der Euregio Maas-Rhein)	• Herausragende Stellung einzelner Städte, beispielsweise Karlsruhe im PAMINA-Raum, Luxemburg in der Großregion
Sprachprobleme	• Problem ist allen betroffenen Regionen bewusst • Häufig Inkongruenz der Fremdsprachenkenntnisse: z.b. vergleichsweise hohe Sprachkompetenz der Luxemburger, der Deutschsprachigen Belgier, der Niederländer	• Bodenseeregion ist nicht von Sprachproblematik betroffen
Fehlen hinreichender euregionaler Ausrichtung der Raumplanung.	• Schlechte Absprache bei Standortentscheidungen von Regionalflughäfen • Einseitige französische Entscheidung bezüglich des Baus des Kernkraftwerkes Cattenom nahe Luxemburg und Deutschland („dialogue de sourds").[168]	
Wirtschaftliche Heterogenität	• Ungleichgewicht sichtbar an einseitigen Pendlerbewegungen und Kaufkraftströmen	
Mangelndes Regionalbewusstsein / regionale Identität	• Einendes Regionalbewusstsein / gemeinsame Identität wird in allen grenzüberschreitenden Verflechtungsräumen als erstrebenswert erachtet, bisherige diesbezügliche Untersuchungen stellen noch keine ausgeprägte grenzüberschreitende Identität fest (mehr dazu siehe unten)	

Abbildung 4: Vergleich der grenzüberschreitenden Zusammenarbeit in grenzüberschreitenden Verflechtungsräumen an der westdeutschen Grenze.

Bevor nun auf den Forschungsstand bezüglich des letztens Punktes der Tabelle, Regionalbewusstsein und regionale Identität, sowie bezüglich Stereotypen näher eingegangen wird, gilt es zunächst die Begriffe Identität und Stereotyp detaillierter vorzustellen.

---

[167] Vgl. Jansen, Günter (1997): S.10.
[168] Schulz, Christian (1998): S.50.

3 Forschungsüberblick: Identität und Stereotyp

3.1 Identität – Stand der Forschung

„In den Geistes- und Sozialwissenschaften existiert eine kaum noch zu überblickende Vielzahl miteinander verwobener philosophischer, sozialpsychologischer, soziologischer, politikwissenschaftlicher und anderer sozialwissenschaftlicher Theorien, Ansätze und Herangehensweisen an den Identitätsbegriff."[169] Als Pioniere der Identitätsforschung können George Herbert Mead und Erik H. Erikson genannt werden. Mead unterscheidet zwischen „I" und „Me".[170] Unter „Me" versteht er in erster Linie soziale Zuschreibungen und Rollenerwartungen Außenstehender an das Subjekt, „I" hingegen ist die individuelle Antwort auf die Erwartungen der Anderen.[171] Diese Vorstellung impliziert, dass Menschen im Gegensatz zu Tieren in der Lage sind, sich selbst zu objektivieren.[172] Das *I* kann Stellung beziehen zum *Me*.[173] Nur weil Individuen sich mit anderen in Verbindung setzen können und ihre eigene Identität dadurch spiegeln können, kann die einzelne Identität bestehen. Identität entsteht in der Kindheit, so Meads Erkenntnis, vor allem durch die erlernte Fähigkeit des Kindes, sich in andere hineinversetzen zu können und sich dadurch gewissermaßen selbst von außen aus der Perspektive anderer zu betrachten.[174] Diese Perspektivenübernahme „ermöglicht es, die Identitätszuweisungen anderer zu verstehen und antizipieren, und es ermöglicht es, sich gegenüber sich selbst zu verhalten, die eigene Identität zu entwerfen und verändern und sie den anderen zur Bestätigung anzubieten."[175] „Das ‚I' reagiert auf die Identität, die sich durch die Übernahme der Haltungen anderer entwickelt. Indem wir diese Haltungen übernehmen, führen wir das ‚me' ein."[176, 177]

---

[169] Marxhausen, Christiane (2010): S.43.
[170] Diese Unterscheidung traf schon 1890 der amerikanische Psychologe William James. Mead entwickelte den Ansatz weiter. (Vgl. Hastedt, Claudia, 1998: S.17f.).
[171] Vgl. Keupp, Heiner et al. (1999): S.95f.
[172] Vgl. Mead, George H. (1968): S.178f.
[173] Vgl. Ottomeyer, Klaus (2000): S.18.
[174] Vgl. Kim, Tae-Won (1999): S.83f.
[175] Habermas, Tilmann (1996): S.15.
[176] Kim, Tae-Won (1999): S.86.

Erikson bezeichnet Identität als „eine Funktion des Freudschen Ich [...]. Die Identität [...] leistet die Aufgaben der Synthetisierung von Teilaspekten des Ich, der Selbstidentifizierung des Individuums und der Abgrenzung nach außen."[178] Kritiker werfen Eriksons Theorie insbesondere vor, Identität als ein kontinuierliches Stufenmodell zu beschreiben, im Erwachsenenalter habe die Identität allmählich einen „stabilen Kern" gebildet.[179] Aktuelle Identitätswissenschaftler lehnen diese Idee ab, stattdessen erkennen sie Identität als niemals abgeschlossenen Prozess. Diese Ansicht teilt auch Peter Zima, der behauptet, Subjekte konstituieren sich im Diskurs und nehmen „als sprechende und handelnde Instanzen eine Identität an [...]"[180].

Heute umfasst die Identitätsforschung eine Fülle von Ansätzen. Die „Konjunktur des Identitätsbegriffs", so Keupp et al., sei vor allem darauf zurückzuführen, dass „die gesellschaftlichen Gründe, die zur Schöpfung des Identitätsbegriffs geführt haben, noch gewichtiger geworden sind. Und die Gründe hatten von Anfang an mit Krisenerfahrungen, Heimat- und Ortlosigkeit des Subjekts in der Moderne zu tun."[181] Die Begriffsbestimmung gestaltet sich aufgrund der Vielzahl der Ansätze in der Wissenschaft als schwierig. Überwiegende Übereinstimmung besteht aber noch immer in Meads zentralem Forschungsergebnis, nach dem die Identität kein starrer, von gesellschaftlichen Veränderungen isolierter Zustand, sondern vielmehr ein Prozess ist, der von sozialen Interaktionen beeinflusst wird. Identität ist damit eine soziale Konstruktion. Eine Persönlichkeit entwickelt sich demnach erst in Interaktion mit anderen. Zima geht sogar soweit, zu behaupten, ein individuelles Subjekt sei nur im Kommunikationszusammenhang zu verstehen.[182]

Aufgrund der Vielfalt wissenschaftlicher Arbeiten zu Identität werden im Folgenden statt einer festen Definition verschiedene Forschungsrichtungen und -schwerpunkte vorgestellt.

3.1.1 Theorie der Sozialen Identität (SIT) und Selbstkategorisierung

Bei der Theorie der Sozialen Identität von Henri Tajfel[183] (1979, 1986) handelt es sich um eine sozialpsychologische Theorie, die intergruppale Prozesse und

---

[177] Auf diesen Aspekt wird in einem gesonderten Kapitel zur „Außenwahrnehmung" noch eingegangen werden.
[178] Vgl. Ottomeyer, Klaus (2000) S.18.
[179] Vgl. Keupp et al. (1999): S.29.
[180] Zima, Peter V. (2000): S.9.
[181] Keupp et al. (1999): S.26.
[182] Zima, Peter V. (2000): S.11.
[183] Vgl. auch: Tajfel, Henri (1982a; b); Mummendey, Amélie (1984).

Konflikte untersucht. Obwohl es um Differenzierungsprozesse zwischen Gruppen geht, liegt das Augenmerk besonders auf der Rolle des Individuums innerhalb der Gruppe und dessen Motiven, die eigene Gruppe von anderen Gruppen zu differenzieren und letztere abzuwerten.[184]

Das Individuum, so die Theorie, bezieht seine soziale Identität aus der Gruppenzugehörigkeit. Der Gruppenbildung geht eine Kategorisierung voraus, die den Individuen ermöglicht,, sich selbst in Relation zum sozialen Kontext zu definieren.[185] Henri Tajfel fertigte Wahrnehmungsstudien, Untersuchungen zu Stereotypen und zu Vorurteilen an und führte Experimente zum Minimal-Gruppen-Paradigma durch. Dabei fand er heraus, dass Individuen automatisch ihre eigene Ingroup gegenüber Outgroups bevorzugen. Fairness spielt dabei nur eine untergeordnete Rolle. Es geht den Individuen dabei sogar mehr um die maximale Differenzierung ihrer Gruppe zu anderen als um den maximalen Gewinn ihrer Gruppe. „Die Ingroup wird selbst dann bevorzugt, wenn es den Eigeninteressen widerspricht."[186] Tajfel und Turner deuten, diese Art der Kategorisierung schaffe eine soziale Identität, die neben der personalen Identität existiere und eine Grundlage der Selbstdefinition sei. Die soziale Identität bildet sich durch Zugehörigkeit zu einer Gruppe. Immer wenn die soziale Identität Bedeutung erlangt und die personale Identität in den Hintergrund rückt, wird die soziale Kategorie zur entscheidenden Wahrnehmungs- und Handlungsgrundlage. Dann bemühen sich die Individuen um eine große Differenz ihrer Gruppe zur Außengruppe, um somit die eigene positive soziale Identität zu erhalten oder zu verbessern. Soziale Konflikte sind nach Tajfel und Turner immer Konflikte zwischen Gruppen, das Motiv ist stets das Aushandeln einer positiven sozialen Identität.[187] Die Outgroup, von der man sich differenzieren will, muss vergleichbar mit der eigenen Gruppe wahrgenommen werden. Neben der Möglichkeit, die eigene Gruppe von anderen Gruppen abzusetzen, kann es in bestimmten Fällen noch die Alternative geben, die eigene Gruppe zugunsten der Mitgliedschaft in einer positiveren Gruppe zu verlassen, um dadurch die soziale Identität zu steigern. Eine solche Wahrnehmung der Möglichkeit des Wechsels sozialer Gruppen nennt Tajfel „soziale Mobilität".[188] Diese hängt davon ab, ob die Grenzen als durchlässig wahrgenommen werden, ob die Mitglieder das Wechseln von Gruppen als Möglichkeit einer Veränderung der sozialen Identität wahrnehmen und „ob sie die Statushierarchie zwischen der Ingroup und Outgroup als stabil

---

[184] Vgl. Zick, Andreas (2002).
[185] Vgl. Hastedt, Claudia (1998):S.6.
[186] Zick, Andreas (2002): S.410.
[187] Vgl. ebd.
[188] Vgl. Tajfel, Henri (1982): S.91f.

oder instabil und legitim oder illegitim wahrnehmen".[189] Hat das Individuum die Überzeugung, seine soziale Gruppe nicht verlassen zu können, dass es seine Situation also „nur zusammen mit seiner Gruppe als ganzer verändern kann, [...] als Gruppenmitglied und nicht als jemand, der seine Gruppe verlässt und der in einer Reihe relevanter sozialer Situationen als Individuum unabhängig von seiner Gruppenmitgliedschaft handeln kann"[190], so nennt Tajfel dies „sozialer Wandel". Der Aspekt der individuellen Wahrnehmung spielt somit eine zentrale Rolle in der Theorie.

Die Konfliktbereitschaft steigt, je stärker sich die Individuen mit ihrer Gruppe identifizieren und je akuter sie eine Bedrohung ihrer sozialen Identität wahrnehmen. Zu einem Konflikt kommt es aus der Motivation heraus, die positive Identität zu wahren und den Selbstwert zu stärken oder zumindest beizubehalten.

John Turner erweiterte seine Forschungen besonders im Bereich der Selbstkategorisierung der Individuen und stellte fest, dass diese am stärksten zur Konfliktbereitschaft beiträgt. Im Gegensatz zur Theorie der Sozialen Identität betrachtete die Theorie der Selbstkategorisierung nicht nur die soziale Identität, sondern erweitert die Betrachtung zusätzlich um den Aspekt der personalen Identität. Es handelt sich hierbei um Subsysteme des Selbstkonzeptes, das sich auf einem Kontinuum zwischen personaler und sozialer Identität bewegt. Turners Theorie der Selbstkategorisierung kann als Theorie bezeichnet werden, „die ausdrücklich nicht die Gruppe über das Individuum stellt oder umgekehrt, sondern die sich aus einer interaktionistischen Perspektive mit der Interdependenz zwischen Individuum und Gruppe und dem Verhältnis zwischen personaler und sozialer Identität beschäftigt"[191]. Die Selbstkategorisierung, so Turner, kann als eine Form der Selbst-Stereotypisierung betrachtet werden, die zu einer anderen Wahrnehmung des Individuums innerhalb der Gruppe führt, Differenzen innerhalb der eigenen Ingroup werden zu einem großen Teil ausgeblendet. Somit wird ein Gruppenverhalten ausgelöst, bei dem das individuelle Verhalten zugunsten eines kollektiven Verhaltens an Bedeutung verliert. Bei der Betrachtung der Selbstkategorisierung ist es wichtig, die Salienz der Gruppenzugehörigkeit eines Individuums zu beachten. Unter Salienz versteht man „das Produkt der Verfügbarkeit sozialer Kategorien im individuellen Kategoriensystem und der Passung der Kategorie zu den Stimuli einer spezifischen Situation".[192] Droht einer Gruppe der Verlust ihrer Identität, kann ein Konflikt mit einer Outgroup die Möglich-

---

[189] Zick, Andreas (2002): S.410.
[190] Tajfel, Henri (1982b): S.92.
[191] Hastedt, Claudia (1998): S.9.
[192] Zick, Andreas (2002): S.413f.

keit darstellen, den Identitätsverlust zu verzögern oder aufzuhalten.[193] Bestimmte Bedingungen können Individuen dazu veranlassen, eine Outgroup als homogene Gruppe wahrzunehmen und die Bereitschaft erhöhen, mit dieser in Konflikt zu treten. Unter anderem zählen zu diesen Bedingungen die Annahme, nationale Grenzen seien zu durchlässig sowie der Wille die nationale Identität aufzuwerten, da eine alternative Selbstwertsteigerung nicht möglich scheint.[194]

Die Theorie der Sozialen Identität und die Selbstkategorisierungstheorie verdeutlichen die Bedeutung der Existenz sozialer Kategorien für Identitätskonstruktionen und Handeln. „Eine zunächst ‚externe', im sozialen Aushandlungsprozess entstandene Kategorie wie ‚weiblich' kann so mit all ihren inhärenten Wertungen und als richtig empfundenen Verhaltensweisen und Handlungsmustern zum Element des eigenen Handelns werden."[195]

Mummendey und Wenzel erweitern mit dem Modell der Eigengruppenprojektion Turners Theorie der Selbstkategorisierung.[196] Demnach tragen zwei Faktoren zu einer verstärkten Diskriminierung einer Fremdgruppe bei: Zum einen wird die Diskriminierung einer Fremdgruppe dann verstärkt, wenn sowohl Eigen- als auch Fremdgruppe einer gleichen übergeordneten Kategorie zugerechnet werden können und sich daher miteinander vergleichen können; die Diskriminierung wird aber auch dann verstärkt, wenn Personen einer Gruppe Merkmale, Normen oder Ziele der eigenen Gruppe als Prototypen der übergeordneten Kategorie bewerten (Eigengruppenprojektion). „In diesem Fall wird die Fremdgruppe an einem ethnozentrischen Standard gemessen, nämlich am mit Eigengruppenmerkmalen belegten Prototypen der übergeordneten Kategorie."[197]

Zu Identität gehört neben einem eigenen persönlichen Bewusstsein immer auch das Identifiziert-werden von außen: „‚Identifiziert-Werden' durch die soziale Umwelt nötigt das Individuum im Prozess der sozialen Interaktion zur Übernahme der vom Rollensender spezifizierten Erwartungshaltungen, die nach erfolgter Internalisierung zum selbstverständlichen Bestandteil der Ich-Konzeption werden können".[198]

Dragan Soric beschreibt mit George Herbert Meads Theorie den Zusammenhang zwischen Individuum, eigener Gruppe des Individuums und den ‚Anderen': „Das Individuum wird sich der funktionalen und organisatorischen Einbettung seiner Bezugsgruppe in den gesamtgesellschaftlichen Tätigkeits-

---

[193] Vgl. ebd.
[194] Vgl. ebd.
[195] Marxhausen, Christiane (2010): S.47.
[196] Vgl. Waldzus, Sven; Wenzel, Michael (2008).
[197] Ebd. S.240.
[198] Weichhart, Peter (1990): S.20.

prozess bewusst, wenn es die Haltung des ‚verallgemeinerten' Anderen übernimmt. Es muss sich ferner selbst als Bestandteil dieses allgemeinen Prozesses betrachten. Nur so könne das Individuum die volle Entwicklung der Identität erreichen."[199] Wie auch die Theorie der Sozialen Identität, beschreibt Meads Theorie, dass „eine Identität stets nach „Überlegenheit" [strebt], um sich somit gegenüber einer anderen abgrenzen zu können."[200]

Die Theorie der Sozialen Identität wird bis heute von vielen Forschern zur Erklärung intergruppalen Verhaltens herangezogen. Auch die vorliegende Forschung wird immer wieder daran anknüpfen. Nicht unerwähnt bleiben sollte dennoch, dass einzelne Aspekte der Theorie heute hinterfragt oder angezweifelt werden. So berichtet Uwe Berger beispielsweise von Forschungen, welche die Eigengruppenbevorzugung weitaus weniger eindeutig und generalisierbar beschreiben als Tajfel dies tut. Die besagten Untersuchungen fanden heraus, dass die eigene Gruppe zwar dann bevorzugt wird, wenn Güter positiven Wertes verteilt werden sollten, jedoch konnte keine signifikante Eigengruppenbevorzugung festgestellt werden, wenn negative Ressourcen verteilt werden sollten. Des Weiteren erinnert Berger an Forschungen, die Personen mit sehr hohem Selbstwert eine überdurchschnittliche Tendenz der Ingroup-Favorisierung nachweisen, was wiederum Tajfels Annahme widerspricht, insbesondere eine schwache soziale Identität sei verantwortlich für eine Ingroup-Aufwertung und Outgroup-Abwertung.[201]

3.1.2 Identität und Postmoderne

„Die Situation der Postmoderne ist dadurch charakterisiert, dass wir mit einer zunehmenden Vielfalt unterschiedlichster Lebensformen, Wissenskonzeptionen und Orientierungsweisen konfrontiert sind; dass wir des Restcharakters und der Unüberschreitbarkeit dieser Pluralität gewahr werden; und dass wir diese Vielfalt zunehmend vorbehaltlos anerkennen und schätzen."[202] Die Moderne lässt sich „als ein Zeitalter der klaren, hierarchischen, funktionalen und mehr oder minder zentralistischen Strukturen herauslesen, während die Postmoderne als verspielt, patchworkartig, dezentral und komplex gilt."[203] Der Aufbruch der territorial nationalstaatlichen Rahmenkonstruktion der Moderne durch die Prozesse der Globalisierung und Lokalisierung ist eine wesentliche Grundlage des postmo-

---

[199] Soric, Dragan (1996): S.50.
[200] Ebd. S.105.
[201] Vgl. Berger, Uwe (1998).
[202] Welsch, Wolfgang (1988a): S.23.
[203] Diez, Thomas (2002): S.187.

dernen Weltbilds.[204] Olaf Kühne nennt das Streben nach Abgrenzen von Andersartigkeiten und das Ersuchen nach Eindeutigkeiten als typische Merkmale der Moderne. „Die Postmoderne bemüht sich hingegen, Widersprüche und Mehrdeutigkeiten anzuerkennen und das Andersartige als Bereicherung zu beschreiben."[205] Diez mahnt jedoch bei allen theoretischen Überlegungen immer auch zu bedenken, dass es sich bei der Unterscheidung von Postmoderne und Moderne um ein Konstrukt handelt, welches „in erster Linie der Art und Weise [entspringe], wie wir über die Welt, in der wir leben, denken, reden, lesen und schreiben, und nicht aus irgendwelchen vorgegebenen Realitäten."[206] Als wichtiger Soziologe der Postmoderne gilt Zygmunt Bauman. Er erkennt im Übergang von Moderne zu Postmoderne insbesondere deshalb einen Gewinn, weil er der Wissenschaft erlaubt, Vieldeutigkeit anzuerkennen und sich von „monopolartige[n] Deutungsansprüche[n]" zu entfernen. Den Wunsch der Moderne nach klaren Klassifizierungen bezeichnet die Postmoderne als unmöglich.[207] Die Existenz von essentiellen Wahrheiten wird erheblich angezweifelt, Wissenschaft stets kritisch hinterfragt.[208] Die Postmoderne kann daher auch, zusammen mit anderen Begriffen wie Poststrukturalismus und Konstruktivismus, als Verweis auf „ein grundsätzlich verändertes Verständnis von Erkenntnis und Wissenschaft"[209] gedeutet werden. „*Postmoderne Männer und Frauen haben ein Stück ihrer Sicherheitsmöglichkeiten gegen ein Stück Glück eingetauscht.* Das Unbehagen in der Moderne erwuchs aus einer Art Sicherheit, die im Streben nach dem individuellen Glück zu wenig Freiheit tolerierte. Das ‚Unbehagen in der Postmoderne' entsteht aus einer Freiheit, die auf der Suche nach Lustgewinn zu wenig individuelle Sicherheit toleriert."[210] Bauman veranschaulicht den Unterschied zwischen modernen und postmodernen Menschen, indem er erstere als Pilger und letztere als Touristen, Spaziergänger, Vagabunden und Spieler bezeichnet.[211] Der moderne Mensch ist demnach wie ein Pilger auf der Suche nach dem Sinn seines Lebens und seiner Identität. Der Tourist befindet sich zwar ebenfalls auf der Sinn- und Identitätssuche, jedoch ist ihm im Gegensatz zum Pilger die begrenzte Gültigkeit des Ergebnisses bewusst. Die Identität, die er sucht, ist keine stabile, sondern eine vorübergehende. „Die Welt der Pilger – Identitätsbilder – muss ordentlich, determiniert, vorhersagbar und sicher sein; doch vor allem muss es eine Welt sein, in der die Fußspuren für immer einge-

---

[204] Vgl. Wolkersdorfer, Günter (2001): S.47.
[205] Kühne, Olaf (2008a): S.11.
[206] Diez, Thomas (2002): S.188.
[207] Vgl. Junge, Matthias (2005).
[208] Vgl. hierzu auch Schlottmann, Antje (1998): S.45ff.
[209] Wolkersdorfer, Günter (2001): S.23.
[210] Bauman, Zygmunt (1999): S.11. (Hervorhebung im Original).
[211] Vgl. Bauman, Zygmunt (1996 und 1997).

prägt bleiben, so dass die Spur und Aufzeichnung vergangener Reisen erhalten und bewahrt bleibt."[212] Spieler, Vagabunden, Touristen und Spaziergänger, also „postmoderne[n] Lebensstrategien haben die Tendenz gemeinsam, menschliche Beziehungen fragmentarisch und diskontinuierlich werden zu lassen."[213] Bauman zu Folge suchen sie die Distanz und fürchten sich vor engen Bindungen. Das Unterwegssein ist ihnen wichtiger als das Ankommen. Ihr oberstes Ziel sei es, „ein erfreuliches Leben zu führen."[214] Des Touristen höchstes Gut ist die Freiheit und Unabhängigkeit. Endlose Möglichkeiten des Lebens in der heutigen komplexen Welt führen jedoch nicht selten zu postmoderner Unsicherheit.[215] Dies verdeutlicht Bauman mit der Metapher des Vagabunden. Im Gegensatz zum Touristen ist der Vagabund nicht zufrieden mit seiner Reise. Der Tourist reist, weil er es will, der Vagabund hingegen hat keine andere Wahl, weil ihm Kompetenzen und Ressourcen fehlen.[216] Der sich zurückziehende Nationalstaat hinterlässt eine Leere, in der die Gefahr besteht, sich nicht mehr zurechtzufinden. Erstrebenswert ist daher ein Ort, Bauman orientiert sich in dieser Ansicht an Hannah Arendt, „an dem wir einander als Gleiche begegnen und zugleich unsere Unterschiedlichkeit erkennen, wobei wir die Erhaltung dieser Verschiedenheit als den wahren Zweck unserer Begegnung betrachten."[217] Erreicht werden könne dies, „indem die separierten Identitäten auf Exklusivität und die Weigerung, sich mit anderen Identitäten zusammenzutun, verzichten. Dazu müssten sie die Tendenz, andere Identitäten im Namen eigener Selbstbehauptung zu unterdrücken, aufgeben und im Gegenteil akzeptieren, dass nur der Schutz anderer Identitäten die Verschiedenartigkeit aufrechterhält, in der die eigene Einzigartigkeit gedeihen kann."[218]

Der Prozesscharakter postmoderner Identitäten gilt heute unbestritten. „Sie können als lebenslang anhaltende und in Interaktionen immer wieder neu entworfene ‚Projekte' oder ‚Aspirationen' gelten […]"[219]. Allerdings ist das Prozesshafte und Wandelbare von Identitäten „aufgrund der sozio-kulturellen Milieuzugehörigkeiten und der jeweiligen Ressourcen der Subjekte"[220] stets gewissen Grenzen unterworfen. Zu den Grenzen der postmodernen Gesellschaft bemerkt Bauman: „In der postmodernen Konsumgesellschaft ist das Wählen

---

[212] Bauman, Zygmunt (1997): S.143.
[213] Ebd. S.163.
[214] Ebd. S.167.
[215] Vgl. Bauman, Zygmunt (2000): S.39.
[216] Vgl. Bauman, Zygmunt (1999): S149-168. Vgl. Auch: Eickelpasch, Rolf; Rademacher, Claudia (2010): S.46.
[217] Bauman, Zygmunt (2000): S.45
[218] Ebd. S.45.
[219] Reckinger, Rachel; Wille, Christian (2010): S.19.
[220] Reckinger, Rachel, Schulz, Christian; Wille, Christian (2010): S.297.

jedermanns *Schicksal*, doch die *realistischen Wahlmöglichkeiten* fallen sehr unterschiedlich aus; dasselbe gilt für die dazu notwendigen verfügbaren *Ressourcen*."[221] Die Wahlmöglichkeiten, so Bauman, befinden sich innerhalb der Grenzen der von ‚Experten' vorgefertigten Lösungen. Die Gestaltung des eigenen Lebens in der Postmoderne ist damit für die Individuen nicht völlig autonom durchführbar, sondern in Marktmechanismen eingebunden.[222] So orientieren sich Identitätskonstruktionen an bereits bestehenden Identitätsmustern und bewegen sich innerhalb der Grenzen der sozialen Akzeptanz.[223]

Dass postmoderne Menschen die Möglichkeit haben, ihr Leben selbst zu gestalten, bietet nicht nur Vorteile: „Für viele Menschen ist diese Situation jedoch eine Überforderung. Sie greifen nicht nur begierig nach neuen standardisierten Modellen des ‚richtigen Lebens', die in einer überbordenden Fülle von den Medien und Erlebnisindustrien angeboten werden. Sie reagieren teilweise auch mit der Wiederbelebung alter und der Produktion neuer Feindbilder, die Eigenes von Fremdem eindeutig und endgültig abgrenzen sollen."[224] Die beiden gegensätzlichen Positionen, Postmoderne entweder als Chance für Wahlmöglichkeit und Freiheit anzuerkennen oder die innere Zerrissenheit und Orientierungslosigkeit zu betonen, prägen den Diskurs. Neben Bauman kann Stuart Hall als Verfechter ersterer Gruppe genannt werden – obwohl auch er die Instabilität und Unsicherheit postmoderner Identitäten hervorhebt.[225] Auch nach Schulze muss die abnehmende Bedeutung der Verbindlichkeit sozialer Strukturen und die damit einhergehende größere Wahlmöglichkeit nicht in Orientierungslosigkeit und Mangel an gesellschaftlichem Halt enden: „An die Stelle von engen und langfristig bestehenden Verwandtschaftsgruppen, Nachbarschaften und ökonomisch restringierten oder privilegierten Milieus ist kein gesellschaftliches Vakuum getreten. Neue, physisch schwierigere Formen von Gesellschaft kristallisieren sich heraus: gewählte Beziehungen, regional und temporal punktualisierte Kontakte, revidierbare Koexistenzen, fluktuierende Zeichenkosmen, indirekte Gemeinsamkeiten, wie sie etwa durch ähnlichen Konsum konstituiert werden, durch Zugehörigkeit zum selben Publikum, durch die Erfahrung von Normalität aus der distanzierten Beobachtung der Alltagswelt um uns herum, durch Vorführung von Gesellschaft in den Medien. Auch so können soziale Strukturen und intersubjektiv geteilte Deutungsmuster entstehen."[226]

---

[221] Bauman, Zygmunt (1999): S.348. (Hervorhebung im Original).
[222] Vgl. Eickelpasch, Rolf; Rademacher, Claudia (2010): S.44f.
[223] Vgl. Marxhausen, Christiane (2010): S.24f.
[224] Keupp, Heiner (1994): S.348.
[225] Vgl. Krotz, Friedrich (2009).
[226] Schulze, Gerhard (1993): S.77.

	Moderne	Postmoderne
Ökonomie / Staat	Produktionskapitalismus	Konsumkapitalismus
	betriebsabhängige Massenproduktion	Enträumlichung, Dezentralisierung, Diversifizierung der Produktion und der Märkte
	lebenslange Ganztagsarbeit	Fragmentierte Erwerbsbiografien; Job-Nomaden
	Ordnungsfunktion des Staates	Schwächung des Staates durch das globale Kapital
	starker Sozialstaat	Abbau des Sozialstaates
Kultur / Wissen	Kultur als System verbindlicher Werte	Pluralismus von Traditionen, Werten, Ideologien
	Krieg gegen Differenz und Ambivalenz	Leben mit Kontingenz und Vielfalt
	Wissen als Kontroll- und Herrschaftsinstrument	Skepsis gegenüber Wissenschaft, Technik, Rationalität
	Intellektuelle als ‚Gesetzgeber' des Wissens	Intellektuelle als ‚Interpreter' von Bedeutungen
	Fortschrittsoptimismus	Bewusstsein der Unsicherheit und Selbstgefährdung
Person / Lebensführung	stabile Ich-Identität	wechselnde Selbst-Entwürfe, Spiele mit Identitäten
	langfristige Bindungen	Vermeidung von Festlegung
	Verzicht, Askese	Suche nach Genuss
	Sicherheit und Selbstvertrauen	Angst und Orientierungslosigkeit
	Zukunftsorientierung	Gegenwartsorientierung

Abbildung 5: Moderne und Postmoderne nach Zygmunt Bauman (zitiert nach: Eickelpasch, Rolf; Rademacher, Claudia, 2010: S.40).

Kritik an der Vorstellung postmoderner Identitäten, bzw. des gesamten Postmodernismus-Konzeptes kommt von Ulrich Beck. Er bemängelt, der Postmodernismus schließe den „verinnerlichte[n], institutionalisierte[n] Perspektivwechsel mit dem Anderen"[227] aus. Dem widerspricht jedoch, dass nach Lyotard, nachzulesen bei Kühne, postmodernes Denken „die Sensibilität für Unterschiede [verfeinere] und [...] die Fähigkeit aus[bilde], Inkommensurabilitäten zu ertragen."[228] Die Abwendung der modernen Forderung nach Freiheit, Gleichheit, Brüderlichkeit zugunsten des neuen postmodernen Ziels der Freiheit, Verschiedenheit und Toleranz[229] heißt nicht, dass die Perspektive des Anderen nicht länger interessiert, es bedeutet vielmehr, dass ihre Verschiedenheit toleriert wird.

Krause deutet die europäische Identität als typisch für eine Identität der Postmoderne. Demnach kann Europa als „eine völlig neuartige, eine postmoderne politische Formation dar[gestellt]"[230] werden, in der die politische Ordnung durch Ambivalenz und Uneindeutigkeit geprägt ist. Eine Identität des postmodernen Europas werde immer Teil einer Mehrfach-Identität sein, denn Europa könne die Funktion der Nationen als „romantisch kulturelle Heimat" nicht ersetzen. „Europa wird nicht der neue politische Hauptidentifikationspol für seine BürgerInnen werden. Dies ist auch gar nicht nötig. Die europäische Identität schiebt sich vielmehr neben die nationale und andere Identitäten. Sie wird ein Teil jener fragmentierten, multiplen Identitäten, die das postmoderne Individuum ausmachen."[231] Auch Wolfgang Welsch beschreibt die Pluralität der postmodernen Gemeinschaft. In Bezug auf Daniel Bell schreibt er: Jeder von uns „hat vielfache Neigungen und Identitäten und folgt unterschiedlichen Interessen und Werten; und zwischen diesen sind Konflikte unvermeidlich und ist eine Versöhnung unmöglich. Daher ist eine postmoderne Gesellschaft unaufhebbar plural. Wer diesen Pluralismus überschreiten wollte, der wäre, wenn er es als Soziologe versuchte, ein Ignorant, wenn er es aber politisch täte, ein Diktator."[232]

Der Begriff der Postmoderne wird häufig angegriffen, weil er in sehr unterschiedlichen Geltungsbereichen Anwendung findet, wie etwa der Architektur, der Literatur oder der Philosophie, und man ihm daher Ungenauigkeit vorwirft.[233] Diese Auffassung wird in vorliegender Forschung nicht geteilt, Merkmale der soziologischen Betrachtung der Postmoderne – wie etwa das Prozesshafte und Unbeständige, die Vieldeutigkeit und Pluralität – sind für die Identitätsforschung von großem Interesse und finden sich, wie oben erläutert, in verschiedenen Forschungen zu Identitätskonstituierungen bestätigt.

Postmoderne (Konflikt)Theorien basieren auf der Annahme, dass Identitäten nicht gegeben, sondern konstruiert sind. „Eine Reihe von Studien

---

[227] Beck, Ulrich; Grande, Edgar (2007): S.30.
[228] Kühne, Olaf (2006): S.6.
[229] Vgl. ebd.
[230] Krause, Johannes (2009): S.355.
[231] Ebd. S.356.
[232] Welsch, Wolfgang (1988b): S.24f.
[233] Vgl. z.B. Krause, Daniel (2007).

haben inzwischen gezeigt, wie nationale Identitäten durch die Gegenüberstellung von einem gefährdeten ‚Selbst' und einem gefahrbringenden ‚Anderen' konstruiert werden. [...] Eine postmoderne Kritik aber sieht das ‚Selbst' und das ‚Andere' als nur in und durch den sprachlichen Akt der Gegenüberstellung existent."[234] Diez stellt heraus, dass es sich bei der Aufteilung der Welt in Staaten um eine moderne Konstruktion handelt. Die klare Abgrenzung ermögliche es, von eigenen Konflikten abzulenken und die Schwächen der anderen hervorzuheben. Außenpolitik, so postmoderne Theoretiker, ist auf eine Bedrohung von außen angewiesen, um nationale Identität zu konstruieren.[235] „Konflikt, verstanden im weiteren Sinne als diskursiver Wettstreit, ist demnach nicht an sich problematisch, sondern vielmehr unumgänglich, da Identität und Konflikt insofern zutiefst miteinander verknüpft sind, als eine Identität ohne Exklusion, aber damit auch ohne Konflikt, nicht möglich ist."[236] Diez zieht daraus die Schlussfolgerung, dass die Wissenschaft sich mit der Frage beschäftigen sollte, wie Diskurse in Zukunft so verändert werden könnten, dass es durch sie nicht länger zu Legitimation von Exklusion und Gewalt kommt. Differenz sei nötig, da nur durch Differenz Identität entstehen könne. Daher, so Diez, wird es immer Konflikte geben. Diez sieht das Ziel postmoderner Analysen daher darin, zukünftig Differenzen zwar weiterhin zu ermöglichen, jedoch durch sie keine Bedrohung zu konstruieren.

Wie bei Diez findet man auch bei Rogers Brubaker Hinweise auf den starken Einfluss von Diskursen und der Wortwahl der Analytiker auf die Realität. Brubaker kritisiert den zunehmenden Gruppismus, das heißt, die Tendenz der Wissenschaft, Gruppen als real existent anzunehmen und die Welt dadurch „als multichromes Mosaik darzustellen, das aus monochromen, ethnischen, rassischen und kulturellen Blöcken besteht."[237] Diese Verdinglichung von Gruppen kann, so Brubakers These, vorübergehend dazu führen, dass fiktive Gruppen realen Einfluss ausüben können. Brubaker hält Gruppen jeglicher Art, beispielsweise Ethnien oder Nationen, immer für konstruiert. Es gibt demnach keine Gruppen, jedoch kann eine erfolgreiche Fiktion einer homogenen Gruppe reale Konsequenzen haben.[238] Daher plädiert Brubaker, „Ethnisierung, Rassifizierung und Nationalisierung als politische, soziale, kulturelle und psychologische Prozesse zu denken. Und [...] dass wir als grundlegende analytische Kategorie nicht die ‚Gruppe' als Entität wählen, sondern das Zusammengehörigkeitsgefühl (groupness) als sich auf einen Kontext

---

[234] Diez, Thomas (2002): S.189.
[235] Vgl.ebd. S.191.
[236] Ebd. S.193.
[237] Brubaker, Rogers (2007): S.17.
[238] Vgl. ebd. S.20f.

beziehenden variablen Begriff."[239] Der Vorteil, von Zusammengehörigkeitsgefühl zu sprechen, liegt nach Brubaker auch darin, dass Zusammengehörigkeitsgefühl im Gegensatz zu Gruppenzugehörigkeit je nach Situation variieren kann und nicht statisch ist. Ähnliche Beweggründe liegen Zygmunt Baumans Vorschlag zugrunde, statt von „Gesellschaft" von „sociality" zu sprechen. Auch ihm geht es hierbei darum, „den momenthaften Charakter sozialer Ordnung zu verdeutlichen"[240].

Werden Konflikte als gruppistische Konflikte gedeutet, beispielsweise von Journalisten, Politikern, Wissenschaftlern, NGOs, Tätern oder Opfern, so kann laut Brubaker dieses wahrgenommene Zusammengehörigkeitsgefühl einer „Gruppe" das reale Zusammengehörigkeitsgefühl stärken. Etikettierungen von Konflikten können demzufolge konstitutive Folgen haben.[241]

Zwar stellt auch Brubaker den Wandel innerhalb der Wissenschaft fest, Identität vermehrt aus konstruktivistischer Perspektive zu betrachten, jedoch bleibt für ihn dann „unklar, warum das, was regelmäßig als „multipel, fragmentiert und fließend" dargestellt wird, überhaupt mit dem Begriff „Identität" erfasst werden soll."[242] Der Begriff verliere durch einen derart „weichen Konstruktivismus" an „analytischem Wert."[243] Im Gegensatz zu dem Begriff *Identität* verdeutlichen die Termini *Identifikation* und *Klassifikation* für Brubaker eher einen Prozess und weniger einen Zustand und sind daher für eine Analyse oftmals besser zu gebrauchen. Eine weitere Alternative zum Identitätsbegriff ist für Brubaker *Selbstverständnis*. „Als dispositionaler Begriff gehört er in den Bereich dessen, was Pierre Bourdieu als *sense pratique* bezeichnet hat, als ein praktisches Verständnis im kognitiven und emotionalen Sinne, das Personen von sich selbst und ihrer gesellschaftlichen Welt haben."[244]

3.1.3 Identität im Hinblick auf Globalisierung, Transnationalisierung und Kosmopolitisierung

„Im Zuge der Verdichtung von Welt lassen sich kulturelle Identitäten immer weniger über nationale Kriterien erschließen."[245] Beck definiert Globalisierung als „[...] [das Leben] in einer Weltgesellschaft, und zwar in dem Sinne, dass

---

[239] Ebd. S.22.
[240] Junge, Matthias (2005): S.72.
[241] Brubaker, Rogers (2007):. S.30f.
[242] Ebd. S.55.
[243] Ebd. S.46.
[244] Ebd. S.71.
[245] Ahrens, Daniela (2001): S.139.

Vorstellungen geschlossener Räume fiktiv werden"²⁴⁶ und soziale Beziehungen immer stärker außerhalb Nationalstaaten organisiert werden. Jedoch stellt er auch besorgt ein erneutes Auftrumpfen lokaler, nationaler und ethnischer Identitäten fest, sogenannte „introvertierte Nationalismen, die sich gegen den ‚Einmarsch' der globalen Welt wehren, einigeln, abschirmen, wobei ‚introvertiert' nicht mit ungefährlich verwechselt werden darf. Denn in diesen Binnennationalismen entsteht sehr wohl eine gewaltbereite Intoleranz, die sich gegen jeden und jedes wenden kann."²⁴⁷ Globalisierung bietet demnach einerseits die Chance der Überwindung bisheriger starrer Abgrenzungen, andererseits die Gefahr der Erneuerung und Verschärfung dieser.

Besonders mit dem Ende des Ost-West-Konfliktes 1989 haben bis dahin wichtige Identifikations- und vor allem Abgrenzungskategorien an Bedeutung verloren. Es ist eine Situation entstanden, „in der keine Kategorisierung die Wahrnehmung der internationalen Politik in solcher Weise dominiert, dass sich heute starke kollektive Identitäten entlang einer globalen Konfliktformation herausbilden würden. Ganz im Gegenteil haben nach 1989 ethnische, sektoraltransnationale und regionale Identitäten an Bedeutung gewonnen [...]"²⁴⁸. Christoph Weller erkennt in der derzeitigen Herausbildung unterschiedlicher Kategorisierungen und damit Verwischung klarer Grenzen zwischen In- und Outgroups eine Chance. Denn wenn sich „keine einheitliche kollektive Identität herausbildet, existiert keine Grundlage dafür, dass die Mitglieder einer Gruppe sich zu einem gewaltsamen Konfliktaustrag motivieren lassen."²⁴⁹ Dies, so Weller, ist jedoch noch nicht erreicht. Dem Konzept der Transnationalisierung hingegen liegt die Vorstellung zugrunde, dass die Bedeutung von Nationalstaaten bei transnationalen Verbindungen bestehen bleibt: „Im Transnationalisierungs-Konzept werden Nationalstaat und transnationale Formationen nicht als sich wechselseitig ausschließende sondern konstituierende soziale Ordnungen gefasst."²⁵⁰ Transnationalisierung wird als Prozess „zunehmender pluri-lokaler, sich über mehrere Nationalstaaten erstreckender sozialer Praxis alltagsweltlicher Beziehungen"²⁵¹ verstanden.

Heute findet man in der Wissenschaft immer häufiger die Auffassung, kulturelle Identität werde erst durch Begegnungen mit anderen Kulturen

---

²⁴⁶ Dürrschmidt, Jörg (2004): S.15. Er zitiert hier: Beck, Ulrich: *Was ist Globalisierung? Irrtümer des Globalismus – Antworten auf Globalisierung.* Suhrkamp. Frankfurt am Main. 1997. S.27f.
²⁴⁷ Beck, Ulrich (2004): S.11.
²⁴⁸ Weller, Christoph (1999): S.271.
²⁴⁹ Ebd. S.272.
²⁵⁰ Pries, Ludger (2002): S.7.
²⁵¹ Ebd. S.8.

möglich.[252] Hierbei solle jedoch nicht die Abgrenzung im Vordergrund stehen, sondern der Austausch. Der 4. Deutsch-Französische Dialog (2002) macht daher auf die besondere Herausforderung aufmerksam, kulturelle Selbstbestimmung zu fördern, um die kulturelle Pluralität Europas zu erhalten, gleichzeitig Intoleranz und Extremismus, die negativen Aspekte der Abgrenzung, jedoch zu vermeiden. Die Forderung nach einer gemeinsamen europäischen Kultur solle nicht einhergehen mit der Konstruktion einer neuen Einheitskultur, sondern lediglich gemeinsame Werte, Normen und Grundvorstellungen betonen und damit die Tür öffnen für eine gemeinsame europäische Citoyenneté. „Das Konzept der Citoyenneté, nämlich die Gleichheit in der Differenz, ist die Antwort auf die Turbulenzen der Globalisierung."[253],[254]

Die Globalisierung ist bereits so weit in unseren Alltag vorgedrungen, dass Dürrschmidt von einer „latenten Globalisierung unseres Handelns"[255] spricht, derer wir uns nicht immer bewusst sind. Kulturwissenschaftliche Untersuchungen schmälern die Angst vor globalisierungsbedingter Einheitskultur. Die Furcht äußert sich nicht selten in einer „Amerikanisierungskritik"[256]. Feststellbar ist sogar „eine gesteigerte kulturelle Komplexität im Zuge weltweiter Verflechtungen"[257]. Zwar werden Differenzen aufgehoben, jedoch entsteht auch eine neue Form „kulturelle[r] Ausdifferenzierung jenseits nationaler Grenzen"[258]. Die scheinbar homogene neue Weltkultur ist lediglich als „Fundus an Symbolen, Ideen, Stilelementen, Konzepten und Erzählungen [zu verstehen], aus dem sich die Bewohner des ‚globalen Dorfes' bedienen können, um sich ihre eigensinnigen, lokalen Identitäten zu konstruieren."[259] Auch Ulf Hannerz betont die Möglichkeit der Beeinflussung durch die fremde Kultur, die jedoch nicht zu einer Übernahme dieser führen muss: „The cosmopolitan may embrace the alien culture, but he does not become committed to it. All the time he knows where the exit is."[260] Tajfel beschreibt das Streben nach Diversifizierung und „Schaffung einer eindeutigen ‚Eigenart'"[261] als Reaktion auf Vereinheitlichungsprozesse und zunehmende weltweite gegenseitige

---

[252] Vgl. auch den Diskussionsbericht zum 4. Deutsch-Französischen Dialog am 31. Mai / 1. Juni 2002 in Saarbrücken.
[253] Ebd. S.23.
[254] „Einheit in Vielfalt" ist unter anderem auch das Ideal christlicher Gemeinschaft. Demnach müssen „Individualität und Gemeinschaftsbeziehung nicht in Konkurrenz zueinander stehen, sondern sich vielmehr wechselseitig ermöglichen und vertiefen." (Vogt, Markus: 2007, S.37).
[255] Dürrschmidt, Jörg (2004): S.5.
[256] Johler, Reinhard (2008): S.127.
[257] Ahrens, Daniela (2001): S.135.
[258] Ebd. S.135.
[259] Eickelpasch, Rolf; Rademacher, Claudia (2010): S.63.
[260] Hannerz, Ulf (1996): S.104.
[261] Tajfel, Henri (1982b): S.63.

Abhängigkeit. Auch David Harvey negiert eine globale Homogenisierung auf Kosten lokaler Eigenheiten, er erkennt vielmehr eine „Sensibilisierung von Kapital und anderen global operierenden Akteuren für relative lokale Vorteile (z.b. billige Arbeitskräfte, gute Verkehrsanbindung etc.) sowie umgekehrt die Notwendigkeit, lokale Unterschiede vorteilhaft auf globaler Bühne zu präsentieren."[262] Die Prozesse der Globalisierung, so auch Eugen Buß, der sich hierbei auch auf Anthony Giddens beruft, stärken lokale Identitäten.[263] Denn „neben und trotz Welthandel, internationaler Telekommunikation, globalem Tourismus, internationaler Esskultur, Mode, Filmen, Fernsehkanälen und Musik wird immer stärker das Bedürfnis nach eigner kultureller Identität und deren Bewahrung deutlich."[264] Dennoch umfasst regionale Identität beides: „eine klare spezifische Kernidee und zugleich spezifische Amalgamierung mit überregionalen oder transnationalen Wert- und Lebensstilansprüchen [...]."[265] Robertsons Theorie der Glokalisierung greift diese Überlegungen auf. Demzufolge schließen sich globale und lokale Prozesse nicht aus, sie bedingen und beeinflussen sich vielmehr.[266] Das globale Bewusstsein ermöglicht demnach eine neue Sichtweise auf das Lokale, es erfindet das Lokale neu.[267] Die gegenwärtige Mobilisierung lokaler Kultur wird von der befürchteten Beeinflussung der Globalisierung geleitet. „Kulturelle Globalisierung [...] zeigt sich zuallererst im Kontext von Heimat."[268] Hannerz bietet noch eine andere Sichtweise auf die gegenseitige Abhängigkeit von *locals* und *cosmopolitans*. Demnach ist es „the survival of diversity that allows all locals to stick to their respective cultures. For the cosmopolitans, in contrast, there is value in diversity as such, but they are not likely to get it, in anything like the present form, unless other people are allowed to carve out special niches for their cultures, and keep them. Which is to say that there can be no cosmopolitans without locals."[269] Der Begriff der Transkulturalität weist auf Konfrontationen zwischen Kulturen hin, die „im Kontakt mit fremden Kulturen zur Auseinandersetzung mit der eigenen Lebenswelt"[270] zwingen. Traditionen verschwinden zwar nicht, ihr Konstruktcharakter und ihre Veränderlichkeit werden jedoch durch das

---

[262] Dürrschmidt, Jörg (2004): S.60 [er bezieht sich hier auf David Harvey: *The Conditions of Postmodernity: An Enquiry into the Origins of Cultural Change*. Blackwell. Oxford. 1993.]
[263] Vgl. hierzu auch: Lichtblau, Klaus (2007).
[264] Buß, Eugen (2002): S.21.
[265] Ebd. S.31.
[266] Vgl. Robertson, Roland (1998) und (1995).
[267] Vgl. Ahrens, Daniela (2001): S.137.
[268] Johler, Reinhard (2008): S.126.
[269] Hannerz, Ulf (1996): S.111.
[270] Ahrens, Daniela (2001): S.140. [in Bezug auf Featherstone]

globalisierungsbedingte ständige Aufzeigen von Alternativen verdeutlicht.[271] Ehemals als selbstverständlich angenommene tradierte Lebensformen werden hinterfragt. „Biographische Unsicherheit wird zum charakteristischen Merkmal der globalen Moderne, ja zur gesellschaftlichen Basiserfahrung."[272]

In Hinblick auf Giddens und Featherstones Ansätze bezeichnet Dürrschmidt die Globalisierung als Bereitstellerin einer Infrastruktur, die Kontakte zwischen unterschiedlichen Kulturen ermöglicht und dadurch zum Reflektieren und Vergleichen über die eigene Sichtweise und die der anderen auf die jeweiligen Handlungs- und Erfahrungsräume zwingt.[273] Robertsons Perspektive auf globalisierungsbedingte Transformationen fokussiert die kulturelle Dimension. Seiner Meinung nach zeichnet sich die Globalisierung durch einen Bewusstseinswandel der Menschen aus. Diese verstünden die Welt zunehmend als Einheit, die nicht nur in wechselseitiger Abhängigkeit stehe, sondern in der das Handeln auch stets weltweite Konsequenzen habe, Globalisierung werde als mitgestaltbarer Prozess erlebt.[274] Globalisierung ist darüber hinaus als ein Faktor zu verstehen, der den Menschen ihre Unfertigkeit ständig bewusst werden lässt. „Ein wichtiger Faktor bei der Bewertung des eigenen Lebenspotenzials ist, beispielsweise, mit wem man sich vergleicht, und die Zahl der potentiellen Konkurrenten. Zwar ist der globale Wettbewerb eine Chance für Innovation, es ist aber auch eine chronische Bedrohung des Selbstwertgefühls und der persönlichen Sicherheit."[275]

Ulrich Beck stellt mit seinem Ansatz des kosmopolitischen Blicks eine Erweiterung des seiner Auffassung nach unzureichend präzisen Globalisierungskonzepts vor. Er betont dabei in erster Linie die zunehmende Interdependenz sozialer Akteure über nationale Grenzen hinweg, „wobei die Besonderheit darin liegt, dass diese ‚Kosmopolitisierung' sich als ungewollte und ungesehene *Nebenfolgen* von Handlungen durchsetzt, die nicht als kosmopolitisch im normativen Sinne intendiert sind (‚real existierende Kosmopolitismen' oder die ‚Kosmopolitisierung der Wirklichkeit')."[276] Beck zu Folge ist die existierende Kosmopolitisierung daher kein bewusster, elitärer Prozess, es handelt sich vielmehr um den „banalen Alltag" eines jeden, der von Kosmopolitisierung geprägt ist und somit passiv und unbewusst die Wirklichkeit formt. Der nationale Blick ist nach Becks Theorie längst überholt, auch wenn nationale Einstellungen und Identitäten noch immer vorherrschen. Der kosmopolitische Blick zeichnet sich vor allem dadurch aus, dass die

---

[271] Vgl. Eickelpasch, Rolf; Rademacher, Claudia (2010): S.8.
[272] Ebd. S.9.
[273] Vgl. Dürrschmidt, Jörg (2004): S.105.
[274] Vgl. ebd. S.52ff.
[275] Baltes, Paul B. (2004): S.45.
[276] Beck, Ulrich (2004): S.30.

„erzwungene Melange" der Weltgesellschaft, die es durch Einflüsse wie beispielsweise Weltkriege oder Vertreibungen schon immer gab, nun auch bemerkt wird und einer Reflexion unterliegt.[277] Trotz einer zunehmenden Reflexion der real existierenden Kosmopolitismen ist das vorherrschende Selbstbild der deutschen Gemeinschaft jedoch das „einer weitgehend homogenen Nation"[278], in der „Mobilität und De-Lokalisierung tatsächlich noch kaum enthalten"[279] sind.

3.1.4 Patchwork-Identität / Mehrdimensionale Identitäten

Der Ausdruck Patchwork-Identität wurde von Heiner Keupp geprägt. Der Terminus impliziert die Existenz von Teilidentitäten, die jeweils einen bestimmten Ausschnitt einer Person darstellen. Zusammen mit einigen fundamentalen Überzeugungen, dem Identitätsgefühl, bildet die Gesamtheit der individuellen Teilidentitäten die personale Identität.[280] Zima fasst Keupps Identitätstheorie in eigenen Termini so auf, dass „'Identität' der Objekt-Aktant ist, den sich Subjekte *aneignen* wollen oder sollen"[281]. Keupp benutzt den Patchworkbegriff, um zu verdeutlichen, dass die gegenwärtige Identitätsbildung keine klare Struktur, Voraussehbarkeit oder Geschlossenheit aufweist. Keupp lehnt es jedoch ab, von Zerfall oder Verlust von Identität zu sprechen. Ebenso kritisiert er die von ihm wahrgenommene Neigung postmoderner Theorien, Identitätssuche als überflüssig anzusehen.[282]

Keupp stellt den Zusammenhang zwischen Anerkennung und Identität heraus. Für ihn ist nicht das „Wir-Gefühl" Grundlage der Identitätsbildung, sondern eben die persönliche Anerkennung. „Identität entsteht in einem dialogischen Prozess, wird aber in unserer Kultur monologisch gedeutet und erzählt: «Ich habe und ich bin...». Diese ideologische Ichbezogenheit und -befangenheit unterschlägt die große Bedeutung der anderen / des anderen und die Prozesse der dialogischen Anerkennung, die in Ich-Du- oder Ich-Wir-Bezügen begründet sind."[283]

Keupp liefert eine Definition des Terminus Identität: „Identität ist ein Projekt, das zum Ziel hat, ein individuell gewünschtes oder notwendiges »Gefühl

---

[277] Vgl. ebd.
[278] Beck, Ulrich: *Was ist Globalisierung? Irrtümer des Globalismus. Antworten auf Globalisierung.* Frankfurt am Main. Suhrkamp. 1997. S34 (zitiert in: Johler, Reinhard, 2008. S.125).
[279] Johler, Reinhard (2008): S.125.
[280] Vgl. Keupp, Heiner et al. (1999): S.225.
[281] Zima, Peter V. (2000): S.24.
[282] Vgl. Keupp, Heiner (1997a): S.15ff.
[283] Ebd. S.13.

von Identität« (*sense of identity*) zu erzeugen. Basale Voraussetzungen für dieses Gefühl sind Anerkennung und Zugehörigkeit."[284]

In Hinsicht auf die Existenz multipler Identitäten schränkt Walter Reese-Schäfer die weitläufige Meinung, Identität könne nur durch Abgrenzung bestehen, etwas ein: „Insbesondere die immer häufiger sich herausbildenden Mehrfachidentitäten sind nicht mehr auf die Differenz zu einem eindeutig bestimmenden Feind- oder Gegenbild angewiesen."[285] Auch Buß bezeichnet die gegenwärtigen gesellschaftlichen Entwicklungen als „Identitätserweiterung"[286].

Das Konzept der Patchwork-Identitäten, oder insgesamt die Idee postmoderner Identitäten wird zwar weitläufig bekräftigt, jedoch bisweilen auch kritisiert. Häufig argumentieren die Kritiker, Identität benötige Differenz. Zeitler bemängelt beispielsweise: „Mit dieser Feststellung sollen diejenigen Identitätskonzeptionen ausgeschlossen werden, die moderne Identitäten als ein *patchwork* verschiedenster, sich auch widersprechender Teilidentitäten betrachten, die je nach Handlungskontext aktiviert werden. Die Aussagen, die mit derartigen Identitätsvorstellungen getroffen werden, reichen über die inhaltliche Beschreibung eines Phänomens nicht hinaus. Die Frage der Strukturierung dieser Patchwork-Identitäten, also die Frage, in welchem Verhältnis die verschiedenen Identitäten zueinander stehen, welche Bausteine in die andere Identität ‚mitgenommen' und welche ausgeblendet werden, welche Hierarchie im *patchwork* besteht etc. wird meist nicht thematisiert."[287] Winterhoff-Spurk betont die enorme Bedeutung stabiler persönlicher Identitäten, die sich durch ein positives Selbstbild, hohes Selbstwertgefühl und Selbstvertrauen auszeichnen. Denn „gelungene Identitätsbildung vermittelt ein Gefühl der Zugehörigkeit und Verwurzelung, der Selbstachtung und der Zielstrebigkeit."[288] All das sind für Winterhoff-Spurk Faktoren, die dem Rückzug ins Private entgegenwirken oder verhindern, dass man charismatischen Führern verfällt. Patchwork-Identitäten ohne festen Identitätskern hält er in einer Gesellschaft für nicht erstrebenswert. Auch Marc Augé kritisiert Patchwork-Identitäten: Patchwork bedeutet „nicht die Vermischung der Lebensweisen, sondern ihr Nebeneinander und damit das Ende der gegenseitigen Wahrnehmung."[289] Deutlich positiver beschreiben Eickelpasch und Rademacher das Konzept der Patchwork-Identitäten: „Postmoderne ‚Identitätsarbeit' ist in dieser Sicht ein kreativer Prozess der Selbstorganisation, die gelungene, oft überraschende Verknüpfung von Lebensmustern, Stilelementen

---

[284] Ebd. S.34.
[285] Reese-Schäfer, Walter (1999): S.36.
[286] Vgl. Buß, Eugen (2002): S.41.
[287] Zeitler, Klaus (2001): S.137f.
[288] Winterhoff-Spurk, Peter (2007): S.27.
[289] Augé, Marc (1995): S.97.

und Sinnangeboten zu einem Sinnganzen."[290] Keupps Ansatz, der die positiven Seiten der Selbstorganisation fokussiert, unterscheidet sich stark von „der verbreiteten kulturkritischen Verfallsrhetorik"[291]. Als Ende der gegenseitigen Wahrnehmung beschreibt Keupp das Patchwork der Identitäten wahrlich nicht. „Denn bei aller Innenkonstruktion bleibt auch eine Teilidentität stets etwas, das sich in einem permanenten Aushandlungsprozess zwischen dem Subjekt und seinem sozialen und gesellschaftlichen Umfeld weiterentwickelt."[292] Schmitt-Egner definiert *Identität* als *„prozessuale Einheit in der Differenz*. Die Einheit agiert in und mit der Differenz und wird somit zu ihrem Produkt."[293] Da Identität eine Einheit in der Differenz ist, geht in ihrem Bildungsprozess ein inneres Eingrenzen und äußeres Abgrenzen einher. Es besteht eine „permanente Interaktion zwischen „Innen" und „Außen"."[294] Vogt plädiert gleichermaßen für Gemeinschaften, die Raum für Subgemeinschaften lassen, und damit Vielfalt und Einheit gleichermaßen zulassen.[295]

Schmitt-Egner weist ebenfalls auf den Charakter der Mehrdimensionalität von Identität als Forschungsgegenstand hin und nennt sechs verschiedene Dimensionen: Personale Identität, Soziale Identität, Kollektive Identität, Kulturelle Identität, Historische Identität und Territoriale Identität. Der Unterschied zwischen Personaler und Sozialer Identität wurde mit Hilfe der Theorie der Sozialen Identität von Tajfel und Turner bereits erklärt. Von besonderem Interesse im Kontext dieser Arbeit, die unter anderem die (raumbezogene) Identität der Großregion untersucht, ist die Dimension der territorialen Identität. Daher wird diese im nächsten Punkt eingehender betrachtet.

3.1.5 Raumbezogene Identität

Dass Identität immer auch raumbezogen ist, wird heute zwar mehrheitlich verneint, jedoch konzentrieren sich noch immer sehr viele Identitätsstudien, nicht zuletzt auch die vorliegende, auf begrenzte Territorien. Denn Raum ist eine – wenn auch nach heutigem Forschungsstand längst nicht die einzige – „identitätsstiftende Kategorie".[296]

Sloterdijk bezeichnet es als „Kulturleistung des modernen Nationalstaats" der Mehrheit der Bevölkerung, eine Art von Häuslichkeit bereitzustellen, die als

---

[290] Eickelpasch, Rolf; Rademacher, Claudia (2010): S.11.
[291] Ebd. S.28.
[292] Keupp, Heiner et al. (1999): S.241.
[293] Schmitt-Egner, Peter (2005a): S.103.
[294] Ebd. S.102.
[295] Vogt, Markus (2007): S.42.
[296] Naglo, Kristian (2007): S.70.

regionale Identität erfahren werden konnte. Aber „durch die Globalisierung wird dieser politisch-kulturelle Häuslichkeitseffekt angetastet – mit dem Ergebnis, dass zahllose Bürger moderner Nationalstaaten sich auch zu Hause nicht mehr bei sich selbst und auch bei sich selbst sich nicht mehr zu Hause fühlen."[297] Die Vorstellung sesshafter Völker, ihr Land als Volksbehälter und ihren Boden als ihre Identität zu verstehen, nennt Sloterdijk einen Trugschluss, eine unzulässige Gleichsetzung von Ort und Selbst.[298]

Blotevogel et al. bezeichnen den Versuch, „die räumlichen Komponenten menschlicher Identität herauslösen zu wollen"[299], als aussichtslos. Denn „unzweifelhaft gehört zur personalen Identität auch das Eingebundensein in einen bestimmten Sozialisations- und Lebensraum."[300] Auch wenn diese Behauptung auf weitreichende Zustimmung stoßen mag, wird Blotevogels allgemeiner Forschungsansatz heute vor allem aufgrund der allzu starken „geometrische[n] und maßstabsbezogene[n] Betrachtung"[301] stark kritisiert, beispielsweise von Wolfgang Aschauer[302] oder Benno Werlen[303]. Das Ziel Blotevogels, „die Aufdeckung von ‚Räumen gleichen Regionalbewusstseins'"[304], wird von Werlen als nicht mehr zeitgemäß eingestuft. Eine Abwendung von der Vorstellung, Gesellschaft sei eine Vielzahl territorial verankerter Gesellschaften, findet sich beispielsweise bei Niklas Luhmann.[305]

Auch Annsi Paasi empfindet die Betrachtung regionaler Identitäten vor allem dann problematisch, wenn von „homology between a portion of space, a group of people and ‚a culture' to form a homogeneous community covering a particular bounded territory" ausgegangen wird.[306] Doch trotz aller Bedenken, Normen, Werte oder Bewusstseinsgehalte an Territorien geknüpft zu untersuchen, und trotz der Ablehnung, Kulturelles und Soziales auf eine physisch-materielle Lokalisierung festzulegen, erscheint es unter anderem Benno Werlen „offensichtlich, dass kulturelle Ausdrucksformen auch in erdräumlicher Dimension Differenzierungen aufweisen"[307]. Aufgabe der Wissenschaftler ist es demnach, den Einfluss der materiellen erdräumlichen Gegebenheiten in die Identi-

---

[297] Sloterdijk, Peter (1999): S.26.
[298] Ebd. S.27.
[299] Blotevogel, Hans H.; Heinritz, Günter; Popp, Herbert (1987): S.409.
[300] Ebd. S.409.
[301] Werlen, Benno (2007): S.74.
[302] Vgl.: Aschauer, Wolfgang (1990).
[303] Vgl. Werlen, Benno (2007).
[304] Ebd. S.73.
[305] Vgl. Schroer, Markus (2006): S.133ff.
[306] Paasi, Anssi (2003): S.480.
[307] Werlen, Benno (1992): S.9.

tätsforschung mit einzubeziehen, die Untersuchungen jedoch keinesfalls darauf zu reduzieren.

Aus diesem Grund werden in diesem Abschnitt einige solcher raumbezogenen Identitätsuntersuchungen, die sich meistens mit Heimat, nationaler, regionaler oder europäischer Identität beschäftigen, näher betrachtet.

Anthony Giddens betont die Bedeutung eines Raums für das alltägliche Handeln. Ihm zu Folge sind Raum und Zeit in Zonen aufgeteilt, mit denen sich routinisierte soziale Praktiken verbinden lassen. Giddens nennt dies *Regionalisierung*.[308] Er wendet sich davon ab, Region nur als physisch abgegrenztes Gebiet zu verstehen. Vielmehr beinhalte der Begriff immer auch einen Verweis auf „die Strukturierung sozialen Verhaltens über Raum und Zeit."[309]

Georg Simmel macht die Fähigkeit, sich unabhängig von räumlicher Nähe mit anderen zusammengehörig zu fühlen, von der Abstraktionsfähigkeit des jeweiligen Individuums abhängig: „Je primitiver das Bewusstsein ist, desto unfähiger [ist es, sich] die Zusammengehörigkeit des räumlich Getrennten oder die Nichtzusammengehörigkeit des räumlich Nahen vorzustellen."[310] Aschauer argumentiert ähnlich, wenn er behauptet, Menschen definierten sich besonders dann regional, wenn ihnen die materiale Grundlage zu einer ethnischen Selbstzuordnung und Abgrenzung fehle. Regionalbewusstsein ist daher seiner Ansicht nach „ein quasi-ethnisches Bewusstsein, ein Bewusstsein, das sich nur mehr auf die Abstraktion, nämlich den Raum, bezieht und nicht mehr – wie noch das ethnische Bewusstsein – auf kulturelle Alltagsmerkmale."[311]

Schmitt-Egner bezeichnet die territoriale Identität als Zusammenspiel dreier Sub-Prozesse:

- „die Identifizierung bzw. Identifizierbarkeit von Außen durch Grenzsetzung und Abgrenzung des Raums und seiner Identitäten (Quantifizierung der Form)
- das ‚identifiziert werden' dieser kollektiven und kulturellen Identitäten von außen = passiver Identifizierungsprozess (Qualifizierung des Objekts oder Inhalts)
- das ‚sich identifizieren' von ‚Innen', d.h. ein Eingrenzungsprozess der kulturellen und kollektiven Identitäten innerhalb des identifizierten Territoriums (Identifikation von Form und Inhalt des Territoriums durch das Subjekt) = aktiver Identifizierungsprozess"[312]

---

[308] Vgl. Giddens, Anthony (1988): S.171.
[309] Ebd. S.174.
[310] Simmel, Georg (1992): S.717.
[311] Aschauer, Wolfgang (1990): S.15.
[312] Schmitt-Egner, Peter (2005a): S.107.

Auf die besondere Bedeutung des Identifizierens nach Außen bezieht sich auch Tilmann Habermas, wenn er Ortsidentität „als leicht kommunizierbare Zuordnung der eigenen Person zu bestimmten, für andere leicht identifizierbaren Orten" definiert, „mittels derer man sich gegenüber anderen identifizieren, d.h. als jemand Bestimmtes ausweisen kann."[313]

Bausinger weist noch 1980 darauf hin, Identität sei „nicht im abstrakten Raum zu realisieren"[314]. Max Matter hingegen schreibt im selben Jahr „Identität muss in diesem Falle verstanden werden als komplexes System von Subidentitäten, die, da nicht additiv angeordnet, nicht losgelöst von einander verstanden werden können."[315] Regionale Identität bezeichnet er beispielsweise als eine von vielen Subidentitäten neben anderen wie Schichtzugehörigkeit, Religionszugehörigkeit, Berufsbezogenheit oder Geschlecht – also mit Kategorien, die raumunabhängig sind. Aktuell erkennt man eine Tendenz zur Entwicklung imaginärer Räume. Diese implizieren die Möglichkeit, Heimatorte auch aus räumlicher Entfernung erleben zu können. Der jeweilige Aufenthaltsort hindert Menschen dank neuer Kommunikationstechniken nicht länger an der Aufrechterhaltung von Beziehungen. Lokalität wird auf diese Weise fiktiv erzeugt. „Aus kulturanthropologischer Sicht sind die elektronischen Medien insbesondere deshalb von hoher Bedeutung, weil sie bislang ortsgebundene Wissensbestände und kulturelle Praktiken ortsunabhängig machen und im globalen Maßstab vermitteln. Die Folge ist ein globaler Strom kulturellen Wissens- und Identitätsangeboten, die die alltäglichen Routinen mit neuen Deutungsangeboten konfrontieren."[316] Appadurai interpretiert die neuen Entwicklungen des imaginären Lokalen als Hinwendung zu einem Fetisch des Lokalen, denn gerade durch die Unerreichbarkeit erlebe das Lokale eine Mystifizierung. Insgesamt wendet sich Appadurai mit seinen Untersuchungen zu globalen Enträumlichungsprozessen von der Vorstellung territorial fixierter Identitäten ab.[317]

Die unterschiedliche Bedeutung verschiedener Räume für Identität untersucht auch der französische Anthropologe Marc Augé. Sein Werk *Orte und Nicht-Orte* wurde in der Wissenschaft viel beachtet. Augé fokussiert darin besondere transitäre Räume, sogenannte Nicht-Orte, denen geschichtliche Bezüge und identitätsstiftende Wirkung fehlen: „Alle Verkehrs-, Informations- und Kommunikationsräume können uns demnach heute als ‚Nicht-Orte' erscheinen. Im Prinzip schließt man hier keine Bekanntschaften. Der Gebrauch

---

[313] Habermas, Tilmann (1996): S.155.
[314] Bausinger, Hermann (1980): S.22.
[315] Matter, Max (1980): S.66.
[316] Ahrens, Daniela (2001): S.153. [Ahrens bezieht sich hier vor allem auf Arjun Appadurai.]
[317] Vgl. ebd. S.154 f. [in Bezug auf Arjun Appadurai].

der Sprache ist auf ein Minimum reduziert (das Verstehen der Bildschirmanleitungen reicht aus). Autobahnen, Flughäfen, Supermärkte, Bankautomaten und Computer, überall hier ist soziales Leben im Alleingang zu bewältigen, ein Widerspruch in sich, der aber dem heutigen Paradox entspricht: Man kann heutzutage allein sein und Beziehungen zur ganzen Welt unterhalten."[318] Nicht-Orte fungieren aufgrund ihrer Homogenität als Mittler und Verteiler unterschiedlicher Kulturen.[319]

Eugen Buß unterscheidet verschiedene Dimensionen regionaler Identität:

- „Kriterien der Mitgliedschaft wie Religion, Herkunft, Sprache,
- Selbstbilder einer Region, die Selbstzuschreibung bestimmter Eigenschaften, Mentalitätsstile, Normen und Werte,
- Vorstellungen über besondere Verpflichtungsgefühle gegenüber den Menschen und Institutionen einer Region,
- Kollektiver Stolz und kollektive Ehre, ggf. auch kollektive Schamgefühle,
- Zeitbezüge (Vorstellungen über die gemeinsame Tradition, gemeinsame Zukunftserwartungen für die Region),
- Gemeinsame Rituale, Sitten, Gewohnheiten, Symbole, Lebensstile".[320]

Rüdiger Gans und Detlef Briesen nennen zwei Perspektiven, aus denen sich Regionalbewusstsein untersuchen lässt: „Zum einen als »alltägliches« menschliches Orientierungswissen und zum anderen als symbolische Konstruktion zur Herstellung von Gruppenkohärenz."[321] Viele Forschungen, so Gans und Briesen, basieren auf der ‚bottom-up'-Theorie, die davon ausgeht, dass sich territoriale Identitäten von unten nach oben bilden. Gans und Briesen zweifeln diese Theorie an, sie behaupten gar das Gegenteil: „Historisch ältere, ‚universalistischere' Identitätsschemata haben nach unserer Auffassung die jüngeren, partikularistischen Konzepte überhaupt erst angestoßen und entscheidend geprägt. Die innere Struktur und Ordnung von territorialen Identitätskonzepten bauen sich daher eher 'von oben nach unten' auf."[322] Demnach entstand der Regionalismus aus dem Nationalismus. Regionalbewusstsein in Deutschland, so die beiden Wissenschaftler, kann als integrativ und harmonisierend bezeichnet werden, es steht nicht in Konkurrenz zu Nationalbewusstsein, sondern ergänzt dieses vielmehr. Grenzen seien für Regional- und Nationalbewusstsein von großer Bedeutung:

---

[318] Augé, Marc (1997). (Quelle: http://funktionkunst.blogsport.de/2009/11/16/marc-auga-ueber-anicht-ortea-und-das-anicht-icha/)
[319] Ahrens, Daniela (2001): S.170.
[320] Buß, Eugen (2002): S.14.
[321] Gans, Rüdiger; Briesen, Detlef (1994).
[322] Gans, Rüdiger; Briesen, Detlef (1994): S.66.

„Durch die Grenze wird es jedenfalls möglich, den Blick des Betrachters durch die Region scheinbar zu spiegeln und somit ein Territorium emotional aufzuladen, so wie dies im nationalen Rahmen ebenfalls geschieht."[323] Marxhausen zeigt Verbindungen der top-down und bottom-up-Theorien in Bezug auf europäische Identitätskonstruktion auf. Demnach benötigt eine europäische Identität ein Wechselspiel zwischen top-down und bottom-up Prozessen. Der top-down Prozess entsteht in der Kreation neuer Identitätsbausteine und einer sozialen Kategorie ‚Europa' seitens politischer Akteure der EU. Durch Selbstkategorisierungen entscheiden die Individuen dann, welche der top-down vermittelten Identitätsbausteine sich in ihr Selbstkonzept bottom-up integrieren und personalisieren lassen.[324]

Dieter Goetze weist darauf hin, dass sich territoriale Identität „in variablen zeitlichen Zyklen" bewegt. Bestimmte Abgrenzungen, die im Alltag bedeutungslos sind, können demnach zu speziellen Anlässen mit Bedeutung aufgeladen werden und „Kollektive trennen, die sonst während des Jahres durchaus als miteinander verbundene Einheiten auftreten und handeln."[325] Ebenso zyklisch ist nach Goetze die homogenisierende Wirkung territorialer Identitäten. Zu besonderen Situationen kann dem zu Folge die eigene Gruppe homogen wahrgenommen werden, dies ist jedoch nicht dauerhaft der Fall. Allerdings kann das Homogenitätsgefühl länger andauern, wenn es durch entsprechende Fremdwahrnehmungen darin bestärkt wird.[326]

Um eine interdisziplinäre Betrachtung raumbezogener Identität zu erleichtern, stellt Weichhart unterschiedliche sozialwissenschaftliche Ansätze vor.[327] Er bietet damit eine übersichtliche Einführung in das Thema. Weichhart reagiert auch auf die Kritik raumbezogener Bewusstseinsforschung. Einen Bedeutungsverlust des Raumes mag er jedoch nicht erkennen. Distanzüberwindungen oder Polyzentrik von Raumbindungen, bedingt durch einen veränderten Lebensstil, „sind eher ein Argument *für* als gegen die aktuelle Bedeutung raumbezogener Identifikationsprozesse."[328] Weichhart vermutet, „dass die aktuellen gesellschaftlichen Entwicklungsprozesse territoriale Bindungen und Identifikationen keineswegs verhindern oder gar ausschließen, sondern [...] sogar ausdrücklich fördern und intensivieren."[329] Der Raum dient der sich damit

---

[323] Ebd. S.71.
[324] Vgl. Marxhausen, Christiane (2010): S.26. [u.a. in Bezug auf Breakwell].
[325] Goetze, Dieter (1994): S.189.
[326] Vgl. ebd. S.189.
[327] Weichhart, Peter (1990).
[328] Ebd. S.28.
[329] Ebd. S.29.

identifizierenden Gruppe als Symbol. Er versinnbildlicht kollektive Werte und Gefühle, damit gibt er Sicherheit.[330]

Auch die Sprache kann nach Weichhart raumbezogenes Bewusstsein hervorrufen. Besonders in Regionen mit vielen verschiedenen Dialekten findet sich „die Schaffung von sprachlich symbolisierten Demarkationslinien zwischen dem ‚Wir' und ‚den anderen', die auf *räumlich fassbare* Sozialgefüge bezogen sind."[331] Den Nutzen raumbezogener Identität sieht Weichhart „in ihrem Beitrag zur Entwicklung und Aufrechterhaltung der personalen Einheit menschlicher Individuen".[332] Sie dient außerdem „der Systemerhaltung und der Einbindung der Einzelelemente in den übergeordneten Gesamtzusammenhang des Systems".[333]

Dass der Raumbezug in der Identitätsforschung eine große Rolle spielt, zeigt auch der Band „Border Identities", der 1998 von Thomas M. Wilson und Hastings Donnan herausgegeben wurde. Darin beschäftigen sie und andere Autoren sich mit der besonderen Art der Identität von Grenzregionbewohnern. Die Identität der Menschen, die an Nationalstaatsgrenzen leben, unterscheidet sich demnach von der Identität anderer, nicht in der Nähe solcher Grenzen lebender.[334] Bezüglich des gegenseitigen grenzüberschreitenden Einflusses stellen sie fest: „there are very few homogenous nation-states whose members do not share ethnicity with neighbouring peoples across international state boundaries."[335]

Die anhaltende Bedeutung des Raums für die Identität seiner Bewohner wird auch deutlich, wenn man sich das derzeit große Interesse der Wissenschaft an dem Begriff Heimat anschaut[336]. Erklärungen, die das Wiedererwachen des Themas Heimat deuten, weisen häufig auf das Bedürfnis nach Überschaubarkeit und Menschlichkeit hin.[337] Andreas Huber, der Heimat in der Postmoderne erforscht, widerspricht Lübbe, dessen Kompensationstheorie behauptet: „Der Vertrautheitsschwund, der in der Dynamisierung der Moderne gründet, verlangt die ausgleichende Hinwendung zu den Traditionswelten."[338] Huber sieht in der gegenwärtigen Aufwertung von Begriffen wie Heimat, Region oder Herkunft keine Kompensation, sondern eine bewusste politische Strategie. „Dabei geht es um eine geschichtliche Ausnützung einer Angst. Es ist die Angst vor Multikultur, Massenkultur und Gegenkultur. [...] Heimat wird zur rettenden Vokabel

---

[330] Vgl. ebd. S.39.
[331] Ebd. S.54.
[332] Ebd. S.94.
[333] Ebd. S.94.
[334] Vgl. Wilson, Thomas M.; Donnan, Hastings (1998): S.13.
[335] Ebd. S.14.
[336] Vgl. beispielsweise: Kühne, Olaf; Spellerberg, Annette (2010).
[337] Vgl. z.B. Riedel, Wolfgang (1987): S.559.
[338] Korff, Gottfried (2007): S.42.

gegen den alles verschlingenden Moloch Europa."[339] Ebenfalls nicht einverstanden ist Huber mit Ina-Maria Greverus' bekannter Theorie des territorialen Menschen[340], in welcher, so Huber, der Raum „zum dominanten und determinierenden Faktor jedes menschlichen Handelns"[341] wird.

Kühnes und Spellerbergs Heimatforschung am Beispiel des Saarlandes zeigt die große Bedeutung, die dem Heimatbewusstsein aktuell bei der Identitätsausbildung zukommt, „um den zahlreichen Rollen-, Wert- und Normstrukturen der Gegenwartsgesellschaft gerecht zu werden. Die Sehnsucht nach Einbettung in einen lokalen oder regionalen Kontext lässt sich demnach auch als Reaktion auf Flexibilisierungs- und Globalisierungsprozesse deuten."[342]

„Regionalbewusstsein ermöglicht es [...] Menschen, einen bestimmten Aspekt ihrer Umwelt zu verstehen, sich in diese Umwelt einzuordnen, sich selbst und sich anderen Menschen verständlich zu machen, auf Differenzen zu anderen Menschen zu verweisen, mit anderen Menschen zu kommunizieren und in einer bestimmten Umwelt zu handeln."[343] Regionale Identität, so Briesen, muss nicht zwangsläufig auf einer starken gemeinsamen Kultur basieren. Wichtiger als die kulturelle Gemeinsamkeit sind die symbolische Gemeinschaft und die individuelle Überzeugung, „etwas mit anderen Menschen gemeinsam zu haben".[344]

Zu nationaler Identität und europäischer Identität gibt es eine Vielzahl wissenschaftlicher Veröffentlichungen. Darum kann hier nur ein kurzer Einblick, mit Hinblick auf das Interesse der vorliegenden Fragestellung, geliefert werden.

Weller erkennt bei nationaler Identität eine wichtige Bedeutung der gemeinsamen Geschichte und einem kollektiven Wissen darüber: „Der nationalen Identität geht voraus, dass es eine gemeinsame Geschichte gibt, dass nationale Eliten das verbindende Wissen über diese Geschichte und die Intention zur Konstruktion einer nationalen Identität beisteuern und dass damit auch Institutionen einhergehen, die zur andauernden Reproduktion nationaler Identität beitragen."[345]

Wolfgang Bergem schreibt Regionen einen schwächeren Distinktionscharakter zu als Nationen, da „Regionen eher Identifikationsräume als Identifikationsinhalte bereitstellen", Nationen hingegen präge primär der „normative[n], ideelle[n] oder ideologische[n] Bezug."[346]

---

[339] Huber, Andreas (1999): S.60f.
[340] Greverus, Ina-Maria (1972).
[341] Huber, Andreas (1999): S.104.; vgl. außerdem zum Kompensationsbedürfnis in einer Welt dynamischer Modernisierungsprozesse: Lübbe, Hermann (1988).
[342] Kühne, Olaf; Spellerberg, Annette (2010): S.173.
[343] Briesen, Detlef (1994): S.45.
[344] Ebd. S.46.
[345] Weller, Christoph (1999): S.263.
[346] Bergem, Wolfgang (1999): S.198.

Suzanne M. Bleier fordert die Überwindung „traditioneller 'raumzentrierter' Deutungen von Kulturen und Gesellschaften", da sie „entgrenzten globalisierten Lebensverhältnissen nicht gerecht wird und ihre bedenkenlose Weiterführung die Risiken politischer Fragmentierung begünstigt."[347] Des Weiteren ist sie Forschungen, die Regionalbewusstsein untersuchen, sehr kritisch gegenüber eingestellt, da diese „wenn auch vielfach unbeabsichtigt und sublim - neo-völkische Denkfiguren konstituieren."[348] Aschauer weist ebenfalls auf Gefahren von Regionalbewusstseinsforschungen hin. Demnach sind sie nicht geeignet, die gesellschaftliche Realität darzustellen und zu erklären, sie dienen vielmehr ideologischen Zwecken.[349]

Empirische Studien haben erwiesen, dass Identifikationsräume situations- und handlungsbezogen sind. Die Rolle des empirisch Forschenden ist daher nicht zu vernachlässigen, da er durch seine Fragestellungen im Interview einen bestimmten Kontext schafft.[350] „Und ebenso situations- und interaktionsabhängig ist es, ob überhaupt ein räumliches (und nicht ein anderes, z.B. soziales) Identifikationssymbol aktualisiert wird."[351] Weil dies in vorliegender Forschung bei der Interviewdurchführung der Fall war, werden die mögliche Einflussnahme auf die Interviewten und die Kontextabhängigkeit der Antworten in die Analyse einbezogen.

3.1.6 Kollektive Identität

Der Terminus „Kollektive Identität" führt zu Kontroversen in der Wissenschaft. Den vorliegenden Untersuchungen liegt Reckingers und Willes Sichtweise zu Grunde. Demnach blenden Forschungen zu kollektiven Identitäten, etwa dörflicher Identität, europäischer Identität oder nationaler Identität häufig die heterogene Zusammensetzung des betrachteten „Kollektivs" zu Gunsten einer vereinheitlichten Betrachtungsweise aus. Die Existenz kollektiver Identitäten könnte sogar per se bestritten werden, jedoch ist „ihre soziale und kulturelle Performität doch real."[352] Um eine homogenisierte Analyse zu vermeiden, sollte Straubs Auslegung bedacht werden: „Unter einer kollektiven oder Wir-Identität verstehen wir das Bild, das eine Gruppe von sich aufbaut und mit dem sich deren Mitglieder identifizieren. Kollektive Identität ist eine Frage der Identifikation

---

[347] Bleier, Suzanne M. (1999): S.208.
[348] Ebd. S.219.
[349] Vgl. Aschauer, Wolfgang (1990): S.25.
[350] Vgl. Hard, Gerhard (1987): S.428.
[351] Ebd. S.428.
[352] Reckinger, Rachel; Wille, Christian (2002): S.17.

seitens der beteiligten Individuen. Es gibt sie nicht ‚an sich', sondern immer nur in dem Maße, wie sich bestimmte Individuen zu ihr bekennen."[353] Nover, die soziale Bewegungen untersucht, setzt als Bedingung der Entstehung solcher Bewegungen eine „Identifikation von Individuen mit Lagen und Interessen einer größeren Gruppe [...] [voraus], aus der sich kollektive Identität mit Gruppensolidarität und Abgrenzung entwickelt."[354] Bonacker hingegen lehnt die Auslegung der klassischen Soziologie ab, nach der Gemeinschaft sich am „*gemeinsame[n] Glaube[n] an das Gleiche* oder die gemeinsame Orientierung am Gleichen"[355] festmachen lässt. Gemeinschaften wie etwa Hippies oder Fußballfans seien sich über die Unmöglichkeit dieser Art Gemeinschaft bewusst. „Drogen und Schlachtgesänge sind gewissermaßen kollektives Gesellschaftsdoping, um ein unmögliches Ziel zu erreichen."[356] Nover argumentiert später vergleichbar, wenn sie darauf aufmerksam macht, dass soziale Bewegungen die Wirklichkeit bewusst selbst konstruieren.[357] Flender, Pfau und Schmidt kommen in einer Forschung zur Identität des Siegerlandes zu dem Ergebnis, kollektive Identifizierung und die Entstehung eines Gemeinschaftsgefühls seien nur durch den stereotypen Charakter kollektiver Identitätszuschreibungen möglich. „Eine solchermaßen vorgenommene Identitätskonstruktion ist sicherlich einerseits eine ‚Schein-Konstruktion' im Sinne einer Vortäuschung von vereinfachter, überschaubarer und gewünschter Realität. Andererseits ist sie funktional und unverzichtbar."[358] Turner zufolge handelt es sich bei der Konstruktion einer sozialen Gruppe um ein kognitives Phänomen. Die kollektive Wahrnehmung derselben Gruppe anzugehören ist demnach bereits ausreichend.[359] Die Differenzierung in soziale und personale Identitäten bedeutet jedoch nicht, dass soziale Identitäten keine persönlichen Einflüsse haben und personale Identitäten keine sozialen Einflüsse. Im Gegenteil, eine soziale Identität ist immer auch personal, „da sie ja ein Teil der Person und ihres Selbstkonzeptes ist"[360].

Individuen haben generell ein Bedürfnis nach Gruppenzugehörigkeit.[361] In Anlehnung an die Theorie der Sozialen Identität lässt sich außerdem in Bezug

---

[353] Straub, Jürgen: *Identität*. In: Jaeger, Friedrich; Liebsch, Burkhard: *Handbuch der Kulturwissenschaften. Grundlagen und Schlüsselbegriffe*. J.B. Metzler. Stuttgart. 2004. Zitiert nach: Reckinger, Rachel; Wille, Christian (2010): S.17.
[354] Nover, Sabine Ursula (2009): S.26.
[355] Bonacker, Thorsten (2002): S.186.
[356] Ebd. S.186
[357] Vgl. Nover, Sabine Ursula (2009): S.46.
[358] Flender, Armin; Pfau, Dieter; Schmidt, Sebastian (2001): S.227.
[359] Vgl. Turner, John (1982): S.15.
[360] Hastedt, Claudia (1998): S.28. [in Bezug auf Deaux, 1992].
[361] Vgl. Weller, Christoph (1999): S.260.

auf kollektive Identitäten festhalten, dass Individuen stets nach einer zufriedenstellenden, also positiven, kollektiven (sozialen) Identität streben. Kollektive Identitäten sind nicht zwangsläufig an ein gemeinsames Territorium gebunden, sie können ortsunabhängig auftreten. Als Beispiel nennt Aleida Assmann die israelische kollektive Identität, die auf der Verehrung des Heiligen Buches beruht.[362] Assmann definiert kollektive Identitäten als „Diskursformationen; sie stehen und fallen mit jenen Symbolsystemen, über die sich die Träger einer Kultur als zugehörig definieren und identifizieren."[363] Kollektive nationale Identität formte sich nicht immer gleich. Definierten die Bürger sich im 16. Jahrhundert noch durch ihre Herkunft und Geschichte, so beschreibt Assmann nationale Identität des 19. Jahrhunderts eher als „eine Form von Wesenskunde, die sich auf das Geheimnis substantieller Eigenart, genannt Volksgeist, konzentriert."[364] Heutigen Identitäten weist Assmann einen besonders großen Distinktions- und Identitätsbedarf zu. Um Konflikte zu vermeiden und das Nebeneinander von kleineren und größeren Identitäten zu bewahren, fordert Assmann: „kulturelle Differenz muss gesichert und gezähmt werden durch einen normativen Universalismus, der keine anderen Werte mehr enthält als einen Minimalkanon zwischenmenschlich und zwischenstaatlich wechselseitiger Rechte und Pflichten."[365]

Häufig sind in der Forschung Untersuchungen zu kollektiven Identitäten bei Gruppen zu finden, die auch eine territoriale Einheit verbindet. So lassen sich beispielsweise auch regionale, nationale, europäische oder eben auch großregionale Identitäten unter dem Aspekt der kollektiven Identität betrachten. Zu beachten ist, dass hier meistens nicht die räumliche Einheit im Vordergrund steht, sondern mehr die gefühlte Zusammengehörigkeit, hervorgerufen etwa durch gemeinsame Werte oder Kultur, von Bedeutung ist.

Lepsius stellt zu einer kulturellen europäischen Identität fest: „Europäische kulturelle Identität ist ein Konglomerat von Identifikationen mit unterschiedlichen Wertbeziehungen. Eine Homogenisierung dieser Kulturen ist für die Europäische Union nicht erforderlich."[366] Als wichtig erachtet er jedoch eine Vermittlung der Wertbeziehungen, die Rolle europäischer Kulturpolitik sieht er daher primär in einer Übersetzungspolitik.[367] Für die Zukunft erwartet Lepsius, dass „die kulturellen Selbstverständnisse weniger nationalstaatlich homogenisiert

---

[362] Vgl. Assmann, Aleida (1994): S.20.
[363] Ebd. S.16.
[364] Ebd. S.25.
[365] Ebd S.32.
[366] Lepsius, M. Rainer (1999): S.98.
[367] Vgl. ebd. S.98.

werden. Die Selbstbeschreibung von Gesellschaften und Kollektiven wird sich verstärkt über andere Wertbeziehungen ausbilden und pluralisieren."[368]

Detlef Briesen erkennt in der Geschichte einen Faktor, der kollektive Identitäten fördern kann: „Geschichte besitzt offenkundig in Gruppenkonzepten die Funktion, Gruppen von Individuen zu Schicksalsgemeinschaften zusammenzuschließen."[369]

Warum die Begriffe ‚kollektive Identität' und ‚Mentalität' nicht synonym gebraucht werden sollten, erklärt Heinz-Günter Vester. Demnach handelt es sich bei Identität um den Prozess des Sich-Identifizierens. „Verglichen mit der Objektivierung der Identität scheinen die Manifestationen der Mentalität flüchtigerer und fließenderer Natur zu sein, während sie andererseits aber auch fundamentaler, d.h. tiefer verankert und weniger leicht veränderlich scheinen. Mentalität hat mehr mit den ‚Tiefenschichten' des Bewusstseins zu tun."[370] Auch bei Vester trifft man wieder auf die Verstrickung und die gegenseitige Abhängigkeit von Selbst- und Fremdbild: „Gerade bei der Herstellung von Identität auf kollektiver Ebene ist die Gefahr groß, das Eigene zum eigentlichen aufzuwerten und das Fremde als das Befremdliche abzuwerten oder gar zu bekämpfen."[371] Vester erkennt in Bourdieus Habitus-Theorie eine Möglichkeit, „kollektive Identitäten und Mentalitäten nicht als rein psychische Gebilde zu begreifen, sondern auch soziologisch zu verankern, d.h. in den Netzen und Relationen sozialer Strukturen."[372] Denn, so leitet Vester her, der Habitus, der Teil des kollektiven Bewusstseins ist, bestimmt das Handeln und wirkt, obwohl er überindividuell ist, konstituierend für die Identität von Individuen. „Man muss sich den Habitus eines Individuums so vorstellen, dass in ihm Züge des Habitus des Kollektivs, dem das Individuum angehört, präsent sind, und ist davon auszugehen, dass sich der Habitus eines Kollektivs in den Aktionen und Kommunikationen der Individuen niederschlägt, so ist in diesem Sinne auch die Mentalität eine Verschränkung der individuellen und der kollektiven Ebene des Verhaltens, Erlebens und der Erfahrung."[373] Der Lebensstil eines Individuums und seine Position im gesellschaftlichen Raum sind nach Bourdieus Theorie voneinander abhängig. Bourdieu nennt den Habitus „ein System von Grenzen"[374]. Innerhalb dieser Grenzen ist das Verhalten nicht zwingend vorhersehbar, jedoch können diese Grenzen kaum überschritten werden. Kollektive Identitäten und Mentalitäten sind, so Vester, wie auch der Habitus, geschichtliche Phä-

---

[368] Ebd. S.99.
[369] Briesen, Detlef (1994): S.21.
[370] Vester, Heinz-Günter (1996): S.11.
[371] Ebd. S.12.
[372] Ebd. S.41.
[373] Ebd. S.47.
[374] Bourdieu, Pierre (2005): S.33.

nomene. Vester vertritt die Auffassung, dass kollektive Mentalitäten in der Postmoderne an Bedeutung verlieren. „Ein für die Postmoderne charakteristischer Trend könnte darin bestehen, dass man sich weniger mit einer homogenen (homogenisierten) Kultur identifiziert, sondern eher mit heterogenen kulturellen Praktiken und Teilkulturen."[375]
Verschiedene kollektive Identitäten können sich gegenseitig schwächen. Dies setzt voraus, dass „die Grenzen zwischen *ingroup* und *outgroups* vielfach quer zueinander liegen und damit andere im einen Fall zur *outgroup*, im anderen Fall aber zur *ingroup* gehören."[376] Neben Vermutungen, welche Einflüsse mehrere kollektive Identitäten aufeinander ausüben, wird auch der Rückgang kollektiver Identitäten generell thematisiert. Die zunehmende Individualisierung unserer Gesellschaft gilt für manchen als Hinweis auf die schwindende Bedeutung kollektiver Identitäten. Richard David Precht behauptet sogar: „Das Label unserer Zeit ist die negative Identität, die inszenierte Nichtzugehörigkeit als Individualitätsnachweis. Wir sind keine Staatsbürger mehr, sondern Investmentbanker unserer selbst. Wer sich selbst treu sein will, verpflichtet sich lieber zu nichts mehr. […] Wenn Individualität bedeutet, sich selbst treu zu bleiben, und Identität, seinen Werten treu zu bleiben, so gilt: je mehr Individualität, umso weniger Identität."[377] Zwar liegt Precht mit seiner Feststellung und Argumentation des gesteigerten Bedürfnisses nach Individualisierung richtig, jedoch kann die Schlussfolgerung auch anders interpretiert werden: Individuen streben nicht, wie Precht behauptet, nach „weniger Identität", sondern nach vielen, dynamischen und weniger festgelegten Identitäten: einem individuellen, nicht starren Patchwork.

3.2 Stereotyp – Stand der Forschung

„Das Fremde ist ein Konstrukt, das nur im Verhältnis zum Eigenen existiert. […] Die eigene Identität wird immer auch durch die Positionierung und Abgrenzung gegenüber dem Anderen, dem Fremden konstruiert."[378] Die Betrachtung von Identitäten und Stereotypen ist daher untrennbar. Dies zeigte auch die vorhergehende Untersuchung der Theorie der Sozialen Identität, die John Turner durch eine eingehende Darstellung der Selbstkategorisierung erweiterte. Jede vorgenommene Kategorisierung impliziert eine vorangegangene Selbstkate-

---

[375] Vester, Heinz-Günter (1996): S.122.
[376] Weller, Christoph (1999): S.271.
[377] Precht, Richard David (2009): S.47.
[378] Berghold, Josef; Menasse, Elisabeth; Ottomeyer, Klaus (2000): S.7.

gorisierung.[379] Beide Phänomene hängen demnach eng miteinander zusammen und beeinflussen sich gegenseitig. Stereotype sind somit ein Teil jeder Identität. „Soziale Tatsachen haben [...] die vetrackte Eigenschaft, nicht bloß und in erster Linie auf eigenen Entscheidungen zu beruhen, sondern vielmehr Zuschreibungen anderer zu sein [...]."[380]

3.2.1 Begriffsdefinition und Funktion

Geprägt wurde der Begriff des Stereotyps von Walter Lippmann im Jahr 1922. Die ursprüngliche Bedeutung des Terminus findet sich in der Drucktechnik, dort wurde er 1798 erstmals von dem französischen Drucker Didot verwendet. *Stereotyp* setzt sich zusammen „aus den zwei griechischen Wörtern stereos (starr, hart, fest) und typos (Entwurf, feste Form, charakteristisches Gepräge)".[381]

Stephan Ganter erkennt einen engen Zusammenhang zwischen dem bereits beschriebenen gesellschaftlichen Phänomen des Kategorisierens und der Entstehung von Stereotypen. Er empfiehlt daher folgende Definition: „Meinungen bzw. Wahrscheinlichkeitsurteile über die Merkmale, Eigenschaften oder Attribute von Personen, die bestimmten Kategorien (oder Gruppen) zugeordnet werden, und zwar *aufgrund* dieser Zuordnung bzw. Kategorisierung."[382]

„Ein Stereotyp stellt eine Aussage dar, und zwar ein (negatives oder positives) Werturteil, das gemeinhin von einer starken Überzeugung getragen wird (oder der Sprecher gibt die starke Überzeugung nur vor, wenn er das Stereotyp gezielt in manipulativer Absicht benutzt, also selbst nicht davon überzeugt ist, dass das Stereotyp zutrifft, 'wahr ist'). Es wird meist auf Menschen angewandt, und zwar auf menschliche Gruppen, die unterschiedlich definiert sein können: rassisch, ethnisch, national, sozial, politisch, religiös oder konfessionell, beruflich usw."[383] Hans Henning und Eva Hahns Definition des Stereotypen-Begriffs zeigt, wie wichtig es ist, Identität und Stereotype gemeinsam zu betrachten. Denn wenn Stereotype auf menschliche Gruppen angewandt werden, ist es von großer Bedeutung sich die Gruppenbildung, oder, in Turners Terminologie gesprochen: die Kategorisierung, innerhalb von Gesellschaften bewusst zu machen, was wiederum durch die Untersuchung der Identität, oder besser deren Bildung, möglich wird. Verallgemeinerungen, so Hahn und Hahn, ermöglichen den Menschen erst, sich in der Welt zu orientieren,

---

[379] Vgl. Berger, Uwe (in Bezug auf John Turner) (1998): S.23.
[380] Reese-Schäfer, Walter (1999): S.8.
[381] Petersen, Lars Erik; Six, Bernd (Hg.) (2008): S.21. [Vgl. auch Mitulla, Claudia (1997): S.69]
[382] Ganter, Stephan (1997): S.6
[383] Hahn, Hans Henning; Hahn, Eva (2002): S.20.

ohne sie ist ein Leben nicht möglich. „Stereotypen sind Verallgemeinerungen, bei denen die emotionale Komponente dominiert, [...], sie werden emotional vermittelt durch das soziale Milieu."[384]

Soziale Kategorien haben also Einfluss darauf, wie man ein Mitglied dieser Kategorie wahrnimmt, behandelt oder beurteilt und sie sind verantwortlich für Erwartungen, die man an das Verhalten der Mitglieder stellt.[385] „Diese Erwartungen bilden sozial geteilte Wissensstrukturen, die Stereotype genannt werden und vielfältige Auswirkungen auf soziales Erleben und Verhalten haben. Stereotype sind kognitive Schemata, die Hand in Hand mit vereinfachenden Verarbeitungs- und Urteilsheuristiken gehen."[386] Durch Stereotype wird die Wahrnehmung so beeinflusst, dass eher solche Informationen wahrgenommen werden, die in das Schema der Stereotype passen, widersprüchliche werden eher ausgeblendet.[387] Jedoch kann nicht ausgeschlossen werden, „dass in Stereotypen oft auch das berühmte ‚Körnchen Wahrheit' steckt, und gerade Vertreterinnen und Vertreter neuerer Forschungsansätze haben sich von einer definitorischen Gleichsetzung von Stereotypisierungen und ‚falschen' Urteilen distanziert."[388] Trotzdem sind Stereotype alles andere als ungefährlich, denn sie dienen zur Rechtfertigung unseres Verhaltens in Verbindung mit einer Kategorie, über welche wir übertriebene Ansichten innehaben.[389] Hastedt schlussfolgert in ihrer Dissertation zu Selbstkomplexität, Individualität und sozialer Kategorisierung, dass Kategorisierung und Stereotypisierung nicht pauschal als Normabweichung und Wahrnehmungsfehler betrachtet werden sollten. Vielmehr werden Kategorisierung und Stereotypisierung „zunehmend wertfrei als kognitive Wahrnehmungsprozesse und als Produkt der Salienz einer kollektiven, intergruppalen Selbstinterpretation erklärt"[390].

Ein weiteres Merkmal von Stereotypen ist ihre Langlebigkeit. Ist ein Wort erst stereotypisiert, bleibt diese Bedeutung meistens erhalten. Hahn und Hahn bemerken außerdem, dass Stereotype einer Nation, oder allgemein einer Gruppe, verhelfen, nach innen zu integrieren und nach außen abzugrenzen. Der Unterschied zwischen Ingroup und Outgroup wird also durch Stereotype verdeutlicht, oder, an Brubakers Behauptungen anknüpfend, sogar erst geschaffen. Die Wir-Gruppe, oder Ingroup, wird dabei stets höherwertig dargestellt als die ‚Anderen', bzw. die Outgroup. Auf die Gefahr von Identitätskonstruktionen hinweisend, bemerkt Wolf Dieter-Narr: „Und welche Bezeichnung und Handlung wären

---

[384] Ebd. S.22.
[385] Vgl. Klauer, Karl, Christoph (2008): S.23.
[386] Ebd. S.23.
[387] Vgl. Meiser, Thorsten (2008): S.53.
[388] Filipp, Sigrun-Heide; Mayer, Anne-Kathrin (2005): S.26.
[389] Vgl. Tajfel, Henri (1982b): S.44 (in Bezug auf Allport).
[390] Hastedt, Claudia (1998): S.148.

identitätsförderlicher als die 'exakte' Unterscheidung zwischen 'Freund' und 'Feind' und als die eindeutig vorgegebene Entscheidung inmitten dieses zweigeteilten Entweder-Oder die Ekstase aller Identitäten: der Krieg."[391]

Tajfel legt insbesondere Wert auf die Betonung der kognitiven Komponente der Stereotype: „Stereotype stellen bestimmte Generalisierungen dar, zu denen Individuen gekommen sind. Sie ergeben sich zu einem großen Teil aus den allgemeinen kognitiven Prozessen, die an der Kategorisierung beteiligt sind. Die hauptsächliche Funktion dieses Prozesses besteht, für die Zwecke der kognitiven und verhaltensmäßigen Adaption, in der Vereinfachung und Systematisierung des Überflusses und der Komplexität von Informationen, die der menschliche Organismus aus seiner Umwelt empfängt."[392]

Für die Wissenschaft sind Stereotype von besonderer Bedeutung, weil sie „eine Art Wegweiser dar[stellen] [...] zu dem Träger bzw. Benutzer des Stereotyps, zu dessen aktueller Befindlichkeit, und wozu er eigentlich das Stereotyp braucht."[393]

Interessant für die vorliegende Forschung ist vor allem auch der von Hahn und Hahn hervorgehobene Zusammenhang zwischen Autostereotyp und Heterostereotyp, denn sie bedingen einander. „Fast jedesmal, wenn ein negatives Heterostereotyp benutzt wird, wird gleichzeitig das positive Autostereotyp mitgedacht."[394] Im umgekehrten Fall, bei positiven Heterostereotypen, wird das entsprechende Autostereotyp jedoch nicht negativ gewertet, sondern das positive Heterostereotyp dient in diesem Fall lediglich als Empfehlung. Die genauere Analyse von Heterostereotypen gibt somit Aufschlüsse über die Selbsteinschätzung der zu untersuchenden Gruppe. Da es sich bei Stereotypen um Vereinfachungen handelt, ist es unumgänglich, dass es in gewissen Situationen zu offensichtlichen Widersprüchen zwischen Stereotyp und Realität kommt. In diesem Fall wird jedoch nicht das Stereotyp verändert, also der Realität angepasst, sondern „das intellektuelle Wissen wird quasi auf einer emotionalen Grundlage gelöscht."[395]

Eine weitere Möglichkeit ist das Heranziehen von Substereotypen. Maya Machunsky nennt das Beispiel einer mathematisch begabten Frau. Diese passt nicht in das stereotype Bild, nach dem Frauen mathematisch unbegabt sind. Damit die Existenz dieser mathematisch begabten Frau nicht das herkömmliche Stereotyp Frau komplett hinfällig macht, bildet sich ein Substereotyp, im genan-

---

[391] Narr, Wolf-Dieter (1999): S.102.
[392] Tajfel, Henri (1982 b): S.41f.
[393] Hahn, Hans Henning; Hahn, Eva (2002): S.27.
[394] Ebd. S.31.
[395] Ebd. S.35.

nten Fall beispielsweise das mathematisch begabter „Mannsweiber".[396] Man nennt diesen Prozess *Subtyping*. Substereotype haben demnach die Funktion, Stereotype aufrechtzuhalten, die Betrachtung einer Gruppe als homogen wird nicht gestört. Anders verhält es sich bei *Subgrouping*. Hierbei wird eine Gruppe in mehrere Untergruppen unterteilt und somit die Gruppenvariabilität unterstrichen. Eine Stereotypenveränderung ist durch Subgrouping eher vorstellbar als durch Subtyping. Allerdings wird besonders der Gruppe, der man selbst angehört, eine große Variabilität unterstellt, fremde Gruppen werden tendenziell etwas homogener wahrgenommen.[397]

Hahn und Hahns Thesen zu Stereotypen sind Turners und Tajfels Theorie der Sozialen Identität in vielen Aspekten sehr ähnlich. So behaupten Hahn und Hahn, Gesellschaften benötigten Stereotype, um Gemeinschaft zu bilden, Stereotype dienten dazu, sich von anderen abzugrenzen, sie würden daher besonders in Situationen der Bedrohung häufig zur Stärkung der Wir-Gruppe benutzt. Tajfel und Turner nutzen lediglich andere Termini, aber auch sie behaupten, wie bereits dargestellt, dass schwache soziale Identität, also eine Situation der Bedrohung, zu stärkeren Abgrenzungen von Outgroups und zu einer verstärkten homogenen Betrachtung der Ingroup führt. Hahn und Hahn behaupten des Weiteren, dass Stereotype „stabilisierend für praktisch jedes politische und soziale System"[398] wirken. Sie werden oftmals unbewusst aktiviert und müssen nicht unbedingt Diskriminierung zur Folge haben, jedoch beeinflussen sie die soziale Wahrnehmung.[399] Man kann einer diskriminierenden Handlung, die auf einem unbewussten Stereotyp aufbaut, entgegenwirken, indem man sich die Stereotype bewusst macht und vor dem Handeln ihren möglichen Einfluss bedenkt.[400] „Bei ausreichend Zeit und Motivation ist der Mensch frei, die einmal aktivierten Stereotype zu hinterfragen und seine Handlungen unabhängig von ihnen zu realisieren."[401]

Ein Forschungsansatz, der sich mit der Bedeutung der Sprache bei Stereotypen befasst, ist der Linguistic Intergroup Bias. Dieser besagt, dass positives Verhalten der Eigengruppe eher abstrakt, negatives häufiger konkret beschrieben wird. Für die Beschreibung von Verhalten der Fremdgruppe gilt das Gegenteil. An Beispielen verdeutlicht heißt das „'Das Mitglied der Fremdgruppe hält jemandem die Tür auf', aber ‚Das Mitglied der Eigengruppe ist hilfsbereit' [...] ‚Das Mitglied der Eigengruppe versetzt jemandem einen Schlag', aber ‚Das

---

[396] Vgl. Machunsky, Maya (2008): S.45.
[397] Vgl.ebd. S.49f.
[398] Hahn, Hans Henning; Hahn, Eva (2002): S.42.
[399] Vgl. Schmid Mast, Marianne; Krings, Franciska (2008): S.33; 35.
[400] Vgl. ebd. S.40.
[401] Jonas, Klaus; Schmid Mast, Marianne (2007): S.74.

Mitglied der Fremdgruppe ist aggressiv'. Das hat zur Folge, dass positives Verhalten der Eigengruppe und negatives Verhalten der Fremdgruppe eher Personenmerkmalen, negatives Verhalten der Eigengruppe und positives Verhalten der Fremdgruppe hingegen eher Situationsmerkmalen zugeschrieben werden."[402] Auch Turner erkennt, dass „positive characteristics are more likely than negative characteristics to be perceived as ingroup attributes".[403] Zur Erklärung dieses Phänomens lässt sich ebenfalls die Theorie der sozialen Identität heranziehen, die beschreibt, dass die Aufwertung der Eigengruppe einem positiven Selbstbild zuträglich ist.

Die Stereotype-Threat-Theorie verdeutlicht, wann Stereotype von Personen als Bedrohung wahrgenommen werden. Dies ist der Fall, „wenn sie sich in einer Situation befinden, in der sie befürchten (a) auf Basis von negativen Stereotypen beurteilt zu werden bzw. (b) durch ihr eigenes Verhalten negative Stereotype bezüglich ihrer Gruppe unbeabsichtigterweise zu bestätigen."[404] Zu den möglichen Folgen solcher Bedrohungswahrnehmungen zählt Keller, dass Betroffene geringere Leistungen erzielen oder sich von den Bereichen distanzieren, in denen sie mit einer Bedrohung durch Stereotype konfrontiert werden könnten. Experimente zu Auswirkungen von Altersstereotypen demonstrieren den unterschwelligen Einfluss von Stereotypen auf die Leistungsfähigkeit der Stereotypisierten. Ältere Teilnehmer zeigten schlechtere Leistungen bei Gedächtnistests, wenn bei ihnen zuvor unbewusst negative Aspekte der Altersstereotype aktiviert worden waren.[405]

3.2.2 Abgrenzung Stereotyp – Vorurteil

Auch wenn in der Alltagssprache die beiden Termini Stereotyp und Vorurteil häufig synonym verwendet werden, beschreiben die Begriffe unterschiedliche Erscheinungen und werden in der Wissenschaft getrennt. Claudia Mitulla macht allerdings darauf aufmerksam, dass sich in der Forschung bislang keineswegs eine einheitliche Meinung bezüglich des Zusammenhangs von Stereotypen und Vorurteilen gebildet hat. Mitulla sieht darin hauptsächlich ein Verschulden der mangelnden Verbindung zwischen Stereotypenforschung und Vorurteilsforschung.[406] Eine Abgrenzung der beiden Phänomene, die hier vorgenom-

---

[402] Schöl, Christiane; Stahlberg, Dagmar; Maass, Anne (2008): S.62.
[403] Turner, John (1982): S.30.
[404] Keller, Johannes (2008): S.88.
[405] Vgl. Filipp, Sigrun-Heide; Mayer, Anne-Kathrin (2005): S.28. und auch: Jonas, Klaus; Schmid Mast, Marianne (2007): S.73f.
[406] Vgl. Mitulla, Claudia (1997): S.69.

men werden soll, kann dementsprechend nicht allen Ansätzen gerecht werden und muss als Auswahl verstanden werden. Da es im weiteren Verlauf der Untersuchung weniger um Vorurteile, sondern um Stereotype geht, soll es an dieser Stelle ausreichen, lediglich knapp auf die Unterscheidung beider Konzepte hinzuweisen.

„Vorurteile sind [...] als eine spezielle Variante von Einstellungen aufzufassen, die im wesentlichen dadurch bestimmt ist, dass sie sich auf bestimmte Einstellungsobjekte beziehen, nämlich auf Gruppen bzw. auf die diesen Gruppen kategorisch zugeordneten Personen."[407] Einstellungen beinhalten Bewertungen, sind im Gedächtnis abgespeicherte oder abrufbare Wissensstrukturen und weisen affektive, kognitive und konative Komponenten auf.[408]

„Wenn die Kategorien und die damit verknüpften stereotypen Inhalte die Realität nicht zutreffend beschreiben, entstehen Urteilsfehler, die im Volksmund oft Vorurteile genannt werden. In der Sozialpsychologie wird mit dem Begriff Vorurteil allerdings ein weiterer Aspekt von Kategorien benannt, nämlich die Tatsache, dass Kategorien und deren Repräsentanten in der Regel eine positive oder negative Bewertung tragen. Ein Vorurteil liegt dann vor, wenn diese Bewertung auf ein Mitglied einer Kategorie übertragen wird, ohne weiteres Ansehen der Person."[409]

Ganter schlägt vor, „Stereotypen allgemein als *Meinungen* bzw. Wahrscheinlichkeitsurteile über die Charakteristika und Attribute einer kategorial bestimmten Personengruppe zu definieren und Vorurteile als positive oder negative *Bewertungen* einer solchen Personengruppe. [...] [D]ie Unterscheidung von Stereotypen und Vorurteilen soll lediglich ermöglichen, relativ wertneutrale ‚typisierte' Meinungen von explizit bewertenden und eventuell auch affektiven Reaktionen gegenüber einer Personengruppe begrifflich unterscheiden zu können."[410]

3.3 Identitäten / Stereotype: Schlussfolgerungen und Arbeitsdefinition

„Identitätsarbeit heute ist von der Ambivalenz risikoreicher Lebensbedingungen durchgehend gekennzeichnet. Je nach Lesart wird sie als ‚Verlust' oder ‚Tod des Subjekts' einerseits oder als ‚Erweiterung der Ich-Grenzen' beschrieben."[411]

---

[407] Ganter, Stephan (1997): S.22.
[408] Vgl. ebd. S.22.
[409] Klauer, Karl Christoph (2008): S.24.
[410] Ganter, Stephan (1997): S.40f.
[411] Keupp, Heiner (1997b): S.309.

In vorliegender Arbeit wird eine raumbezogene Identitäts- und Stereotypenforschung vorgenommen, obwohl die territorialen Gegebenheiten, die sich in besonderem Maße auf die Identitäts- und Stereotypenbildung ausprägen – wie etwa politische, administrative und kulturelle Grenzen – sozial konstruiert sind. Jedoch betrachtet vorliegende Arbeit trotz der Kenntnis der Kritik an territorial fixierten Identitäten die befragten Akteure nicht entkoppelt von ihren Wohn- und Wirkungsorten. Bei der Analyse werden Enträumlichungsdiskussionen mit bedacht, jedoch liegt der folgenden Untersuchung die postmoderne Idee zugrunde, dass Räume einerseits verschwimmen, Nähe und Ferne die Bedeutung verändern, jedoch das Lokale, oder hier die Region, keineswegs ohne Einfluss auf die Konstitution von Identitäten bleibt. „Durch die kulturelle Heterogenisierung, die Konfrontation und Verquickung bislang getrennter Kulturen konstituieren sich verschiedene, nebeneinander stehende Räume. Die Folge hiervon ist, dass der Territorialstaat nun mehr zu einem Raum neben und parallel zu anderen Räumen wird."[412]

Aschauers Kritik, Untersuchungen zu Regionalbewusstsein seien unnütz zur Darstellung der gesellschaftlichen Realität, muss differenziert betrachtet werden. Zwar stimme ich in Teilen mit Aschauers Kritik, dass Regionalbewusstseinsforschung leicht ins Ideologisierende abdriften möge und somit auch als bloße Stabilisierung des momentanen Systems dienlich sein könne, überein, jedoch untersucht die vorliegende Forschung das Regionalbewusstsein verschiedener Großregion-Bewohner unter anderen Gesichtspunkten und strebt somit tatsächlich eine Funktion an, die Aschauer der Regionalbewusstseinsforschung abspricht. Die vorliegende Arbeit möchte einen Beitrag zum Verständnis subjektiver Realität in grenzüberschreitenden Verflechtungsräumen leisten – wenn auch nur eines kleinen nicht repräsentativen Teils der Bevölkerung. Es handelt sich nicht um eine klassische Regionalbewusstseinsforschung im Blotevogelschen Sinne, welche Aschauer kritisiert. Es soll keine „Erfassung des regionalen Zugehörigkeitsbewusstseins der Bevölkerung" mit dem Zweck „einer kulturgeographischen Raumgliederung unseres Landes"[413] unternommen werden.

Auch ist der Untersuchungsgegenstand vorliegender Arbeit nicht als Ablehnung des Beckschen kosmopolitischen Blicks zu deuten. Beck lehnt den regionalen und den transnationalen Blick ab, da dieser lediglich eine Variante des nationalen Blicks sei und somit „blind ist, blind macht für die Wirklichkeiten des kosmopolitischen Zeitalters."[414] Der regionale Blick vorliegender Arbeit

---

[412] Ahrens, Daniela (2001): S.169.
[413] Aschauer, Wolfgang (1990): S.20. Er zitiert hier Blotevogel et al. (1986, S.105).
[414] Beck, Ulrich (2004): S.51.

jedoch ignoriert die realexistierende Kosmopolitisierung nicht, Beck wird in diesem Punkt widersprochen.

Die Theoretiker der Postmoderne bezeichnen Identitätssuche nicht als überflüssig, wie Keupp es befürchtet. Sie kritisieren lediglich das Modell der *einen* Identität und appellieren für Vielfalt und Differenz. Die Zusammenstellung verschiedener Teilidentitäten kann als Patchwork beschrieben werden. Beck führt diese Prozesse auf eine wachsende Reflexion zurück.

Meine Forschung lässt sich als Untersuchung kollektiver Identitäten deuten, bei der jedoch die Perspektive des Individuums interessiert. Die Verknüpfung individueller und kollektiver Identität ist durch die Theorie der Sozialen Identität gegeben.

Vorliegende Arbeit versteht Identität als Teil des Selbstkonzepts, als dynamischen Prozess, geprägt von der Zuschreibung anderer, basierend auf der Einteilung des Umfelds und des Selbst in Kategorien.

Stereotype sind ebenfalls von großer Bedeutung für das Selbstkonzept und die soziale Identität. Nicht zuletzt deshalb, weil sie eine Rollenübernahme ermöglichen. Stereotype tragen daher dazu bei, den Standpunkt des Anderen zu reflektieren und sich selbst von außen zu betrachten.

3.4 Forschungsstand zu Identitäten und Stereotypen in grenzüberschreitenden Verflechtungsräumen

3.4.1 Forschungsstand zu Identitäten und Stereotypen in der Großregion

Wie bereits beschrieben, nennt die Charta für die kulturelle Zusammenarbeit in der Region Saar-Lor-Lux-Trier/Westpfalz im ersten Artikel die Vertiefung identitätsstiftender Maßnahmen als Ziel. Doch bis es zu einem wirklichen Zusammengehörigkeitsgefühl der Bewohner der Großregion kommt, glaubt man Wolfgang Brücher, ist noch ein weiter Weg. Denn von einem „Wir-Gefühl", so der Geograph, sind sie noch weit entfernt. Viele wissen nicht einmal, welche Gebiete zur Großregion gehören, geschweige denn, wie man diese denn nun offiziell bezeichnet.[415] Brücher sieht unter anderem in der enormen Fläche der Großregion eine Schwierigkeit, die es bei der Herausbildung einer gemeinsamen Identität zu überwinden gilt.

Aus dem Jahr 2004 gibt es eine interessante Studie von Saskia Hellmund zu grenzüberschreitender Kulturvermittlung in Theatern der deutsch-französischen

---

[415] Vgl. http://www.geographie.uni-marburg.de/parser/parser.php?file=deuframat/deutsch/5/5_2 bruecher/kap5.htm.

Grenzregion. In Interviews mit Leitern von Theatern in Strasbourg und Forbach und mit Verantwortlichen der Presse- und Öffentlichkeitsarbeit erfährt Hellmund mehr über die Motivation der Akteure, grenzüberschreitende Kulturarbeit zu organisieren. Die meistgenannten Gründe sind dabei die geographische Nähe der Länder und die teilweise gemeinsame Geschichte. „Weiterhin spielen die europäische Einigung und der damit verbundene Wunsch nach der Stärkung einer auch grenzüberschreitend aufgefassten Regionalidentität eine große Rolle, um den Bedeutungsverlust für die Nationalidentitäten aufzufangen bzw. nationalistischen Gegenströmungen den Boden zu entziehen. Dies gilt umso mehr, da die Angebote für ein ausländisches Publikum durchaus vom heimischen Publikum kritisiert werden."[416] Bezüglich der mehrmals verschobenen deutsch-französischen Grenze stellt Hellmund fest, dass es dadurch nicht zu einer Mischung der kulturellen Identitäten kam, sondern vielmehr zu einer verstärkten Abgrenzung zum Nachbarn. „Es führte allerdings auch zu einer, verglichen mit anderen Regionen des jeweiligen Landes, starken Präsenz von Elementen des benachbarten kulturellen Systems. Regionen wie das Elsass und das Saarland verfügen bis heute trotz der seit etwa einem halben Jahrhundert andauernden festen Eingliederung in ihren gegenwärtigen Staatsverband über ein von den Nicht-Grenzregionen unterschiedliches Bewusstsein, das auch die kulturelle Identität ihrer Bewohner geprägt hat. Das Interesse an Vorgängen im Nachbarland ist generell größer als in anderen Landesteilen, was sich beispielsweise in der Medienberichterstattung bemerkbar macht. [...] Zudem wird die ‚etwas andere Identität' häufig zur Rechtfertigung und Untermauerung von Forderungen an die jeweils eigene nationale Regierung benutzt."[417] Auch Kerstin Schneider stellt in ihrer wissenschaftlichen Untersuchung fest, dass sich bei Saarländern ein anderer Bezug zum Nachbarland Frankreich und eine spürbarere Tendenz zur Abgrenzung feststellen lässt als bei den restlichen Bundesbürgern. Sie beschreibt die Beziehung zu den französischen Nachbarn als ambivalent. „Saarländer betonen als Auswirkung der Nähe zu Frankreich zwar ihre Affinität für die französische Lebensart und ihre Identität als Grenzraumbewohner. Aber sie grenzen sich auch deutlich von ihren französischen Nachbarn ab."[418]

Joachim Schild befasst sich in einem Aufsatz mit den nationalen und europäischen Identitäten der Deutschen und Franzosen.[419] „Nur wenn kollektive nationale Identitäten einen Prozess der Europäisierung durchlaufen," so Schilds Ausgangsthese, „können wachsende Spannungen zwischen den europäischen Realitäten einer vertieften und erweiterten EU einerseits und nationalen Befind-

---
[416] Hellmund, Saskia (2004): S.38.
[417] Ebenda: S.33.
[418] Schneider, Kerstin (1997): S.59.
[419] Schild, Joachim: In: Online-Akademie Friedrich-Ebert-Stiftung.

lichkeiten andererseits minimiert werden."[420] Schild hält eine Europäisierung nationaler Identitäten für sinnvoller und realistischer als ein Nebeneinander europäischer und nationaler Identitäten. Die französischen Bürger, so Schild, definieren die nationale Identität in einem stärkeren Maße politisch als es die deutschen Nachbarn tun. Schild folgert daraus, dass es den Franzosen leichter falle, multiple territoriale „Identitäten unter Einschluss einer europäisch politischen Identitätskomponente"[421] herauszubilden. Die Franzosen verstünden die EU als Bollwerk gegen die negativen Auswirkungen der Globalisierung und nutzten sie deshalb als Abgrenzung nach außen und zur Identitätsbildung nach innen. In Deutschland hingegen erkennt Schild häufiger exklusiv nationale Identitäten.

Zu deutlich anderen Interpretationen kommt allerdings Rudolf von Thadden. Auch er arbeitet Unterschiede zwischen dem Aufbau französischer nationaler Identität und deutscher nationaler Identität heraus.[422] Allein die Identitätsdiskurse in den beiden Ländern sind demnach kaum miteinander vergleichbar. Während man sich in Deutschland mit den Fragen beschäftigt, wie Identitäten in einer komplexen Welt weiter existieren können oder ob es in einer postnationalen Welt noch möglich ist, kollektive Identitäten an spezifische Inhalte zu knüpfen, ist es in Frankreich kaum denkbar „den Schritt von der nationalen zur postnationalen Gesellschaft mitzumachen und die Nation als Bezugspunkt kollektiver Identitätsbildung aufzugeben."[423] In Frankreich orientieren sich selbst entlegene Provinzen sehr stark an Paris. Dadurch, so von Thadden, entsteht kein Verlangen nach Weltbürgertum, denn für Franzosen ist die Welt in der Metropole Paris erfahrbar. Deutschland zeigt eine ganz andere Entwicklung. Es gab nie eine derart starke Orientierung aller Deutschen an Berlin, wie die der Franzosen an Paris beschrieben wurde. Es entstand schnell ein Wunsch nach transnationalem Kosmopolitismus. „Während Franzosen meistens sehr bestimmte Vorstellungen von einer eigenen Identität Europas haben[,] [...] neigen Deutsche in der Regel dazu, die Grenzen Europas verschwimmen zu lassen und weitergefassten Begriffen wie denen der westlichen Welt oder der Welt schlechthin den Vorrang zu geben."[424] Als wichtigsten Unterschied im französischen und deutschen Identitätsgefühl jedoch bezeichnet von Thadden die andersgeartete Auffassung der Rolle von Kultur. Für Franzosen ist Kultur nicht von Politik zu trennen, Fragen zu Kultur haben oberste Priorität, eben auch im politischen Diskurs. In Deutschland dagegen betrachtet man Kultur

---

[420] Ebenda: S.1.
[421] Ebenda: S.12.
[422] Von Thadden, Rudolf (1991).
[423] Ebd. S.496.
[424] Ebd. S.507.

getrennt von Politik als einen Ort des Rückzugs vom Staat und seinen Zwängen.[425]

Erwähnenswert ist auch eine Studie, die Peter zu Nieden an der Universität Trier mit Studierenden der Geographie durchführt. Die Forschung fokussiert die *Wahrnehmung von Nachbarschaft durch Bürger und lokale Medien am Beispiel des grenzüberschreitenden Städtenetzes Quattropole*. Die bisherigen Ergebnisse sind ernüchternd. Sowohl Informationsdefizite als auch mangelndes Interesse an den Partnerstädten des Städtenetzes waren bei den Befragungen keine Seltenheit. Nach wie vor bestehen Grenzen in den Köpfen der Bürger. Allerdings fällt auch auf, dass die befragten Bürger grenzüberschreitenden Kooperationen gegenüber aufgeschlossen scheinen.[426]

Armin Flender setzt sich mit dem für diese Untersuchung spannenden Thema auseinander, welchen Stellenwert „kollektive Gedächtniskonstruktionen im Saarland im 20. Jahrhundert innerhalb regionaler Identitätskonzepte und nationaler Optionen besaßen".[427] Das Erinnern liefere dem Individuum die Erklärung für den Sinn seiner Existenz, gleiches gelte auch für Kollektive. Flender betont, man müsse in diesem Zusammenhang stets beachten, dass das kollektive Erinnern auch als Herrschaftsinstrument genutzt werden kann. Für den Prozess der Bildung der regionalen saarländischen Identität spielte laut Flender die wirtschaftliche Struktur des Saarlandes mit seiner Montanindustrie keine Rolle. Großen Einfluss auf die Identitätsbildung hingegen hatten die Grenzlage des Saarlandes und der lange Kampf um die Zugehörigkeit zu Deutschland.[428]

Ein von Kurt Bohr und Peter Winterhoff-Spurk im Jahr 2007 herausgegebener Band (Erinnerungsorte – Ankerpunkte saarländischer Identität) umfasst Aufsätze, die sich mit saarländischer Identität und Heimat im Allgemeinen befassen. Winterhoff-Spurk schreibt darin zur Mentalität der Saarländer: „Ironische Texte zur eigenen Mentalität, das lustvolle Ausarbeiten von Kunstfiguren wie Heinz Becker und Vanessa Backes und das Lachen darüber ist – so gesehen – nichts anderes als die soziale Grenzarbeit von Aufsteigern, wenn nicht gar Scham über den Lebensstil der Herkunftsfamilie."[429] Winterhoff-Spurk nennt dies "self-handicapping behavior". Die Saarländer, so seine Auffassung, legen besonderen Wert auf das – nach Bourdieu – soziale Kapital, also auf den Erhalt und den Aufbau von Beziehungen.[430] Daraus, so Winterhoff-Spurks Meinung, erklärt sich auch die saarländische Konfliktscheu:

---

[425] Vgl. ebd. S.508f.
[426] Vgl. http://www.quattropole.deepweb.de/bilder/Endbericht_Stand_9_7_07.pdf.
[427] Flender, Armin (1994): S.108.
[428] Vgl. ebd. S.142.
[429] Winterhoff-Spurk, Peter (2007): S.23.
[430] Vgl. ebd. S.18f.

Beziehungen sollen nicht durch Konflikte gefährdet werden. „Die generationenlange Erfahrung der Fremdbestimmtheit ist letztlich auch der zentrale Ankerpunkt saarländischer Identität."[431] Die Identität der Saarländer sei außerdem sehr stark geprägt von einem negativen Selbstbild, das Winterhoff-Spurk unter anderem auf die „erlernte Hilflosigkeit"[432] zurückführt, beispielsweise durch die Erfahrungen mit Arbeitgebern wie Carl Ferdinand Freiherr von Stumm-Halberg, der das Leben seiner Angestellten bis in den privaten Bereich bestimmte.

Martina Pitz untersucht die identitätsstiftende Wirkung des Dialekts im östlichen Lothringen und im Saarland.[433] Der Dialekt konnte ihrer Meinung nach nicht auf beiden Seiten den gleichen Stellenwert behalten, da die Hochsprache, man nennt diese dem Dialekt übergeordnete Sprache auch Dachsprache, in Lothringen französisch ist. Den deutschen Dialekten in Lothringen fehlt das „schützende Dach, denn ihre Sprecher sind gezwungen, als Schul- und Amtssprache eine andere Hochsprache zu erlernen, die mit ihrem Dialekt in keiner linguistischen Beziehung steht."[434] Pitz bezeichnet Dialekt als Symbol der individuellen und auch der kollektiven Identität der Sprecher. Die jüngeren Ostlothringer beherrschen den gemeinsamen Dialekt häufig nicht mehr. Pitz glaubt jedoch zu erkennen, dass die gemeinsame regionale Identität, die auf Geschichte und Kultur basiert, „im Bewusstsein der Einwohner dieses Grenzraums ungebrochen vorhanden ist – auch wenn sie sich in Lothringen inzwischen oft auf Französisch artikuliert."[435]

Im Jahr 1984 unternahm Heinz Schilling mit Frankfurter Studierenden der Kulturanthropologie und Europäischen Ethnologie eine empirische Untersuchung zum Leben an der Grenze zwischen Saarland und Lothringen.[436] Die Forschung liefert interessante Einschätzungen zur Wahrnehmung der Grenze und der Nachbarregion aus zwei verschiedenen Perspektiven und regt dadurch neue Fragen für die Jetzt-Zeit an. Margit Schlesinger erfährt in ihren Interviews eine positive Einstellung zur offenen Grenze. Bei den befragten Saarländern spürte sie, dass diese die Nähe zu Frankreich und Luxemburg als Bereicherung ansehen. Einen wirklich regen Austausch konnte sie jedoch nicht vermerken. „Wirkliches Pendlertum ist nur in einem sehr engen Streifen, dem ‚Grenzsaum' nah an der Grenze zu beobachten, und schon einige Kilometer davon entfernt, scheint das Bewusstsein von ‚Grenze' merklich reduziert; sie wird auch zu-

---

[431] Ebd. S.20.
[432] Vgl. ebd. S.20.
[433] Pitz, Martina (2003).
[434] Ebd. S.136.
[435] Ebd. S.144.
[436] Schilling, Heinz (1986).

nehmend weniger genutzt."[437] Schlesinger trifft in ihren Interviews auf eine Vielzahl von Stereotypen und bemerkt auf beiden Seiten die Tendenz, sich vom Nachbarn abzugrenzen. Für die jüngere Generation gilt dies zwar weniger, jedoch nehmen auch diese die beiden Regionen als „deux régions différentes" wahr.[438] Andersartigkeiten jenseits der Grenze werden nicht als etwas Bedrohliches verstanden, sondern vielmehr als willkommene Abwechslung. Das studentische Forschungsprojekt konnte trotzdem eine stetige Abnahme des Kontaktes zwischen den beiden Regionen verzeichnen. Heinz Schilling stellt fest, dass eine scheinbar bedeutende Gemeinsamkeit der Saarländer und Lothringer die historische Grenzerfahrung selbst ist. „Das Anpassungsvermögen an sich wechselnde Gegebenheiten und Herrschaften, das sich Durchschlagen im Vertrauen auf Verwandtschaft als die stabilere Struktur bis hin zum Opportunismus-Training – das sei so etwas wie ein gemeinsames Merkmal von Saarländern und Lothringern, haben wir nicht nur einmal gehört."[439] In Herman Tertilts Beitrag liest man aufschlussreiche Einschätzungen zum Selbst- und Fremdbild der Saarländer. Demnach verstärken die Saarländer ihr negatives Image als rückständige, provinzielle, arme Region zusätzlich. „Indem man das Image so emphatisch negiert, übernimmt man es auf subtile Weise und transportiert es als Autostereotyp weiter."[440]

Die empirischen Untersuchungen zum Heimatbewusstsein der Saarländer von Annette Spellerberg und Olaf Kühne[441] bieten interessante weiterführende Analysen zum Thema Regionalbewusstsein und Heimat in Zeiten erhöhter Flexibilitätsanforderungen. Ihre Studie zeigt, dass Heimat maßgeblich sozial definiert ist. Heimatgefühle, so das Ergebnis der Studie, sind weit verbreitet und gerade in einer Gesellschaft mit hohen Flexibilitätsanforderungen gewünscht. Jedoch decken Spellerberg und Kühne neben diesem positiven Heimatbild auch die negative Seite von Heimat auf: Fremde werden vielfach ausgeschlossen.

Viele Ideen und Anregungen zum Forschungsthema Identität liefert ein Buch von Karin Zsivanovits, das sich mit der besonderen Situation der Luxemburger Identität, vor allem im Hinblick auf Transnationalisierungsprozesse der Medien auseinandersetzt. Zsivanovits stellt in Luxemburg einen Mischkultur-Charakter fest, der besonders auf die Mehrsprachigkeit und den Einfluss deutscher, französischer und luxemburgischer Kultureinflüsse im Großherzogtum zurückzuführen ist. Dieser verhindere den Verlust der kulturellen Identität, eine Gefahr, die in dem kleinen Nationalstaat, der enorme Trans-

---

[437] Schlesinger, Margit (1986): S.24.
[438] Ebd. S.29.
[439] Schilling, Heinz (1986): S.358.
[440] Tertilt, Herman (1986): S.205.
[441] Kühne, Olaf; Spellerberg, Annette (2010).

nationalisierungsprozesse durchlebt, scheinbar besonders groß ist. Die Autorin kommt zu dem Schluss, dass im Falle Luxemburgs die Transnationalisierungseinflüsse ein Bestandteil der kulturellen Identität sind. „Was also zuerst nach Identitätsverlust aussieht, täuscht: Transnationalisierung fördert vielmehr als Facette des Mischkultur-Charakters die kulturelle Identität eines Landes, das sich politisch, wirtschaftlich und eben auch kulturell als europäisch versteht."[442]

Auch Kristian Naglo beschäftigt sich mit der Wirkung von Sprache auf Identitätsbildungsprozesse in Luxemburg.[443] Er verweist auf die Tatsache, dass nur eine Minderheit der Luxemburger dreisprachig ist. Die Mehrsprachigkeit, so Naglo, ist dennoch Teil der luxemburgischen Identität. „Die besondere Betonung des Luxemburgischen als Nationalsprache und Ausdruck nationaler Identität steht dabei jedoch potentiell im Widerspruch zu dem eine starke Verbindung zur europäischen Ebene herstellenden Ideal der Dreisprachigkeit: Während das Lëtzebuergesche als zentrales Symbol nationaler Identifikation zur Herstellung positiver Distinktheit der nationalen Eigengruppe fungiert, tragen die exoglossischen Standards Französisch und Deutsch zur Ausbildung einer komplexen multilingualen Situation bei, die, auch bedingt durch den von Ausländern geprägten transnationalen Arbeitsmarkt, ein zentrales Merkmal der luxemburgischen Gesellschaft ist."[444]

Tomke Lask berichtet ebenfalls interessante Aspekte zum Thema Sprache und Identität. So schildert sie ein Beispiel aus dem Saarland der 1950er Jahre. Die Saarländer setzten die Sprache ein, um sich von den Franzosen abzugrenzen. „In diesem Sinne war es für die Saarländer eine Art List schlecht Französisch zu sprechen. So konnten sie am besten ihre Nicht-Zugehörigkeit demonstrieren, ohne die Franzosen mit dieser Geste friedlichen Widerstands zu stark zu provozieren."[445]

Ein interdisziplinäres Projekt der Universität Luxemburg unter Leitung von Christian Schulz untersucht die Identität der Luxemburger. Es unterscheidet zwischen zugeschriebener und angeeigneter Identität, was wiederum zeigt, wie eng Identitäten und Stereotypen zusammenhängen. Der Titel der Studie Doing Identity weist bereits darauf hin, dass Identität als etwas Wandelbares verstanden wird. Die Wissenschaftler der Universität beleuchten Konstruktionen luxemburgischer Identitäten aus unterschiedlichen Perspektiven und fertigen hierzu zudem eine Milieustudie an.

Andreas Kilp fragt in seiner Diplomarbeit mittels quantitativer Forschung nach der Wahrnehmung des Saar-Lor-Lux-Raumes durch lothringische In-

---

[442] Zsivanovits, Karin (2001): S.218f.
[443] Naglo, Kristian (2007).
[444] Ebd. S.149.
[445] Lask, Tomke (2002): S.140.

dustriearbeiter in saarländischen Betrieben[446] und kommt zu dem Ergebnis, dass „die räumliche Verbundenheit der Befragten mit dem Saar-Lor-Lux-Raum [...] sowohl hinter der Identifikation mit dem Nationalstaat als auch hinter der Identifikation mit innerfranzösischen Teilräumen zurück"[447] bleibt. Steigende Intensität des Kontakts, vorhandene Deutschkenntnisse, Dauer des Beschäftigungsverhältnisses in Deutschland und Wohnort nahe der Grenze wirken sich positiv auf die Verbundenheitswerte mit dem grenzüberschreitenden Raum aus. Die Sprachbarriere und die starke nationalstaatliche Bindung werden am häufigsten als trennende Elemente genannt, der Grenze selbst wird hingegen nur noch wenig trennende Wirkung zugeschrieben. Als verbindend gilt den Befragten in erster Linie die gemeinsame Erfahrung der Montankrise. Kilp schlussfolgert daraus, die gemeinsame regionale Identität im Saar-Lor-Lux-Raum sei vorrangig „wirtschaftlicher Natur"[448].

Auf Initiative von Claude Gengler und der Stiftung Forum Europa erschien im Jahr 2006 eine „Studie der grenzüberschreitenden Gewohnheiten in den *inneren* Grenzräumen der Großregion SaarLorLux/Rheinland-Pfalz/Wallonien".[449] Die Studie überprüft anhand telefonischer Interviews mit Bewohnern aus allen Teilregionen das Wissen über die Nachbarregionen, die grenzüberschreitende Mobilität, Sprachkompetenzen, Konsumverhalten, Netzwerke sowie Meinungen, Erwartungen und Einstellungen. Die Studie ist für die vorliegende Untersuchung äußerst interessant und wird bei der späteren Analyse der qualitativen Interviews noch nützlich sein. Sie bietet zum einen Anregungen für die eigene Auswertung, ist aber auch deshalb besonders spannend, weil sie die Einstellungen der Bevölkerung betrachtet, während meine Forschung sich auf die Akteure der Großregion konzentriert.

Erst kürzlich beschäftigte sich die Luxemburger Zeitschrift *forum* mit der Großregion.[450] Darin weisen Christian Schulz und auch Christian Wille[451] beispielsweise auf die Problematik der Namensgebung hin. Nicht nur, dass die Großregion in der Bevölkerung unter diesem Namen noch längst nicht eine solche Bekanntheit erlangen konnte wie unter dem, mittlerweile ungenauen, weil nicht mehr alle Teilregionen nennenden, Vorgängerbegriff SaarLorLux. Besonders problematisch ist die Tatsache, dass aufgrund des „fehlenden geographischen Attributs"[452] der Begriff Großregion außerhalb derselben kaum zuzuordnen ist. Michel Pauly befasst sich in derselben Zeitschrift mit der

---

[446] Kilp, Andreas (1998).
[447] Ebd. S.61.
[448] Ebd. S.83.
[449] Cavet, Marine; Fehlen, Fernand; Gengler, Claude (2006).
[450] forum Juli 2009.
[451] Vgl. Wille, Christian (2009).
[452] Schulz, Christian (2009): S.25.

Geschichte der Region. In der häufig erwähnten historischen Kontinuität erkennt Pauly eine Mogelpackung mit dem Zweck politischer Legitimierung.[453] Auch im Hinblick auf Europa stellt der Autor grundsätzlich in Frage, dass es „überhaupt eine überstaatliche, regionale Identität geben"[454] kann. Claude Gengler weist darauf hin, dass die Großregion im Alltag vieler Leute gelebt wird, auch wenn diese die Institutionen und Begrifflichkeiten oftmals nicht kennen: „ne pas connaître les termes de ‚Grande Région' ou de ‚SaarLorLux', ne pas avoir entendu parler, ni du sommet, ni de la Commission régionale, ni du Conseil parlamentaire interrégional et encore moins du Comité économique et social de la Grande Région ne veut pas dire que l'on ne pratique pas cet espace transfrontalier qui nous est si cher."[455]

Rolf Parr zeigt am Beispiel Luxemburg, dass Fremdbilder sehr schnell zu Selbstbildern werden können. Demnach wird die Fremdperspektive, in der Luxemburg als Zentrum Europas dargestellt und mit entsprechenden Symbolen wie das Herz oder der Motor Europas besetzt wird, „von innen her übernommen und dann wieder nach außen hin reproduziert".[456]

Peter Dörrenbächer untersuchte mehrfach – häufig gemeinsam mit Christian Schulz – Aspekte der grenzüberschreitenden wirtschaftlichen Verflechtungen, insbesondere an der saarländisch-lothringischen Grenze. Demnach haben die großen Pendlerströme bislang erstaunlich wenig Einfluss auf eine kulturelle Integration. Die Grenzgänger nehmen nicht merklich am kulturellen, sozialen oder politischen Leben des Nachbarlandes teil. „Instead, it is characetrized by national and cultural fragmentation."[457] Als entscheidender Handlungsansatz, um diesem Defizit entgegenzuwirken, nennen die Autoren eine bessere Sprachförderung in der Region.

3.4.2 Forschungsstand zu Identitäten und Stereotypen in anderen westdeutschen grenzüberschreitenden Verflechtungsräumen

Untersuchungen zum deutsch-niederländischen Grenzraum berichten von wenig medialer Berichterstattung und noch immer bestehender auffallender Unwissenheit auf beiden Seiten bezüglich des jeweiligen Nachbarn und besonders bezüglich der benachbarten Region und der Euregio zwischen Deutschen und Nieder-

---

[453] Vgl. Pauly, Michel (2009): S.27.
[454] Ebd. S.29.
[455] Gengler, Claude (2009): S.33.
[456] Parr, Rolf (2009): S.13.
[457] Dörrenbächer, Peter; Schulz, Christian (1999): S.136.

ländern.[458] Bei einer empirischen Untersuchung, im Rahmen derer 150 Menschen in der deutsch-niederländischen Grenzregion befragt wurden, die bereits mehrere Monate im Nachbarland lebten, sowie 2050 Menschen, auf die dies nicht zutrifft, stellte sich heraus, dass Vorurteile zwischen Deutschen und Niederländern noch immer deutlich erkennbar sind. „Von allen Befragten vertreten immerhin fast 20 Prozent die Auffassung, dass die bestehenden gegenseitigen Vorurteile ein Hindernis für die grenzüberschreitende Arbeitsmarktentwicklung sind. Für die deutschen Befragten, die bereits in den Niederlanden lebten, verdoppelt sich dieser Wert."[459] Besonders auf Seiten der Arbeitgeber in beiden Ländern, so verdeutlicht die Studie weiter, gibt es Bedenken hinsichtlich Angestellter aus dem Nachbarland in ihrem Betrieb.

Aus dem Jahr 1990 gibt es eine umfangreiche Studie zum Regionalbewusstsein 15-jähriger Jugendlicher in der Nordwest-Schweiz, im Elsass und in Südbaden.[460] Zusammengefasst zeigt die Untersuchung, dass sich die befragten Jugendlichen aller drei Nationen in erster Linie mit ihrer Nation identifizieren. Die regionale, lokale oder europäische Identität spielt gegenüber der nationalen eine geringe Rolle. Grenzüberschreitende Räume werden selten als Identifikationsräume gesehen. Ulrich Schiller untersucht die Selbst- und Fremdbilder der drei Nationen. Die Analyse der Fragebogen lässt ihn vermuten, „dass sich in den Selbstbildern auch das Wissen um vermutete oder wirkliche Stereotypen bei den Nachbarn ausgewirkt hat. Hier hat man sich akzentuiert dagegen gewendet."[461] Der prozentual höchste Anteil stereotyper Fremdbilder wurde bei den Jugendlichen aus dem Elsass festgestellt. Schiller hält es für wahrscheinlich, dass Elsässer, bedingt durch ihre Besonderheiten im Hinblick auf ihre Sprache, ihre innenpolitische Stellung in Frankreich und ihre, aus soziologischer Sicht, Minderheitensituation, die Grenze intensiver wahrnehmen als die übrigen Befragten und sich dadurch auch in stärkerem Maße abzugrenzen versuchen.[462] Die Untersuchung kam zu dem Ergebnis, dass „keine wechselseitige Beeinflussung von Einstellungen (Raumbezüge, Selbst- und Fremdbilder), Wissen über die Region, Mobilität in der Region sowie Bildungsstand feststellbar war."[463]

In einer empirischen Studie zu regionaler Identität am Oberrhein, speziell dem Gebiet der Regio TriRhena, zeigen Susanne Eder Sandtner und Martin Sandtner[464], dass die unterschiedlichen Sprachen trennend wirken. Die Kultur wird von der Mehrheit der Befragten als verbindend innerhalb der Regio

---

[458] Hoebink, Hein (2001).
[459] Janssen, Manfred; Woltering, Michael (2001): S.126.
[460] Haubrich, Hartwig; Schiller, Ulrich; Wetzler, Herbert (1990).
[461] Schiller, Ulrich (1990a): S.149.
[462] Vgl. Schiller, Ulrich (1990b): S.238f.
[463] Ebd. S.241.
[464] Eder Sandtner, Susanne; Sandtner, Martin (2003).

bewertet. Der gemeinsamen Geschichte kommt je nach Teilgebiet eine unterschiedliche Bedeutung zu: In Südbaden sowie in der Nordwestschweiz sieht man die Geschichte meist als trennendes Element, im Oberelsass hingegen bewertet man die gemeinsame Geschichte verstärkt als bindend. Den Rhein als gemeinsames Symbol findet die Mehrheit aus allen drei Teilräumen verbindend. Ein Bewusstsein für die Regio TriRhena wurde bei über der Hälfte der Schweizer, bei 39% der Deutschen sowie bei 42% der Franzosen nicht festgestellt. Anders als von den Untersuchenden erwartet, erwies sich die soziale Stellung als irrelevant in Bezug auf die Identifizierung mit dem grenzüberschreitenden Raum. Als ebenso wenig bedeutend für das regionale Bewusstsein stellten sich grenzüberschreitende Aktivitäten und Kontakte heraus. „Die grenzüberschreitende regionale Identität spielt, das hat die empirische Untersuchung gezeigt, neben der nationalen und der europäischen Ebene nur eine untergeordnete Rolle. Zudem muss sie mit der regionalen Ebene konkurrieren, der im Falle von Südbaden und des Elsass' deutlicher im Bewusstsein der Bewohner verhaftet ist. Selbst in einer Region, die als einheitlicher Kulturraum mit vielen Gemeinsamkeiten gesehen werden kann, ist die Überprägung durch ein- bis zweihundert Jahre Dominanz des Nationalstaats sehr deutlich."[465]

Bei grenzüberschreitenden Verflechtungen in der Euregio Bodensee „steht die Lösung von gemeinsamen Problemen und Herausforderungen im Mittelpunkt der Zusammenarbeit – die Region besitzt eine ‚problemorientierte Regional-Identität'. [...] Die gemeinsame Sprache und ein relativ hohes wirtschaftliches Niveau erleichtern die Zusammenarbeit und verringern die Konkurrenzen."[466] Diese Ansicht teilt auch Eichkorn wenn er sagt, „die bisher durchgeführte grenzüberschreitende Zusammenarbeit basiert auf endogener Motivation und ist von Pragmatismus gekennzeichnet."[467]

Die Österreichische Raumordnungskommission fand durch Interviews heraus, dass trotz hohen wirtschaftlichen Niveaus Konkurrenzdenken und Vorurteile vorhanden sind. „Auch der Tourismus wirkt oft als Wettbewerbsfaktor zwischen den Teilregionen. Und nicht zuletzt gibt es im Grenzgebiet immer noch fremdenfeindliche Strömungen, die überwunden werden müssen."[468] Als möglicher Nachteil der grenzüberschreitenden Zusammenarbeit nannten Bewohner unter anderem „ein[en] Identitätsverlust durch die Unüberschaubarkeit."[469] Der Rhein und der Bodensee konstituieren zwar eine natürliche Grenze, jedoch sym-

---

[465] Ebd. S.16.
[466] ÖROK (2005): S.35.
[467] Eichkorn, Patrik (1999): S.D-83.
[468] ÖROK (2005): S.35.
[469] Ebd. S.36.

bolisieren sie gleichzeitig auch eine Verbindung zwischen den Bewohnern.[470] Das Ziel des Bodenseeleitbilds, „die nationalen Grenzen zu überwinden und bei den Bürgern das gemeinsame Bewusstsein zu stärken."[471], beschlossen von der Internationalen Bodenseekonferenz, konnte bislang noch nicht umgesetzt werden. Denn „verschiedene Erhebungen haben gezeigt, dass innerhalb der Regio Bodensee kein grenzüberschreitendes Regionalbewusstsein besteht. Die Bewohner der einzelnen Teilregionen fühlen sich in erster Linie als St. Galler, Vorarlberger, Bayern oder Badener. Gleichwohl existiert ein wichtiges, über die Grenzen hinweg identitätsstiftendes Symbol: der Bodensee selbst."[472]

3.4.3 Zusammenfassung

Zusammenfassend lässt sich festhalten, dass bislang noch in keiner der untersuchten Grenzregionen ein ausgeprägtes Regionalbewusstsein oder eine auffällige gemeinsame Identität nachgewiesen wurden.
Aus dem Forschungsstand lassen sich die prägnantesten Aspekte herauslesen, die

a. eine gemeinsame Identität fördern:
- geographische Nähe
- gemeinsame Geschichte
- europäische Einigung; Bedeutungsverlust der Nationalstaaten
- Transnationalisierungsprozesse
- Dialekt
- Kultur
- naturräumliche Symbole

b. einer gemeinsamen Identität im Wege stehen:
- Sprachbarriere
- Misstrauen
- zu große Fläche, unbekanntes Abmaß → Unüberschaubarkeit, Undurchsichtigkeit
- schlechte Namensgebung
- Konkurrenzdenken
- Unwissenheit / Vorurteile
- Angst vor Identitätsverlust / schwache soziale Identität

---

[470] Vgl. Scherer, Roland; Schnell, Klaus-Dieter (2002).
[471] Ebd. S.510.
[472] Ebd. S.516.

Weder a) noch b) eindeutig zugehörig scheint der Aspekt „Abgrenzung". Wie vor allem Hellmund und Schneider am Beispiel der Saarländer und Lothringer beschreiben, besteht zwar der Wunsch zur Abgrenzung zum jeweiligen Nachbarn, jedoch besteht auch eine besondere Affinität. Neben dem Abgrenzen dient die Grenznähe als Rechtfertigung der Sonderstellung innerhalb des eigenen Nationalstaats.

3.5 Forschungsdefizite und weitere Fragestellung

Die Auswirkungen des Bedeutungswandels von *Raum* und *Grenze* auf Identitäten sind bislang empirisch nur wenig erforscht. Außerdem fehlen meines Wissens bislang Studien darüber, wie sich die Veränderung nationaler Identitäten auf (grenzübergreifende) regionale Identitäten auswirkt. Unklar ist, ob dadurch die (grenzübergreifende) regionale Identität gestärkt wird, oder ob man vielmehr versucht, sich abzugrenzen. Da Abgrenzungen entscheidend für Identitätsbildungsprozesse zu sein scheinen, stellt sich die Frage, wie viel Grenze der Mensch braucht, um seine Identität zu erhalten, ob Identitäten wirklich Abgrenzung brauchen und ob diese räumlich sein muss. Die meisten Theorien bescheinigen die Notwendigkeit von Differenz zur Ausbildung einer Identität. Die Großregion müsste sich also von Outgroups differenzieren und abgrenzen, um eine eigene Identität entwickeln zu können. Es gilt zu untersuchen, ob dieser Ansatz nicht bereits als überholt bezeichnet werden kann. Stimmt nicht vielmehr Reese-Schäfers Einschätzung, die Ausbildung von Mehrfachidentitäten mache ein klares Gegenbild überflüssig? Wenn in Zeiten der Postmoderne kollektive Identitäten, die sich an Gleichem orientieren immer unrealistischer werden, weil die Welt viel zu komplex geworden ist, dann ist eine großregionale Identität theoretisch weder wahrscheinlicher noch unwahrscheinlicher als ‚herkömmliche' Identitäten wie beispielsweise die nationale Identität.

Studien, die sich mit Belgien, Luxemburg oder der Schweiz beschäftigen, bestätigen diesen Ländern einen besonderen Einfluss der Sprache auf die Identitätsbildung. Vorliegende Forschung möchte daran anknüpfend untersuchen, ob Akteure, die in einer mehrsprachigen Umgebung aufgewachsen sind, vornehmlich also die aus der Deutschsprachigen Gemeinschaft Belgiens und Luxemburg, tatsächlich leichter mit Transnationalisierung umgehen können, weil sie ein anderes Identitätsverständnis haben und dadurch eventuell auch schneller eine großregionale Identität herausbilden können. Anhand dieser Fragestellung ließe sich, im Hinblick auf von Thadden, erforschen, wie unterschiedliche Identitätsvorstellungen die Wahrnehmung und das Verhalten der Menschen beeinflussen. Neben Raum, Abgrenzung und Sprache werden noch weitere möglicherweise identitätsstiftende Faktoren auf ihre Wirkung hin untersucht. Studien zu Regionalbewusstsein oder Identität existieren zu zahlreichen Räumen, auch zu grenzüberschreitenden. Jedoch fällt auf, dass Stereotype und ihr Einfluss auf das Handeln der Akteure sowie die gegenseitige Beeinflussung von Stereotypen und Identitäten noch wenig erforscht sind.

Da eine positive soziale Identität die beste Voraussetzung ist, Misstrauen und Angst gegenüber anderen Outgroups abzubauen, ist zu vermuten, dass Teilregionen, deren soziale Identität stark und stabil ist, konfliktfreier mit den anderen Teilregionen umgehen und weniger Bedenken bezüglich der Schaffung einer neuen Überkategorie Großregion hegen als andere. Eine Bedrohung der sozialen Identität ist vermutlich vor allem dann zu befürchten, wenn die eigene Teilregion scheinbar weniger einflussreich agieren kann als andere. Es gilt zu prüfen, ob die Großregion tatsächlich polyzentral wahrgenommen wird. Möglich wäre auch, dass Luxemburgs besondere Situation als wirtschaftlich stärkste Teilregion und geographisches Zentrum der Großregion die soziale Identität anderer Teilregionen bedroht.

Des Weiteren soll die Großregion bezüglich ihres Potentials auf Prozesse der Transnationalisierung oder Kosmopolitisierung von Identitäten hin untersucht werden.

Alle Fragen zu Identitäten und Stereotypen sollen letztendlich Aufschluss über ihren Einfluss auf das Handeln geben. Es wird also keine quantitative Auflistung bestehender Identitäten und Stereotype vorgenommen, ebenso wenig kann eine Messung der Intensität räumlicher Verbundenheit der Akteure vorgenommen werden, vielmehr soll die Auswirkung von Identitäten und Stereotypen in der Großregion auf die Wahrnehmung und das Handeln der befragten Akteure qualitativ analysiert werden. Ziel ist es dabei, bestehende Identitätstypen interpretierend zu beschreiben, ihre Auswirkungen sowie die Auswirkung von Stereotypen zu analysieren, um am Ende Handlungsanreize zu bieten, wie großregionale Identitäten und Stereotype möglicherweise gelenkt werden können, damit sie dem grenzüberschreitenden Verflechtungsraum, seinen Bewohnern und Akteuren größtmögliche Vorteile bringen.

4 Empirische Untersuchung

4.1 Methode der empirischen Untersuchung

Zur Untersuchung von Stereotypen und Identitäten der Großregion wurden qualitative Interviews mit 29 Akteuren der Großregion geführt, die in verschiedenen Bereichen, nämlich Arbeit und Wirtschaft, Soziales, Kultur, Umwelt, Bildung, Politik, Polizei und Verbraucherschutz, tätig sind.[473] Die Interviews dauerten zwischen einer halben und zweieinhalb Stunden, die Mehrzahl davon über eine Stunde. Sie fanden in den meisten Fällen am Arbeitsplatz des Interviewten und ohne weitere Zuhörer statt[474], somit war der „Ort der Erhebung dem Befragten möglichst vertraut"[475], was zu einer entspannten Erzählatmosphäre beitrug.

Vor jeder empirischen Untersuchung stellt sich die „Gretchenfrage der Wissenschaft"[476], nämlich, ob qualitativ oder quantitativ gearbeitet werden soll. Die Entscheidung, für vorliegende Forschung auf qualitative empirische Methoden zurückzugreifen fiel leicht. Denn anders als in quantitativen Sozialforschungen sollten hier keine Messungen im Sinne von repräsentativen Verallgemeinerungen herausgestellt werden. Nicht die Quantifizierung von Sachverhalten ist das Ziel, sondern das Verstehen von Sinn.

Mayring und Flick definieren qualitative Forschung wie folgt:

„In der qualitativen Forschung geht es um die Erkundung subjektiver Lebenswelten. Man versucht also die individuellen Weltsichten und Lebensweisen seiner Probanden zu erfassen. Erforscht werden unter anderem soziale Regeln, kulturelle Orientierungen und individuelle Sinnstrukturen. Häufig geht es nicht nur um die Entwicklung von Theorien, sondern auch um Anwendung für die Praxis."[477]

---

[473] Alle Interviews sind im Besitz der Verfasserin und können eingesehen werden.
[474] Zwei Interviews waren Gruppeninterviews (einmal zwei Interviewpartner gleichzeitig: Nr. 7 und 8, und einmal drei Interviewpartner gleichzeitig: Nr.11, 12, 13).
[475] Schmidt-Lauber, Brigitta (2001): S.176.
[476] Poscheschnik, Gerald (2010): S.86.
[477] In: Poscheschnik, Gerald (2010): S.89.

Nr.	Datum / Ort	Gesprächspartner ((Fach)-Bereich)	Teilregion des Interviewten	Abkürzung[478]
1	14.07.2009, Saarbrücken (SB)	Soziales	Lothringen	Frau A.Z.
2	24.07.2009, (SB)	Kultur	Lothringen	Frau B.Y.
3	31.07.2009, Trier	Wirtschaft / Arbeit	Rheinland-Pfalz	Herr C.X.
4	05.08.2009, (SB)	Umwelt	Saarland	Frau D.W.
5	12.08.2009, (SB)	Wirtschaft	Saarland	Herr E.V.
6	13.08.2009, Luxemburg (Lux)	Wirtschaft	Luxemburg	Frau F.U.
7	27.08.2009, Eupen	Kultur	Deutschspr. Gem. Belgien (DG)	Herr G.T.
8	27.08.2009, Eupen	Kultur	DG	Frau H.S.
9	01.09.2009, (SB)	Politik	Saarland	Herr I.R.
10	11.09.2009, (Lux)	Kultur	Luxemburg	Frau J.Q.
11	14.09.2009, Eupen	Soziales	DG	Frau K.P.
12	14.09.2009, Eupen	Soziales	DG	Frau L.O.
13	14.09.2009, Eupen	Soziales	DG	Frau M.N.
14	14.09.2009, Eupen	Politik	DG	Herr N.M.
15	16.09.2009, Otzenhausen	Bildung	Saarland	Frau O.L.
16	21.09.2009, Trier	Wirtschaft	Rheinland-Pfalz	Frau P.K.
17	07.10.2009, (SB)	Bildung	Saarland	Herr Q.J.
18	08.10.2009, (SB)	Kultur	Rheinland-Pfalz	Frau R.I.
19	09.10.2009, (SB)	Kultur / …	Luxemburg	Herr S.H.
20	22.10.2009, (Lux)	Kultur	Luxemburg	Frau T.G.
21	14.12.2009, Schengen	Politik	Luxemburg	Herr U.F.
22	21.07.2010, Langsur	Politik	Rheinland-Pfalz	Herr V.E.
23	27.07.2010, Perl	Bildung	Saarland	Herr W.D.
24	28.07.2010, Telefoninterview	Kultur	Wallonien	Frau X.C.
25	30.07.2010, (SB)	Bildung / Kultur / Soziales	Saarland	Frau Y.B.
26	17.08.2010, (Lux)	Verbraucherschutz	Luxemburg	Frau Z.A.
27	22.8.2010, St. Wendel	Polizei	Saarland	Herr A.B.
28	14.09.2010, (SB)	Polizei	Lothringen	Herr C.D.
29	04.11.2010, Perl	Bildung	Luxemburg	Frau E.F.

Abbildung 6: Liste der geführten Interviews

---

[478] Die Initialen wurden geändert, um eine Anonymisierung der Gesprächspartner zu gewährleisten.

Da Identitäten und Stereotype und ihr Auswirken auf das Handeln von Akteuren in grenzüberschreitenden Verflechtungsräumen meiner Meinung nach schlecht in Zahlen, Mittelwerten oder Wahrscheinlichkeiten darstellbar sind – vor allem dann nicht, wenn bedacht wird, dass die in grenzübergreifenden Regionen lebende Bevölkerung 181,7 Millionen und damit 37,5 Prozent der gesamten EU-Bevölkerung ausmacht[479]–, schien eine quantitative Forschung in diesem Fall nicht angemessen. Die Arbeit wird daher auch keine generalisierten und repräsentativen Ergebnisse liefern. Stattdessen interessierte vorliegende Forschung sich für die subjektiven Erfahrungen und Empfindungen der interviewten Akteure. Denn die Forschung orientiert sich an postmodernen Identitätskonzepten, die auf der Annahme basieren, „dass Sinngebung und Identitätsbildung in der zersplitterten Sozialwelt zu einer privaten Angelegenheit jedes Einzelnen geworden, gewissermaßen in ‚eigene Regie' übergegangen sind."[480] Des Weiteren sprach der Punkt ‚Offenheit' für eine qualitative und gegen eine quantitative Herangehensweise an das Thema. Denn die Fragestellung, Identitäten und Stereotype sowie deren Auswirkungen auf das Handeln der Akteure zu untersuchen, war anfangs noch recht vage formuliert, die genauen Schwerpunkte kristallisierten sich erst im Laufe der ersten Interviews und anschließenden Analysen heraus. Die prozesshafte, in ihrem Ablauf veränderbare qualitative Forschung eignete sich hierfür mehr als die unflexibleren quantitativen Forschungsmethoden.[481]

Bei der folgenden Analyse muss immer mit bedacht werden, dass es sich bei den Interviewten um Akteure der Großregion handelt. Das heißt, alle haben direkt – beispielsweise als Mitarbeiter von Ministerien, die sich um großregionale Themen kümmern, oder indirekt – beispielsweise als Ortsvorsteher in Grenznähe, beruflichen Kontakt mit der Großregion. Eine solche Untersuchungsgruppe vertritt daher mit hoher Wahrscheinlichkeit andere Ansichten als die Bevölkerung. Die Interviewten kennen alle die Großregion, was bei Interviews mit Nicht-Akteuren nicht vorausgesetzt werden kann. Sie haben auch fast immer eine ausgesprochen positive Affinität zur Großregion. Da es sich nicht um eine repräsentative Untersuchung handelt, können zwar ohnehin keine allgemeingültigen Aussagen getroffen werden, die spezielle Situation der befragten Akteure sollte dennoch bei der Analyse nicht in Vergessenheit geraten. Repräsentativität ist in einem Raum mit sechs Teilregionen ohnehin kaum möglich. Daher sind auch meine Interviewpartner nicht unbedingt miteinander vergleichbar, sie kommen aus verschiedenen Regionen, arbeiten in unterschiedlichen Bereichen und haben individuell sehr unterschiedliche Hintergründe und

---

[479] Vgl. Müller, Verena (2009): S.44.
[480] Eickelpasch, Rolf; Rademacher, Claudia (2010): S.11.
[481] Vgl. hierzu z.B. Lamnek, Siegfried (1995).

Motivationen bezüglich ihrer Arbeit im Zusammenhang mit der Großregion. Eine Gegenüberstellung der Interviewten bezüglich ihrer jeweiligen Teilregionen ist nicht sinnvoll, da viele der Interviewten nicht unbedingt einer einzigen Teilregion zuzuordnen sind: Sie wohnen und arbeiten teilweise in unterschiedlichen Teilräumen, manche kommen von Regionen außerhalb der Großregion und sind deshalb nur schwer einer bestimmten Gruppe zuzurechnen. Die Auswahl der Interviewpartner erfolgte zunächst in Form eines „theoretical sampling"[482], da mir viele Interviewpartner weitere Gesprächspartner empfahlen und sich die Auswahl durch das Prinzip des Schneeballsystems erweiterte.

Bei den Gesprächen mit den Akteuren gab es lediglich einen offenen Leitfaden.[483] Eine Eigenschaft qualitativer Forschungen ist es, sich auf jeden Interviewpartner neu einzustellen, diesen als einzigartig zu erkennen und „nicht nur als Lieferant von Daten zur Berechnung eines Durchschnittswertes"[484]. Je nach Interviewpartner wurden die Leitfragen strikter abgearbeitet oder sehr offen gestellt. „Zum Teil wird dem Befragten große Freiheit in thematischer Ausdehnung und Gestaltung zugestanden, zum Teil wird dies etwas enger gefasst. Der Auswertungsaufwand bei offenen Interviews ist ein anderer – und letztlich höher zu veranschlagen – als bei Interviews mit vorgegebenen Antwortkategorien, denn frei formulierte Antworten müssen intensiv interpretiert werden."[485] Sehr positiv war es, wenn die Interviewten frei berichteten, da dann die Gefahr geringer war, sie durch die Fragen zu beeinflussen. Abweichungen von den Leitfragen waren also ausdrücklich erwünscht und brachten den Vorteil mit sich, dass Flexibilität in der Forschung gewahrt wurde. Die Methode des teilstandardisierten Interviews bringt auch ohne direkte Nachfragen gute Antworten. Im Erzählfluss oder in Nebensätzen berichten die Gesprächspartner Dinge, die ihnen selbst wichtig erscheinen und die der Forscher in einem standardisierten

---

[482] „Theoretical Sampling (dt.: Theoriegeleitete Stichprobenziehung; der englische Begriff wird jedoch auch in der deutschsprachigen Literatur häufig verwendet):Im Rahmen der Grounded Theory entwickeltes Konzept der Auswahl von Untersuchungseinheiten: Diese sollen (jedenfalls im allgemeinen) nicht nach Kriterien statistischer Repräsentativität ausgewählt werden, sondern danach, ob sie das Wissen über den Untersuchungsgegenstand zu erweitern geeignet sind oder nicht. T. S. impliziert daher meist ein konsekutives, kumulatives Vorgehen: Zunächst werden eine oder mehrere Untersuchungseinheiten analysiert; auf der Grundlage der so gewonnenen Ergebnisse bzw. Vermutungen, Ideen oder Konzepte wird nach weiteren Einheiten/Fällen gesucht, die geeignet sein könnten, die bisherigen Ergebnisse etc. zu bestätigen, zu kontrollieren, zu modifizieren, zu erweitern oder zu relativieren." (aus: ILMES - Internet-Lexikon der Methoden der empirischen Sozialforschung).
Siehe zu theoretical sampling auch: Lamnek, Siegfried (1995): S.238f. und: Böhm, Andreas (2000): S.476.
[483] Siehe zur Methode des qualitativen Interviews auch: Schmidt-Lauber, Brigitta (2001).
[484] Poscheschnik, Gerald (2010): S.89.
[485] Küsters, Ivonne (2006): S.20.

Interview möglicherweise gar nicht erfahren hätte. Die Einstiegsfrage der Interviews war daher bewusst offen formuliert: Ich fragte wie die Person zur Arbeit mit der Großregion kam.[486] Dies ließ in den meisten Fällen eine lockere Erzählatmosphäre entstehen, in der meine Rolle lediglich in der der aufmerksamen Zuhörerin bestand, die zwar Nachfragen stellt, jedoch keine eigene Meinung oder Bewertung äußert.

Wie in vielen empirischen Untersuchungen der Fall, musste auch ich Fragen stellen, die die Gefahr mit sich bringen, zu keiner aufrichtigen Antwort zu führen. Denn obwohl meine Interviews ohne Fragebogen geführt wurden und die Interviewpartner über ihre Anonymität informiert waren, besteht der Verdacht, dass die Antworten trotzdem in manchen Fällen durch „soziale Erwünschtheitseffekte verzerrt sind".[487] Dieser Aspekt soll in der Analyse stets mit bedacht werden. Vor allem die Frage nach Stereotypen birgt diese Gefahr in sich. Sie haben ein negatives Image, niemand spricht gerne offen über eigene Stereotype. Um dieses Problem zu lösen, stellte ich auch indirektere Fragen, um etwas über vorhandene Stereotype und ihre Auswirkungen zu erfahren. Ich fragte beispielsweise in welchen Teilregionen die Befragten gerne arbeiten würden und wo eher nicht oder welche Teilregionen gut zusammen arbeiten, und bei welchen es eher zu Konflikten kommt und warum dies so ist. Die Methode, das Forschungsthema Stereotype überhaupt nicht zu benennen und ausschließlich indirekte Fragen zu stellen, hätte zwar vielleicht zu aufschlussreicheren Antworten für die Analyse geführt, kam jedoch aus Gründen der Forschungsethik nicht in Frage. Die Interviews wurden im Anschluss an die Treffen vollständig transkribiert.[488] „Interpretationen mit qualitativen Forschungsmethoden richten sich übrigens meist auf Texte, also verschriftlichte Gespräche, Szenen und Beobachtungen. Deshalb lässt sich qualitative Forschung auch als eine Textwissenschaft begreifen."[489] Zusätzlich zu den Transkriptionen erfolgten Notizen zum Verlauf des Gesprächs. Besonderheiten wie etwa starke Nervosität, besondere Offenheit, Ergriffenheit oder sonstige bemerkenswerte Beobachtungen bezüglich der Gesprächsatmosphäre wurden direkt im Anschluss an die Treffen skizziert und in die Analyse mit einbezogen. Ebenso wurde der potenzielle eigene Einfluss auf die Interviewten, der in einer zumeist lockeren Interviewatmosphäre nicht auszuschließen ist, bedacht. Der Transkription folgte

---

[486] In vielen Fällen beantworteten die Interviewten die erste Frage so ausführlich, dass ein Großteil der folgenden Leitfragen bereits beantwortet war.
[487] Schmid Mast, Marianne; Krings, Franciska (2008): S.41.
[488] Lediglich Herr E.V. wollte keine elektronische Aufzeichnung des Gesprächs, hier dienten Gesprächsnotizen als Quelle.
[489] Poscheschnik, Gerald (2010): S.89.

jeweils eine qualitative Inhaltsanalyse.[490] Dazu wurden die verschriftlichten Interviews schrittweise analysiert und einzelne Passagen abstrakteren Kategorien zugewiesen. In dieser Arbeit wurde nach der induktiven Kategorienbildung verfahren, das Kategoriensystem wurde also aus den Aussagen des Textes abgeleitet. Die „qualitative Inhaltsanalyse will Texte systematisch analysieren, indem sie das Material schrittweise mit theoriegeleitet am Material entwickelten Kategorien bearbeitet."[491] Durch die qualitative Inhaltsanalyse lassen sich die Interviews einfacher vergleichen. Beispielsweise wurden alle Interviewtexte auf vorgenommene Kategorisierungen (z.B. „die Deutschsprachigen", „stark zentralisierte Staaten") oder auf den Punkt mehrdimensionale Identität hin untersucht. Die entsprechenden Passagen wurden gesondert zusammengefasst und aussagekräftige Zitate extrahiert. Neben der besseren Vergleichsmöglichkeit bietet diese Methode auch den Vorteil, dass die enormen Datenmengen der Interviews somit reduziert werden konnten.

Dieser Auswertungsmethode schloss sich eine qualitative Typenbildung an. „Die qualitative Typenbildung versucht hinsichtlich bestimmter Merkmale eine Reihe von Typen zu eruieren, denen sich einzelne Fälle dann zuordnen lassen. Die Typenbildung rekurriert dabei auf Max Weber, der Idealtypen gebildet hat, um soziokulturelle Unterschiede erklären zu können [...]. Man geht also davon aus, dass es unterschiedliche Typen von Menschen gibt, die sich in Bezug auf bestimmte Merkmale von anderen Typen unterscheiden"[492]. Idealtypen sind stets abstrakt, sie lassen sich nach Weber als „Resultate der Isolierung und Überspitzung konkreter empirischer Tatsachen"[493] beschreiben. Auch in vorliegender Forschung, in der nicht direkt Personen, sondern Identitätsformen typisiert wurden, wurden die Typen überspitzt formuliert. Der Typenbildung ging eine Strukturierung voran, das Interviewmaterial wurde auf „besonders extreme Ausprägungen [...], Ausprägungen von besonderem theoretischem Interesse [...] [sowie auf] Ausprägungen, die im Material besonders häufig vorkommen"[494] untersucht. Dieser Auswahl der typischen Ausprägungen folgten, in Anlehnung an Mayrings Modell, eine Bestimmung der Prototypen und eine genaue Beschreibung dieser.[495] Die so bestimmten Typen, dies wird an späterer Stelle noch expliziter erklärt, schließen sich nicht aus, weshalb die Interviewten nicht nur einem Typen zuzuordnen sind, sondern stets mehreren, wenn auch in unterschiedlicher Intensität. Da es sich um Idealtypen handelt, wurde aus dem

---

[490] Vgl. zu qualitativer Inhaltsanalyse und Typenbildung u.a. Poscheschnik, Gerald; Lederer, Bernd; Hug, Theo (2010); Mayring, Philipp (2002).
[491] Mayring, Philipp (2002): S.114.
[492] Poscheschnik, Gerald; Lederer, Bernd; Hug, Theo (2010): S.155.
[493] Tippelt, Rudolf (2010): S.116.
[494] Mayring, Philipp (2010): S.98.
[495] Vgl. ebd. S.100.

theoretischen Interesse heraus auch ein Typ bestimmt, dem keiner der Interviewten zugeordnet werden konnte.

Um Mayrings Forderung nach einem intersubjektiven Nachvollzug der Interpretationen gerecht zu werden und so Willkür- oder Beliebigkeitsunterstellungen zu vermeiden[496], finden sich in der Analyse zahlreiche Zitate und auch Beispiele aus weiteren Forschungen.

Bei der Wahl meiner Methode berufe ich mich auch auf Clifford Geertz: „Die Untersuchung von Kultur besteht darin (oder sollte darin bestehen), Vermutungen über Bedeutungen anzustellen, diese Vermutungen zu bewerten und aus den besseren Vermutungen erklärende Schlüsse zu ziehen [...]"[497]. Die Untersuchung von Kultur bleibt daher in ihrem Wesen immer unvollständig.[498] Auch vorliegende Untersuchung erhebt daher nur den Anspruch exemplarischen Charakters.

Zusätzlich zu den qualitativen Interviews wurden noch zwei Internetforumsdiskussionen ausgewertet, die exemplarisch die Bedeutung von Stereotypen und Identitäten bei der Entstehung eines Gruppenkonfliktes demonstrieren.

Da ich keine teilnehmende Beobachtung durchführte, sondern die Quelle der empirischen Forschung lediglich auf Interviews, bei denen die Gesprächspartner vor dem Treffen bereits über das Forschungsthema informiert wurden, beruht, können unbewusst automatisch aktivierte Stereotype nicht aufgezeigt werden. Es muss davon ausgegangen werden, dass die Interviewpartner sich im Vorfeld als Vorbereitung auf das Interview über vorhandene Stereotype Gedanken gemacht und diese reflektiert haben.[499]

4.2 Kategorisierung

Bestehende soziale Kategorisierungen aufzudecken und näher zu betrachten, ist ein wichtiger Grundstein für die folgende Untersuchung von Stereotypen und Identitäten. Individuen nehmen ihre Umgebung in Form abstrakter sozialer Kategorien wahr. Die soziale Kategorisierung kann „als ein Orientierungssystem angesehen werden, das dazu beiträgt, den Platz des Individuums in der Gesellschaft zu schaffen und zu definieren."[500] „They internalize these categories as

---

[496] Vgl. Lamnek, Siegfried (1995) (in Bezug auf Philipp Mayring): S.156.
[497] Geertz, Clifford (1987): S.29f.
[498] Vgl. ebd. S.41.
[499] In vielen Interviews stellte ich tatsächlich fest, dass die Gesprächspartner sich im Vorfeld intensiv gedanklich mit dem Thema Stereotype und Identitäten beschäftigten. In einem Fall hatte eine Interviewte sogar mehrere Seiten Stichpunkte notiert, über die sie unbedingt mit mir reden wollte.
[500] Tajfel, Henri (1982 b): S.103.

aspects of their self-concepts".[501] Die Einteilung der Welt in Gruppen beeinflusst Individuen zu "group behaviour", Individuen handeln also in bestimmten Situationen nicht als Individuen, sondern als Mitglieder einer Kategorie bzw. Gruppe. Das ist immer dann der Fall, „wenn eine deutliche kognitive Struktur von ‚wir' und ‚sie' existiert und wenn diese Struktur nicht so wahrgenommen wird, dass sie in vielen sozialen und psychologischen Bedingungen einfach zu verändern ist."[502] Handeln Individuen als Gruppenmitglieder, dann neigen sie, wie bereits in Kapitel 3.1.1 beschrieben, dazu, die Ingroup und die Outgroup(s) als in sich homogen zu betrachten und gleichzeitig die Unterschiede zwischen den Gruppen überspitzt wahrzunehmen. „The way we perceive others will influence indirectly how we act towards them."[503] Damit bietet die soziale Kategorisierung Nährboden für die Entstehung von Stereotypen, für die Stärkung der sozialen Identität und die Abgrenzung der Ingroup von einer oder mehreren Outgroup(s). Die Theorie der Selbstkategorisierung stammt von John Turner, sie baut auf Henri Tajfels Theorie der Sozialen Identität auf. Tajfels Paradigma minimaler Gruppen zeigt, dass bereits eine triviale Kategorisierung in zwei Gruppen „ausreichen kann, um diskriminierendes Verhalten gegenüber einer Fremdgruppe auszulösen"[504].

Pierre Bourdieu weist darüber hinaus darauf hin, dass es sich bei den „von den sozialen Akteuren im praktischen Erkennen der sozialen Welt eingesetzten kognitiven Strukturen […] [um] inkorporierte soziale Strukturen"[505] handelt. Um sich in dieser Welt „vernünftig" zu verhalten ist es demnach unumgänglich, Klassifikationsschemata zu kennen. „Resultat der Inkorporierung der Grundstrukturen einer Gesellschaft und allen Mitgliedern derselben gemeinsam, ermöglichen diese Teilungs- und Gliederungsprinzipien den Aufbau einer gemeinsamen sinnhaften Welt, einer Welt des *sensus communis.*"[506]

Antje Schlottmann macht deutlich, wie stark unserem alltäglichen Denken eine „kategorisierte[n], räumlich differenzierte[n] Welt" zu Grunde liegt. Nur so sei es uns möglich, Begriffe wie „Migration und Warenströme, Ethnische Vielfalt und Weltkulturerbe, internationale Küche und überregionale Beziehungen, Ausländerintegration und Multikultur"[507] zu begreifen. Denn ohne eine konkrete unhinterfragte Vorstellung des Begriffs *Deutschland* hätte beispielsweise der Begriff *Ausländer* keine Bedeutung. Die Annahme einer stabilen Kategorie ‚Raum' erleichtert eine schnelle Einordnung und damit

---

[501] Turner, John C. (1982): S.16.
[502] Tajfel, Henri (1982 b): S.141f.
[503] Turner, John C. (1982): S.29.
[504] Petersen, Lars-Eric; Blank, Hartmut (2008): S.203.
[505] Bourdieu, Pierre (1987): S.730.
[506] Ebd. S.730.
[507] Schlottmann, Antje (2002): S.28f.

bessere Verständigung. „'Woher kommst Du?' wird dabei zum Synonym von ‚Wer bist du?'."[508]

Eine Betrachtung häufig vorgenommener Kategorisierungen und deren Grundlage kann daher Aufschluss über das alltägliche Denken und Wahrnehmen der Interviewten geben.

Die Analyse der Interviews hat gezeigt, dass der bedeutendste Faktor für die Kategorisierung in Gruppen die gegebene politische Kategorisierung ist. Schon die Unterteilung der Großregion in die sechs Teilregionen Saarland, Lothringen, Luxemburg, Rheinland-Pfalz, Wallonien und Deutschsprachige Gemeinschaft ist bereits als Kategorisierung zu verstehen, da man die Bewohner den entsprechenden Teilräumen zuordnet. In den Interviews ist diese administrative Unterteilung unbestritten. Die Namen werden genutzt, um die unterschiedlichen Teilräume zu bezeichnen, ohne die Willkür dieser Kategorisierung zu reflektieren. Sie gilt offenbar als unveränderlich. Die Konstruktion dieser Gruppierungen hat demnach Auswirkungen auf die Wahrnehmung der Wirklichkeit: Sie werden als real existierend angesehen. Obwohl die Kategorisierung konstruktiver Natur ist, erscheint sie aufgrund ihrer unhinterfragten Akzeptanz primordial. Ihre alltägliche Anwendung kann auch als „Geographie-Machen"[509] eingestuft werden.[510]

Interessante Einblicke in die alltägliche Praxis des Kategorisierens bietet die Lehrerin Frau E.F. Sie berichtet von einer Unterrichtssituation, in der über Ausländer gesprochen wurde. Ein deutsches Kind behauptet, die Luxemburger seien keine Ausländer. Sie kategorisiert sie auf den ersten Blick also nicht anders als ihre eigene Ingroup, die Deutschen. Frau E.F. jedoch klärt die Schülerin auf, dass die Luxemburger eine andere Nationalität haben und daher Ausländer seien. Daraufhin erwidert das Mädchen:

„Nein, nein, das sind keine Ausländer, für mich überhaupt nicht, die sind ja auch hier an unserer Schule." (Frau E.F. [Zitat einer Schülerin], S.2),

woraufhin eine Luxemburger Schülerin antwortet:

„Wir sind Ausländer, du sagst doch es ist *unsere* Schule, aber nicht auch *meine*." (Frau E.F. [Zitat einer Schülerin], S.2).

---

[508] Schlottmann, Antje; Felgenhauer, Tilo; Mihm, Mandy; Lenk, Stefanie; Schmidt, Mark (2007): S.306. Vgl. hierzu auch: Habermas, Tilmann (1996): S.159.
[509] Vgl. zu „Geographie-Machen" auch: Schlottmann, Antje (2002): S.29.
[510] Auch vorliegende Arbeit kann sich nicht frei davon sprechen, das „Geographie-Machen" zu bestärken. Begriffe bekannter räumlicher Kategorien wurden beispielsweise in den Interviews verwendet, die Interviewten selbst wurden von der Verfasserin, neben einer funktionalen Kategorisierung, räumlich kategorisiert usw.

Das Beispiel demonstriert, dass Kategorisierungen oftmals so selbstverständlich und verinnerlicht sind, dass sie nicht mehr wahrgenommen werden. Für die kategorisierte Outgroup jedoch, in diesem Falle die Luxemburger Schüler, sind die Folgen der Kategorisierung nicht selten im Sinne einer Ab- oder gar Ausgrenzung spürbar.

Für viele scheint die gegebene administrative Einteilung der Großregion in sechs Räume jedoch weiter kategorisierbar. So werden beispielsweise das Saarland und Rheinland-Pfalz häufig weniger stark getrennt wahrgenommen als andere Teilräume. Der Saarländer Herr A.B. macht dies deutlich:

> „Ich fühle mich natürlich der Pfalz am nächsten, weil es einfach noch Deutschland ist, mein Heimatland […]." (Herr A.B., S.13)

Hierbei spielt aber auch die Sprache eine entscheidende Rolle. Neben den politischen Grenzen ist die zweitbedeutendste Grundlage der Kategorisierung die Sprache.

Ein Großteil der Interviewten teilt die Großregion in zwei Kulturräume: einen deutschsprachigen und einen französischsprachigen. Bemerkenswert ist hier besonders die Tatsache, dass diese Kategorisierung vorgenommen wurde, ohne dass ich ausdrücklich danach fragte. Meistens wurde die Unterscheidung in den Situationen getroffen, in denen nach Stereotypen, kulturellen Unterschieden, Mentalitätsunterschieden oder Bedeutung der Sprache für eine gemeinsame Identität gefragt wurde.

Manchen Teilregionen wird eine Sonderposition innerhalb der bestehenden Kategorisierung deutschsprachig – französischsprachig zugeschrieben. So wird beispielsweise das Saarland als den frankophonen Länder eher näherstehend beschrieben als etwa Rheinland-Pfalz.

> „Also, da ich ja auch mit anderen Dienststellen in Deutschland zu tun habe, die ein bisschen weiter weg sind, habe ich selbst die persönliche Erfahrung gemacht, dass man echt immer noch das Saarland als quasi Teil von Frankreich wahr, oder aufgrund der Grenznähe sagt man: wie ist es da so ihr Halbfranzosen? Oder so wird da schon mal ein Späßchen draus gemacht." (Herr A.B., S.17)

Das Bild des Saarlandes als französischstes aller Bundesländer, so der Eindruck, ist auch politisch gewollt und wird gerne nach außen als besonderes Image vermittelt. Das frankophone Image des Saarlandes ist demnach eine Selbstzuschreibung, die von der Politik und der Presse bewusst gestärkt wird.

Neben dem Saarland wird auch der Deutschsprachigen Gemeinschaft Belgiens und Luxemburg eine Sonderposition zwischen den beiden Kulturräumen deutschsprachig – französischsprachig zugeschrieben. Der Grund

hierfür liegt in der weit verbreiteten Zwei- bzw. Mehrsprachigkeit vieler Bewohner dieser Teilräume. Sprache und Kultur werden offenbar als untrennbar miteinander verflochten empfunden. Das geht so weit, dass sich Vertreter der Deutschsprachigen Gemeinschaft Belgiens häufig mit Luxemburgern vergleichen, oder deutsche Akteure die Akteure der Deutschsprachigen Gemeinschaft ganz selbstverständlich der deutschen Kultur zurechnen.
Der Lothringer Herr C.D. ist von der besonderen Nähe Lothringens zu Deutschland überzeugt. Diese Ansicht rekurriert insbesondere auf die erlebte, oder empfundene, Außenwahrnehmung[511] seiner Region:

„Also wir haben in unserer Region dieselbe Mentalität wie die deutsche Mentalität. Also in Frankreich sagt man zu den Lothringern, sie haben die Mentalität von einem Deutschen als von einem, wie man es früher sagt, jemand, der den Helm mit dem Spitz hat. Auf Französisch sagt man casque à pointe[512]." (S.6f.)

Wie die Beispiele zeigen, sind bestimmte Kategorisierungen bei den Gesprächspartnern verinnerlicht. Selbst wenn die jeweiligen Klassifizierungen konstruierter Natur sind, dienen sie als Gruppierungen, die nicht weiter in Frage gestellt werden.

Die Außengrenzen der Großregion jedoch werden eher als willkürlich und hinterfragbar eingeschätzt. Es kommt daher auch zu neuen Klassifizierungen. Bei vielen Interviewten ist eine Einteilung in Kernbereich und Randgebiet der Großregion erkennbar. Die geographische Distanz zur Grenze ist somit ein weiterer wichtiger Kategorisierungsfaktor.

Des Weiteren gruppieren die Interviewten gelegentlich in Teilregionen mit umfangreichen Entscheidungskompetenzen und Teilregionen mit sehr geringen Entscheidungskompetenzen. Luxemburg und die Deutschsprachige Gemeinschaft Belgiens werden in die erste Gruppe kategorisiert, Lothringen und die französischsprachige Wallonie in die zweite, das Saarland und Rheinland-Pfalz je nach Perspektive in die erste oder zweite Gruppe.

Verbreitete Kategorisierungsgrundlagen der Akteure der Großregion			
Politische Grenzen / Nationalität	Sprachgrenzen	Geographische Distanz zur Nationalstaatsgrenze	Entscheidungskompetenzen

Abbildung 7: Kategorisierungsgrundlagen

---

[511] Auf die besondere Bedeutung der Außenwahrnehmung für die Konstituierung der Identität wird weiter unten noch eingegangen.
[512] Casque à pointe bedeutet Spitzhelm.

4.2.1 Von der Kategorisierung zum Stereotyp

„Die Wahrnehmung einer Person im Lichte ihrer Zugehörigkeit zu einer sozialen Kategorie und die Verwendung von für die Kategorie typischen Merkmalsdimensionen und -ausprägungen für die Beurteilung dieser Person nennt man Stereotypisierung."[513]
Kategorisierungen können inhaltsleer sein[514], der Großteil der Kategorisierungen und Aussagen über Gruppen beinhaltet jedoch gewisse Vorstellungen und Homogenisierungen, Tajfel unterscheidet neutral und value-loaded social categorizations.[515] Bei Äußerungen über die deutschsprachigen Teilräume oder die französischsprachigen Teilräume wird Heterogenität innerhalb dieser Räume ausgeblendet. Ebenso geschieht dies bei Termini wie „Rand", „Kern" oder „Luxemburg plus 100". Diesen Räumen werden schneller homogene Eigenschaften unterstellt. Die jeweiligen Gruppenmitglieder werden depersonalisiert: Es findet „eine unzulässige Generalisierung von Merkmalen der Gruppe auf Merkmale der einzelnen Mitglieder der Gruppe [statt]"[516]. Claudia Mitulla, die Stereotype und Vorurteile gegenüber Ausländern bei Kindern untersucht, stellt fest, dass bereits Grundschüler in „Wir" und „die Anderen" trennen.[517] „Die Trennung [...] setzt sich im Erwachsenenalter fort, wo Ausländer eher als Masse, weniger als einzelne Individuen betrachtet werden. Natürlich wird auch differenziert, aber diese Differenzierungen sind oft genauso Schwarz-Weiß-Malereien wie die Trennung in Deutsche und Ausländer. [...] Diese Differenzierungen ändern jedoch wenig an dem allgemeinen Negativbild."[518]

Die Gefahr, die hier erkennbar wird, ist beispielsweise eine mögliche Wahrnehmung von Akteuren aus den Randbereichen der Großregion als weniger

---

[513] Mielke, Rosemarie (1999): S.5.
[514] Ein Beispiel für eine inhaltsleere Kategorisierung schildert Uwe Berger (1998, S.7): Er sah als Fünfjähriger erstmals in seinem Leben einen Schwarzen und schildert das Erlebnis und seine heutigen diesbezüglichen Überlegungen wie folgt: „Was war passiert als ich dem ersten Schwarzen meines Lebens begegnete? Ohne Zweifel wurde in diesem Moment die Kategorie „Schwarz vs. Weiß" so deutlich wie nichts anderes um mich herum. Aber war meine Reaktion, dem Schwarzen allein aufgrund seiner Hautfarbe wie einem Weltwunder zu begegnen rassistisch? Wohl kaum, denn die Kategorie „Hautfarbe" war für mich in diesem Moment zwar hervorstechend, aber doch auch gleichzeitig völlig inhaltsleer. Ich hegte keinerlei Vorurteile oder diskriminierende Absichten oder überhaupt irgendwelche Einstellungen diesem Mann oder ‚Negern' im allgemeinen gegenüber, ich war schlicht und einfach nur fasziniert."
[515] Vgl. Tajfel, Henri (1981): S.156.
[516] Mielke, Rosemarie (1999): S.6.
[517] Dies wurde weiter oben am Beispiel der deutschen Schülerin, die von „unserer Schule" spricht bereits veranschaulicht.
[518] Mitulla, Claudia (1997): S.55.

interessiert und dadurch weniger engagiert. Einzelne Eindrücke oder Erfahrungen führten zu einem verallgemeinernden Bild. Begriffe wie „Kern", „Kristallisationspunkt", „im Herzen", „Luxemburg plus Hundert" bilden und verstärken das Stereotypengegensatzpaar des energischen – geographisch gesehen – inneren Bereichs der Großregion und ihren desinteressierten und unbeteiligten geographischen Rändern. Wie bei allen Stereotypen besteht auch in diesem Falle die Gefahr, dass sich die homogene Wahrnehmung irgendwann so stark in den Köpfen festsetzt, dass unbewusst vorausgesetzt wird, die Randbereiche seien an einer Kooperation nicht interessiert. Mögliche Folgen liegen auf der Hand: Sie würden in diesem Fall nicht mehr als mögliche Partner für Zusammenarbeit berücksichtigt.

Es soll hier jedoch nicht der Eindruck entstehen, die Interviewten wendeten die beschriebenen Verallgemeinerungen durchgehend an. Häufig betonen sie explizit, dass das Zusammenarbeiten mit anderen Teilregionen sehr von den jeweiligen Personen abhängt. „Urteiler können in der Regel von der Nutzung stereotyper Inhalte teilweise oder ganz absehen, wenn sie sich dafür entscheiden."[519] In diesen Fällen werden die Personen eher als Individuen denn als Vertreter einer Gruppe wahrgenommen. Dies geschieht in Situationen, die denen die Gruppenzugehörigkeit weniger salient ist. Allerdings sind die geäußerten Homogenisierungen bezeichnend und zeigen die Allgegenwärtigkeit von Stereotypen. Denn, wie bereits weiter oben beschrieben, schaffen Kategorisierungen eine Erwartungshaltung an das Verhalten der Mitglieder einer Kategorie.[520] Diese Erwartungen wiederum kreieren sozial geteilte Wissensstrukturen – Stereotype. „Stereotype sind mit sozialen Kategorisierungen von Sachverhalten gleichzusetzen; sie werden zu sozialen Stereotypen, wenn sie innerhalb eines sozialen Systems von vielen Personen geteilt werden."[521] Außerdem schaffen Kategorisierungen immer eine Ingroup, also eine Kategorie, zu der man sich selbst zählt, und eine oder mehrere Outgroups. „Wahrgenommene Unterschiede zwischen den zu verschiedenen Kategorien klassifizierten Einheiten werden akzentuiert, d.h. übertrieben, Unterschiede

---

[519] Klauer, Karl Christoph (2008): S.28.
[520] Dies veranschaulicht ein Beispiel aus der Praxis sehr gut (vgl. SPIEGEL-Artikel vom 4.11.2010: http://www.spiegel.de/wirtschaft/unternehmen/0,1518,727133,00.html): Die Hamburger Sparkasse geriet jüngst in die negativen Schlagzeilen der deutschen Presse und Verbraucherzentralen weil sie ihre Kunden in die sieben Kategorien „Bewahrer", „Hedonisten", „Abenteurer", „Genießer", „Performer", „Tolerante" und „Disziplinierte" einteilte, damit die Bankberater „gezielter auf die Verbraucher zugehen und sie unterschiedlich ansprechen" können. Auch wenn eine Sprecherin der Hamburger Sparkasse die Annahme, es handele sich bei dieser Praxis um Schubladen-Denken, negiert, greift das Konzept genau darauf zurück. Die Einteilung der Kunden in Kategorien impliziert eine Entkomplexisierung mittels Homogenisierung, welche die Individualität der Kunden ausblendet und eine Erwartungshaltung an sie kreiert.
[521] Mummendey, Amélie (1984): S.16f.

zwischen Mitgliedern einer Kategorie werden unterschätzt."[522] Die Einteilung des Umfelds in Kategorien und die daraus entstehenden Stereotype lassen sich damit erklären, dass „bereits einfache Sinneswahrnehmung [...] kein passiver Vorgang [ist], sondern eine Tätigkeit des Bewusstseins und der Sinne, die nach ihren eigenen Operationsbedingungen das produzieren, was Menschen dann für Wahrnehmung halten. Bereits Wahrnehmung ist eher Informationssuche als Informationsverarbeitung."[523]

Im Folgenden werden ausgesuchte Zitate näher untersucht, um exemplarisch darzustellen, wie die Kategorisierungen unmittelbar an der Stereotypenbildung beteiligt sind und wann es zu einer Ingroup-Aufwertung und Outgroup-Abwertung oder -Diskriminierung kommt.

Häufig begegnet mir im Interview das Bild des zentralistischen französischen Staates, das zahlreiche Stereotype über die Gruppe der Franzosen oder Lothringer auslöst.

Frau J.Q. beispielsweise klagt über die negativen Begleiterscheinungen des französischen Zentralismus:

„[...] aber ich denke, was trotzdem immer durchkommt, ist schon ein bisschen, und da kann ich mich auch dann nicht ausnehmen, ist schon, naja dass man jetzt zum Beispiel in Verbindung mit lothringischen Verwaltungen zum Beispiel, dass das einfach immer sehr lange dauert, immer sehr umständlich ist, irgendwie, weil da einfach sehr viele Hierarchien sind. Und das ist klar, natürlich aus das Stereotyp von einem zentralistischen Staat, Paris der Allmacht und Lothringen in der Abgeschiedenheit, das sowieso keinen interessiert, also schon ein bisschen die Klischees natürlich. Aber es ist tatsächlich so, dass sich das auch in der Realität zeigt, dass, wenn Entscheidungen getroffen werden, dass, ja dass es in manchen Stellen schneller getroffen werden kann, weil eben die Wege in den anderen Regionen meistens kürzer sind, also das sind dann schon kleine Vorurteile oder Stereotype, aber manchmal bewahrheitet sich das dann auch." (Frau J.Q., S.23)

Die Bildung der Kategorie „zentralistischer Staat Frankreich" ermöglicht die Entstehung des Stereotyps, dass Prozesse immer langsam von Statten gehen und vor Entscheidungsfindungen immer viele Hierarchien zu überwinden sind. Beachtet man den Zusammenhang zwischen Autostereotyp und Heterostereotyp, so lässt sich aus dem Zitat schließen, dass die Sprecherin ihre eigene Ingroup als flexibler und schneller und weniger hierarchisch bei Entscheidungsfindungen einstuft. Sie macht zwar selbst auf das Stereotypenhafte des beschriebenen Bilds des zentralistischen Frankreichs aufmerksam, relativiert es allerdings wieder wenn sie sagt: „Aber es ist tatsächlich so, dass sich das auch in der Realität zeigt

---

[522] Ebd.: S.15.
[523] Briesen, Detlef (1994): S.41.

[…]". Frau J.Q.s Rechtfertigung ihrer stereotypen Aussage beweist ihr Bewusstsein, dass jeder Gesprächspartner sich der Urteilsvoreingenommenheit jedes Menschen im Urteil über Mitglieder fremder Gruppen im Klaren ist. Ihr Hinweis, dass sich die Stereotype manchmal bewahrheiten, impliziert somit ihre Erfahrung, „dass wir mit diesem unausgewogenen menschlichen Urteilsverhalten ganz selbstverständlich umzugehen gelernt haben."[524]

Frau P.K. erläutert mir ihre Sicht der Unterschiede zwischen den Bewohnern der verschiedenen Teilregionen:

„Ja, ich denk bei den Franzosen vielleicht das Typische. Die sind vielleicht nicht ganz so geordnet, ein bisschen flexibler als die Deutschen. Die Deutschen haben immer schon komplette Pläne, alles sehr vorstrukturiert, sehr durchorganisiert und das macht das alles ein bisschen unflexibel. Und die Franzosen, die gehen vielleicht nicht so gut organisiert an die Sachen ran, sind dadurch spontaner und flexibler und damit kommen auch die Deutschen manchmal auch nicht so gut zurecht [lacht]." (Frau P.K., S.3)

Auch hier geht der Stereotypenbildung wieder eine Kategorisierung voraus. Frau P.K. unterscheidet „Deutsche" und „Franzosen". Beide Kategorien eint wiederum ihre zugeschriebene innere Homogenität. Die den Deutschen zugeschriebene Angewohnheit, alles zu planen und zu strukturieren wird hier als negativ empfunden. Die französische weniger gut organisierte Arbeitsweise erhält hingegen die beiden positiven Adjektive „spontan" und „flexibel". Die Sprecherin ist selber halbe Französin, halbe Deutsche. Ihre Ingroup ist bei dieser Kategorisierung also schwer zu bestimmen, sie zählt sich manchmal zu der einen Gruppe, manchmal zu der anderen. Auffallend ist, dass sie die Franzosen als spontan und flexibel bezeichnet, die Deutschen jedoch nicht als unspontan und unflexibel. Die Arbeitsweise der Deutschen „macht das alles ein bisschen unflexibel". Damit werden die Deutschen zwar als homogene Gruppe mit einer bestimmten Arbeitsweise beschrieben, das Adjektiv unflexibel bezieht sich jedoch nicht in diskriminierender Weise auf sie, sondern auf ihre Arbeitsweise.

Herr E.V., dessen Gespräch nicht aufgenommen wurde, berichtet mir ebenfalls von unterschiedlichen Arbeitsweisen. Anders als Frau P.K., die die deutsche Arbeitsweise als unflexibel einstuft, empfindet er die französische Arbeitsweise als hinderlich für die grenzüberschreitende Zusammenarbeit. Demnach haben Franzosen ein „Klassendenken", „reden um den heißen Brei" und „kommen nicht zur Sache". Er stuft vor allem das Denken und Handeln in Hierarchien als besonders störend für Flexibilität ein. Das in seinen Augen weniger hierarchische Miteinander der Deutschen erleichtere viele Prozesse.

---

[524] Mielke, Rosemarie (1999): S.1.

Herr A.B. glaubt ebenfalls einen Unterschied bezüglich des Hierarchie-Denkens festzustellen. Allerdings spricht er diesen Aspekt nicht der gesamten Kategorie „Luxemburger" und „Franzosen" zu, sondern der luxemburgischen und der französischen Polizei. Er empfindet deren Aufbau „in einer Art und Weise, die sehr viel mit Befehl und Gehorsam zu tun hat, wie das bei uns vielleicht nur bei der Bundeswehr der Fall ist" (Herr A.B., S.5) zwar im ersten Moment kulturell befremdlich:

> „Also, du fühlst dich komisch, wenn du damit zu tun hast und einer der viel älter ist als du, dich so behandelt als wärst du der Chef von allem und du hättest ihm was zu sagen. Obwohl das überhaupt nicht so ist, weil erstens ist er bei der französischen Polizei und du bei der deutschen und als deutscher Polizist ist man es anders gewöhnt, eher kollegial als so streng hierarchisch. Und deswegen schon ein bisschen komisch" (Herr A.B., S.5),

jedoch veranlasst das Feststellen dieses Unterschieds ihn nicht automatisch zu einer Abwertung des Fremden, sondern dazu, die eigene Arbeitsweise kritischer zu betrachten:

> „Ansonsten finde ich es manchmal nicht verkehrt, weil es, das ist meine Meinung und das haben viele bei der saarländischen Polizei noch nicht verstanden, dass es bei einer Organisation wie bei der Polizei manchmal so sein muss, dass es eine Information gibt und dann ein Handeln und dafür nicht viel Zeit bleibt zum Reden. Und wenn ich das dann relativ hektisch jemandem anordne und sage ohne große Floskeln der Höflichkeit, dann muss ich mir vielleicht am nächsten Tag sagen lassen, dass ich mit demjenigen unfreundlich umgegangen sei und ich mich bei einem Gespräch mit dem Chef wiederfinde, wo dann stundenlang diskutiert wird, ob das jetzt freundlich war oder nicht […]. Und in Frankreich wird das nie im Leben jemand in Frage stellen, wenn sowas kommt, dass das unfreundlich war. In Frankreich würden die das machen und fertig aus. Und in Luxemburg genauso, das ist deckungsgleich. Und das ist etwas, was mir besser gefällt, weil ich es einfach in der Organisation Polizei als notwendig erachte. Wobei natürlich die Höflichkeit nicht verloren gehen sollte, wenn die Zeit dafür da ist, sollte man sich die nehmen und mit den Leuten prinzipiell so höflich wie möglich umgeht." (Herr A.B., S.6)

Hartmut Rosa zufolge gelingen interkulturelle Kommunikation und ein verständigungsorientierter interkultureller Dialog nur unter der Voraussetzung, „dass Individuen in der Lage sind, den eigenen Bedeutungsraum und damit die eigene Identität insoweit in Frage zu stellen oder zu relativieren, dass sie für die Kategorien, Bausteine oder Parameter einer von der eigenen abweichenden, fremden ‚kulturellen Matrix' empfänglich werden."[525] In Herrn A.B.s Fall ist das Infragestellen der eigenen Kultur und der Dialog mit ihm fremden Identitätsentwürfen durch den Kontakt mit einer fremden kulturellen Matrix erfolgt – nach Rosa ist dies der erste Schritt zur Bereitschaft der Transformation seiner eigenen Identität.[526]

Herr G.T. benutzt bei seiner Beschreibung der unterschiedlichen Arbeitsweisen die Begriffe „preußische Disziplin" und „preußische Grundhaltung" als Synonyme für ein streng strukturiertes Arbeiten gemäß einer Tagesordnung (S.22). Das Stereotyp des strukturierten Deutschen ist bei Herrn G.T. so festsitzend, dass das Adjektiv „preußisch" wie selbstverständlich gleichbedeutend für eben diese Eigenschaften benutzt wird. Herr G.T. setzt voraus, dass das Adjektiv „preußisch" in der ihm zugeschriebenen Bedeutung verstanden wird. Das Stereotyp nimmt somit die Rolle einer sozial geteilten Wissensstruktur ein.

Frau H.S. erläutert die Bedeutung der Kompetenzreichweiten der einzelnen Teilgebiete:

„Ja, wenn man so von Mentalitäten spricht, m, ist mir auch schon aufgefallen, dass so viele, oder ich zumindest das Gefühl habe, dass so luxemburgische Kollegen eher so ne ähnliche Mentalität wie wir haben. […] Und was auch hinzukommt, es sind auch eher kleine Ministerien, das heißt, die Personen, die dann dort sitzen, sind dann meistens auch diejenigen, die dann auch wirklich verbindlich irgendwelche Entscheidungen mitteilen können und dadurch auch eine gewisse Nonchalance einfach im Auftreten ist, ach wir lassen auch schon mal fünf grade sein, so ein bisschen, wo ich das Gefühl hab, dass beispielsweise deutsche Kollegen, die natürlich auch viel größere Apparate auch im Rücken haben da auch nicht mit derselben Leichtigkeit an die Sache herangehen können." (Frau H.S., S.20)

Nachdem sie die Kategorien „Akteure mit großer Entscheidungsbefugnis aus kleineren Ländern" – „Akteure aus größeren Ländern mit weniger Befugnissen" gebildet hat, schreibt sie den jeweiligen Kategorien auch gleich die Eigenschaften ‚nonchalantes Auftreten' – ‚Herangehensweise mit weniger Leichtigkeit' zu. Auffallend ist wieder der Zusammenhang zwischen Selbstbild und Fremdbild: Die Interviewte äußert bezüglich ihrer eigenen Ingroup, in diesem Falle bezüglich der Akteure der Deutschsprachigen Gemeinschaft Belgiens und Luxemburgs, das Autostereotyp des nonchalanten Auftretens. Den zu vergleichenden Outgroups, in diesem Falle Saarland, Rheinland-Pfalz, Lothringen, Französischsprachige Gemeinschaft Belgiens weist sie das gegenteilige Attribut ‚Auftreten mit weniger Leichtigkeit' zu. Selbstbild und Fremdbild bedingen sich.

---
[525] Rosa, Hartmut (2007): S.54.
[526] Vgl. ebd. S.55f.

Durch Abgrenzen von einer vergleichbaren Outgroup wird das Selbstbild gefestigt.
Die erlernte Zweisprachige Frau B.Y. legt besonderen Wert auf Sprache und nimmt das Interesse an Sprache als Basis für Kategorisierungen. Sie kategorisiert am Beispiel Belgien die Gruppen ‚sprachlernwillige Menschen' und ‚sprachlernunwillige Menschen':

> „Und Belgien sehr, m, sehr schwierig weil die Kompetenzen, die politischen Kompetenzen, die den Menschen betrifft, die sind bei den sprachlichen Gemeinschaft angesiedelt. D.h. Kultur ist z.b. eine Kompetenz der französischsprachigen Gemeinschaft und der Deutschsprachigen Gemeinschaft und die Deutschsprachige Gemeinschaft ist z.B. sehr klein. Trotzdem gibt es sie, Deutsch ist eine dritte offizielle Sprache in Belgien und trotzdem reden sehr wenig äh deutsch. Und es gibt auch, viele Flämen reden kein Französisch, viele Französischsprachige reden kein flämisch. Und das find ich für Belgien als Land mit Sitz der Europäischen Institution bisschen hart. Weil am Beispiel Belgien könnte man das sagen, ich denke die Kultur, die französischsprachige Kultur und die flämische Kultur, die sind sehr unterschiedlich. Wenn man auch reist, dann fühlt man sich wie in einem anderen Land. Und ich denke, da spielt die Sprache auf jeden Fall, also die Kultur auch, aber die Sprache auf jeden Fall eine Rolle. Weil ab dem Moment wo sie nicht mehr die Sprache ihres Mitbürgers lernen, dann funktioniert die Kommunikation nicht mehr. Und man wird, wenn man die andere Sprache kennt, dann kann man mit allen in seinem Land sprechen, aber wenn man nur eine von den drei kann, dann will man mit den anderen eigentlich nicht so viel zu tun haben." (Frau B.Y., S.5f.)

Denjenigen, die nicht die Sprache der anderen lernen möchten, also der Kategorie der ‚Sprachlernunwilligen' schreibt sie Desinteresse an den Mitmenschen der anderen Sprachgruppe zu. Da die Lothringerin selbst fließend deutsch spricht, fand bei der hier vorgenommenen Kategorisierung und anschließenden Stereotypenbildung eine Projektion ihrer eigenen Empfindungen auf Andere statt. Da sie selbst, vermutlich aus Interesse an ihren deutschsprachigen Mitmenschen, Deutsch lernte, unterstellt sie allen, die die Sprache der Nachbarn nicht lernen, Desinteresse. Es kann erwartet werden, dass sie bei Begegnungen mit einsprachigen Belgiern ein Desinteresse erwartet, was ihre Wahrnehmung der Betroffenen und ihr Auftreten ihnen gegenüber beeinflussen wird.
Ein vergleichbares Beispiel findet sich bei Frau E.F. Sie, die sich gerne ihre Umgebung anschaut, behauptet: „Wenn man in der Gegend wohnt, dann hat man doch einen Radius von mehreren hundert Kilometern" (Frau E.F., S.17). Auch sie knüpft eine eigene Präferenz, nämlich das Interesse an der Umgebung / Reisen, an bestimmte Wahrnehmungen von Menschen. D.h., sie kategorisiert

solche, die eine mit ihrer eigenen vergleichbaren Einstellung haben und solche, die dieses Interesse nicht teilen. Über einen Verwandten berichtet sie:

„Ich habe vor kurzem jemand aus der Verwandtschaft gehört: ‚ich war jetzt zum ersten Mal in Thionville, ist ja ne schöne Stadt'. Das ist jemand, der auf der anderen Seite der Grenze wohnt. Und auch nicht, also von der Bildung her auch zu den Akademikern gehört. Und ich dachte: ‚das kann ja wohl nicht wahr sein'." (Frau E.F., S.17)

Es wird hier, ebenso wie im vorangegangenen Beispiel von Frau B.Y., sehr deutlich, dass Kategorien stets Erwartungen an das Verhalten ihrer Mitglieder kreieren. Sie zeigt sich überrascht, dass eine Person der Kategorie „Akademiker", zu der sie selbst auch gehört und welches somit in dem Fall ihre Ingroup darstellt, sich so wenig in ihrer Umgebung auskennt. Bei Personen der Kategorie „Nicht-Akademiker" hätte sie ein solches Verhalten offenbar nicht derart überrascht.

„Hinzu kommt jetzt die Komponente, dass wir in zweiter Generation schon als Belgier geboren sind, m, und man durch das belgische Schulsystem sehr stark geprägt wurde, durch die belgische Mentalität des Kompromisse-Findens, zwischen den Sprachengemeinschaften, was uns sehr stark von Deutschen unterscheidet, denn Deutschland ist ja doch ein mehr oder weniger homogenes Land, was die Sprachgemeinschaft angeht, mit kleineren Ausnahmen." (Herr N.M., S.5f.) „Also es ist für uns irgendwie selbstverständlich uns überall anzupassen, sprachlich gesehen. M, weil wir uns der Tatsache bewusst sind, dass wir eine sehr kleine Minderheit in unserem Land sind und das gibt es in Deutschland viel weniger dieses Gefühl." (Herr N.M., S.8)

Herrn N.M. dient die Kategorisierung „einsprachig-mehrsprachig" als Basis des Stereotyps „Fähigkeit des Kompromisse-Findens" – „mangelnde Fähigkeit des Kompromisse-Findens".

Es ist zu erkennen, dass oftmals gleiche Kategorisierungen vorgenommen werden und diese auch zu ähnlichen Stereotypen führen, die dann jedoch mitunter sehr unterschiedlich gedeutet werden und dementsprechend auch unterschiedlich auf das Denken und Handeln der Akteure wirken. Während Frau P.K. die Arbeitsweise der Franzosen oder der frankophonen Länder zwar weniger organisiert, jedoch flexibler und damit positiver bewertet als die der Deutschen oder deutschsprachigen Länder, finden sich bei Herrn E.V. die gleichen Stereotype (Deutsche: organisiert, strikte Planung; Franzosen weniger organisiert) komplett unterschiedlich gedeutet: Seiner Meinung nach ist die französische Arbeitsweise uneffektiv und auch unflexibel, weil sie zu unorganisiert und hierarchisch ist.

Wie entscheidend Gruppenzugehörigkeit für die Wahrnehmung der Umwelt und wie einflussreich sie damit auch für das Handeln ist, beschreibt Frau R.I. sehr gut.

„Also, ich kannte Belgien als Französin. Da hatte ich meine Vorstellung von Belgien. Aber wirklich als Französin." (Frau R.I., S.11)

Frau R.I., die in Lothringen geboren und aufgewachsen ist, mittlerweile aber seit einigen Jahren im Saarland lebt, betont, dass sich ihre Wahrnehmung der Gruppe „Belgier" von ihrem Standpunkt als Französin von ihrer Wahrnehmung der Belgier als Deutsche unterscheidet. Die Stereotype, die sie über Belgier hat („Belgier haben diesen Akzent, diesen witzigen Akzent, man macht immer Witze über Belgier, Pommes und so Sachen. Und Belgier werden immer ein bisschen dargestellt als naiv, naives Volk" Frau R.I., S.11) beruhen auf ihrer eigenen Selbstkategorisierung als Französin. In ihrem momentanen Lebenskontext rechnet sie sich selbst eher der Kategorie „Deutsche" zu und nimmt damit auch Fremdgruppen anders wahr. Die Konzeptualisierung beginnt „mit Annahmen über Charakteristika von Strukturen und Dynamiken des sozialen Kontextes. Dieser soziale Kontext wird aufgefasst und beschrieben als Vielfalt von unterscheidbaren sozialen Gruppen, die miteinander in definierten Beziehungen stehen."[527]

Turners Theorie, nach der Selbstkategorisierung die Wahrnehmung der Umwelt prägt, findet sich in Frau R.I.s Beispiel bestätigt. Kategorisiert sie sich selbst als Französin, ist die Grundlage ihrer Wahrnehmung von Outgroups die definierte Beziehung zwischen der Ingroup Frankreich und der jeweiligen Outgroup, kategorisiert sie sich in einem anderen Kontext jedoch als Deutsche, dann prägt die definierte Beziehung zwischen der Ingroup Deutschland und der jeweiligen Outgroup ihre Wahrnehmung.

4.3 Auswirkungen von Stereotypen

Wie man in einem früheren Teil der Arbeit gelesen hat, können sich Stereotype sowohl positiv als auch negativ auswirken. Im Folgenden werden die positiven und die negativen Aspekte von Stereotypen anhand von Beispielen aus den Interviews näher betrachtet.

---

[527] Mummendey, Amélie (1984): S.3.

4.3.1 Positive Wirkung

4.3.1.1 Orientierungshilfe

Stereotype ermöglichen eine Orientierung in einer unübersichtlichen oder fremden Umgebung. „The essential cognitive function of stereotyping is thus to systematize and simplify information from the social environment in order to make sense of a world that would otherwise be too complex and chaotic for effective action."[528] Das haben viele Interviewte schon selbst erfahren und reflektiert. Sie berichten davon, ohne ausdrücklich nach Vorurteilen oder Stereotypen gefragt zu werden:

> „Es gibt Stereotypen. Jeder hat seine eigenen Stereotypen. Stereotypen sind ja auch wichtig, sie sind ja zum Teil auch hilfreich. Weil sie eine erste grobe Orientierung ermöglichen, über Dinge, mit denen man sich möglicherweise noch nicht näher auseinandergesetzt hat. Und der berühmte blinde Fleck, der schwarze Fleck, den man sonst hätte, wo man gar nichts weiß über bestimmte Teile, der wird in gewisser Weise überlagert, ersetzt von Stereotypen. Insofern haben Stereotype ja zumindest mal ne erste Orientierungsfunktion. Und ich will sie von daher auch nicht grundsätzlich schlecht reden." (Herr I.R., S.13)

> „Stereotypen helfen natürlich sich dabei zu orientieren, und dann noch seinen Weg zu finden und sich zu positionieren und zu wissen, das haben wir gemeinsam, das trennt uns, aber es ist vielleicht regionale Identität, ich bin so, du bist so aber das und das teilen wir gemeinsam, das ist unsere französische nationale Identität. Und das Problem ist hier, dass wir vielleicht hier in der Ecke sagen wir mal so über Lothringen ein paar Bilder haben und Luxemburg auf jeden Fall, und ich rede nicht von Grenzgängern und Pendlern, sondern ich rede von ganz normalen Bürgern aus Saarland und Rheinland-Pfalz, aber ich sag mal so, wenn ich jetzt einen Lothringer aus Epinal frage, was ist für dich Eupen oder wie sind eigentlich die Wallonen, dann ist da nix. Und das ist für mich das große Problem, dass wir da keine Bilder teilen." (Frau O.L., S.7)

Offenbar ist Kontakt ein entscheidendes Kriterium, für die Entstehung von Stereotypen. Stereotype ermöglichen ein erstes Auseinandersetzen mit einer unbekannten Kultur. Dadurch kann den Menschen zu Vergleichen zwischen der eigenen und der unbekannten Kultur verholfen werden, was Aufschlüsse über Gemeinsamkeiten und Differenzen gibt. Frau O.L nennt das Negativ-Beispiel Eupen – Epinal. Eupen in der Deutschsprachigen Gemeinschaft Belgiens und

---
[528] Tajfel, Henri (1981): S.148.

Epinal in Lothringen stehen für sie offenbar stellvertretend für Orte innerhalb der Großregion, die räumlich sehr weit distanziert sind. Eine große geographische Entfernung wird demnach als Hindernis für Stereotypenbildung gewertet.

„Aber ansonsten glaube ich, dass man einen Bewohner von Epinal, wenn man dann sagt, Großregion, da fehlt eben die Möglichkeit des Kontakts über die Grenze, das spielt schon eine Rolle. Und sei es nur, um Stereotypen zu bestätigen oder Bilder herbeizurufen oder hervorzurufen. Das merkt man auch wenn man typische nationale Feiertage von Lothringen, Saarland, Rheinland-Pfalz oder Luxemburg, da sieht man immer so die Betroffenen und da sieht man immer in der Bahnhofstraße in Saarbrücken ein paar amüsierte Anspielungen über die Lothringer, die jetzt mal gerade da sind. Umgekehrt wenn man zu Cora fährt und das halbe Saarland ist da, hört man das gleiche. Aber das finde ich nicht schlimm, das ist nicht unbedingt negativ, sondern das ist für mich vielleicht eine Perpetuierung von Stereotypen oder eine Herbeirufung von neuen Bildern, aber da passiert wenigstens was. Dann stellt man sich vielleicht wenn man nach Hause kommt, sagt man oh da waren so viele Saarländer heute, warum eigentlich, was passiert bei denen. Und in Epinal passiert sowas nicht oder in Wallonien. Das ist glaube ich schon entscheidend." (Frau O.L., S.19)

Stereotype ermöglichen demnach, Bilder über Gruppen herbeizurufen, von denen man noch wenig weiß. Durch diese ersten Stereotype, so Frau O.L.s Erfahrung, wird das Interesse an der fremden Gruppe geweckt. Man möchte mehr über sie erfahren, Dinge wissen, die über die Stereotype hinaus gehen. Frau O.L. sieht daher das Fehlen von Stereotypen sogar als ein Hindernis für eine gemeinsame Identitätsbildung. Denn ohne Stereotype „kann ja nicht viel passieren":

„Anfangs für die Identitätsbildung sind Stereotype notwendig meiner Meinung nach. Und solange, was ich am Anfang gesagt habe, solange wir da keine Bilder haben, sei es nur konkrete Bilder oder Bilder der, also über die Menschen, also Stereotypen, über die Wallonen oder über die Luxemburger oder über die Lothringer, ja dann kennen wir die Leute auch nicht. Selbst wenn das ein falsches Bild zum Teil ist und ein bisschen Wahrheit drin ist. M, aber dann kann ja nicht viel passieren. Das ist wie über Fremde, ich würde mal behaupten, da hat man mehr Stereotype gegenüber Japanern, in allen Teilregionen, als gegenüber den anderen Teilregionen. Und das brauchen wir für eine Identitätsbildung." (Frau O.L., S.27)

Der Wahrheitsgehalt des Stereotyps und auch, ob es sich um ein positives oder ein negatives Stereotyp handelt, ist offenbar weniger wichtig. Von Bedeutung ist zunächst einmal, überhaupt eine Vorstellung von dem Fremden zu haben. Frau R.I. zufolge fällt es leichter, mit einem Mitglied einer Gruppe, von der man durch Stereotype ein bestimmtes Bild hat, zu kooperieren, als mit einem

Menschen aus einer Gruppe, über die man keinerlei soziales „Wissen" in Form von Stereotypen hat.

„[...] bei mir ist einfach Belgien weit weg oder da, da fehlt mir einfach bisschen der Kontakt oder auch die Person, Ansprechpartner, da hab ich keinen richtigen. Also bei den anderen da weiß man, da kennt man jetzt schon den Vertreter, da weiß man auch irgendwie, man hat die jetzt auch schon öfter gesehen und auch kennengelernt und hat dann auch jemanden im Kopf, den man damit verbindet. Bei Belgien ist das einfach für mich noch so schwierig - da hab ich keinen so direkten Ansprechpartner oder dauerhaften und mm, von daher ist das für mich eher schwierig. Und dann auch noch weil's halt nicht so räumlich nah ist - eher schwieriger." (Frau D.W., S.14) [...] „[...] Belgien, das ist aber vielleicht bei mir irgendwie so'n schwarzer Fleck oder weißer Fleck, [...]" (Frau D.W., S.16)

Bei Frau D.W. findet man Frau R.I.s Einschätzung bestätigt. Die Saarländerin gibt an, Belgien sei für sie „irgendwie so'n schwarzer Fleck oder weißer Fleck". Sie hat offenbar noch keine Bilder über Belgien verinnerlicht. Das Fehlen von einer Vorstellung über Belgien führt sie unter anderem auf einen fehlenden Ansprechpartner und die große geographische Distanz zurück. Regelmäßige Grenzüberquerungen sowie Kontakt gelten allgemein als begünstigend, eine Meinung über eine fremde Gruppe zu bilden.[529]

Stereotype sind offenbar erforderlich, um erste Berührungsängste zu verlieren. Hat man ein Bild, welches nicht zwingend positiv sein muss, fürchtet man den Kontakt weniger und geht offener aufeinander zu. Der Mensch sehnt sich nach Orientierung, Fremdes ist ihm unheimlich. Stereotype sind außerdem Anlass, über die Outgroup überhaupt erst nachzudenken und somit auch Interesse für sie zu entwickeln, sie mit der Ingroup zu vergleichen und letztlich auch den Wahrheitsgehalt des Stereotyps in Frage zu stellen.

4.3.1.2 Bevorzugung („Positive Diskriminierung")

Bei der Interviewanalyse wird deutlich, dass Stereotype zu einer Art positiven Diskriminierung führen können. Das heißt, dass manchen Gruppen bestimmte positive Merkmale zugeschrieben werden und sie aufgrund dessen in einigen Situationen bevorzugt behandelt werden oder ihnen mehr Vertrauen geschenkt wird. „Behandelt ein Mensch einen anderen aufgrund von dessen Gruppenmitgliedschaft schlechter oder besser als ein Mitglied einer anderen Gruppe, diskriminiert er."[530]

---
[529] Vgl. dazu auch: Cavet, Marine; Fehlen, Fernand, Gengler, Claude (2006): S.86.
[530] Förster, Jens (2007): S.33.

Frau A.Z. ist Lothringerin und arbeitete viele Jahre in einem saarländischen Krankenhaus. Heute ist sie beruflich wieder in Lothringen tätig, arbeitet aber weiterhin grenzüberschreitend, indem sie einen Austausch zwischen lothringischen und saarländischen Krankenpflegeschülern organisiert. Bei ihrer Arbeit hat sie unter anderem einige positive Stereotype von Deutschen gegenüber Franzosen wahrgenommen:

> „Ich glaube nicht, aber was, was ich sagen würde ist, dass mir jetzt die Schüler gesagt haben, die Patienten seien stolz von französische Leute gepflegt zu werden: hatte ich auch immer dieses Gefühl." (Frau A.Z., S.34)
> „Vielleicht denken sie, wie die Deutschen sagen, dieses Flair, französisches Flair, also bisschen sie haben den Eindruck, auch wenn's Saargemünd ist, dass es Paris ist vielleicht [lacht]. Ich weiß es nicht. Doch wirklich. Dieser Eindruck, ja, ich denk schon, ist..." (Frau A.Z., S.35)

Ihrem Eindruck zufolge wurden die deutschen Patienten gerne von französischem Personal gepflegt, sie seien sogar stolz darauf gewesen. Frau A.Z. erklärt sich diesen Umstand damit, dass Deutsche ein positives Bild von Frankreich haben und bei französischen Pflegern an das französische Flair erinnert würden.

Auch Frau R.I. berichtet von positiven Stereotypen, die sie in der Gesellschaft wahrnimmt:

> „Es gibt auch Frankreich dieses Land der Liebe, natürlich. Ich kenne viele, die sind nach Paris gegangen und haben ihren Heiratsantrag alle in Paris gemacht. Also jetzt mit Frankreich sehr viel mit Liebe und Großzügigkeit und sehr viel mit dem Essen, man isst gut. Chocolatier und alles fein und Haute Couture, das gibt's schon. Dieses Positive. Und wieder in Deutschland die Feste, der Biergarten, das Gemütliche, das ist auch, also die positiven sind auch da." (S.23)

Besonders häufig werden positive Stereotype gegenüber Luxemburgern deutlich. Wie Frau R.I.s Aussage stellvertretend für viele andere zeigt, wird der Gruppe „Luxemburger" häufig überdurchschnittliche Offenheit zugeschrieben. Frau R.I. nimmt die Luxemburger daher auch als „schon immer großregional" wahr:

> „Ich glaub, was ich jetzt so mitbekommen hab, erstmal sind sie dreisprachig, sie sind schon immer nach Trier gegangen, was ich jetzt so gehört habe. Ich hab auch ganz viele Studenten kennengelernt in Metz, die Luxemburger sind. Also die mussten weil sie die Infrastrukturen nicht hatten wie Uni oder auch Weggehen, mussten die über die Grenze gehen, die hatten keine Wahl. Und deswegen waren die schon immer großregional." (Frau R.I., S.2)

Sie liefert zwar sofort eine Erklärung für ihr positives Bild der Luxemburger, nämlich dass diese aus Notwendigkeitsgründen über die Grenze gehen mussten, jedoch basiert dieses Stereotyp nicht nur auf Kenntnissen. Die von ihr gemachten Erfahrungen – sie traf viele Luxemburger Studenten in Metz, wo sie selbst studierte – verschränken sich mit einer homogenen Wahrnehmung, die auch bei anderen Interviewten zu dem positiven Stereotyp des weltoffenen, dreisprachigen, großregionalen, „sehr integrativ[en]" (Frau E.F., S.6) Luxemburgers führt. Hier zeigt sich, dass Einzelerfahrungen, welche vorhandene Stereotype bestätigen, diese noch verstärken. Später wird noch deutlich werden, dass im umgekehrten Fall, wenn Erlebnisse vorhandenen Stereotypen widersprechen, diese jedoch nicht so schnell aufgehoben werden. In diesen Fällen wird das Erlebnis eher als Ausnahme empfunden.

Ähnlich wie Frau R.I. nehmen viele Interviewte die Luxemburger als sehr kompetent für die grenzüberschreitende Zusammenarbeit wahr und schreiben ihnen daher eine Verbindungsfunktion zwischen den einzelnen Regionen zu. Stellvertretend für viele andere sollen hier ein Zitat von Frau B.Y. und eines von Frau R.I. genannt werden:

„Luxemburg, gut, die sind dreisprachig, dann sind die wirklich, die sind mittendrin und können mit allen zusammenarbeiten, deswegen haben sie auch in viele Projekte auch äh Verbindungsfunktion. Und bringen viele Leute zusammen. Weil sie einfach dazwischen liegen - geographisch, aber auch durch die Sprache können sie mit allen […]." (Frau B.Y., S.5)

„Ja. Schon, also ich hab nicht viele Luxemburger kennengelernt. Aber die sind auch stolz würde ich sagen und die sehen nirgendwo ein Problem. Also es ist alles leicht und zack-zack, zack-zack, also in Luxemburg gibt es keine Probleme und es ist schon ein bisschen so die Mentalität." (Frau R.I., S.18)

Die Schilderungen beruhen bei den Akteuren größtenteils auf Erfahrungen. Jedoch findet eine Verschränkung zwischen Erfahrungen und homogener Wahrnehmung durch Kategorisierung statt, die Stereotype verstärkt. Auffallend ist allerdings, dass die hohe kulturelle Kompetenz, die Mehrsprachigkeit und Weltoffenheit, die den Luxemburgern zugeschrieben werden, häufig nicht als besonderer Verdienst der Luxemburger gedeutet werden, sondern eher als Glücksfall oder Selbstverständlichkeit:

„Und Luxemburg hat es gut, die werden praktisch dreisprachig großgezogen." (Frau Y.B., S.7)
„[…] die [Luxemburger, Anm. A.S.] tun sich leicht nach Trier zu fahren oder nach Arlon, nach Brüssel, nach Metz, um da einzukaufen. Die sprechen genauso gut Französisch wie Deutsch und natürlich, die kennen die drei Sprachen ja mit sieben

und die anderen Sprachen kommen ja dann noch hinzu, Englisch und so. also die sind schon im Vorteil die Luxemburger, also die tun sich leicht. Deswegen nehmen die das ja auch sehr in Anspruch." (Frau Z.A., S.6)

Der saarländische Polizist Herr A.B. argumentiert ähnlich, als er nach einer Erklärung für die guten Deutschkenntnisse seiner lothringischen Kollegen sucht. Er hebt die Sprachkenntnisse zwar lobend hervor,

> „Zusammengefasst kann ich nur sagen, dass ich finde, dass die anderen angestrengter sind darin als wir selbst." (Herr A.B., S.3)

jedoch fällt auch bei ihm auf, dass er deren Sprachfertigkeiten aufgrund der geschichtlichen Ereignisse tendenziell als selbstverständlich empfindet:

> „Weil die einfach Deutsch können. [...] Weil das ist ja geschichtlich irgendwie." (Herr A.B., S.3)

Ähnliches gilt für die Deutschsprachige Gemeinschaft:

> „Ich denke in der Deutschsprachigen Gemeinschaft ist man, ist man im Grunde besonders offen für regionale Kontakte weil man im eigenen Land eigentlich ne Minderheit ist und sowieso dieses m, ja, Aushandeln von Kompromissen aber auch möglicher Zusammenarbeit zur Mentalität mit dazugehört irgendwo." (Herr N.M., S.4)

Während das positive Stereotyp der Luxemburger als Vermittler zwischen den Kulturen von auffallend vielen Menschen genannt wird, fällt auf, dass das gleiche Bild über die Deutschsprachigen Belgier vor allem von Gesprächspartnern, die selbst aus der Deutschsprachigen Gemeinschaft sind, vertreten wird. Es handelt sich also eher um ein Autostereotyp. Marita Roth, die Stereotype in gesprochener Sprache bei Ostdeutschen und Westdeutschen untersucht, stellt in ihrer Forschung fest, dass „im Verhältnis zwischen Stärkeren und Schwächeren [...] sich der Unterlegene durch die stärkere Reflexion seiner Position aus[zeichnet]."[531] Die starke Reflexion der eigenen Position, die in den Interviews mit Vertretern der Deutschsprachigen Gemeinschaft auffiel, kann demnach auf eine schwache Position der Deutschsprachigen Belgier innerhalb der Großregion hinweisen. Es entsteht der Eindruck, dass sie stärker an ihrem Selbstbild arbeiten als andere Teilregionen. Jedoch kann hier nicht der gleiche Schluss zugelassen werden, den Roth für die betroffenen Ostdeutschen beschreibt: In vorliegender Untersuchung entstand nicht der Eindruck, die Identität

---

[531] Roth, Marita (2005): S.176.

der Deutschsprachigen Belgier sei „beschädigt"[532]. Das Gegenteil ist der Fall: Sie wirken selbstsicher. Trotzdem ist die starke Selbstreflexion vermutlich darauf zurückzuführen, dass die Deutschsprachige Gemeinschaft sowohl innerhalb ihres Nationalstaates Belgien als auch innerhalb der Großregion eine Minderheit ist, die – zur Stabilisierung der sozialen Identität[533] – ihre Eigenständigkeit und ihre Bedeutung öfter herausstellen muss als andere Regionen.

Das positive Bild Luxemburgs als weltoffen und modern, als Motor Europas und Brückenbauer zwischen Kulturen, so fand auch die jüngst erschienene Studie Doing Identity der Luxemburger Universität heraus, existiert sowohl als Selbst- als auch als Fremdbild.[534]

Dieser Ausführung zu den positiven Auswirkungen von Stereotypen mittels positiver Diskriminierung muss jedoch hinzugefügt werden, dass solche positive Stereotypisierungen trotzdem „gleichermaßen unzulässige Verallgemeinerungen dar[stellen]" und die positiv Stereotypisierten durch sie mit einem „übermäßigen Erwartungsdruck konfrontiert und [...] ihrer Individualität und Einzigartigkeit beraubt"[535] werden.

4.3.1.3 Stabilisierung der sozialen Identität

„Als Mittel der Kompensation der Ich-Schwäche dienen Auto- und Heterostereotype zur Stärkung der sozialen Identität."[536] Stereotypisiert ein Mitglied einer Gruppe eine Outgroup negativ, so geschieht dies häufig, um die eigene Ingroup zu stärken, indem sie im konkreten Vergleich vermeintlich besser abschneidet. Eine durch Stereotype hervorgerufene positive Diskriminierung hingegen führt bei den positiv Diskriminierten zur Stärkung ihrer sozialen Identität. Denn die positive Zuschreibung verstärkt das positive Selbstbild. Stereotype wirken in diesem Fall also stärkend auf die Identität der stereotypisierten Gruppe. Am deutlichsten wird dies am Beispiel der stereotypisierten Gruppe „Luxemburger". Die Gruppe der „Luxemburger" ist auf den ersten Blick für eine schwache soziale Identität prädestiniert: Es handelt sich um einen sehr kleinen Nationalstaat, es leben knapp eine halbe Million Menschen in Luxemburg, von denen aber nur 55,5 % Luxemburger sind.[537] Die UNESCO hat das Luxem-

---

[532] Vgl. ebd.: S.176.
[533] Siehe hierzu das Kapitel vorliegender Arbeit zur Stabilisierung der sozialen Identität.
[534] Vgl. Amann, Wilhelm; Bourg, Viviane; Dell, Paul; Lentz, Fabienne; Di Felice, Paul; Redekker, Sebastian (2010): S.173.
[535] Filipp, Sigrun-Heide; Mayer, Anne-Kathrin (2005): S.30.
[536] Roth, Marita (2005): S.59.
[537] http://www.ecp.public.lu/repertoire/stats/2008/06/index.html Stand: 1.6.2008.

burgische zur gefährdeten Sprache erklärt.[538] Durch die vielen Einwanderer und die große Anzahl der täglichen Pendler, wäre zu vermuten, dass Luxemburger ihre soziale Identität als bedroht wahrnehmen. Eine solche Bedrohungswahrnehmung ist zwar vereinzelt feststellbar, wenn etwa Luxemburger ihre Sprache und Kultur durch Überfremdung als gefährdet bezeichnen, jedoch ergeben die Interviews ein anderes Bild. Luxemburg wird, wie im vorherigen Kapitel gezeigt, überwiegend positiv wahrgenommen. Positive Außenwahrnehmung und positive Innenwahrnehmung beeinflussen und verstärken sich gegenseitig.

Selbst wenn eine Gruppe eine positive Außenwahrnehmung nur empfindet, das positive Stereotyp über ihre Ingroup also fälschlich oder zumindest übertrieben wahrnimmt, stärkt dies ihr Selbstbild und damit ihre Identität. Dies, so ergab die Forschung, ist besonders der Fall bei Befragten der Deutschsprachigen Gemeinschaft Belgiens. Die Interviewten hatten alle ein positives Selbstbild ihrer Ingroup, besonders hervorgehoben wurden stets ihre kulturelle Offenheit und ihre Verbindungsfunktion zwischen den frankophonen und den deutschsprachigen Kulturen. Aber auch Herr C.D. aus Lothringen dient hier als anschauliches Exempel. Zur Stärkung der sozialen Identität seiner (zum Zeitpunkt des Interviews salienten) Ingroup Lothringen nutzt er die Möglichkeit des Vergleichs mit anderen Outgroups:

„In ganz Frankreich sagt man zu uns wir sind kalt, distanziert, solche Leute. Aber die Leute, die dann in unsere Region kommen, die merken sofort, dass, dass es nicht der Fall ist. Z.B. die Freundschaft bei uns ist nicht eine falsche Freundschaft wie in Südfrankreich. Sondern es ist eine echte Freundschaft. [...] Es ist in dieser Region nur der Schein wenn jemand aus dieser Region Marseille, Nizza sagt: ‚du bist mein bester Freund'[...]." (Herr C.D., S.7f.)

Wird ein solches Stereotyp, das auf einer stark wertungshaltigen sozialen Kategorisierung basiert, in Frage gestellt, etwa durch widersprechende Erfahrungen, so kann dies zu einer Bedrohung führen weil „dadurch das Wertsystem selbst bedroht [wird], auf dem die Differenzierung zwischen den Gruppen beruht."[539]
Dass Stereotype zur Stärkung der sozialen Identität herangezogen werden, wird deutlich, wenn man das Beispiel der stereotypen Arbeitsweise deutschsprachiger und französischsprachiger Gruppen genauer betrachtet. Hier fällt auf, dass Autostereotype und Heterostereotype stark voneinander abhängen. Deutschsprachige Menschen bezeichnen ihre Arbeitsweise tendenziell als organisiert, strukturiert und effizient, die der französischsprachigen Partner hingegen eher als

---

[538] http://www.unesco.org/culture/ich/index.php?pg=00206.
[539] Tajfel, Henri (1982 b): S.50.

unorganisiert, unstrukturiert und weniger effizient. Umgekehrt bewerten französischsprachige Menschen ihre Arbeit tendenziell eher als flexibel und die der deutschsprachigen Partner als starr und unflexibel. Heterostereotyp und Autostereotyp bilden Gegensatzpaare. Stereotype entstehen als Reaktion auf die Existenz der Auto- und Heterostereotype der Outgroups. „Die stigmatisierten Gruppen wenden die negativen Zuschreibungen in positive Qualitäten."[540] Hat eine Outgroup ein negatives Stereotyp über die Ingroup, welches die soziale Identität der Ingroup zu schwächen droht, so reagiert die Ingroup mit entsprechenden Stereotypen.

Orientierung / Entkomplexisierung
Kategorienbildung
↓
Interesse
Beschäftigung mit der Kategorie
Zuschreibungen
↓
Hinterfragung / Differenzierung
Überprüfung der Zuschreibungen
Bildung einer heterogenen Wahrnehmung
Ablegen der Stereotype
Aufbrechen alter Kategorien, Bildung neuer Kategorien

Abbildung 8: Beispiel eines positiven Stereotypenverlaufs.

4.3.2 Negative Wirkung

4.3.2.1 Rechtfertigung des Status Quo

Mit Hilfe von Stereotypen kann nicht nur der Status Quo einer Situation erklärt werden, Stereotype dienen häufig auch als dessen Rechtfertigung. In den Interviews wurde dies besonders deutlich, wenn es darum ging, die stärkere Kooperation in unmittelbarer Nähe der Grenzen zu erklären:

> „Also ich denke, es hat einerseits Vorteile, dass es so groß ist, es hat aber andererseits auch Nachteile. Also grade was die Identität betrifft, denke ich mir oft, es sollt, könnt, es wäre idealer wenn es etwas kleiner wäre. Also es wäre von Vorteil

---
[540] Keupp et al. (1999): S.180.

wenn es etwas überschaulicher wäre. Ich mein, der in Mainz, der identifiziert sich nicht mit der Großregion." (Frau F.U., S.9)

Es wird hier unhinterfragt vorausgesetzt, dass „der in Mainz", stellvertretend für den Bewohner am geographischen Rand der Großregion, sich nicht mit der Großregion identifiziert. Diese scheinbar einhellige Meinung, die Großregion sei zu groß und Kooperation sei nur im inneren Bereich durchführbar, wird zwar sicher auch durch Erfahrungen gestützt, wird jedoch zwischenzeitlich durch ständiges Wiederholen des Stereotyps des an der Großregion uninteressierten Randbewohners als allgemein gültig angesehen. Konstruierte Kategorien, die auf Verallgemeinerungen beruhen, wurden bereits zu einem derart verfestigten Stereotyp, dass es kaum mehr revidierbar scheint. Eine stereotypenbeladene Kategorie „Großregionrandbewohner" ist künstlich entstanden, hinterlässt jedoch reale Auswirkungen.

Die Stereotypenbildung auf Grundlage der Kategorisierung „Kern der Großregion" – „Ränder der Großregion" zeigt sich auch bei Herrn Q.J.:

„Ja, die Großregion das ist aus meiner Sicht natürlich ein Erfolgsmodell, wenn es darum geht Interreg-Anträge zu stellen und an die Fleischtöpfe der EU zu gelangen. Aber es ist noch nicht in allen Teilen äh in den Köpfen der Einwohner der Großregion. Wir haben ja diese Untersuchungen, dass die grenzüberschreitende Verflechtung unmittelbar an den Grenzen dicht ist, erfreulich dicht ist, und das macht sicherlich auch den Kern der grenzüberschreitenden Kooperation aus. Aber je weiter man sich von den nationalen Grenzen entfernt, desto weniger Interesse gibt es eigentlich an SaarLorLux, was die Leute dann nicht hindert, von den Interreg-Projekten zu profitieren." (Herr Q.J., S.3)

Es entsteht das Stereotyp, die Akteure der geographischen Randgebiete der Großregion seien an der Zusammenarbeit wenig interessiert, ihr eigentliches Interesse gelte den Fördergeldern. Judith Miggelbrink, die sich dabei auf Neil Smith bezieht, erkennt in der unreflektierten Verwendung räumlicher Metaphern, wie beispielsweise in diesem Fall ‚Rand', ‚Kern', ‚Herz', die Gefahr, „dass diese implizit die Asymmetrien der Macht wiederholen, die der traditionellen Gesellschaftstheorie inhärent sind."[541] Räumliche Metaphern festigen demnach das Bild der Räume als etwas Starres, Unveränderliches. Räume sind jedoch vielmehr als das Produkt alltäglicher sozialer Praktiken zu verstehen und damit dynamisch.

Auch im folgenden Beispiel erscheint Raum starr und undynamisch:

---

[541] Miggelbrink, Judith (2002): S.45.

„Die Belgier oben und so, die jetzt schon weiter entfernt sind, die sehen die Sache vielleicht nicht so wichtig an als wir." (Herr U.F., S.9)

In den vorangegangenen Zitaten argumentieren die Interviewten räumlich. „Um über geographische Themen und Gegenstände zu sprechen nehmen wir offenbar besonders gerne das Container-Schema oder die Gleichsetzung von räumlicher und sozialer Nähe in Anspruch."[542] Es wird einfach vorausgesetzt, dass Regionen, die sich räumlich nah der Grenze befinden, mehr Interesse an der grenzüberschreitenden Zusammenarbeit und mehr Potential zur Ausbildung einer großregionalen Identität besitzen als solche, die räumlich etwas entfernter von der Grenze sind. Räumliches Argumentieren ist damit nicht nur als Sprechen zu verstehen, sondern auch als „kommunikatives Handeln, das [...] wenn nicht die Akzeptanz, so doch mindestens die Kenntnis von geographischen Stereotypen erfordert."[543,544] Die Komplexität der Welt kann „über räumliche Beschreibungsmodi reduziert und sortiert werden."[545] Anssi Paasi appelliert daher an eine Dekonstruktion, um die ideologischen Zuschreibungen an räumliche Kategorien aufzudecken: „One major task for the critical geographer is therefore to deconstruct and make visible the ideological, implicitly accepted assumption of our spatial categories."[546]

Ein weiteres Beispiel für räumliche Argumentation, die in diesem Fall jedoch in einer positiven Diskriminierung mündete, erfährt man bei dem Lothringer Herr C.D. Er arbeitete eine Woche bei einer anderen Dienststelle in Nizza und erlebte folgende Situation:

„Und dort war mal die Abteilung eines Kollegen, die haben uns eine Abteilung, mm, ein Büro gegeben zur Zusammenarbeit. Und der Kollege kam, kommt aus unserer Region. Und der ist jetzt seit zwanzig Jahren in Nizza und arbeitet dort. Als wir

---

[542] Felgenhauer, Thilo (2007): S.35.
[543] Ebd.: S.31.
[544] Als Beispiel einer räumlichen Argumentation, die die Kenntnis eines geographischen Stereotyps voraussetzt, kann eine Werbung der deutschen Fluggesellschaft *Germanwings* genannt werden, die die Verfasserin vor wenigen Jahren in Madrid am Flughafen sah. Germanwings warb auf Plakaten für sehr günstige Flüge nach Deutschland mit dem Slogan „No bromeamos somos alemanes" (dt.: Wir scherzen nicht, wir sind Deutsche). Indem das deutsche Unternehmen das scheinbar negative Stereotyp des humorlosen Deutschen ironisch aufgreift, zeigt es die Unzulässigkeit der Homogenisierung: denn es beweist ja gerade Humor. Gleichzeitig kann vermutet werden, dass Germanwings mit der Kampagne auch darauf abzielte, bei den potentiellen Kunden an das positive Pendant zum negativen Stereotyp des humorlosen Deutschen, nämlich das des seriösen und gewissenhaften Deutschen zu erinnern, was wiederum vermutlich positive Werbeeffekte erzielt. Das Unternehmen hofft also trotz ironischen Aufgreifens des Stereotyps gleichzeitig darauf, dass die potentiellen Kunden an das Körnchen Wahrheit des Stereotyps glauben.
[545] Redepenning, Marc (2008): S.332.
[546] Paasi, Anssi (2005): S.22.

ankamen haben wir sofort unsere Sachen gemacht. Von A bis Z. Und als Kollegen einmal vorbeikam und sagte, er möchte noch das und das machen und ich hab geguckt und gesagt: ist schon lange gemacht. Und dann hat er zu mir gesagt: ach, ich hab ja vergessen, ihr kommt ja von Lothringen." (S.7)

Um die enorme Gefahr deutlich zu machen, die von Verräumlichungen kultureller Wirklichkeiten ausgehen kann, verweist Benno Werlen auf eine bekannte Verräumlichung, die ihm als Negativ-Beispiel dient: „Die Achse des Bösen".[547] Bei dieser Verräumlichung werden ganze Regionen diffamiert und In- und Outgroups geschaffen.

4.3.2.2 Soziale Diskriminierung / Meidung

Stereotype können soziale Diskriminierung verursachen und dazu führen, dass andere Gruppen gemieden werden. Dass solche negativ wirkenden Stereotype auch in der Großregion bestehen, hat Frau R.I. bereits am eigenen Leib erfahren:

„So und die Deutschen sagen oft, ihr Franzosen, ihr denkt ihr wärt was Besseres. Das ist das erste was kommt. Ihr denkt ihr wärt was Besseres. Auch hier in der Grenzregion hab ich das schon erlebt. Also das hab ich schon viel erlebt. Und ich bin echt jung." (Frau R.I., S.23)

Auch Frau E.F. kann von einer diskriminierenden Erfahrung berichten. Sie, eine gebürtige Saarländerin, die heute luxemburgische Staatsbürgerin ist, erlebte eine Diskriminierung seitens eines Saarländers gegen sie als Stellvertreterin der Kategorie „Luxemburger" mit den stereotypisierten Assoziationen „reich und rücksichtslos":

„Ja, das ist ja auch immer toll, wenn man verschiedene Autonummern hat. Da war ich noch deutsch, da war ich auf einem Parkplatz irgendwo, weiß nicht mehr, Simmern oder im Saarland oder so, und hatte aber ne luxemburger Nummer dann eben, und dann fing dann einer an rumzumachen und zu sagen: ,ja nur weil die Luxemburger', ich weiß nicht mehr, ob ich einen Fehler gemacht habe, keine Ahnung. Aber, und dann habe ich dann auch zurückgedonnert und auch geschimpft, weil ich auch dachte: ,was hat der', ich habe nicht gemerkt, dass ich so ein Auto dabei hatte mit der Nummer. Also er hatte mich als Luxemburger angegriffen und dann fällt es einem auf, wie bescheuert das teilweise ist oder unsinnig. Da kann man ja sagen: ,hören Sie mal, was machen Sie da, stellen Sie sich mal grade hin', oder

---

[547] Werlen, Benno (2008a): S.365.

so. Aber: ‚die Luxemburger sind so, die holen sich alles', so ungefähr in dem Stil." (Frau E.F., S.18f.)

Der Konstruktcharakter der angewandten Stereotypisierung fiel ihr in erster Linie deshalb auf, weil sie, damals noch Deutsche, zu Unrecht in die Outgroup „Luxemburger" kategorisiert wurde. Ihr Fehlverhalten im Straßenverkehr wurde stereotypenkonform begründet, es fand eine illusorische Korrelation mit vorhandenen Erwartungen statt.

Ein sehr anschauliches Beispiel für soziale Diskriminierung durch Stereotypisierung ist die Abwertung, die durch das Stereotyp der ‚Großregion der zwei Geschwindigkeiten' entsteht:

> „Also, das geht so weit, dass auf politischer Ebene, meines Wissens auch der Gipfel, also die Vertreter der Großregion, auf Ministerpräsidentenebene schon von der ‚Großregion der beiden Geschwindigkeiten' sprechen. Wenn es also um Entscheidungsfindung geht, konkret wenn also gemeinsame Projekte, politische, auch andere Projekte auf den Weg gebracht werden sollen, zu sagen, ja, m, es gibt unterschiedliche Herangehensweisen, es dauert länger und irgendwo sind die ungeduldig, und die, die dann eben schneller sind, das ist die erste Geschwindigkeit, diejenigen, die also langsamer sind, kommen halt ein bisschen später und das ist dann eben die zweite Geschwindigkeit. Ich halte das für gefährlich." (Herr G.T., S.21)

Das Bild der Großregion der zwei Geschwindigkeiten entstand demnach aus der schon bekannten Kategorisierung in Teilregionen, in denen die Akteure relativ große Entscheidungsbefugnis innehaben und Teilregionen, deren Akteure über weniger Kompetenzen diesbezüglich verfügen.[548]

Auch im Interview mit Herrn S.H. findet dieses Stereotyp Erwähnung, allerdings in etwas abgeschwächter und damit weniger eindeutig diskriminierender Weise. Hier ist nicht die Rede von zwei Geschwindigkeiten, was eine schnelle und eine langsame bedeutet, sondern von „verschiedenen" Geschwindigkeiten:

> „Also es ist schon so, dass, also ich glaube schon an eine Großregion der verschiedenen Geschwindigkeiten." (Herr S.H., S.18)

Anders als Herr S.H. kritisiert Herr G.T. den Begriff der zwei, bzw. der verschiedenen, Geschwindigkeiten, da er dagegen ist, dass bestimmte Teilregionen sich über andere stellen und ihr System als das bessere erachten:

---

[548] Es existiert die gleiche Kategorisierung auf europäischer Ebene, auch hier sprechen manche Politiker von einem Europa der zwei Geschwindigkeiten.

„Also ich muss, wenn ich von einem Kollegen von Mainz, Saarbrücken oder was weiß ich sagen lassen, wie ich zu arbeiten habe und wie diszipliniert ich an der Tagesordnung sein muss. Und ich finde, das geht auch nicht." (Herr G.T., S.21)

Nach Mummendey und Wenzel[549] kann behauptet werden, dass in diesem Fall bereits eine Form der Diskriminierung entstanden ist. Es gibt zwei Kategorien, die einer Überkategorie zugeordnet sind: hier ist das zum einen die Kategorie der (vermeintlich) effektiv und schnell arbeitenden Teilregionen und zum anderen die der (vermeintlich) unorganisiert und langsam arbeitenden. Die übergeordnete Kategorie, der beide zugehören, ist die Großregion. Was Herr G.T. der ersten Gruppe, zu der er unter anderem das Saarland und Rheinland-Pfalz zählt, vorwirft, ist Eigengruppenprojektion. Das heißt, dass diese Gruppe ihre eigenen Werte und Ziele als Prototyp für die übergeordnete Kategorie versteht und damit die der anderen abwertet.

„Je häufiger sie [ethnische Einstellungen und Stereotype, Anm. A.S.] aktiviert werden, desto stärker verfestigen sie sich und desto schneller werden sie durch entsprechende Hinweisreize aktiviert. Es erfolgt eine Habituierung."[550] Selbst wenn negative Einstellungen und Stereotype irgendwann reflektiert und bewusst abgelehnt werden, bleiben sie als „Teil der entsprechenden Wissensstruktur"[551] in den Köpfen erhalten. Das Stereotyp der Großregion der zwei Geschwindigkeiten ist offenbar auf politischer Ebene bereits bekannt, die Gefahr der Habituierung besteht.

Eine weitere Gefahr, die von Stereotypen ausgeht, ist die der „sich selbst erfüllenden Prophezeiungen"[552], die auch Frau O.L. erkennt:

„Wenn man natürlich nur danach sucht, dass der Lothringer sich so benehmen soll, dann suche ich natürlich nur danach, dass er sich so benimmt. Und wenn ich es dann endlich gefunden habe, dann sage ich: siehst du, war klar, die sind alle so. Das ist, da muss man immer den Punkt finden, wo das dann umkippt und der Stereotyp eben nicht mehr hilfreich ist." (Frau O.L., S.27)

Der Theorie der sich selbst erfüllenden Prophezeiungen zufolge, schaffen „Erwartungen ihre eigenen Wirklichkeiten"[553], indem nämlich eine Person, die bestimmte Erwartungen an eine andere Person hat, dieser entsprechend ihrer Erwartungen entgegentritt. Die eigene Erwartung bestätigt sich, sie ist jedoch mitunter ein Produkt des eigenen Verhaltens gegenüber der anderen Person. Greite-

---

[549] Vgl. Kapitel 3.1.1.
[550] Mitulla, Claudia (1997): S.77.
[551] Ebd. S.77f.
[552] Vgl. Greitemeyer, Tobias (2008).
[553] Ebd. S.80.

meyer verdeutlicht dies am Beispiel einer Person, die eine andere Person als introvertiert erwartet und sich dieser gegenüber zurückhaltender verhält als einer Person, von der er extrovertiertes Verhalten erwartet.
Selbst wenn sich die Erwartungen nicht erfüllen, wird selten von dem tradierten Stereotyp abgewichen:

„Also ich hab schon erlebt, dass Franzosen gesagt haben, wenn Deutsche bei einer Tagung gesprochen haben, ‚oh das war jetzt aber nicht strukturiert, das war ja durcheinander', dann hab ich gesagt, ‚ja', dann hat eine andere gesagt, ‚das ist jetzt aber nicht deutsch', dann habe ich gesagt, ‚ja sehen Sie, Sie sind Franzose und sagen das'." (Frau R.I., S.15)

Was Frau R.I. beschreibt, zeigt, dass die Wahrnehmung durch Stereotype so geprägt ist, dass eine Konfrontation mit Gegenbeispielen nicht dazu führt, die Stereotype zu ändern, sondern den erlebten Fall als Ausnahme wahrnimmt. Die Person, von der Frau R.I. erzählt, kommt also durch ihr Erlebnis nicht zu dem Schluss, dass die Deutschen doch nicht alle immer klar strukturiert sind, sondern, dass das eben gehörte, nicht-strukturierte „nicht deutsch" war. Stereotype sind also sehr langlebig und gelten als „soziale Realität"[554], zu ihrer Bestätigung reichen meist sehr wenige Beispiele, eine Entkräftung hingegen bedarf weitaus mehr Informationen.
Gleiches ist bei Frau B.Y. feststellbar:

„Es gibt. z.B. ganz, äh, ganz, wenn man ein Kolloquium organisiert und man lädt Leute ein, wenn man ein Kolloquium z.B. organisiert und lädt deutsche Teilnehmer ein, dann sagen sie zu, dann kommen sie auch. Wenn man für das gleiche Kolloquium Franzosen einlädt, dann sagen sie zu und langsam, kurz nacheinander sagen die alle ab. Und es ist eigentlich ein Wunder, wenn die Zusagen wirklich richtig kommen, manchmal geben sie gar keine Antwort, also das ist m, so, natürlich ist das immer abhängig von Personen aber Franzosen, die mich z.B. überrascht haben, weil sie gesagt haben sie kommen und sind auch wirklich gekommen, das waren Franzosen, die an internationalen, oder die in mehreren Ländern schon gearbeitet haben, also nicht die typischen." (Frau B.Y., S.15f.)

Auch hier wird nicht das Stereotyp den reellen Erfahrungen angepasst, sondern die Franzosen, die sich nicht dem Stereotyp gerecht verhalten, gelten als „nicht die typischen" Franzosen. Frau B.Y. ist übrigens selbst Französin, lebt allerdings im Saarland.
Nach Mitulla können soziale Kategorien automatisch aktiviert werden und mit der Aktivierung „sind auch jene mit dieser Kategorie assoziierten

---
[554] Tajfel, Henri (1982 b): S.50.

Informationen präsent. Diese können dann Einfluss auf die Wahrnehmung und Beurteilung von Situationen nehmen."[555] So zeigen Studien, dass Verhalten stereotypenkonform gedeutet wird.

Herr C.D. beispielsweise aktiviert bei der Interpretation seiner Erfahrung der schwierig zustande kommenden Kontaktaufnahmen zu Luxemburgern eine Kategorisierung, die ihm dazu dient, eine einfache Erklärung seiner Wahrnehmung zu finden:

> „Ich denke, es ist ein bisschen wie die Schweiz die Luxemburger. Die sind, sie mögen, also, persönliche Erfahrung, mögen die Luxemburger nur Luxemburger. Und niemand anderes. Mögen kein Belgien, keine Deutsche, ich weiß nicht, ob es die Mentalität ist, ob es weil es ein kleines Land ist, was sehr viel Geld hat, ich weiß es nicht. Der Kontakt ist schon ein bisschen schwieriger mit den Luxemburger Kollegen. Aber wenn man dann den Kontakt hergestellt hat, ist es schon besser. Sonst ist es schwierig." (Herr C.D., S.12)

Zur Entkomplexisierung der zu verarbeitenden Erfahrungen bildet Herr C.D. die Kategorie „kleine, wohlhabende Länder" und koppelt an diese Kategorie das Stereotyp der Selbstverliebtheit und mangelnden Offenheit, was zweifelsohne eine soziale Diskriminierung nach sich ziehen kann[556]. Das Beispiel zeigt auch, dass Stereotype wahrgenommene Korrelationen zwischen Kategorien und Eigenschaften sind. Dabei kann es zur Wahrnehmung illusorischer Korrelationen kommen.[557] Das heißt, „dass nicht nur existierende Zusammenhänge zwischen der Gruppenzugehörigkeit und bestimmten Eigenschaften oder Verhaltensweisen erworben werden, sondern dass auch falsche oder verzerrte Korrelationen gelernt werden können, die anschließend stereotype Erwartungen induzieren und die sozialen Wahrnehmungs- und Bewertungsprozesse beeinflussen."[558]

Der Kategorie „französischsprachige Teilregionen" oder alternativ den Kategorien „Frankreich" oder „Lothringen" werden in den Interviews, wie bereits gezeigt, neben anderen positiven Eigenschaften häufig Eigenschaften wie langsam, ineffizient oder hierarchisch zugeschrieben. Es besteht der Verdacht, dass die einzelnen Stereotype sich gegenseitig beeinflussen und verstärken.

---

[555] Mitulla, Claudia (1997): S.80.
[556] Auch wenn der Zusatz „Aber wenn man dann den Kontakt hergestellt hat, ist es schon besser. Sonst ist es schwierig" zeigt, dass Herr C.D. die Homogenisierung, die die Stereotypisierung dieser Kategorie mit sich bringt, durchaus hinterfragt, kann die Stereotypisierung in diesem Fall sicher eine soziale Diskriminierung oder Meidung nach sich ziehen.
[557] Vgl. Meiser, Thorsten (2008).
[558] Ebd. S.54.

Die in den Interviews häufig geschilderten Probleme durch die unterschiedlichen Verwaltungsstrukturen, stellt Knippschild[559] auch für andere grenzüberschreitende Verflechtungsräume fest. Jedoch, so Knippschild, werden die unterschiedlichen Verwaltungsstrukturen häufig als Entschuldigung benutzt, wenn kooperatives Handeln gescheitert ist.[560] In den Interviews vorliegender Arbeit wurde ebenfalls häufig von Kooperationsschwierigkeiten berichtet, die durch unterschiedliche Strukturen in den Systemen der sechs Teilregionen bedingt seien. Sicher kommt es tatsächlich häufig zu Schwierigkeiten, sicher hat auch Knippschild recht mit seiner Behauptung, die Unterschiede würden als Entschuldigung benutzt. Richtig ist aber auch, dass Stereotype, die erst durch die Kategorisierung der Menschen als Zugehörige unterschiedlicher Verwaltungssysteme entstehen, die Kooperation schon in ihren Anfängen behindern.

4.3.2.3 Bedrohungswahrnehmung / Schwächung der sozialen Identität

Die Stereotype-Threat-Theorie, auf die bereits verwiesen wurde, macht auf die Gefahr der Bedrohung, die von Stereotypen ausgehen kann, aufmerksam. Tests haben erwiesen, dass Menschen in Testsituationen, in denen das auf sie bezogene, für die Situation relevante Stereotyp aktiviert ist, schlechter abschneiden. Die schlechtere Leistung lässt sich auf die Angst zurückführen, aufgrund negativer Stereotype beurteilt zu werden oder durch eigenes Verhalten negative Stereotype zu bestätigen.[561] Nicht nur, dass Stereotype demnach leistungsmindernd wirken können, sie halten betroffene Personen auch davon ab, sich für „solche Berufsfelder und berufliche Positionen [zu] entscheiden, in denen sie eine Konfrontation mit negativen Stereotypen befürchten."[562] Dies könnte eine Erklärung für die Tatsache sein, dass die interviewten Akteure auffällig offen eingestellt, häufig zweisprachig und nicht immer einer einzigen Teilregion zuzuordnen waren. Eine Bedrohungswahrnehmung durch Stereotype wurde in keinem Fall derart wahrgenommen, dass sie die beschriebenen Auswirkungen ausgelöst hätte. Möglicherweise bedeutet dies, dass Menschen, die Stereotype fürchten und sich von ihnen bedroht fühlen, gar nicht erst Akteur der Großregion werden. Sie orientieren sich beruflich anders, um der Bedrohung zu entgehen. Dies wurde jedoch empirisch nicht geprüft und kann daher nur als Vermutung zur Erklärung der auffällig niedrigen Bedrohungswahrnehmung durch Stereotype seitens der interviewten Akteure gelten.

---

[559] Knippschild, Robert (2009).
[560] Ebd. S.234.
[561] Vgl. hierzu Keller, Johannes (2008).
[562] Ebd. S.89.

Eine Schwächung der sozialen Identität einzelner Teilräume kann entstehen, so der in den Gesprächen gewonnene Eindruck, wenn Luxemburgs besondere Position innerhalb der Großregion als Sonderstatus zu sehr betont wird. Die im vorherigen Kapitel beschriebene häufige positive Stereotypisierung Luxemburgs kann also neben ihrer positiven Wirkung für Luxemburg – Stärkung der sozialen Identität – auch eine negative Wirkung für die restlichen Teilregionen hervorrufen – nämlich die Schwächung deren sozialer Identität.

Es zeigt sich, dass das Bild Luxemburgs als wirtschaftlich stärkste Kraft, größter Arbeitgeber für Pendler und als einziger Nationalstaat innerhalb der Großregion nicht nur positiv gedeutet wird:

„Luxemburg ist ein überaus attraktiver Arbeitgeber, m, und m zahlt Gehälter, die in den anderen Nachbarregionen nicht gezahlt werden können. Die meisten dieser, Luxemburg ist aber auch andererseits zu klein, um selber diese Arbeitnehmer stellen zu können, kann sie weder quantitativ stellen, noch von den Bildungsinstitutionen her. Das heißt, viele m, es wird irgendwo ein bisschen n sozialer Raubbau seitens Luxemburgs betrieben. M, das fängt an, dass die luxemburgischen Studenten m, beispielsweise belgische oder französische Universitäten besuchen, dort ihren Abschluss machen, die Kosten für die Bildung tragen dann aber – gut es gibt natürlich Abkommen usw. - tragen aber dennoch in der Hauptsache die jeweiligen Länder, wo dann die Universitäten angesiedelt sind, m, im Nachhinein sind diese Arbeitnehmer, stehen dann aber nicht dem Ausbildungsland zur Verfügung, sondern es zieht sie natürlich nach Luxemburg, m, und das sind ja nicht nur die luxemburgischen Studenten, sondern das sind natürlich auch viele französische, deutsche und belgische Studienabgänger, die es dann nach Luxemburg zieht. M, wo wohnen dann aber wiederum diese Personen? Die wohnen auch nicht in Luxemburg selber, weil es da eben auch überaus teuer ist, m, die wohnen meistens in ihren Heimatländern, das heißt da wiederum wird die gesamte soziale Last wieder von diesen Ländern getragen, obwohl ja dann keine Steuern abgeführt werden von diesen Arbeitnehmern." (Frau H.S., S.6f.)

Das Zitat von Frau H.S., die aus der Deutschsprachigen Gemeinschaft Belgiens kommt, macht deutlich, dass Luxemburgs Bild als Motor der Großregion nicht bedingungslos akzeptiert wird. Wie auch andere Interviewte, allerdings nicht in dieser Deutlichkeit, macht Frau H.S. auf Luxemburgs Vorteile durch die angrenzenden Großregionpartner aufmerksam. Sie stellt Luxemburg als Nutznießer der Großregion dar, der „sozialen Raubbau" betreibt und widerspricht damit dem Stereotyp von Luxemburg als Hauptvorantreiber und überaus großen Glücksfall der Großregion.

Die überspitzte Wortwahl „sozialer Raubbau" ist sicherlich als Reaktion auf das entgegengesetzte, positive Stereotyp Luxemburgs zurückzuführen.

Da Luxemburgs positive Stereotypisierung sehr stark ausgeprägt ist, kann dies als Bedrohung der sozialen Identitäten der anderen Teilräume aufgefasst werden – zumindest dann, wenn die Vertreter der anderen Teilräume ihre soziale Identität durch Luxemburgs (zugeschriebene) Sonderposition gefährdet sehen. Wird von einer Sonderposition Luxemburgs innerhalb der Großregion ausgegangen, so können die sozialen Identitäten der anderen Teilregionen nur dann als sicher eingestuft werden, wenn „völliger Konsens über die Art und die Zukunft ihrer Inferiorität besteht."[563] Auf diesen Aspekt wird später noch eingegangen werden, in dem die Großregion auf ihre wahrgenommene Polyzentralität hin untersucht wird und Luxemburgs mögliche Zentrumsfunktion thematisiert wird.

Orientierung / Entkomplexisierung
Kategorienbildung
↓
Homogenisierung
Zuschreibungen ohne weiteres Hinterfragen
↓
Verfestigung der Stereotypen
Weiteres Denken und Handeln in alten Kategorien
Homogene Wahrnehmung: strikte Trennung in In- und Outgroups

Abbildung 9: Beispiel eines negativen Stereotypenverlaufs

4.3.3 Abschließende Bemerkung

Stereotype werden durch Kategorisierungen ermöglicht. Der Bedarf, seine Umwelt zu kategorisieren und diesen Gruppen Stereotype zuzuschreiben, entspringt dem Bedürfnis der Orientierung. Immer wenn Personen nicht als Individuen, sondern als Mitglieder einer Outgroup wahrgenommen werden, also immer wenn die Gruppenzugehörigkeit im Handeln und Wahrnehmen salient wird, werden Stereotype aktiviert. Die Großregion besitzt (noch) wenig eigene Institutionen, die eigens für die Großregion zuständig sind. Wenn großregionale Aktivitäten stattfinden, und insbesondere bei Interreg-Projekten, gibt es zumeist keine Kategorie „Vertreter der Großregion", sondern immer „Vertreter des Saarlandes", „Vertreter von Rheinland-Pfalz", „Vertreter Luxemburgs", „Vertreter Walloniens", „Vertreter Lothringens", „Vertreter der Deutschsprachigen Ge-

---

[563] Tajfel, Henri (1982 b): S.129.

meinschaft". Die Gruppenzugehörigkeit ist damit immer sichtbar und salient, die Akteure werden demzufolge tendenziell eher als Gruppenmitglieder der einzelnen Teilregionen wahrgenommen, denn als Individuen oder als Gruppenmitglieder einer einzigen übergeordneten Kategorie „Großregion". Mitglieder einer Gruppe werden homogen wahrgenommen, Individuen nicht.

Bei langfristigen Kooperationen, bei denen immer wieder die gleichen Akteure miteinander arbeiten, kann festgestellt werden, dass die Gruppenzugehörigkeit weniger salient ist und die Wahrnehmung der Akteure als Individuen an Bedeutung gewinnt.

Positive Auswirkungen	Negative Auswirkungen
Orientierung / Entkomplexisierung: ▪ Erstes Auseinandersetzen mit fremder Outgroup: Möglichkeit des Vergleichs ▪ Interesse wird geweckt ▪ Weniger Berührungsängste	*Rechtfertigung des Status Quo* ▪ Rechtfertigung sozialer Ungleichheiten
Bevorzugung	*Soziale Diskriminierung* ▪ Meidung ▪ Hierarchiebildung ▪ Sich selbst erfüllende Prophezeiungen
Stabilisierung der sozialen Identität ▪ Positive Zuschreibung verstärkt positives Selbstbild ▪ Bei schwacher sozialer Identität werden negative Stereotype gegenüber Outgroups herangezogen, damit die Ingroup im Vergleich besser abschneidet	*Bedrohungswahrnehmung / Schwächung der sozialen Identität* ▪ Schlechtere Leistungen aufgrund von Angst, nach Stereotypen negativ bewertet zu werden ▪ Verurteilung anderer Gruppen durch übertriebene Reaktionen auf empfundene Bedrohung

Abbildung 10: Auswirkungen von Stereotypen

4.4 Was schafft Identität?

Kollektive Identitäten sind als Konstrukte anzusehen. „Die inhaltlichen Anknüpfungspunkte solcher Konstrukte sind nahezu unbegrenzt: Über alle primordialen Parameter wie Sprache, Ethnie, Historie und Territorium, Religion, Herkunft, Tradition und Kultur können Wir-Gefühle erzeugt werden [...]"[564]. Im Folgenden soll untersucht werden, welche solcher inhaltlichen Anknüpfungspunkte in der Großregion, stellvertretend für grenzüberschreitende Verflechtungsräume, besonders identitätsstiftend wirken und welche eher weniger. Der Analyse liegt dabei ein postmodernes Wissenschaftsverständnis zu Grunde. Die Vorstellung eines objektiven Wissens und die alleinige Anerkennung der Wissenschaft als legitime Vertreterin des Wissens[565] werden damit überwunden. Die Dichotomie in Laien- und Expertenwissen gilt in der Postmoderne als überholt. Dementsprechend wurden die Interviewten nicht als Laien, sondern als Experten ihrer eigenen Lebenswelt erachtet. In den Interviews interessierte daher insbesondere ihr eigenes, subjektives Verständnis der verschiedenen Konstrukte wie Identität, Stereotyp oder Symbol. Bei der Analyse werden neben der Interpretation der Interviewten-Aussagen jedoch stets auch entsprechende wissenschaftliche Erkenntnisse mit herangezogen.

4.4.1 Bedeutung des Raums

Raum wurde lange Zeit als *das* identitätsstiftende Element schlechthin gesehen. Heute herrscht in der Wissenschaft weitgehend Konsens darüber, dass neben dem territorialen Bezug zahlreiche weitere Aspekte zur Entstehung von Identitäten beitragen und Identitäten sogar ganz ohne gemeinsame Zugehörigkeit zu einem Raum bestehen können. „It is also often assumed that we live in localities where the flows of information and images have obliterated the sense of collective memory and tradition of locality to the extent that there is ‚no sense of place'"[566]. Dies ist allerdings nicht die Regel. Das zeigt auch eine Forschung von Schlottmann et al. zur territorialen Bezugseinheit Mitteldeutschland. Das Ergebnis bescheinigt „trotz Globalisierung und raum-zeitlicher Entankerung"[567] eine bleibende Bedeutung der traditionellen Auffassung von Zeit und Raum im Alltag. Auch Ahrens stellt fest, dass „entgegen der modernen Denkfigur fortschreitender Enträumlichung und Emanzipation vom Raum, [...] die im Zuge der Globalisierung stattfindenden Formen der Vergemeinschaftung auf Wiederverräumlichungsprozesse [verweisen]." [568] Bestand bis in die Mitte des 19.

---

[564] Walkenhorst, Heiko (1999): S.97.
[565] Kühne, Olaf; Spellerberg, Annette (2010): S.22.
[566] Featherstone, Mike (1995): S.93.
[567] Schlottmann, Antje; Felgenhauer, Tilo; Mihm, Mandy; Lenk, Stefanie; Schmidt, Mark (2007): S.334.
[568] Ahrens, Daniela (2001): S.200.

Jahrhunderts noch ein Gleichgewicht von Zeit und Raum im Denken der westlichen Welt, so verschiebt sich der Fokus in den folgenden Jahrzehnten zugunsten des zeitlichen Aspekts. Erst in den 1960er-Jahren erfährt der Raum, insbesondere Dank Arbeiten von Henri Lefebvre und Michel Foucault, wieder gesteigerte wissenschaftliche Aufmerksamkeit.[569] Durch diesen sogenannten *spatial turn* beschäftigt die Wissenschaft sich wieder verstärkt mit der Funktion räumlicher Strukturen auf Sprache und Gesellschaft.[570] Wurde in der klassischen Geographie Raum noch unabhängig vom Menschen untersucht, so nehmen neuere raumsoziologische Ansätze an, dass „der gesellschaftlich und historisch relevante Raum primär als das Produkt menschlicher Handlung und Wahrnehmung zu begreifen sei."[571] Raum wird seither als gesellschaftliches Produkt und damit als veränderbar verstanden, Raumverständnis ist immer auch abhängig vom Kontext und von der Perspektive. Bereits Emile Durkheim betrachtete den physischen Raum als Ausdruck sozialer Verhältnisse.[572] Auch Pierre Bourdieu negiert die früher durchaus verbreitete Auffassung, „dass soziale Strukturen durch räumliche bestimmt werden"[573].

Dass Räume für Identitäten jedoch nach wie vor wichtig sind, sieht man auch daran, dass mit der Postmoderne die Ortsbezogenheit wieder eine größere Rolle zu spielen scheint. Kühne erklärt diesen Umstand mit Giddens. Demnach lässt sich diese verstärkte Ortsbezogenheit als mit der Globalisierung verknüpft betrachten, „da diese in ihren ökonomischen, kulturellen, sozialen und politischen Ausprägungen zu einem *dis-embedding*, der Ortslosigkeit des Menschen geführt habe, die dieser durch ein *re-embedding*, eine Rückverortung, zu kompensieren sucht"[574].

„Räumliche Identitätsaspekte werden [...] über soziale Praktiken zum Bestandteil symbolischer Sozialsysteme und damit Teil gesellschaftlicher Konstruktion von Wirklichkeit."[575] Dass Raum eine wichtige Rolle bei Identitätsbildungen in grenzüberschreitenden Verflechtungsräumen spielt, scheint offenkundig. Welchen Stellenwert er genau einnimmt, soll im Folgenden gezeigt werden.

In der Interviewanalyse wird deutlich, dass das Territorium der Großregion von der Mehrheit als zu groß eingeschätzt wird, um einen flächendeckenden

---

[569] Vgl. Soja, Edward W. (2008).
[570] Vgl. Mein, Georg (2008): S.31.
[571] Ebd. S.33.
[572] Vgl. Schroer, Markus (2006): S.60.
[573] Ebd. S.101.
[574] Kühne, Olaf (2006): S.112f.
[575] Colas-Blaise, Marion; Freyermuth, Sylvie; Kmec, Sonja; Tore, Gian Maria; Schulz, Christian (2010): S.106.

Austausch und damit Kontakt herzustellen.[576] Die als zu groß eingestufte räumliche Entfernung zwischen einzelnen Städten der Großregion wird als Hindernis für Grenzüberschreitungen erklärt. Der Umfang der Großregion wird auch aufgrund der Vielzahl der unterschiedlichen Partner mit ihren eigenen politischen Systemen als hinderlich für grenzüberschreitende Zusammenarbeit betrachtet.

Viele Akteure behelfen sich, indem sie auf ihre eigenen subjektiven Vorstellungen der Großregion zurückgreifen, die mit den administrativen Grenzen nicht zwangsläufig übereinstimmen:

„Wobei das Problem, was ich sehe, das ist die Ausdehnung der Großregion. Wenn ich persönlich von Großregion rede, dann denke ich nicht an dieses Gebilde von Tournai bis Mainz bis in die Vogesen, also das macht ungefähr 500 mal 400 Kilometer." (Herr S.H., S.3)

Eine Neuordnung der Großregion wird jedoch nicht gefordert. Diesbezügliche Überlegungen nennt Herr S.H. „un faux débat":

„[...] je weiter man sich vom Zentrum der Großregion entfernt, umso schwächer wird natürlich so etwas wie ein Zusammengehörigkeitsgefühl. [...] Also umso weiter man sich entfernt, dann gibt es natürlich andere Einflüsse und andere Grenzregionen, die eine Rolle spielen. Aber es wird sich niemand auf absehbare Zeit herantrauen, die Großregion sozusagen zu verkleinern, das hat auch politische Gründe, [...]. [...] Das ist aber auch zum Teil, wie die Franzosen sagen un faux débat, eine falsche Diskussion, die uns eigentlich nicht weiter bringt. Fakt ist, dass in diesem Raum in und um die Grenzen herum, etwas ganz spezielles passiert: Verflechtungen, Vernetzungen der vielfältigsten Art, wie man sie in der Form nicht unbedingt in anderen Grenzregionen in Europa wiederfindet. Das ist das Spezielle." (Herr S.H., S.3)

Obwohl der enorme Umfang der Großregion tendenziell als zu groß eingeschätzt wird, muss dies kein Hindernis für eine gemeinsame Identitätsbildung sein. Herr S.H. weist darauf hin, dass es sich um einen Raum handelt, in dem nicht jeder mit jedem gleich starke Kooperation anstrebt. Was von vielen als *das* Problem der Großregion empfunden wird, beschreibt Herr S.H. als ganz natürlich. Dieser Logik zufolge stellt es für eine Identität der Großregion kein Hindernis dar, wenn das Saarland mit Belgien wenig verbindet und sich stattdessen mehr für die alltagsrelevanten Problemlösungen mit seinen direkten Nachbarn interessiert.

---

[576] Eine Ausnahme bildet Frau E.F., die auf meine Frage nach der identitätsstiftenden Bedeutung der geographischen Nähe in der Großregion behauptet: „Hier ist ganz einfach, weil es so nah ist, ganz klein. Ist eigentlich ein Witz." (Frau E.F., S.17)

Auch Frau X.C. plädiert dafür, zu akzeptieren, dass nicht immer alle Teilregionen die gleichen Ziele verfolgen, daher sollten nicht alle Projekte den Anspruch verfolgen, alle Teilregionen zu berücksichtigen. (Frau X.C., S.4)

Almut Kriele bemerkt bei Untersuchungen in der Euregio Maas-Rhein ebenfalls Entwicklungen, die auf ein neuartiges, offeneres Raumverständnis schließen lassen. Auch hier ist die genaue Abgrenzung nach außen zweitrangig. Frau E.F. spricht von fließenden Grenzen und Überlappungen, die sie sich für solche neu gebildeten Kooperationsräume eher wünscht als starre politische Grenzen, die es zwar auch geben müsse, jedoch nicht in den Köpfen:

> „[...] irgendwann zerfließt das, dann kommt mal ne andere Region, aber die Region dort, die fängt dann auch wieder hundert Kilometer weiter, dass sich das dann überlappt, dass man nicht sozusagen Regionen schafft – klar wegen verwaltungstechnisch muss man das ja immer – aber dass an diesen Stellen immer Überlappungen sind." (Frau E.F., S.18)

Obwohl also in manchen Situationen, wie weiter oben erläutert, räumliche Kategorisierungen vorgenommen werden und dabei die Raumvorstellung aus Gründen der Vereinfachung ähnlich der eines Containers ist, ist eine Abwendung vom Containerschema hin zu einer verinnerlichten variablen Geometrie[577] bemerkbar. Der Raum wird dementsprechend offen interpretiert und „je nach Kooperationsaufgabe neu formiert oder auch eingegangen, um Fördergelder besser ausschöpfen zu können."[578,579] „Geographische Nähe ist in unterschiedlichen Bereichen unterschiedlich wichtig" (Frau X.C., S.5), bemerkt auch die Wallonierin Frau X.C. Demnach könne man einen Kooperationsraum für wirtschaftliche oder politische Ziele weiter fassen als beispielsweise für kulturelle Zwecke, denn:

> „[...] die Bewohner werden nicht die gesamte Großregion durchqueren, um eine Veranstaltung zu besuchen. Zum Beispiel für die Zirkulation von Künstlern ist es etwas groß." (Frau X.C., S.5)

Frau A.Z. betreut Krankenpflegeschüler aus Lothringen, die, wie weiter oben erwähnt, an einem Austausch mit einem saarländischen Krankenhaus teilnehmen. Um etwas über das Raumempfinden der deutsch-französischen Grenze zu erfahren, wird die Frage gestellt, ob ein Austausch nach Berlin schwieriger für die Schüler wäre als einer ins Saarland. Es stellt sich heraus, dass Frau A.Z. die

---

[577] Vgl. Schulz, Christian (1998).
[578] Kriele, Almut (2005): S.92.
[579] Hier erkennt man die enorme Bedeutung des Mehrwert-Gedankens bei grenzüberschreitenden Verflechtungen, die auch in vorliegender Forschung festgestellt wurde (siehe Kapitel 4.4.7).

saarländische Mentalität als der lothringischen ähnlicher einstuft als die Berliner Mentalität. Ein Austausch ins benachbarte Saarland sei daher einfacher, auch wegen der geographischen Nähe (Frau A.Z., S.20).

Die Grenze zwischen Luxemburg und Lothringen ist in ihrer Wahrnehmung trennender als die zwischen dem Saarland und Lothringen. Das liegt sicher auch an ihrer jahrelangen beruflichen Tätigkeit im Saarland und dem damit verbundenen jahrelangen Pendeln, das die Grenzüberschreitung offenbar normal werden ließ. Entgegen der ersten Vermutung, dass Frau A.Z. die Grenznähe als solches für eine gemeinsame Mentalität und ein Sich-Heimisch-Fühlen verantwortlich macht, wird hier deutlich, dass vor allem die tägliche Bewegung im Raum dafür sorgte, dass er ihr nicht mehr fremd ist und sie die Mentalitäten als ähnlich empfindet.

Interviewpartner, die zwar in ihrem Beruf von den grenzüberschreitenden Verflechtungen betroffen sind, jedoch nicht in erster Linie für die Großregion arbeiten, verfügen zumeist nur über konstante Verbindungen zur direkt angrenzenden Teilregion und fühlen sich mit dieser auch enger verbunden als mit den restlichen. Ihre subjektive Vorstellung des gemeinsamen Identitätsraumes beschränkt sich daher nicht selten auf einen sehr engen Radius nahe der geteilten Grenze. In manchen Fällen kennen sie die genauen Abmaße der Großregion nicht. Auffallend ist jedoch, dass auch in diesen Fällen die Großregion sowie die Idee großregionaler Identität Zustimmung erfahren und überwiegend optimistisch betrachtet werden. Herr V.E. beispielsweise erzählt, seine Kontakte bestünden fast ausschließlich „im engeren Raum zu Luxemburg" (Herr V.E., S.4). Auf meine Nachfrage, ob er denn dann die Existenz einer Identität der Großregion negiere, antwortet er jedoch etwas überrascht:

„Doch das glaube ich schon, man wächst immer mehr zusammen. [...] Also die Zusammenarbeit der Großregion wird immer weiter gezogen werden vom Kreis her." (Herr V.E., S.3)

Auch wenn Herr V.E. bislang selbst wenig mit der Großregion als Ganzes zu tun hatte, stellt man bei ihm bereits fest, dass der konstruierte Raum eine Existenzberechtigung erfährt. Als er mir erklärt, die einzelnen Teilregionen seien zu klein, um alleine in Europa bestehen zu können, und man daher auf die Kooperation der Großregion angewiesen sei, frage ich nach, ob man denn dann nicht auch in andere Himmelsrichtungen kooperieren könne, etwa mit Hessen oder Nordrhein-Westfalen. Seine Reaktion zeigt, dass er das Konstrukt Großregion bereits verinnerlicht hat:

„Also ich persönlich würde aufgrund von der Lage, wo wir hier sind, und den nachbarschaftlichen Verhältnissen zu Luxemburg eher sagen, wir liegen im Herzen

Europas und wir sollten uns mit unseren Nachbarn aus Luxemburg und Frankreich vom Verbund zusammenfinden und auch zusammen unsere Region vermarkten." (Herr V.E., S.5)

Die Grenznähe als solche wird häufig als charakteristisches Merkmal des Kooperationsraums empfunden, das die Teilregionen eint:

„Wenn Sie mitten in einem Land leben, Paris oder Köln, dann spielen diese Grenzen keine große Rolle. Die sind weit weg. Aber hier in der Großregion sind diese Grenzen ein Wahrzeichen, ein Identitätsmerkmal, für unsere Großregion, zumal es uns gelungen ist, sie zu überwinden." (Frau Y.B., S.8)

„[...] Und ich denke es ist so, wie ich eben schon gesagt habe, als wir das Thema Binnenland Hessen hatten, als ich sagte, dass ich es vermissen würde, zu sagen, man hat die Nähe zur Grenze und das ist was Besonderes. Genauso könnte ich mir durchaus vorstellen, dass jemand, der aus Hannover mal hier anruft und sich das vor Augen führt, dass der das schon als was Interessantes sieht, beruflich gesehen so dicht an der Grenze zu sein, damit was zu tun zu haben. Wenn wir dann bei irgendeinem Lehrgang, beim BKA oder in Wiesbaden oder sonstwo, wenn man das da mal thematisiert, denke ich schon, dass dann andere aufmerksam zuhören und denken: oh, das ist schon noch mal ein Stück interessanter. Der hat zwar den gleichen Job wie ich, aber der ist in der Nähe der Grenze, der hat dauernd mit Frankreich zu tun, der hat dauernd mit Luxemburg zu tun, mit Belgiern sogar usw. und dass die das interessant finden, mit dem Ganzen was ich gesagt habe, mit den Gründen." (Herr A.B., S.17)

„Ein Gemeinschaftsmythos [gründet sich] im Regelfall auf Unveränderlichkeit und Dauerhaftigkeit [...]".[580] Die Großregion wurde in ihrer kurzen Geschichte bereits mehrmals erweitert, von Unveränderlichkeit und Dauerhaftigkeit kann nicht die Rede sein. Die Veränderlichkeit der Grenzen wird in vielen Interviews angesprochen, sie ist im Bewusstsein der Grenzraumbewohner vorhanden. So beispielsweise auch bei Frau Y.B.:

„Weil die Grenzen, die hier ja wirklich oft willkürlich gesetzt worden sind in den vergangenen Jahrhunderten, sind ja nicht, sind eigentlich nicht natürlichen Ursprungs." (Frau Y.B., S.2)

Da die einzelnen Teilräume bedingt durch ihre Grenzlage in ihrer Geschichte häufiger von Grenzverschiebungen betroffen gewesen sind, sind die Befragten

---

[580] Walkenhorst, Heiko (1999): S.155.

eventuell eher daran gewöhnt und empfinden die Veränderungen als nicht so tragisch. Sie haben in ihrer Geschichte erfahren, dass Grenzen nicht starr sind. [581]

> Die räumliche Abgrenzung der Großregion wird von der Mehrheit der Akteure als zu groß eingeschätzt. Eine Forderung nach einer Neuabgrenzung wird jedoch nicht laut, Grenzen werden ohnehin nicht als starr und unveränderlich wahrgenommen. Dass nicht alle Teilregionen gleich starke Kooperationsgeflechte miteinander pflegen, wird nicht als störend empfunden. Eine Tendenz zu einer variablen Geometrie ist spürbar, jedoch ist die Abgrenzung des Konstrukts Großregion weitestgehend akzeptiert. Die Nähe zur Grenze spiegelt sich im Selbstkonzept wider und gilt auch als Gemeinsamkeit der einzelnen Teilregionen.

4.4.2 Bedeutung der Sprache

Die Sprache wird in den Interviews als besonders identitätsstiftend bzw. -hemmend dargestellt:

„Die Rolle, die Bedeutung, die Sprache für regionale Identität spielt, kann man möglicherweise gar nicht hoch genug einschätzen, weil über Sprache Kommunikation stattfindet. Dort, wo man sich nicht versteht, das auch im übertragenen Sinn, kann man nicht kommunizieren und kann sich nicht austauschen, kann also wenig, kann schlechter zueinander finden und zueinander kommen." (Herr I.R., S.3f.)

„Ich finde Sprache ist Identität. Das ist etwas, das steht eigentlich über fast allem drüber." (Herr A.B., S.15)

Ohne Sprachkenntnisse, da herrscht weitestgehend Konsens bei den Befragten, werden die Verflechtungen und die Entstehung einer großregionalen Identität

---

[581] So erzählt beispielsweise Herr V.E. von Rheinland-Pfälzern, die Grundstücksflächen besitzen, die heute zu Luxemburg zählen: „Es gibt auch diese kleine Brücke, die Sie so 250m von hier sehen, über die Sauer, die ist früher mal gebaut worden als Brücke für die Langsurer Bürger zur Bewirtschaftung der sogenannten grenzdurchschnittenen Betriebe, wie der Zoll das in Deutschland immer bezeichnet hat. Das heißt, die sind mit ihren landwirtschaftlichen Maschinen rüber gefahren und haben ihre Wiesen, ihre Äcker bearbeitet, haben ihre Weinberge angebaut und dann die Produkte alle wieder nach Deutschland zurückgebracht. [...] Die [Grundstücksflächen, Anm. A.S.] waren mal eine Zeitlang unter luxemburgischer Verwaltung und sind dann in den 50er Jahren zurückgekommen." (Herr V.E., S.1).

gebremst. Herr Q.J. und Frau R.I. begründen dies damit, dass durch mangelnde Sprachkenntnisse kein Kontakt entstehen kann.

Frau A.Z.s Erfahrungen decken sich mit denen von Herrn Q.J. und Frau R.I. Der von ihr organisierte Austausch zwischen Krankenpflegeschülern aus dem Saarland und Lothringen läuft bislang nur einseitig von Lothringen ins Saarland. Frau A.Z. denkt, dass nicht das mangelnde Interesse, sondern die fehlenden Sprachkenntnisse die Austauschwilligkeit beeinträchtigen. Sie selbst bereitet die französischen Schüler mit Hilfe eines Sprachkurses auf den Austausch vor. Es liegt hier also ein Beispiel aus der Praxis vor, das zeigt, dass fehlende Sprachkenntnisse den Kontakt, in diesem Fall den beruflichen, erschweren. Auch Herr C.X., der deutsche Grenzpendler nach Luxemburg berät, schätzt die mangelnden Französischkenntnisse vieler Deutscher als Karrierehemmnis ein.

Andere Interviewte sehen noch eine weitere Funktion der Sprache. Nicht nur die Möglichkeit des Kontakteknüpfens, das nur über Kommunizieren, also Sprache, zustande kommen kann, ist demnach Voraussetzung für Identität. Darüber hinaus wird die Sprache als solche als Identitätsanker und Kulturträger gesehen:

> „Also jetzt bei meiner Arbeit klappt das super. Wir haben ein sehr großes Gefühl, gemeinsames Gefühl. Dadurch dass, ja dass wir uns auch oft treffen, dass wir viele Sitzungen haben, dass auch viele deutsch-französisch können, es sind nur zwei, die einsprachig sind, und das gibt schon so ein gemeinsames Gefühl." (Frau R.I., S.5)

Für Frau R.I. ist die Tatsache, dass ihre Arbeitskollegen zum größten Teil zweisprachig sind, ausschlaggebend für „ein gemeinsames Gefühl". Sie nennt nicht die gemeinsamen Interessen oder die gegenseitige Sympathie als Grund für das Gemeinschaftsgefühl, sondern schlicht die Möglichkeit, miteinander kommunizieren zu können. Eine ganz ähnliche Argumentation findet man bei dem Saarländer Herrn W.D.:

> „Also Luxemburg und Deutschland ist viel kompatibler als zwischen Frankreich und Luxemburg. […] Das hat natürlich auch mit der Sprache zu tun. Die Luxemburger Sprache ist ja im Grunde ein deutscher Dialekt. Das hat damit zu tun." (Herr W.D., S.17)

Manche Interviewte beschreiben die Existenz mehrerer Sprachen als charakteristische Eigenheit der Großregion. Sie prägt das Selbstbild. Auf die Frage, was die Großregion ausmache, antwortet Herr W.D.:

> „Also typisch für die Großregion ist diese Zweisprachigkeit, sag ich mal. Deutsch und Französisch. Also wenn man sich in der Großregion, wenn man da agieren

möchte, dann müsste man schon beide Sprachen beherrschen. Als Deutscher das Französische, das Deutsche als Franzose oder Luxemburger eben." (Herr W.D., S.2)

Und auch Frau X.C. nennt mir „Die Frage der Zweisprachigkeit"[582] (Frau X.C., S.2) sowie den Unterschied deutschsprachig-französischsprachig und damit die Existenz zweier Kulturen als Spezifikum der Großregion.

Dass Sprache identitätsstiftend wirkt, wird auch deutlich, wenn die Interviewten berichten, was Dialekt für sie und für die Großregion bedeutet. An den Dialekt werden Vorstellungen bezüglich ähnlicher Mentalitäten (Herr C.X., S.20f.) und sonstiger Gemeinsamkeiten geknüpft.

Kühne und Spellerberg, die das Heimatbewusstsein der Saarländer erforschen, erkennen im Dialekt einen Ausdruck des Gemeinwesens. Im Gegensatz zur Hochsprache wird Dialekt im lokalen Umfeld bei Alltagssituationen wie Arbeit oder Erholung gebraucht.[583] Dialekt gilt daher als Symbol für Heimat.[584] Des Weiteren kann Dialekt ein- und ausgrenzend wirken und damit Ingroup-Identitäten stärken. Die Interviews vorliegender Untersuchung bestätigen dies. Dialekt wird als Zeichen für Gemeinsamkeiten und Ähnlichkeit der Mentalitäten gedeutet.

Sprache und Dialekt verbinden also auf Grund ihrer Funktion, Kommunikation überhaupt erst zu ermöglichen und den Anschein kultureller Einheit – oder zumindest Ähnlichkeit – zu erwecken. (Relative) „sprachliche Übereinstimmung [kann] Soziales und letztlich Gesellschaft konstituieren, indem sie die Vorstellung einer gemeinsamen Welt vermittelt, in der sie gleichsam als Ausdruck von *Ich* und *Wir* Individualität und Kollektivität repräsentiert."[585]

Herr N.M. empfindet die hohe Sprachkompetenz der Bewohner der Deutschsprachigen Gemeinschaft Belgiens und die Nachbarschaft zu anderen Sprachgruppen als Zeichen für kulturelle Offenheit und Interessiertheit:

„Hier in der Deutschsprachigen Gemeinschaft lernt man sehr intensiv Fremdsprachen würde ich sagen. Also so dieses über den Tellerrand hinausblicken ist gerade aus dem Grund so gut möglich, dass die DG von verschiedenen anderssprachigen Körperschaften umgeben ist oder Körperschaften, die zu einem anderen Land gehören, […]." (Herr N.M., S.2)

---

[582] Das Interview mit Frau X.C., die in der Wallonie arbeitet, wurde auf Französisch geführt. Die Übersetzungen stammen von der Verfasserin.
[583] Vgl. Kühne, Olaf; Spellerberg, Annette (2010): S.144.
[584] Vgl. ebd. S.32.
[585] Naglo, Kristian (2007): S.33.

Sprachkompetenz wird aber nicht nur als solche mentalitätsprägend verstanden. Herr N.M. empfindet Sprache auch deshalb identitätsstiftend, weil Angehörige einer gleichen Sprachgruppe dieselben Fernsehsendungen sehen:

> „Es ist halt eher das belgische Modell und auf der anderen Seite sind wir einfach sehr stark von der deutschen Kultur beeinflusst, wir schauen, ein Großteil der Deutschsprachigen Belgier schaut deutsches Fernsehen. Bei uns zuhause gibt es nur deutsches Fernsehen zum Beispiel weil mein Vater, ist ihm zu kompliziert, was auf französisch anzuschauen, dann muss er sich unglaublich konzentrieren. Und deswegen haben wir das gar nicht. Ja, wir kennen alle deutschen Komiker, Schlagersänger und so weiter und so fort. Was das angeht, sind wir wirklich praktisch Deutsche, also was diese Unterhaltungskultur angeht, sag ich mal. M, ich glaub es gibt auch einige Leute hier, die mehr von der deutschen Politik verstehen als von der belgischen. Weil man ganz natürlich das deutsche Fernsehen schaut und nicht das belgische unbedingt." (Herr N.M., S.6)

Gemeinsame Themen, über die aufgrund der gleichen Unterhaltungsmedien gesprochen werden kann, wirken sehr verbindend. Der Deutschsprachige Belgier Herr N.M. geht sogar so weit, zu sagen, aus diesem Grund seien die Deutschsprachigen Belgier „wirklich praktisch Deutsche". Auch andere Interviewte sprechen von der identitätsstiftenden Wirkung, die gemeinsame Gesprächsthemen innehaben. Um dies zu stärken, wird von verschiedenen Akteuren vorgeschlagen, gemeinsame Gesprächsthemen gezielt zu fördern. So zum Beispiel von Frau B.Y.:

> „Und ich finde, diese Zu, also das merke ich auch an der Kultur, Zusammengehörigkeitsgefühl kann man haben, wenn man sich auf der anderen Seite der Grenze mit Leuten unterhalten kann über gemeinsame ja, gemeinsame Themen. Ja, z.B. wenn man Veranstaltungen hat, [...] oder z.B. die Filme, die gezeigt werden in der Region, wenn die die gleichen sind, dann hat man so Berührungspunkte. Das heißt, man kann sich mit den Leuten unterhalten. Oder auch Bücher. Z.B. in der Literatur ist sehr interessant, es gibt in Deutschland sehr viele Krimi aus Norden. Das gibt's in Frankreich gar nicht so. Da merkt man, okay man kann nicht, was so Trend ist in Deutschland ist nicht unbedingt in Frankreich Trend. Und dann hat man schon eine, natürlich kann man das gegenseitig entdecken, ne, es kann übersetzt werden. Aber das geht schon, wenn man die gleichen Sachen sieht, oder hört, also z.B. Musik oder so hilft das schon sich identifizieren." (Frau B.Y., S.7f.)

Gemeinsame Interessen können „Berührungspunkte" schaffen. Unterschiedliche Sprachen stehen jedoch der Ausbildung gemeinsamer Gesprächsthemen im Wege. Sprache ist also selbst Ausdruck und Träger von Kultur. Sprachschwierigkeiten verhindern ein „über den Tellerrand hinausblicken" (Herr N.M.)

in zweierlei Hinsicht: einerseits wird mehrsprachigen Personen bereits eine größere kulturelle Offenheit unterstellt, andererseits wird Einsprachigen, selbst wenn sie kulturell offen sind, durch die fehlende Möglichkeit der Information aufgrund mangelnder Übersetzung oftmals der Zugang zur anderssprachigen Kultur verweigert.

In Herrn C.D.s Fall findet sich die Überlegung bestätigt, dass frühe Sprachberührung und Medienkonsum in der fremden Sprache das Interesse an dieser steigern:

> „Also bewusst. Ich muss schon sagen, von klein an bin ich immer mit der deutschen Sprache aufgewachsen bei meinen Großeltern, ich komme ja aus Saargemünd der Gegend, ein kleines Dorf nahe bei Saargemünd, 7 Kilometer. […] meine Großeltern, die sprechen nur Platt, das saarländische Platt, deshalb habe ich immer in der deutschen Sprache Fern gesehen und Radio gehört, die deutschen Sender. Deshalb habe ich mich für die deutsche Sprache sehr interessiert und sehr motiviert." (Herr C.D., S.2f.)

Sprache kann jedoch auch bewusst als Mittel der Ausgrenzung wahrgenommen werden. Herr C.X. schildert eine solche Erfahrung von deutschen Grenzgängern mit Luxemburger Ämtern:

> „Und dann haben wir noch ein Zusatzproblem in Luxemburg, äh die luxemburgischen Behörden arbeiten in der Richtung, das is ne Eigenart von denen, also wenn ne Akte nicht vollständig ist, legen die die auf die Seite. Machen nichts mehr damit und benachrichtigen aber auch niemand. D.h. man muss dann irgendwen fragen ja was ist denn jetzt, warum geht mein Antrag nicht weiter. Ja, ich mein, wenn man nach Luxemburg zu der Adresse da hinfährt, dann, das weiß ich, ich hab da schon Leute getroffen, die das dann gemacht haben, dann haben die extra so Merkblätter, wo sie dann so ne Liste haben und dann kreuzen die an, die und die Sachen brauchen wir. Aber wenn die Leute das nicht tun, denken das kann man telefonisch erledigen oder wenn sie dann schreiben, dann kriegen sie einen französischen Brief zurück. Und können kein französisch usw. Und das sind so die dauernden kleinen Konflikte, mit den luxemburgischen Behörden." (Herr C.X., S.18)

Im Gespräch entsteht der Eindruck, Luxemburger Behördenmitarbeiter schickten bewusst französische Anträge zu den deutschen Antragstellern, wenn sie sich über deren Verhalten ärgern. Ob dies stimmt oder nicht, kann hier nicht geprüft werden. Viel wichtiger als der Wahrheitsgehalt ist ohnehin die Tatsache, dass Sprache als potentielles Mittel der Ausgrenzung wahrgenommen wird.

Dass Saarländer in den 1950er Jahren absichtlich schlecht französisch sprachen, um sich von den Franzosen abzusetzen und ihre Nicht-Zugehörigkeit zu betonen[586], ist ebenfalls ein Beispiel für die einerseits identitätsstiftende und andererseits ausgrenzende Funktion von Sprache.

Sprachen enthalten immer Codes. Selbst wenn eine Fremdsprache beherrscht wird, kann es deshalb durch kulturelle Unterschiede zu Verständnisschwierigkeiten kommen. „Die angemessene Nutzung einer bestimmten Ausdrucksform oder Terminologie markiert in der Regel die genuine Mitgliedschaft hinsichtlich der ingroup, während ein Versäumnis des Gebrauchs gewisser Sprachformen oder Begrifflichkeiten outsider-Status anzeigt."[587]

> „Selbst wenn man denn eine gemeinsame Sprache spricht, ich sag's mal so, Französisch und oder Deutsch, so. Wir haben ein Beispiel gehabt, also in der Großregion, zum Thema Kultur, Runde Tische, thematische Runde Tische durchgeführt, und ein Runder Tisch zum Thema ‚Soziokulturelle Bildung'. Und diese Begrifflichkeit wird auch inhaltlich ganz anders gesetzt, obwohl das von der Übersetzung her identisch ist. Dass soziokulturelle Bildung ganz anders verstanden wird in den deutschsprachigen Ländern, deutschsprachigen Partnern als aus dem frankophonen Bereich, ob jetzt von Frankreich oder auch von der Französischsprachigen, Deutschsprachigen Gemeinschaft Belgiens, die unter dem Begriff Soziokultur was ganz anderes verstehen. Das heißt, je nach dem in welchen Settings man sich unterhält, muss man doch aufpassen, dass man den anderen auch inhaltlich von der Semantik also auch richtig versteht." (Herr G.T., S.5)

Frau Z.A. erlebte in Luxemburg eine Situation, die trotz ihrer Sprachkenntnisse zu Missverständnissen führte, weil sie den luxemburgischen Code noch nicht ausreichend kannte:

> „Man nennt ja auch in Luxemburg, ich weiß nicht, ob Sie das wissen, wenn man von den Deutschen redet in Luxemburg, dann sagen die Luxemburger ja „Dat is en Preiß", ein Preuße, das ist natürlich lustig, aber das ist ganz gängig, das ist nicht irgendwie um ein Witz zu machen. Also ich höre ganz oft, is dat en Preiß, wenn die Leute von mir reden [lacht]. Aber das ist nicht, ich kann das ganz normal hören, in ner Sitzung. […] Am Anfang dachte ich, dass das negativ besetzt ist, weil es sich ein bisschen negativ anhört für uns jetzt, finde ich. Aber nein, überhaupt nicht, es ist überhaupt nicht negativ besetzt. Es ist für die ein ganz normaler Ausdruck. […] Ja, wie gesagt, am Anfang dachte ich: Was ist das denn? Die können doch die Deutschen nicht als Preußen bezeichnen." (Frau Z.A., S.11;12)

Christian Wille spricht außerdem von „kulturspezifischen Gesprächsmustern"[588], die in interkulturellen Kommunikationen mit bedacht werden müssen. So sei es unter deutschen Sprechern rhetorisch erwünscht, sich strukturiert und effizient

---

[586] Vgl. Lask, Tomke (2002): S.140.
[587] Naglo, Kristian (2007): S.41.
[588] Vgl. Wille, Christian (2004).

auszudrücken, während französische Rhetoriker mehr Wert auf Eleganz legten und bei Franzosen auch „ein Parcours über Randthemen [...] dazugehört".[589]

Besonders Sprecher kleinerer Sprachgruppen oder Minderheitensprachen fühlen ihre soziale Identität leicht durch Sprecher anderer Sprachen bedroht. So berichten mir mehrere Interviewpartner, dass für einige Luxemburger der zunehmende Rückgang ihrer Sprache im Alltag durch die große Anzahl der Grenzpendler, die französisch oder deutsch sprechen, ein Problem darstellt:

„Und manchmal ist es, ich will jetzt nicht sagen, dass Vorurteile entstehen, aber wenn Sie jetzt z.B. hier viele Franzosen haben, die in den Geschäften arbeiten und Luxemburger dann halt feststellen, dass sie halt nicht mehr ihre eigene Sprache im eigenen Land sprechen können, das ist manchmal also für einige etwas irritierend, sagen wir es mal so, vorsichtig zu formulieren." (Frau F.U., S.15)

Der Faktor Sprache ist ein besonders wichtiger Identitätsstifter oder -hemmer. In den Sprachgrenzen der Großregion erkennen die Akteure auch Kulturgrenzen. Einsprachigkeit hindert die Entstehung einer gemeinsamen Identität, auch weil gemeinsame Gesprächsthemen fehlen und die Kommunikation nicht direkt stattfinden kann. Eine Sprachbarriere kann als Mittel der Ausgrenzung fungieren. Mehrsprachigen Teilregionen (Luxemburg, Deutschsprachige Gemeinschaft) werden besondere kulturelle Kompetenzen zugeschrieben.

4.4.3 Bedeutung der Symbole

Symbole, oder allgemein Zeichenhaftes, dient „der Kohäsion nach innen wie der Abschottung nach außen"[590]. Im Folgenden sollen verschiedene Arten von Symbolen der Großregion vorgestellt und auf ihre identitätsstiftende Wirkung hin untersucht werden. Unterschieden werden räumliche Symbole und raumbezogene Symbole. Auch Namen können als Symbole fungieren. Die Namensgebung der Großregion wird daher immer wieder öffentlich kritisiert, der Begriff ist der Bevölkerung noch immer nicht hinreichend bekannt. Aufgrund dieser speziellen Situation wird im Folgenden der Symbolik des Namens ein eigener Abschnitt gewidmet.

---

[589] Ebd. S.1.
[590] Bellwald, Werner (2000): S.48.

4.4.3.1 Name der Großregion

Als Symbol kann auch der Name eines Gebietes dienen. Die Bezeichnung *Großregion* wird von den meisten Interviewten kritisiert, da sie nichts aussage. Herr N.M. entgegnet auf meine Frage, was ihn mit der Großregion verbinde und was er in der Großregion sehe:

„Also es geht um die Großregion SaarLorLux?" (Herr N.M., S.1)

Der Begriff *Großregion* ist ihm offenbar nicht als offizielle Bezeichnung des Verflechtungsraumes vertraut. Damit ist er jedoch nicht repräsentativ für die interviewten Akteure. Die meisten kennen und nutzen den Terminus, sind sich jedoch genau dieser Problematik der fehlenden Aussagekraft bewusst und kritisieren sie meist. Interessant ist, dass ausgerechnet Herr N.M., der aus der Deutschsprachigen Gemeinschaft Belgiens kommt, den Zusatz *SaarLorLux* zur besseren Begriffsklärung benutzt. Zu vermuten gewesen wäre, dass die im Kürzel nicht genannten Teilräume, also Rheinland-Pfalz, Deutschsprachige Gemeinschaft Belgien und Wallonien den Begriff *SaarLorLux* besonders ablehnen. Diese Vermutung hat sich nicht bestätigt. Der Name *Großregion* hat sich trotz aller Kritik bei den Akteuren offenbar durchgesetzt. Die Mehrheit nutzt ihn im Interview selbstverständlich. Einzelne äußern jedoch den Wunsch, wieder zu dem scheinbar aussagekräftigeren Begriff *SaarLorLux* zurückzukehren. Die Bezeichnung *Großregion* wird besonders wegen ihrer Verwechselbarkeit kritisiert. Die Problematik des früher üblichen, und noch heute bekannteren[591] Begriffs *SaarLorLux* wird jedoch erkannt: Nicht alle Teilräume sind darin genannt.

Andere grenzüberschreitende Verflechtungsräume tragen aussagekräftigere Namen. So beinhalten beispielsweise die Bezeichnungen *Euregio Maas-Rhein*, *Euregio Bodensee* oder *Euroregion Oberrhein* räumliche Symbole[592], die sowohl Bewohnern als auch Außenstehenden sofort eine Vorstellung des bezeichneten Raumes ermöglichen. Diese inhaltliche Aussagekraft fehlt dem Begriff Großregion. Der Problematik sind sich auch die politischen Verantwortlichen bewusst. Daher gab es im Jahr 2002 ein Projekt, bei dem die Bürger befragt wurden, welchen Namen sie der Region geben würden. Trotz circa 3000 Vorschlägen konnten sich die Verantwortlichen auf keine Wortschöpfung einigen und blieben bei dem umstrittenen Begriff *Großregion*.[593] Der Namenswettbewerb, so Frau O.L., war damit gescheitert und demonstrierte den engagierten

---

[591] Vgl. hierzu Cavet, Marine; Gengler, Claude; Fehlen, Fernand (2006): S.27-29.
[592] Siehe dazu auch: 3.3.2
[593] Vgl. Wille, Christian (2009): S.30f.

Bürgern, die Vorschläge einreichten, womöglich, dass die Politik sich nicht für ihre Meinung interessiert und wirkte damit „vielleicht ein bisschen kontraproduktiv, leider" (Frau O.L., S.21).

Christian Wille sieht ein Problem des Begriffs *Großregion* unter anderem in dem dadurch demonstrierten „top down"-Charakter der Region. „SaarLorLux" hingegen, so Wille, sei ein von unten gewachsenes Kürzel. Als Kompromiss plädiert Wille daher wie Herr R.I. für den Gebrauch des zusammengesetzten Terminus „Großregion SaarLorLux", der seiner Meinung nach „den politisch-administrativen Befindlichkeiten einerseits und den regional-historischen Rückbindungen andererseits Rechnung trägt."[594]

4.4.3.2 Räumliche Symbole

Untersuchungen zu grenzüberschreitenden Verflechtungsräumen haben ergeben, dass naturräumliche Symbole identitätsstiftend wirken. Als Beispiele wurden bereits Rhein und Bodensee genannt. In der Großregion sind solche Symbole bislang wenig genutzt. Die Interviews zeigen jedoch auch hier, dass gemeinsame naturräumliche Symbole verbinden. Besonders deutlich wird dies bei Herrn U.F., der im Dreiländereck Deutschland, Frankreich, Luxemburg lebt:

> „[...] die Mosel haben wir ja auch gemeinsam. Da ist nicht so getrennt, dass die Deutschen sagen, unsere Mosel, die Mosel ist convenience, es ist ja nicht so, dass die Mosel durch die Mitte halb Deutschland, halb Luxemburg. Deshalb müssen wir da auch stärker zusammenhalten, dass wir sagen, ich komme aus der Großregion." (Herr U.F., S.7)

> „Mosel verbindet schon." (Herr U.F., S.8)

> „Schengen ist ein Symbol." (Herr U.F., S.8)

Neben Mosel und Schengen wird die Eifel als identitätsstiftendes Symbol genannt:

> „[...] dieser Begriff Eifel ist auch sehr identitätsstiftend." (Frau H.S., S.11)

> „Ich denke persönlich, dass m man sich als einander zugehörig empfindet, eben dieser Kulturraum Eifel. Ich glaub, dass man einfach davon ausgeht, dass es ähnliche Mentalität ist." (Frau H.S., S.23)

---
[594] Ebd. S.31.

Auch Herr V.E. denkt bei Großregion an naturräumliche Symbole. Auf die Frage, welche Symbole er mit der Großregion verbinde, antwortet er:

„Da fehlt irgendetwas. Ein gängiges Symbol. Also die Großregion ist für mich die Verbindung Saar-Mosel. Das ist für mich, wenn Großregion, das sind die zwei Begriffe, die mir direkt einfallen." (Herr V.E., S.9)

Später im Interview sagt er:

„Die [absolute Nähe, Anm. A.S.] ist das Verbindende und das, was verschmilzt, was die Region zusammenhält, direkt am unmittelbaren Bereich des Grenzflusses." (Herr V.E., S.11)

Mit Grenzfluss ist dieses Mal allerdings nicht die Saar oder die Mosel gemeint, sondern die Sauer.

Dass Flüsse nicht zwangsläufig positiven Einfluss auf ein Zusammengehörigkeitsgefühl haben müssen, erklärt Herr W.D.:

„Ich meine die Mosel trennt ein bisschen, ich kann nicht an jeder Stelle nach Luxemburg rüber fahren wenn keine Brücke da ist, das ist klar. Die Bescher können nicht so leicht nach Luxemburg rüber wie wir hier in Perl." (Herr W.D., S.18)

Herr W.D. ist allerdings der einzige Interviewte, der explizit auf die trennende Funktion der naturräumlichen Grenze des Flusses hinweist.

Andere schreiben den Hinterlassenschaften der gemeinsamen industriellen Vergangenheit eine identitätsstiftende Funktion zu:

„Hm, also ich glaub schon, wenn man grad Industrielandschaft denkt, glaub ich schon, dass das identitätsstiftend sein kann – wenn das auch so kommuniziert wird und nicht nur, die Industrielandschaft des Saarlandes wird auf Deutsch für das saarländische Publikum, und die Industrielandschaft Luxemburgs wird auf Letzebuergisch, [...]." (Frau O.L., S.16)

„Die Landschaft ist auch wichtig, weil die Landschaft, also geographischer Raum die Region auch zusammen binden. Ja das ist auch z.B. auch die Landschaft, z.B. in der Region hier ist auch sehr wichtig. Aber ich denke, man identifiziert sich vielleicht nicht damit, wenn man in der Region ist, aber wenn man wieder zurückkommt. Wenn man die Region verlässt z.B. und man geht dann wieder durch das Industriegebiet, dann fühlt man sich wieder in seiner Region z.B. aber wenn man drin lebt, man hat vielleicht gar nichts davon gewusst." (Frau B.Y., S.8)

Frau T.G. empfindet die Industrielandschaft ebenfalls als identitätsstiftend. Als konkretes Symbol hierfür dient ihr, die aus Luxemburg stammt, die ehemalige Völklinger Hütte:

> „Ja ich denke, wenn man jetzt das UNESCO-Weltkulturerbe nimmt, wenn man die Großregion nimmt, macht so ein Kreis drum, das sind ja auch die gemeinsamen Wurzeln: man hat in Völklingen die gemeinsame industrielle Vergangenheit, [...]". (Frau T.G., S.11)

Das Weltkulturerbe Völklinger Hütte symbolisiert demnach die industrielle Vergangenheit der gesamten Großregion, nicht nur die des Saarlandes.
Frau O.L. erzählt von einem Erlebnis, welches die identitätsstiftende Wirkung der industriellen Vergangenheit bestätigt:

> „Diese Community, ist ein bisschen geteilte Geschichte und geteiltes Schicksal. Jetzt was anderes, mein Mann war in Petite-Rosselle in der Mine zu Besuch, also die ist geschlossen, aber es sind ehemalige Bergarbeiter, die die Führungen machen. Und da hat er erzählt, wenn die zum Beispiel von gravierenden Unfällen, ne, wie das z.B. in den 50er, 60er Jahren passiert ist, dann sagen die immer ‚wir' oder ‚bei uns' ist das und das passiert, aber es ist egal, ob das Petite-Rosselle war, Völklingen war oder irgendwo in Luxemburg. Und dann denke ich mir: okay, das ist geteilte gemeinsame Identität. Also da, aber das ist weil, ich glaube dieser Beruf, der bringt die zusammen, also wie der Beruf durchgeführt wird." (Frau O.L., S.4)

Im Gegensatz zu Frau T.G. und Frau B.Y. schreibt Frau O.L. die identitätsstiftende Wirkung der Industriegeschichte eigentlich nur den direkt Betroffenen, also den ehemaligen Bergarbeitern zu. Hier spricht sie sogar von einer „Community", die der gemeinsame Beruf eint.
Briesen beschreibt sehr passend, dass „Kohle und Stahl" bei der Konstituierung von regionaler Identität verwendet werden kann, für die Bildung der Identität sind jedoch „die montanindustriellen Elemente nicht Auslöser, sondern symbolisch verankerte Hilfsmittel"[595].
Eine besondere Bedeutung wird von vielen Befragten den Grenzen zugesprochen. Frau E.F.s Aussage kann hier stellvertretend für viele andere stehen:

> „Und, m, ich bin ja nun schon ein bisschen älter, und für mich war in meiner Kindheit oder Jugendzeit war eigentlich waren diese Länder getrennt. Und es gab Grenzen, die zu waren, bzw. wo man lange warten musste, um in das andere Land zu kommen. Und es gab nicht diese Freizügigkeit und auch nicht diese Nonchalance

---

[595] Briesen, Detlef (1994): S.37.

mit der man dann einfach in ein anderes Land gegangen ist. Und von daher war es mir immer wichtig, denke ich, Grenzen zu überwinden." (Frau E.F., S.1)

Grenzen werden symbolisch aufgeladen, ihre Öffnung steht für eine Abwendung von der Vergangenheit. Der Grenzraum dient als Symbol und Projektionsfläche für Werte wie Frieden und Freiheit. „Bei genauer Betrachtung geschieht hier eine doppelte Identifikation: Individuen identifizieren erstens ein Wertmuster mit einem Raumausschnitt und zweitens sich äußerlich mit dem Raumausschnitt, eigentlich aber mit dem Wertmuster."[596]

4.4.3.3 Raumbezogene Symbole

Neben naturräumlichen Symbolen zählen raumbezogene Symbole zu typischen Identitätsstiftern. Klassische Beispiele hierfür sind Flaggen, Wappen oder Hymnen. Solche Symbole kennt man bislang hauptsächlich für Nationen. Bellwald jedoch beobachtet in der Schweiz eine Tendenz des Rückgangs klassischer nationaler Symbole. Anstelle der nationalen Identität, so Bellwald, wird verstärkt eine regionale oder eine supranationale Identität kommuniziert. Allerdings, so räumt Bellwald in Bezug auf Orvar Löfgren ein, besteht die Möglichkeit, dass nach wie vor nationale Symbole vorhanden und auch bedeutungsvoll sind, wir sie jedoch nicht bemerken, da sie verändert in Erscheinung treten: Demnach gewinnen heute verstärkt „symbolträchtige Alltäglichkeiten" wie Supermarktschriftzüge, Speisen, Sprache oder Aussehen der Straßenbahn an Bedeutung.[597]

In der Großregion, so der Eindruck, der durch die Interviewanalyse entstand, fehlt es an raumbezogenen Symbolen. Häufig folgte in den Interviews auf die Frage nach Symbolen der Großregion zunächst ein Moment des Schweigens. Akteure, die im Kulturbereich tätig sind, bilden hier eine Ausnahme. Für sie ist der blaue Hirsch ein wichtiges Symbol, das für die Kultur der Großregion steht.

Der blaue Hirsch war das Symbol der Kulturhauptstadt *Luxemburg und die Großregion 2007*, der Verein Kulturraum Großregion, der im Anschluss an die zahlreichen Projekte 2007 entstand, behielt das Symbol für sich und verwendet es bis heute weiter. Der rheinland-pfälzische Ministerpräsident Kurt Beck erklärt die Bedeutung des blauen Hirsches: „Der Hirsch ist ein Tier der Großregion, der

---

[596] Wollersheim, Hans-Werner (1998): S.55.
[597] Vgl. Bellwald, Werner (2000): S.54f.

sich von Grenzen nicht aufhalten lässt. Seine blaue Farbe steht für die Kreativität, die die Partner verbindet."[598],[599]

Abbildung 11: Der blaue Hirsch, Symbol der Kulturhauptstadt 2007 „Luxemburg und die Großregion" (copyright Espace culturel Grande Région a.s.b.l - Verein Kulturraum Großregion)

Abbildung 12: Logo des Vereins Kulturraum Großregion (copyright Espace culturel Grande Région a.s.b.l - Verein Kulturraum Großregion)

---

[598] http://www.kulturland.rlp.de/node/1055.
[599] Siehe zur offiziellen Erklärung der Bedeutung auch:
http://www.granderegion.net/de/news/2005/03/20050311-2/index.html?highlight=blauer%22Hirsch

Die Akteure, die den blauen Hirschen als Symbol positiv bewerten, loben meistens den Wiedererkennungswert und seine Funktion, die Großregion in den Köpfen der Bevölkerung bekannter gemacht zu haben. Frau Y.B. lobt den Hirsch als Symbol auch deshalb, weil er in ihren Augen ein positives Bekenntnis zur Großregion verdeutliche:

> „Der hat die Wirkung gehabt, dass überall, wo der Hirsch gestanden hat, da wusste man, aha, die beteiligen sich an dieser Kulturhauptstadt, sie identifizieren sich damit, sie verstehen das, sie freuen sich, zu dieser Kulturhauptstadt zu gehören." (Frau Y.B., S.7)

Die inhaltliche Bedeutung des Symbols wird von den Interviewten nicht erwähnt. Sein Verdienst wird darin erkannt, den Menschen die Großregion bekannter zu machen und letztlich näherzubringen. Weitere Aussagen werden offenbar nicht vermittelt. Während die Befürworter des blauen Hirschs sich daran nicht weiter stören, betonen und kritisieren andere Akteure genau diese mangelnde Aussagekraft des Symbols.

Herr Q.J. beispielsweise äußert seine Verwunderung über die Wahl des Symbols *blauer Hirsch*:

> „Ja, erstmal war ich auch sehr erstaunt. Und es wird immer wieder gerätselt, wie man zu diesem Logo kam." (Herr Q.J., S.12)

Frau P.K. fällt zunächst kein Symbol der Großregion ein, dann erinnert sie sich an den Hirsch, hält diesen jedoch erst für einen Elch und verkündet ebenfalls Unverständnis ob der inhaltlichen Bedeutung des Symbols:

> „Gibt es Symbole? Sagt mir jetzt nichts direkt. Also man hat ja öfters so kleine Landkarten oder so. Aber mir fällt jetzt nichts ein. Also gut, es gab ja zur Kulturhauptstadt, 2007 war das, diesen Elch. Wobei ich mich auch schon gefragt habe, was so dahinter steckt [lacht], aber, warum man gerade einen Elch genommen hat. Weil den gibt es ja nicht unbedingt hier in unseren Wäldern. Oder war es ein Hirsch? Ja es war ein Hirsch." (Frau P.K., S.8)

> „Na, wenn ich dieses, den sieht man ja noch manchmal den blauen Hirschen, dann verbinde ich das mit kulturellen Sachen, so durch dieses Kulturjahr 2007, grade auch weil ich dienstlich damit zu tun hatte, dann assoziiere ich das natürlich automatisch damit. Ansonsten? Fällt mir grad nichts ein." (Frau P.K., S.9)

Dass Frau P.K. der Hirsch erst überhaupt nicht als erwähnenswertes Symbol einfällt und sie ihn dann noch für einen Elch hält, verwundert vor allem, weil ich in ihrem Büro Ordnerrücken mit dem blauen Hirsch sah. Das Symbol ist ihr

bekannt, bei näherer Überlegung sagt sie auch, dass sie es mit „kulturellen Sachen" verbindet, es scheint ihr jedoch nicht von großer Bedeutung.
Auch Frau O.L. spricht vom Elch statt vom Hirsch, als ich sie nach Symbolen frage. Im Interview reflektiert sie die Symbolik und kommt zu dem Ergebnis, dass das Zeichen nur sehr schlecht mit der Region in Verbindung zu bringen ist. Sie stellt sich die Frage, wie man auf die Idee gekommen ist, dieses Symbol zu wählen: „Es wäre ja interessant, weil es passt ja irgendwie spontan nicht dazu." (Frau O.L., S.12)
Andere lehnen den blauen Hirsch als *das* Symbol für die Großregion ganz und gar ab:

„Der blaue Hirsch ist ja kein, ist ja kein Symbol der Großregion per se. Der blaue Hirsch ist ein Symbol oder das Symbol, das gewählt wurde, um die Zusammenarbeit im Kulturbereich zu umreißen, die im Rahmen des Ereignisses Luxemburg und Großregion Kulturhauptstadt Europas im Jahr 2007 stattfand. Deswegen ist der blaue Hirsch natürlich ein Symbol, das auch heute noch weiterhin Anwendung findet. Und das vor der Kulisse der Großregion, die kulturelle Zusammenarbeit darstellt und charakterisieren soll, ist ein schönes Signé, ein schönes Logo, das die Arbeit des Vereins Kulturraum Großregion umreißt. Der blaue Hirsch als solches repräsentiert aber nicht die Großregion in Gänze." (Herr I.R., S.5)

„Nein, den [blauen Hirsch, Anm. A.S.] sehe ich nicht als Symbol für die Großregion. Ich nicht. Ich weiß heute Morgen war ich mit den Leuten des Kultusministeriums zusammen, gut die sehen vielleicht auch solche Sachen, aber ich sehe das nicht so." (Herr U.F., S.9)

Frau X.C., die den Hirsch als Symbol zwar positiv gegenüber steht, weist dennoch darauf hin, dass seine Wirkung beschränkt bleibt. Der Hirsch erziele demnach hauptsächlich bei den Bewohnern eine identitätsstiftende Wirkung, „die sowieso schon sensibilisiert sind für europäische oder grenzüberschreitende Themen." (Frau X.C., S.5)
Neben dem blauen Hirsch, dem vermutlich zurzeit bekanntesten Symbol der Großregion, gibt es noch ein Symbol, das auf offizieller Seite als Logo der Großregion verwandt wird. Es handelt sich dabei um den geographischen Umriss der Großregion.
Aber auch dieses Symbol erfüllt längst nicht bei allen eine identitätsstiftende Funktion:

„Man will ja immer ein gemeinsames Logo, wir haben ja auch ein gemeinsames Logo eigentlich der Großregion auf der Internetseite. Aber das ist jetzt eigentlich, also ich hab's dann vielleicht noch nicht so verinnerlicht. Also es ist nicht so

Großregion, dass dann gleich dieses Symbol dann aufleuchtet. [...] Also für mich scheint's jetzt noch nicht so richtig mit Leben gefüllt." (Frau D.W., S.4)

„Nee, also wenn es eines geben sollte, dann wäre es schön, wenn es vielleicht ein bisschen auffälliger wäre als dieser Umriss. Also den kann ich jetzt nicht so, ich weiß dass da irgendwas existiert und ich glaub da steht dann auch Grande Région und Großregion, m, ja." (Frau P.K., S.10)

Abbildung 13: Logo der Großregion, Umriss. (Quelle: Ministerium für Inneres, Kultur und Europa des Saarlandes)

Drei Interviewpartner nennen eine geographische Karte der Großregion als Symbol mit hoher identitätsstiftender Wirkung:

„Symbole sind sehr wichtig natürlich. Für mich ist diese geographische Karte sehr wichtig, dass jedem bewusst ist, welche Länder da auch drin sind und wo die sind. Und diese geographische Karte finde ich sehr wichtig [...]" (Frau R.I., S.6f.)

„Aber das ist, wenn man Bild, ich hab gesagt, wir brauchen Bilder und Bilder, das kann auch so Kartographie sein. Und so ne Straßenkarte, das finde ich, das hilft auch ein bisschen als identitätsstiftender Faktor zu wirken. Dann zu sagen, ach so das alles ist dann die Großregion. Dann kann ich das alles wenigstens mal visualisieren. Dann sehe ich die Verbindungen, dann sehe ich die Entfernungen. Dann kann ich mich endlich mal auch geographisch und in Entfernungskategorien orientieren. Und das finde ich, ist ein wichtiger Punkt. [...] Aber das finde ich ein super Ansatz in Sachen Identitätsstiftung." (Frau O.L., S.21)

„Und das wär, gut wenn man diese Karte zu einem Symbol machen könnte, das wäre ein sinnvolles Symbol. Wenn man diese Karte ein bisschen abstrahieren würde." (Herr W.D., S.19)

„Ein selbstreferentielles, für selbstverständlich genommenes Zugehörigkeitsgefühl, das Rechte und Pflichten, aber auch Vertrauen schafft, kann sich schließlich einer endlosen Palette von Inputs und symbolischer Formen bedienen."[600] Das Fehlen allgemein anerkannter Symbole deutet demnach darauf

---

[600] Walkenhorst, Heiko (1999): S.98.

hin, dass es (noch) kein selbstreferentielles, für selbstverständlich genommenes Zugehörigkeitsgefühl in der Großregion gibt. Die große Bedeutung, die dem blauen Hirsch unter den interviewten Kulturakteuren zugeschrieben wird, lässt vermuten, dass im Bereich Kultur das Zugehörigkeitsgefühl bislang am stärksten ausgeprägt ist.

Dass die Bedeutung des Hirsches nicht sofort ersichtlich ist, stört offenbar diejenigen weniger, denen das Symbol durch Mitarbeit bei dem Kulturhauptstadt-Projekt oder in der anschließenden gemeinsamen Arbeit im Kulturbereich bereits vertraut ist. Eine offizielle Erklärung des Symbols gibt es zwar, diese ist jedoch nebensächlich. Der Hirsch als Tier der Wälder der Großregion und blau als kreative Farbe sind nicht die ausschlaggebenden Identitätsstifter. Viel entscheidender ist das, was persönlich mit einem Symbol verknüpft wird. Die befragten Kulturakteure sind mehrheitlich der Ansicht, dass das Projekt Kulturhauptstadt 2007 eine sehr gelungene Veranstaltung war. Fest steht, dass besonders die kulturelle Zusammenarbeit der Großregion von dem Projekt nachhaltig profitiert. Denn „2007 ist es gelungen, die Grundlagen arbeitsfähiger Kooperationsstrukturen zu schaffen."[601] Für die Kulturakteure ist der Hirsch daher positiv besetzt, sie verbinden mit ihm die Kulturhauptstadt 2007, damit verbundene positive Reaktionen der Bevölkerung, Anerkennung ihrer Arbeit seitens der Bevölkerung und zukünftige gemeinsame Kulturprojekte. Trotz umstrittener inhaltlicher Aussagekraft dient der Hirsch damit manchen Befragten als identitätsstiftendes Symbol. Genau das zeichnet Symbole aus: nicht ihr wahrer Entstehungsgrund oder ihre eigentliche inhaltliche Botschaft – wer beispielsweise kennt Entstehung und Bedeutung der Farben seiner Nationalflagge? –, sondern die Erinnerungen und Emotionen, die beim Einzelnen hervorgerufen werden. Da Wirkung und Bedeutung von Symbolen variabel sind – Symbole sind durch ihre Multivokalität ausgezeichnet[602] – ist es nicht zwingend erforderlich, dass jeder das gleiche mit einem Symbol verknüpft. Selbst wenn der Hirsch fälschlich als Elch wahrgenommen wird, könnte er Erinnerungen hervorrufen und so identitätsstiftend wirken. Der Trend einer „primär innenorientierten Lebensauffassung"[603], den Gerhard Schulze im Zuge seiner Untersuchungen zur Erlebnisgesellschaft feststellt, macht sich auch in einer subjektiven Auslegung von Symbolen bemerkbar. Jedoch, so Mead, ist ein Symbol signifikant, „wenn es dem Empfänger dasselbe bedeutet wie dem Sprecher. Signifikante Symbole werden daher als gemeinsame Welten vorgestellter Erfahrung definiert [...]."[604] Symbole können also, so scheint es, zwar in gewissem Umfang multivokal sein,

---

[601] Vogel, Berit (2009): S.50.
[602] Vgl. Bellwald, Werner (2000): S.59.
[603] Vgl. Amann, Wilhelm; Fehlen, Fernand; Mein, Georg (2010): S.40.
[604] Kim, Tae-Won (1999): S.89.

jedoch wirken sie dann identitätsstiftend, wenn gemeinsame Werte und Erfahrungen damit verknüpft werden können, in obigem Beispiel etwa die Erinnerung an verschiedene Erlebnisse im Rahmen des Kulturhauptstadtjahres. Das Beispiel der äußerst unterschiedlich gedeuteten Symbole zeigt sehr deutlich, dass die stark befürchtete „Inflation von Wahl- und Sinndeutungsmöglichkeiten" nicht zwangsläufig „den einzelnen kulturellen Symbolen und Leitbildern ihre fraglose Gültigkeit und ihre bindende Kraft"[605] rauben muss. Jedes Individuum entscheidet, welchen Symbolen welche Bedeutung zugeschrieben wird. Dieses „Sinnbasteln des individualisierten Menschen [ist] stets die Verarbeitung von vorgefertigten Sinnelementen zu einem originellen Sinnganzen."[606]

Die Tatsache, dass einzelne Interviewte geographische Karten als Symbol betrachten, lässt vermuten, dass von einer ausgeprägten gemeinsamen Identität noch nicht gesprochen werden kann. Der Wunsch der Visualisierung verlangt nach einem Symbol mit klarer inhaltlicher Aussage: Den Bewohnern sollen offenbar zunächst Fakten, wie die Fläche der Großregion, vertraut gemacht werden, bevor die Region symbolisch aufgeladen werden kann. Abstrakte Zeichen, ohne sofort erkennbares inhaltliches Statement, sind als identitätsstiftende Symbole anscheinend erst wirksam, wenn bereits ein Basiswissen bestimmter Fakten über die Region verinnerlicht ist.

Insbesondere bei den Interviewten, deren Arbeit grenzüberschreitend ausgelegt ist, die aber nicht explizit für die Großregion arbeiten, bemerkt man einerseits eine stärkere Unkenntnis, andererseits aber auch ein größeres Desinteresse gemeinsamen Symbolen gegenüber. Exemplarisch kann Herr C.D. zitiert werden, der auf meine Frage nach Symbolen etwas ratlos reagiert und dem lediglich regionale und nationale aber keine großregionalen Symbole bekannt sind, trotz Nachhaken auch nicht der blaue Hirsch:

> [...] ich kenne nur die Symbole, die ich jedes Mal auf die Wappen habe, wenn ich Dokumente ausdrucke, also die Wappen von Saarland, von Lothringen usw. Das sind für mich die Symbole. Aber sonst kulturelle Symbole, nee, also für mich sind sie nicht so bedeutend. Für mich nicht, nee." (Herr C.D., S.13)

Und auch Frau E.F., die den blauen Hirsch zwar, wie ich durch Nachfragen erfahre, kennt, verbindet mit Symbolen zunächst nur „Wappen. Oder auch, auch die Fahnen. Weil sonst kenne ich hier nicht so viele Symbole." (Frau E.F., S.14) Solchen Symbolen steht sie nach eigenen Angaben jedoch aufgrund „der deutschen Geschichte" (Frau E.F., S.15) skeptisch gegenüber.

---

[605] Eickelpasch, Rolf; Rademacher, Claudia (2010): S.22.
[606] Ebd. S.23.

Feststellbar bei den meisten, auch bei den sonst eher Symbol-Desinteressierten, ist jedoch, wie bereits im letzten Unterkapitel ausgeführt, eine symbolische Aufwertung von Grenzen.

Name der Großregion	Räumliche Symbole	Raumbezogene Symbole
Der Name „Großregion" ist allen Akteuren bekannt und wird von den meisten als Bezeichnung des Kooperationsraums benutzt. Er wird mehrheitlich als nicht aussagekräftig und verwechselbar kritisiert. Er wirkt nicht identitätsstiftend.	Räumliche Symbole (z.B. Eifel, Mosel) werden als besonders identitätsstiftend erkannt, stärker jedoch von den Personen, die sich beruflich mit der Großregion als solcher befassen. Symbole bieten die Möglichkeit der Schaffung von Kategorien, die unabhängig von den sonst dominierenden (Teilregionen, Nationen, Sprachräume…) Kategorien sind. In der Großregion scheinen sie jedoch noch zu wenig vermarktet. Eine besondere symbolische Bedeutung kommt den Grenzen zu. Ihre Öffnung steht für mehr Offenheit zwischen den Kulturen und für eine Abwendung von der Vergangenheit.	Es gibt noch sehr wenige raumbezogene Symbole. Die beiden bekanntesten sind der blaue Hirsch und der Umriss der Großregion (siehe Abb. 11, 12 und 13). Beide eint ihre sehr unterschiedliche identitätsstiftende Wirkkraft. Die Beispiele demonstrieren die Schwierigkeit der Schaffung eines einzigen Symbols für alle Großregionbewohner.

4.4.4 Bedeutung der Geschichte

Kaum ein grenzüberschreitender Verflechtungsraum verzichtet darauf, auf die historischen Gemeinsamkeiten der zugehörigen Teilräume hinzuweisen. Geschichte gilt allgemein als Identitätsanker. „Auf der Ebene des Individuums hat das Erinnern als Element, das Identität konstituiert, die Funktion, der jeweiligen Existenz Konsistenz und Sinn zu geben. Die eigene Vergangenheit dient dabei immer auch zur Rechtfertigung der Gegenwart."[607] Es besteht der Verdacht, die Betonung der geschichtlichen Gemeinsamkeiten werde lediglich als Legitimation einer Identitätskonstruktion verwandt. Diesen Eindruck hat auch Gerhard Ames vom Versuch der saarländischen Landesregierung, „das gute alte Lotharingien als einen Kernbereich des alten Europa zu reanimieren"[608].

In den Köpfen der Akteure sind Aspekte der gemeinsamen Geschichte der Großregion, oder einzelner Teilräume der Großregion, zwar vorhanden, jedoch für das heutige Zusammengehörigkeitsgefühl tendenziell zweitrangig.

> „Entscheidender heute ist eigentlich der gemeinsame Wille, zusammen zu arbeiten. Weniger die Frage, ob man Zusammenarbeit aufgrund historischer Tatsachen verordnen kann. Denn Freiwilligkeit ist in der Großregion eigentlich das entscheidende Moment, die Dinge voranzubringen." (Herr I.R., S.6f.)

Herr I.R.s Auffassung wird von vielen Interviewten geteilt. „Die gemeinsame Geschichte ist aufbauend" (Herr U.F., S.11,12). Für die Zusammenarbeit wird sie als förderlich gesehen, weil man an sie anknüpfen kann:

> „Finde ich schon. Also ich finde, es [die Geschichte, Anm. A.S.] stärkt die Region. Wenn Sie jetzt beispielsweise, auch jetzt die Kulturhauptstadt 2007, die haben auch mehr oder weniger den gemeinsamen Ansatz aus der Geschichte herausgesagt, wir haben ein gemeinsames Kulturerbe auch, jetzt auch Völklinger Hütte usw., um das dann auch grenzüberschreitend darzustellen. Ich finde, das ist denen auch gelungen." (Frau F.U. S.12)

Jedoch wird die Geschichte nicht als wichtigstes Kriterium für das Funktionieren und das Zusammengehörigkeitsgefühl der Großregion betrachtet. Eine Ausnahme bildet Herr C.D., der die gut funktionierende grenzüberschreitende Zusammenarbeit, insbesondere die lothringisch-saarländische, auf die gemeinsame Geschichte zurückführt:

> „Aufgrund der Geschichte denke ich, haben wir dieselbe Mentalität. Deshalb denke ich, geht diese Zusammenarbeit sehr gut. Also in dieser Großregion." (Herr C.D., S.6)

---

[607] Flender, Armin (1994): S.109.
[608] Ames, Gerhard (2007): S.39.

Viel wichtiger als die Legitimation der heutigen räumlichen Abgrenzung der Großregion durch die gemeinsame Geschichte ist für die meisten jedoch, wie in Herrn Q.J.s Zitat bereits angeklungen, die Tatsache, dass ehemalige verfeindete Regionen, die in der Vergangenheit Kriege gegeneinander führten, heute freundschaftliche Beziehungen führen und offene Grenzen eine Selbstverständlichkeit geworden sind. Das empfindet im Übrigen auch Herr C.D. so. Als ich ihn danach frage, warum ein Zusammengehörigkeitsgefühl innerhalb der Großregion denn überhaupt wichtig sei, antwortet er:

„Warum? Weil ich finde, die ganze Geschichte von früher, die ganzen Kriege, die Identität und Zusammengehörigkeit sehr wichtig ist. Weil man doch sehr viel Sachen durchgemacht hat, Vergangenheit. Und jetzt muss man in die Zukunft schauen. Und ich denke, wenn Europa sich jetzt so weiter entwickelt, könnte die Großregion ein Vorbild sein." (Herr C.D., S.9)

Die Abkehr der gemeinsamen kriegerischen Vergangenheit ist auch für viele weitere Interviewte ein erfreulicher Aspekt und Ansporn der heutigen Zusammenarbeit:

„[...] aber dass ich immer das Gefühl habe, was haben wir doch für eine tolle Zeit jetzt. Wir haben Frieden, wir haben die Möglichkeit, nach Aachen zu fahren, das ist eine super Stadt in der Nähe. Wir haben da keine Grenzen mehr, das ist offen für uns. [...]. Also auch das Bewusstsein zu haben. Und ich glaube vielen Jugendlichen ist das unterbewusst, sehr, dieses Bewusstsein ist unterbewusst vorhanden. Aber nicht wirklich so wie ich es erlebe. [...] was für ne Stärke wir doch hier haben mit unseren Grenzen, unseren Kulturen, unseren ganzen vielen Möglichkeiten, die vorher oder früher gar nicht so offen waren." (Frau M.N., S.16)

„Gerade die Bewältigung unserer Geschichte, die ja doch sehr geprägt ist von sehr unangenehmen, Krieg, gerade auf deutscher Seite, wo wir immer noch sehr leiden unter den Dingen, die in der Nazizeit passiert sind, und dass es uns gelungen ist, das verhältnismäßig gut aufzuarbeiten und zu bewältigen, finde ich eine gute Leistung." (Frau Y.B., S.8)

„Das war die Zeit, wo Metz sich sehr gut entwickelte und wo es wirklich in ganz vielen Bereichen wachsende grenzüberschreitende Kontakte gab, die für mich natürlich sehr erfreulich waren vor dem historischen Hintergrund, dass hier natürlich irgendwann auch mal deutsch-französische Kriege angefangen haben oder entschieden wurden. (Herr Q.J. S.3)

Herr S.H. dagegen betont, das friedenstiftende Element war früher wichtig und hat den Austausch vorangebracht. Für die heutige Zeit macht er jedoch andere

Ziele deutlich, man sei schon ein Schritt weiter. Heute, da der Frieden gesichert scheint, sollten mehr praktische Ziele in den Vordergrund rücken.

Obwohl die historischen Gemeinsamkeiten, die zwar von den wenigsten der Befragten direkt als unwichtig erklärt werden, nicht mehr als entscheidendes Kriterium für das Vorankommen und die Legitimation der Großregion gelten, wird in einzelnen Fällen deutlich, dass persönliche Erfahrungen aus der gemeinsamen Vergangenheit Zusammengehörigkeit vermitteln:

> „Also für mich ist auf jeden Fall die deutsch-französische Geschichte immer noch ein Thema. Und m, vor allem in der Grenzregion ist das immer noch ein Thema. Und ich kenne mich jetzt in den anderen Regionen nicht so aus, aber ich denke schon, dass es immer noch ein Thema ist. Wenn man, das erste was kommt, wenn man fragt, wohnen Sie auch in der Großregion, ja, und dann wird erzählt über Geschichten etc., mein Großvater und so, also das ist eigentlich schon so, dass was man am meisten fühlen kann – die Geschichte. Finde ich jetzt im deutsch-französischen Bereich. Ich weiß jetzt nicht wirklich, wie das jetzt mit Luxemburg und Belgien – kenne ich mich jetzt nicht so aus." (Frau R.I., S.8)

Ähnliche Erfahrungen wie Frau R.I. hat die lothringische Krankenschwester Frau A.Z. bei ihrer Arbeit in einem deutschen Krankenhaus erlebt. Eine von ihr behandelte, sehr kranke, Patientin erzählt ihr eines Tages, dass sie sich noch an ein Gebet erinnert, das sie zur Zeit, als das Saarland von Frankreich verwaltet wurde, in der Schule lernte.

> „[...] und eines Tages morgens hat sie gesagt: ist mir etwas eingefallen, ich kann noch beten auf Französisch. Und dann hat sie Je vous salue, Marie, also auf französisch gebetet weil sie war als Saarland, deutsch äh französisch war, hat sie müssen in der Schule ein Bet lernen auf französisch und das war das Einzige was sie konnte und dann hat sie wahrscheinlich zwei drei Tage dran gearbeitet, um das wieder zu finden. Aber es war wirklich so ein noch ganz früh morgens, sie lag schon da und dann hat sie gesagt: ich hab aber heute morgen etwas für Sie ‚Je vous salue, Marie'. Das war ganz, also... Deshalb äh alle diese positive Sachen machen, dass ich immer noch weiter dafür sorge." (Frau A.Z., S.34)

Im Gespräch wird deutlich, wie bewegt Frau A.Z. beim Gedanken an diese Situation immer noch ist.

Das Gemeinsamkeitsstiftende dieser beiden Situationen beruht weniger darauf, die geographischen Abgrenzungen der Großregion als legitimiert zu sehen und damit zu implizieren, dass das Gebiet bereits in der Vergangenheit eine Einheit war, sondern vielmehr auf einer gemeinsamen Erinnerungskultur. Die Aspekte der gemeinsamen Geschichte wirken dann identitätsstiftend, wenn dadurch gemeinsame Erinnerungen, oder mit Assmann ein kollektives Gedächtnis, geschaffen wurden. Denn „Erinnerungen sind ein wesentlicher Bestandteil individueller und kollektiver Identität. Sie sind die Grundlage der Selbstvergewisserung und bieten Fixpunkte der Orientierung sowohl im persönlichen als auch im gesellschaftlichen Bereich."[609]

Die permanente Betonung der historischen Einheit der Großregion, ob wahr oder nicht, ist für die Identitätsbildung nicht entscheidend. Da aufgrund von Umfragen vermutet werden kann, dass die Mehrzahl der Bürger keine gemeinsame Geschichte der Großregion empfindet und in der ständigen Hervorhebung, ähnlich Pauly[610], lediglich eine Legitimationskampagne für politische Ziele erkennt, kann dies sogar gegenteilige Auswirkungen haben und die Willkür der Grenzziehungen betonen. „Von einer historisch gewachsenen Großregion, einer ‚natürlich' zusammengewachsenen großregionalen Bevölkerung kann keine Rede sein."[611]

Die Interviewanalyse hat gezeigt, dass die gemeinsame Geschichte nicht als einzige Legitimation für gemeinsame Kooperation herangezogen werden kann. Frühere (vermeintliche) territoriale Einheit scheint ohnehin nebensächlich für die Entwicklung einer großregionalen Identität. Auch wenn Briesen Gegenteiliges feststellt, hat das „primordiale Identitätskriterium Geschichte"[612] in der Postmoderne offenbar nicht mehr die gleiche Bedeutung wie in der Moderne. Möglicherweise allerdings trifft Briesens Aussage, nach der „sich die Akzeptanz von Gruppenkonzepten, die historisch aufgeladen sind, wesentlich erhöht"[613] in der Großregion nur deshalb nicht zu, weil die Mehrheit der historischen Aufladung keinen Glauben schenkt und die Grenzziehung als politische Willkür betrachtet. Welcher Grund es auch sein mag, wichtiger als die gemeinsame Geschichte als Einheit erscheint die Gemeinsamkeit aller Teilräume, Grenzregion zu sein.

Frau R.I., die selbst zugibt, zu Beginn ihrer Tätigkeiten für die Großregion noch nicht gewusst zu haben, dass Teile Belgiens ebenfalls Mitglied der Großregion sind, erklärt es heute für sinnvoll, dass sie dabei sind, weil „Belgien hat auch Grenzen, zwei und hat die zwei Sprachen deutsch und französisch und hat viel mitzubringen und die Großregion kann Belgien auch viel bringen, denke ich schon." (Frau R.I., S.9) Ihre erste Rechtfertigung für die Mitgliedschaft Walloniens und der Deutschsprachigen Gemeinschaft ist also die Tatsache, dass Belgien Grenzen hat.

Bezüglich der Bedeutung der Geschichte für eine europäische Identität weist Wagner auf Forschungen hin, die behaupten, dass Europäer sich durch ihre

---

[609] Flender, Armin (1994): S.142.
[610] Vgl. Pauly, Michel (2009)
[611] Ebd. S.29.
[612] Vgl. Briesen, Detlef (1994): S.19f.
[613] Ebd. S.21.

Geschichte nicht von Nicht-Europäern abgrenzen wollen, sondern von ihrer eigenen in „nationalem und kriegerischem Denken verhaftete[n] Vergangenheit."[614] Tendenzen hierzu wurden auch bei Akteuren der Großregion festgestellt, die immer wieder auf die kriegerische Vergangenheit und die friedliche Zeit heute hinweisen.

> Die gemeinsame Geschichte ist für die Herausbildung einer gemeinsamen Identität nicht prioritär. Sie ist geeignet als Anknüpfungspunkt für gemeinsame Projekte, wird jedoch keinesfalls als Legitimation der heutigen räumlichen Abgrenzung anerkannt. Wichtiger scheint die gemeinsame Abkehr der verfeindeten Vergangenheit und die Betonung der heutigen Friedenszeit.

4.4.5 Bedeutung des Kontakts

Kann der bloße Kontakt bereits Identität stiften? Mitulla beschreibt den Zusammenhang zwischen Kontakt und positiver Einstellung, sie bezieht sich dabei auf Förster et al. (1993), Goerke (1984) und Sommer (1985). Demnach sind Menschen, die häufig Kontakt zu Ausländern haben, diesen gegenüber positiver eingestellt als Menschen mit weniger Kontakt. Allerdings, so Mitulla weiter, ist unklar, „ob der häufige Kontakt Ursache oder Folge der positiveren Einstellung ist."[615] Die gleiche Frage stellt sich bei der Interviewanalyse: Es fällt auf, dass die meisten Akteure häufig die Grenze überqueren und häufig persönliche Kontakte über die Grenze hinweg pflegen. Des Weiteren kann gesagt werden, dass die Befragten der Großregion, bzw. den einzelnen Teilregionen gegenüber größtenteils positiv eingestellt sind. Nicht klar ist jedoch, ob die positive Einstellung aus ihren (beruflichen) Tätigkeiten als Akteur der Großregion resultiert oder ob sie einen solchen Beruf in erster Linie deshalb verfolgen, weil sie eine positive Einstellung gegenüber den Bewohnern der anderen Teilregionen haben. Als interessantes Ergebnis einer Arbeit von Fuchs und Lamneck (1992) stellt Mitulla heraus, dass der häufige Kontakt zu Ausländern zwar eine positive Einstellung ihnen gegenüber mit sich bringt, die Zuschreibung von negativen Merkmalen davon jedoch unbeeinflusst bleibt. Vergleichbares bemerkt Lisiecki für den Bewusstseinswandel seitens deutscher und polnischer Bewohner nahe der Grenze. Auch hier kann „zwischen den beiderseitigen Meinungen und Bewertungen und der Grenzübertrittsfrequenz"[616] kein Zusammenhang festgestellt werden.

---

[614] Wagner, Hartmut (2006): S.63.
[615] Mitulla, Claudia (1997): S.48.
[616] Lisiecki, Stanislaw (1999): S.264.

Allports Kontakthypothese aus dem Jahr 1954 erkennt im Kontakt eine Möglichkeit, Feindseligkeiten und Vorurteile gegenüber Fremdgruppen zu verringern. Allerdings müssen dazu bestimmte Bedingungen erfüllt sein. Gleicher Status sowie ein gemeinsames Ziel beider Gruppen wirken sich ebenso positiv auf das Erfüllen der Kontakthypothese aus wie die Unterstützung des Kontakts „durch Normen und durch politische oder gesellschaftliche Autoritäten"[617].

Frau F.U. vertritt die Ansicht, Grenzüberschreitungen und damit einhergehender Kontakt, bzw. damit einhergehende Internationalisierung des Umfeldes begünstigen die Zusammenführung. Frau R.I. betont ebenfalls die Bedeutung des Kontakts. Sie macht vor allem darauf aufmerksam, dass Kontakt Ängste vor dem Fremden beseitigt. Für Herrn N.M. hat der Kontakt neben der Integration und dem Verlieren der Angst vor der Fremde noch eine weitere Funktion. Er bezeichnet Kontaktherstellung als Basis für weitergehende Verflechtungen:

> „M, wenn diese Zusammenarbeit stattfindet, dann werden auch vermehrt Kontakte geknüpft zwischen Einzelpersonen. Und das trägt dazu bei, dass die Leute eher dazu bereit sind, Fremdsprachen zu lernen, m, sich über die Grenze hinweg zu verschiedensten Themen zu informieren, kulturelle Angebote, aber auch zum Beispiel bei der Arbeitssuche." (Herr N.M., S.3)

Herr N.M. ist also der Meinung, Kontakt wecke das Interesse für das Fremde, was wiederum mehr Chancen und Möglichkeiten entstehen lasse.
Herr W.D. erklärt mir seinen fehlenden Bezug zur Wallonie damit, dass er wenig reist:

> „Gut, ich persönlich reise nicht viel. Wenn ich viel reisen würde und ans Meer fahren wollte, dann würde ich durch Belgien ans Meer fahren, dann käme ich durch die Wallonie hindurch. Insofern hätte ich dann auch einen Bezug dazu, ja. Aber im Moment habe ich zur Wallonie, außer wie gesagt, dass wir da einen Schullandheimaufenthalt haben, im Moment keinen Bezug." (Herr W.D., S.12)

Für Herrn W.D. ist es demnach das Erleben eines Raums durch Bereisen oder auch nur Durchfahren eine Voraussetzung dafür, eine Beziehung aufzubauen. Fehlt ein derartiger direkter Kontakt, wird bei ihm offenbar auch kein weiteres Interesse geweckt.[618] Raum wird erst dann zum Ort im Sinne eines Stabilität- und Sicherheitsgaranten, der „zum Verweilen und Pausieren ein[lädt]", „wenn man ihn erkundet und kennenlernt, sich mit ihm vertraut macht."[619]

---

[617] Jonas, Klaus; Schmid Mast, Marianne (2007): S.74.
[618] Hier wird darüber hinaus die identitätsstiftende Bedeutung von Raum an sich deutlich.
[619] Habermas, Tilmann (1996): S.151 (in Bezugnahmen auf Tuan, 1977).

Persönlicher direkter Kontakt zu den Kollegen aus den anderen Teilregionen der Großregion ist für Herrn C.D. von besonderer Bedeutung, weil die Kommunikation und die Beseitigung von Schwierigkeiten persönlich leichter fallen als am Telefon:

> „Für mich ist es sehr wichtig den Kontakt. Also ich persönlich möge lieber den Kontakt mit die Person, also die Person zu sehen als am Telefon. Man kann dann auch besser sprechen und sich aussprechen mit den Leuten. Für mich ist der Kontakt schon wichtig. [...] Also für mich persönlich mit Kontakt mit den Leuten denke ich, weil wenn man Kontakt mit den Leuten hat, kann man mit ihnen reden, kann man sich erklären. Wenn dann Schwierigkeiten sind, die Schwierigkeiten aus dem Wege machen. Für mich ist das sehr wichtig, Kontakt, ja." (Herr C.D., S.11)

Nancy Levesque untersucht die Identifikation mit dem Ruhrgebiet. Zu Beginn der Forschung negierte die Autorin nach eigenen Angaben, sich selbst mit dem Ruhrgebiet zu identifizieren. Als Resümee des Forschungsprozesses stellt sie allerdings fest: „Ja, ich muss gestehen, dass alleine die Auseinandersetzung mit dem Ruhrgebiet zur Folge hatte, dass ich mich heute ein Stück weit mehr damit identifiziere!"[620] Eine ähnliche Vermutung entstand im Laufe der Analyse bezüglich der interviewten Akteure. Die positive Haltung der meisten gegenüber der Großregion lässt sich sicher auch darauf zurückführen, dass sie sich – oft beruflich bedingt – intensiv mit der Region auseinandersetzten, was Herrn N.M.s Behauptung von weiter oben bestätigt. Dieser Eindruck bekräftigt sich während des Interviews mit Frau Z.A. Sie, die zwar sehr an grenzüberschreitenden, besonders europäischen, Themen interessiert ist, zeigt anfangs kein gesteigertes Interesse an spezifisch großregionalen Themen und wenig Verständnis für die Bemühungen, großregionale Identität(en) zu stärken:

> „Braucht man so was? So ein Identitätsgefühl? Warum sollte das, warum sollte man das betonen? [...] Also ein Identität, also sich mit der Großregion zu identifizieren, also ich sehe nicht, ich sehe weder, dass darüber gesprochen wird, noch dass die Leute so fühlen oder auch, dass es notwendig wäre." (Frau Z.A., S.10)

Am Ende des Interviews frage ich Sie, ob Sie noch irgendetwas anmerken möchte. Sie antwortet:

> „Also so allgemein, ich glaube, es gibt ja so verschiedene Projekte, so richtig verfolge ich das nicht, aber ich lese natürlich, aber im Einzelnen verfolge ich das nicht. Es gibt ja Projekte, die die Großregion fördern. [...] Das finde ich sehr positiv, ich finde, das muss man machen. [...] Also die Leute denken da auch dran, ja klar,

---

[620] Levesque, Nancy (2004): S.83.

hier in Luxemburg, wenn man ein bisschen über die Grenzen hinaus denkt, dann denkt man an die Großregion. Ich find das schon sehr positiv, sehr positiv zu bewerten. Da muss man schon dran arbeiten." (Frau Z.A., S.18)

Innerhalb des einstündigen Interviews, indem sie zwangsläufig über die Großregion nachdenken musste und über deren Eigenschaften und Werte reflektierte, scheint sich ihre Einschätzung bezüglich deren Bedeutung für die Bevölkerung zum Positiven geändert zu haben.

Das Beispiel von Herrn A.B. zeigt, dass direkter Kontakt ein Gefühl der Nähe zu stärken vermag. Seine Abfolge, welchen Teilregionen er sich als Saarländer am nächsten fühlt, spiegelt wider, dass für ihn Kontakt das entscheidende Kriterium hierbei ist.[621]

„Und wenn ich dann eine Abfolge sehen sollte, ist es für mich beruflich gesehen Frankreich, weil ich mit Frankreich am meisten zu tun habe. Weil da dauernd was ist, wo Straftaten grenzüberschreitend passieren, die uns im Rauschgiftbereich andauernd betreffen. Beschaffungsfahrten gehen dann halt weiter bis Luxemburg, über Belgien und nach Holland. Das ist aber nicht so oft, wie das andere. Ich würde also an zweiter Stelle Luxemburg sehen, weil dort durch die gemeinsame Grenze des Öfteren dort auch noch was anderes als nur eine Beschaffungsfahrt ist, nämlich auch Leute, die dort auch, dort wohnen unter Umständen oder einfach über die Grenze hin- und herspringen. Aus dem Betrachtungswinkel des Saarlands haben wir keine gemeinsame Grenze mit Belgien. Und deswegen steht das hintendran und ist jetzt deshalb Stiefkind für uns, was das angeht." (Herr A.B., S.13)

Zu einem späteren Zeitpunkt des Interviews schildert er den gleichen Sachverhalt, dieses Mal belegt er sein Argument, sich Frankreich aufgrund des häufigeren Kontakts näher zu fühlen als etwa Luxemburg mit Beispielen aus seinem privaten Leben:

„Und sonst würde ich schon in die Richtung Frankreich als erstes gehen, persönlich, dann Luxemburg. Weil m, ich weiß nicht, man fährt eben öfter mal nach Frankreich. Ich weiß nicht, ich fühle mich irgendwie Frankreich näher als Luxemburg. Wie kann ich das begründen? Frankreich fahre ich manchmal ins Decathlon [französisches Sportgeschäft, Anmerkung A.S.], bin ich schon gefahren oder ich gehe Dosen kaufen, weil es bei uns Dosenpfand gibt und dort nicht. Und Luxemburg ist 100 Kilometer weg von uns und Frankreich ist ungefähr 50 km weg. Also von der Entfernung muss man einfach sehen, fühle ich mich da näher." (Herr A.B., S.14)

---

[621] Rheinland-Pfalz bildet eine Ausnahme, es rangiert an erster Stelle weil es, außer Konkurrenz, wie das Saarland Deutschland ist und diese Zugehörigkeit zur Überkategorie Deutschland für Herrn A.B. sehr wichtig ist.

Frau E.F. bekräftigt die enorme Bedeutung, die der ganz alltägliche Kontakt bei der Integration und bei einem etwaigen Zusammengehörigkeitsgefühl spielt, am Beispiel des Ortes Perl am Dreiländereck Deutschland-Luxemburg-Frankreich:

> „Apach [Grenzort in Lothringen, Anmerkung A.S.] ist 2km, noch nicht mal, man geht die Straße runter und ist in Apach. Also die Integration, die sich hier abspielt, in Perl, ist die Integration wenn Sie hier die Straße runter fahren, alle Geschäfte vorbei. Wenn Sie in den Aldi gehen: da sind Franzosen, es wird französisch geredet. Das Tollste war, als ich in der Metzgerei war hier unten, das war ne Saarländerin die Verkäuferin, da kam ne Französin und hat mir ihr französisch geredet und sie hat auf saarländisch alles erklärt, wie es geht und nicht geht. Und es ging, ja. Und das wäre einfach vorher nicht denkbar." (Frau E.F., S.4)

Mit dem Phänomen des „Nachbarschaftsverhältnisses" durch räumliche Nähe beschäftigte sich auch Bourdieu: „Sie sehen sich öfter, treten miteinander in Kontakt, zuweilen auch in Konflikt, aber auch der stellt ja noch eine Beziehung dar. [...] Sich persönlich näher zu kommen wird dann umso leichter sein, je näher man sich räumlich ist."[622] Er weist jedoch auch darauf hin, dass die räumliche Nähe nicht in jeder Situation ausreichend für Annäherung ist, mindestens genauso wichtig wie der geographische Raum ist hierbei der soziale Raum. Frau B.Y. schildert eine solche Beobachtung. Demnach spielen die geographische und politische Nähe bei der Zusammenarbeit von Künstlern eine weitaus geringere Rolle als ihre soziale Nähe:

> „[...] Weil Kulturbereich, im Grunde genommen, ob politischer Wille da ist oder nicht, im Kulturbereich kann man zusammenarbeiten, könnte man zusammenarbeiten, weil Austausch zwischen Künstlern, die Künstler gehen über die Grenze, das ginge auch. [...]" (Frau B.Y., S.10)

Kontakt wirkt sich positiv auf die Zusammenarbeit und auf das Zusammenleben der befragten Großregion-Akteure aus. Durch Kontakt - nicht nur der persönliche Kontakt, sondern auch der Kontakt im Sinne von Information, also Kontakt mit dem Thema des grenzüberschreitenden Verflechtungsraums - kann Interesse geweckt werden und Ängste können abgebaut werden. Fehlt der Kontakt, so scheint es, fehlt auch schneller das Interesse.

---

[622] Bourdieu, Pierre (2005): S.36.

4.4.6 Bedeutung funktionaler Beziehungen

Im Kapitel 3 dieser Arbeit wurde auf Forschungen hingewiesen, die Institutionen identitätsstiftende Wirkung zuschreiben, weil sie normative und verhaltensstrukturierende Ordnungsvorstellung vermitteln. Da in vorliegender Forschung Akteure interviewt wurden, die selbst häufig in eigens für die Großregion zuständigen Institutionen und Organisationen tätig sind, konnte dieser Aspekt nicht in der Form untersucht werden, wie es in einer Untersuchung mit beliebigen Interviewpartnern aus der Bevölkerung hätte gemacht werden können. Es fehlt die Distanz. Allerdings zeigt ein Beispiel, bei dem eine Interviewpartnerin persönliche Erfahrungen preisgibt, dass der Behauptung, Institutionen erzeugen Identität, zugestimmt werden kann:

„Um mal ein konkretes Beispiel zu nennen: wir haben letztes Jahr unser erstes Kind bekommen, wir bekommen Kindergeld vom luxemburgischen Staat. Also m, ich sag mal so, dass ja, solange man vom Arbeitgeber seinen Lohnzettel kriegt, ob das jetzt ein luxemburgischer oder ein belgischer Arbeitgeber ist, das ist jetzt nicht unbedingt so sehr, so identitätsstiftend, aber beispielsweise einfach die Tatsache, dass da jetzt auch ein, nicht nur ein belgisches, sondern auch ein luxemburgisches Ministerium irgendwie für uns verantwortlich ist und uns irgendwelche Leistungen zukommen lässt, das ist natürlich schon, da rückt das Ganze plötzlich doch sehr, sehr nahe. Also das ist jetzt etwas, wo ich sagen würde, so im privaten Kontakt neben, natürlich, dass man da einfach auch Freunde besucht, das war jetzt einfach auch für mich so'n privater identitätsstiftender Kontakt nach Luxemburg [lacht]." (Frau H.S., S.6)

Die funktionale Verflechtung auf privater Ebene mit dem Luxemburger Staat erzeugt bei Frau H.S., die in der Deutschsprachigen Gemeinschaft Belgien wohnt und arbeitet, ein Gefühl der Identität. Die Tatsache, dass „ein luxemburgisches Ministerium irgendwie für uns verantwortlich ist" hebt die Verflechtung der Großregion, die sie sonst vor allem beruflich täglich erfährt, auf eine andere persönlichere Ebene. Sie fühlt sich Luxemburg verbunden, weil Luxemburg ihr den Eindruck vermittelt, sich für sie verantwortlich zu fühlen.

Herr N.M., ebenfalls aus der Deutschsprachigen Gemeinschaft, schildert eine vergleichbare Erfahrung:

„Dadurch dass meine Eltern in Aachen m, berufstätig waren, war ich auch da versichert über sie. Das heißt alle meine Ärzte, Zahnarzt und so, das lag auch in Aachen. Dadurch hatte ich eigentlich mit Deutschland oft, ja, hatte mit Deutschland definitiv viel mehr zu tun als mit den angrenzenden Gemeinschaften, mit den beiden angrenzenden Gemeinschaften Belgiens." (Herr N.M., S.9)

Die Erfahrung, dass eine Institution eines anderen Landes, oder auch eine großregionale Institution für eine Person verantwortlich ist, ist bislang noch eine Ausnahme. Im Hinblick auf die erstrebte Konstituierung einer großregionalen Identität ist das bedauernswert, denn Institutionen haben – wie besonders im Falle von Frau H.S. gesehen – identitätsstiftendes Potential. „Identität braucht [...] einen festen und vor allem vorstellbaren Bezugsrahmen, auf den sie sich beziehen kann, also einen ordnungspolitischen Rahmen."[623] Walkenhorsts These lässt sich einerseits widersprechen, denn auch Werte oder Faktoren wie Geschlecht können identitätsstiftend wirken. Für eine territoriale Identität allerdings, trägt ein ordnungspolitischer Rahmen mit festen Institutionen sicher enorm zu einer Identitätsstiftung bei. Viele Interviewte vermissen etwas Derartiges in der Großregion. Unter anderem weil es solche Institutionen (zumindest noch) nicht in der Großregion gibt, bzw. sie erst schwach ausgebildet sind, kann die Konstruktion einer großregionalen, oder allgemeiner: einer grenzüberschreitenden, Identität ähnlich wie einer europäischen Identität „nicht der Logik der nationalen Identitätskonstruktionen folgen [...]."[624] Denn es fehlen staatliche Strukturen und Institutionen, „die eine Identitätskonstruktion erst ermöglichen."[625]

Im Alltag werden funktionale Beziehungen besonders für Grenzpendler spürbar. Nicht wenige der Interviewten sind oder waren selbst Grenzgänger innerhalb der Großregion. Die Großregion ist mit circa 200.000 Grenzgängern der Kooperationsraum mit dem „höchsten und dichtesten Grenzgängeraufkommen in der EU"[626], wobei es sich hierbei um ein Phänomen der unmittelbaren Grenzsäume handelt denn für 90% der Grenzpendler der Großregion beträgt die Distanz zwischen Wohn- und Arbeitsort nicht mehr als 30 Kilometer[627]. Unter ihnen sind auch sogenannte atypische Grenzpendler, die, zumeist aus Kostengründen, in die Nachbarregion ziehen – beispielsweise Luxemburger, die ins Saarland oder nach Rheinland-Pfalz ziehen oder Saarländer, die im günstigeren Lothringen wohnen -, jedoch häufig weiterhin in der Heimatregion arbeiten und ihren Freizeitbeschäftigungen nachgehen. Die meisten Grenzpendler stammen aus Lothringen, größter Zielort aller Grenzpendler ist Luxemburg.[628]

---

[623] Walkenhorst, Heiko (1999): S.135.
[624] Ebd. S.141.
[625] Ebd. S.141.
[626] Atlas zur wirtschaftlichen und sozialen Entwicklung der Großregion (2010): S.60.
[627] Vgl. Niedermeyer, Martin; Moll, Peter (2007): S.312.
[628] Atlas zur wirtschaftlichen und sozialen Entwicklung der Großregion (2010): S.60.

Einpendler							
Zielgebiet	Herkunftsgebiet						
	Deutschland	Frankreich	Luxemburg	Belgien	Einpendler insgesamt	Datum	Quelle
Saarland		20.301	45	47	**20.393**	30.06.2008	BA
Rheinland-Pfalz		5.134	160	144	**5.438**	30.06.2008	BA
Lothringen	1.120		200	130	**1.450**	2005	ADEM EURES
Luxemburg	34.819	72.053		37.074	**143.946**	30.06.2008	IGSS
Wallonien	517	24.072	359		**24.948**	30.06.2007	INAMI
Großregion	36.456	121.560	764	37.395	**196.175**		

Auspendler							
Herkunfts-gebiet	Zielgebiet						
	Deutschland	Frankreich	Luxemburg	Belgien	Einpendler insgesamt	Datum	Quelle
Saarland		1.000	6.616	-	**7.616**	2001/ 31.03.2008	INSEE/ IGSS
Rheinland-Pfalz		120	25.141	-	**25.261**	2001/ 31.03.2008	INSEE
Lothringen	22.450		64.014	4.464	**90.928**	2007	BA/ INSEE/ INAMI
Luxemburg	275	200		381	**856**	2001/ 30.06.2004	INAMI
Wallonien	4.685	4.348	31.385		**40.418**	30.06.2007	
Großregion	27.410	5.668	127.156	4.845	**165.079**		

BA: Bundesagentur für Arbeit – Deutschland, Statistikservice Südwest, IGSS: Inspection Générale de la Sécurité Sociale – Luxemburg, INAMI: Institut national d'Assurance Maladie Invalidité – Belgien, INSEE: Institut national de la statistique et des études économique – Frankreich (Lothringen).

Abbildung 14: a und b: Grenzüberschreitende Berufspendler in der Großregion. Nach: Interregionale Arbeitsmarktbeobachtungsstelle. (Quelle: http://www.granderegion.net/de/GROSSREGION/ARBEITSMA RKT/GRENZGANGERBESCHAFTIGUNG/index.html?iframe =true&width=95%&height=95%)

Frau F.U.s Anmerkungen zum Phänomen des Grenzpendelns weisen auf den gleichen Aspekt hin, den Frau H.S. oben beschrieb:

„Also ich glaube, dass es [Grenzgängerwesen, Anm. A.S.] eher vorteilhaft ist. Also abgesehen davon, dass Luxemburg immer mehr merkt, dass es wirklich auf die Grenzgänger angewiesen ist. Also die luxemburgische Wirtschaft wär nicht das, was sie heute ist, wenn es keine Grenzgänger gäbe." (Frau F.U., S.10)

Auch hier wird die Meinung vertreten, das Bewusstwerden gegenseitiger funktionaler Verflechtung und letztlich auch Abhängigkeit sei „vorteilhaft" für die Entwicklung der Großregion.

Die gegenseitige wirtschaftliche Abhängigkeit beschreiben auch andere als typisch für die Großregion und als Zeichen ihrer enormen Bedeutung im Alltag:

„Man redet immer von den Grenzgängerströmen, aber mittlerweile ist die Abhängigkeit zwischen den einzelnen Teilgebieten der Großregion so stark, dass die Frage Großregion Sinn oder nicht, oder Mythos oder Realität, das ergibt überhaupt keinen Sinn. Weil es ist einfach gelebte Realität." (Herr S.H., S.2f.)

Andere Aussagen zu den Auswirkungen des Grenzpendelns beziehen sich meistens darauf, dass Grenzen dadurch verschwinden und der gegenseitige Nutzen und damit auch der Mehrwert der Großregion bewusst werden:

„Diejenigen, die grenzüberschreitend arbeiten, die praktizieren das tagtäglich. Die fühlen sich natürlich auch dort zu Hause, beheimatet, wo sie arbeiten. Von daher ist dieses Phänomen mit Sicherheit nicht zu unterschätzen. Die Grenzgänger als solches sind ja letztlich diejenigen, die von den Möglichkeiten des Austausches, der Mobilität unmittelbar profitieren, die Chancen nutzen, die die Großregion auch bietet, die natürlich aber auch durch die Verträge auf europäischer Ebene zur Freizügigkeit entstanden sind, die letztlich demonstrieren, dass dieser Austausch, dass die Sprachkenntnisse, dass die Fähigkeit zur interkulturellen Kommunikation, dass die Anerkennbarkeit der Berufsabschlüsse, dass die Kompatibilität der Ausbildungsgänge und der Hochschulen, dass das natürlich nen sehr konkreten Nutzen hat, wenn man die Durchlässigkeit der Grenzen ähm, verbessert und die Barrieren, die bislang noch da sind, reduziert und damit diesen Austausch, dann natürlich hat man erreicht, was die Großregion möchte, nämlich von der Vielfalt und der Attraktivität der einzelnen Teilräume so zu profitieren, dass es zum Nutzen aller ausfällt." (Herr I.R., S.7)

„Job-Initiativen, das finde ich sehr wichtig, weil das die Menschen unmittelbar betrifft. Das hat einen ganz konkreten Mehrwert dann für die. Wenn die im Nachbarland ne Arbeit finden können, weil Kontakte geknüpft wurden zwischen Arbeitsämtern der verschiedenen lokalen Gebietschaften, dann hat das ne direkte Auswirkung auf die Leute. Und ich denke, wenn diese Angebote von der Politik geschaffen werden, dann führt das auch dazu, dass die Leute diese Nachbarschaft proaktiver wahrnehmen." (Herr N.M., S.4)

Das Grenzpendeln wird jedoch nicht von allen als integrierend und identitätsstiftend empfunden. Viele glauben auch zu beobachten, dass Grenzpendler und Einheimische sich kaum austauschen, Privates und Berufliches nicht vermischt wird:

> „Perler beklagen sich darüber, dass sich die Luxemburger, dass die nur zum Wohnen hier hin kämen. Aber sich zu wenig in Vereinen engagieren würden." (Herr W.D., S.5)

> „Aber das Problem ist, dass die Grenzpendler oft junge Leute sind, die ihre Familien zu Hause haben, die fahren nach Hause und die nicht hier noch irgendwelche Angebote wahrnehmen wollen. Obwohl wir uns viel Mühe geben, diese Angebote zu schaffen." (Frau T.G., S.12)

Luxemburger spüren das Phänomen des Grenzpendelns am deutlichsten. Das Großherzogtum ist mit Abstand größter Arbeitgeber für Grenzgänger innerhalb der Großregion. Während für die Einpendelnden offenbar häufig das Privatleben vom Pendeln nur wenig betroffen ist, spüren Luxemburger auch im Alltäglichen deutliche Veränderungen:

> „Die Politik hat also den Luxemburgern nicht erklärt, sozusagen, ihr wollt tolle Gehälter, ihr habt große Pensionsansprüche, ihr habt gewisse Lebensart usw. auf hohem Niveau, wenn wir das weiter leisten möchten, der Preis dafür ist, dass wir die Grenzen groß öffnen, das heißt wir müssen Unternehmen anziehen, wir müssen Arbeitnehmer anziehen, Kapital, Know How und alles und irgendwann werdet ihr eine Minorität sein in euerm eigenen Land. So und ihr werdet damit konfrontiert, dass ihr andere Sprachen sprechen müsst, auf dem Arbeitsmarkt wird die Luft dünner werden, wir müssen uns mehr anstrengen heute, um die Jobs zu bekommen, die wir vor 30 Jahren sozusagen von alleine bekommen haben. [...] Heute ist das natürlich ganz anders, sehr viel schwieriger, also Konkurrenz-Situation haben wir natürlich sehr stark und da muss man natürlich aufpassen, dass die Stimmung nicht irgendwann mal kippt, dass, wir haben in Luxemburg jetzt keine ausländerfeindlichen oder extremen Bewegungen, [...] aber gibt es doch so einzelne Ressentiments, wo man sagt, jetzt reicht es aber, ich habe es jetzt satt, dass ich überall französisch reden muss oder wir haben jetzt genügend Grenzgänger oder dass die sich dann unverschämt benehmen würden und so weiter, also da gibt es schon Probleme. Luxemburg muss da aufpassen, dass es nicht zum Opfer seines eigenen Erfolgs wird." (Herr S.H., S.11)

Christian Wille, der sich intensiv mit dem Grenzgängerwesen der Großregion beschäftigt, fand ähnliches heraus. Demnach besteht zwar in der Großregion insgesamt eine eher positive Haltung gegenüber Grenzgängern, jedoch empfinden 30% der Luxemburger die Grenzgänger als „eine Gefährdung für die luxemburgische Sprache und Kultur"[629]. Für das nationale Wirtschaftswachstum werden Grenzgänger als notwendig erachtet, hingegen spürt in einer Untersuchung nur etwas mehr als die Hälfte der befragten Luxemburger eine kulturelle Bereicherung durch Grenzgänger.[630]

Auf die Frage, was eine großregionale Identität denn am meisten fördere oder behindere, nannten viele Akteure den Öffentlichen Personennahverkehr. Hier herrscht noch immer überwiegend Unzufriedenheit. Soll ein Zusammengehörigkeitsgefühl entstehen, so die weit verbreitete Meinung unter den Interviewten, müssen zunächst die Verbindungen der öffentlichen Verkehrsmittel ausgeweitet werden.

> Gemeinsame Institutionen wirken identitätsstiftend. Funktionale Verflechtung und Abhängigkeit machen die Bedeutung der Großregion im Alltag bewusst. Grenzgänger identifizieren sich jedoch nicht automatisch stärker mit der Großregion. Der noch nicht zufriedenstellende grenzüberschreitende Öffentliche Personennahverkehr erschwert den Aufbau eines ausgeprägten Regionalbewusstseins.

4.4.7 Bedeutung des Interesses, der gemeinsamen Ziele und des Mehrwerts

Neben den genannten Faktoren, die eine großregionale Identitätsbildung beeinflussen können, äußerten viele Interviewte die Meinung, Identität sei vor allem durch das Bewusstmachen gemeinsamer Ziele und dadurch durch die Betonung des Mehrwerts der grenzüberschreitenden Verflechtung zu festigen:

> „Wenn man da sieht, die Großregion tut was für die Menschen, dann steigert das die Identität mindestens genauso wie irgendwelche Symbole. Oder ist erfolgreich für die Menschen, dadurch dass die Kooperation einen Mehrwert schafft. Wäre schön, wenn man das beweisen kann." (Herr Q.J., S.11)

Fehlt die Einsicht des Mehrwerts hingegen, so erzeuge dies Desinteresse und stehe weiteren Verflechtungen und einem großregionalen Bewusstsein im Weg. Frau P.K. erklärt sich beispielsweise die fehlende Motivation rheinland-pfälzischer Schüler, Französisch zu lernen mit dem mangelnden Bewusstsein des späteren Mehrwerts. Und auch Frau E.F. interpretiert das mangelnde Interesse

---

[629] Wille, Christian (2008): S.52.
[630] Vgl. Baltes-Löhr, Christel; Prüm, Agnes; Reckinger, Rachel; Wille, Christian (2010): S.282.

ihrer Schüler am Erlernen der französischen Sprache damit, dass ihnen der Mehrwert nicht deutlich ist (Frau E.F., S.3).

Frau P.K. deutet hier den Mehrwert der Großregion als Verbesserung der Chancen auf dem Arbeitsmarkt. Während die meisten befragten Kulturakteure den Mehrwert der Großregion in der kulturellen Bereicherung und Vielfalt erkennen, haben andere Akteure ganz andere Schwerpunkte, beispielsweise wirtschaftliche Stärke oder ein besseres touristisches Angebot. Grenzüberschreitende Kooperationen sind längst nicht nur „a philanthropic view with the building of solidarity areas, cross-border networks", eine ganz entscheidende Rolle spielt auch das "material, lucrative aim"[631] der Verflechtung. Was genau der Mehrwert der Großregion ist, dessen Bewusstsein das Zusammengehörigkeitsgefühl verstärkt, das scheint nebensächlich. Solange man einen Vorteil für sich entdeckt, reicht dies offenbar, das Interesse an der Großregion zu wecken und die Motivation zu stärken, an ihrem Vorankommen mitzuarbeiten.

Herr V.E. äußert seine Vorstellung des Mehrwertes der großregionalen Zusammenarbeit sehr deutlich:

„Also mein privater Eindruck ist eigentlich, wenn wir in dem modernen Europa bestehen wollen, bringt es uns nur etwas, wenn wir zusammen arbeiten." (Herr V.E., S.4)

„[...] wenn jeder seinen eigenen kleinen engen Bereich vermarkten würde, jeder vermarktet neben sich her. Das kann eigentlich kein Produkt mehr werden, das für den modernen Europäer attraktiv ist. Ist jetzt meine persönliche Meinung." (Herr V.E., S.5)

Die Kooperation wird hier als notwendig erachtet. Ähnlich begründet Herr C.D. die Bedeutung der Großregion:

„Und für mich ist, [...] ist es sehr wichtig, die Großregion, diese Zusammenarbeit ist sehr wichtig. Wir sind ja auch auf europäischem Niveau." (Herr C.D., S.6)

Auch Frau Y.B.s und Herrn C.D.s Motivation der grenzüberschreitenden Kooperation liegt in erster Linie in der Erwartung eines Mehrwertes begründet:

„Wir haben versucht herauszufinden, wo gibt es Ähnlichkeiten, wo gibt es Unterschiede? Wie kann man sich gegenseitig ergänzen, voneinander lernen." (Frau Y.B., S.1)

„Und ich denke, man kann sich noch verbessern, es ist nicht alles super in der Großregion, aber man kann sich noch verbessern und man kann lernen auch von den

---

[631] Gaunard, Marie-France (1999): S.119.

anderen. Franzosen können lernen von den Deutschen, von den Luxemburgern, von den Belgiern. Jeder kann lernen von den anderen. Und mit Fehlern lernt man und geht man weiter, und deswegen finde ich die Großregion sehr, sehr wichtig." (Herr C.D., S.9)

Zu ähnlichen Erkenntnissen gelangen auch andere Wissenschaftler, die sich mit Grenzregionen befassen. Lesse und Richter behaupten sogar, die grenzüberschreitende Zusammenarbeit basiere in erster Linie auf dem praktischen Nutzen, „Bestrebungen zur Entwicklung eines eigenständigen politischen Kollektivs" oder Auflehnung „gegen konventionelle Grenzen und repräsentative Strukturen" gäbe es hingen kaum.[632] Buß bemerkt eine Veränderung der Bezugsgrößen der Regionen Europas: „Maßstab ist nicht mehr allein die unverwechselbare Verwurzelung in einem nationalen Kontext, sondern die Ranking-Position in einem europäischen Wettbewerb der Regionen."[633]

Gemeinsame Ziele, Herr V.E. berichtet beispielsweise vom gemeinsamen Anliegen des Hochwasserschutzes und Straßenausbaus (Herr V.E., S.2), die allen Beteiligten einen Mehrwert verschaffen, bilden häufig Ausgangspunkte für Kooperationen, aus denen dann weitere Verflechtungen oder Freundschaften entstehen können. Herr V.E. erzählt, die Feuerwehr seines rheinland-pfälzischen Ortes und die des angrenzenden Luxemburger Dorfes haben sich „aus der Not raus [...] zusammen getan. [...] Und das hat sich so richtig zu einem kleinen verschworenen Haufen entwickelt." (Herr V.E., S.3)

Das Bewusstwerden des Mehrwerts der grenzüberschreitenden Zusammenarbeit erzeugt Interesse am Verflechtungsraum und Motivation, sich ihm einzufügen und ihn voranzubringen.

4.4.8 Bedeutung der Bildungssysteme

Neben den in Kapitel 4.4.1 bis 4.4.7 betrachteten Faktoren, soll hier noch ein weiterer identitätsstiftender Aspekt, nämlich der der Bildungssysteme, angeführt werden, der zwar von verhältnismäßig wenigen Befragten genannt wurde, für die Analyse jedoch interessant erscheint.

Herr N.M. und Frau R.I. berichten aus eigener Erfahrung, welche Auswirkungen Bildung auf Identität hat. Herr N.M. ist Deutschsprachiger Belgier, er besuchte die Schule in der Deutschsprachigen Gemeinschaft, sein erstes Studium absolvierte er in der Französischsprachigen Gemeinschaft

---

[632] Lesse, Urs; Richter, Emanuel (2005): S.10.
[633] Buß, Eugen (2002): S.43.

Belgiens und das zweite in Flandern. Frau R.I. stammt aus Lothringen, sie besuchte dort die Schule und studierte in Metz, Saarbrücken und Luxemburg. Herr Q.J. arbeitet im Bildungssystem und besitzt berufliche Erfahrungen des deutschen und des französischen Schulsystems. Alle drei betonen die kulturelle Prägung, die das Bildungssystem vermittelt und schätzen daher das Bildungssystem als sehr bedeutend für die Bildung von Identitäten ein:

„Also für mich hat die Einschulung in eine französische Schule hat meine Mentalität geprägt. […] Aber im Studium war's schwer. Auf jeden Fall. Auch für mich als, ich hab in Deutschland gelebt, also die Kultur war nicht das Problem, es war das System. […]Also dieses, in Frankreich wird man an der Hand genommen, man kriegt alles gezeigt, man kriegt alles erklärt, man hat seine Stunden und der Stundenplan steht. In Deutschland ist man viel freier, es ist wieder das man kann viel mehr entscheiden, man kann selber belegen, man ist selbstständiger in Deutschland." (Frau R.I., S.19)

„Es gibt schon stärkere Unterschiede zwischen dem französischen und dem niederländischsprachigen Teil Belgiens, m, aber die verblassen eigentlich voll und ganz gegenüber den Unterschieden, die es zwischen dem belgischen System und dem deutschen System gibt. In Deutschland ist ja diese 69er Idee noch sehr stark verankert, dass m, Studium in erster Linie eigenständiges Reflektieren über verschiedene Themen ist und in Belgien ist das noch sehr verschult, wo es wirklich Frontalunterricht gibt und der Lehrer den Stoff durchnimmt und der Schüler muss ihn am Schluss kennen. Ich denke das unterscheidet uns auch kulturell stark, also von der Mentalität von den Deutschen." (Herr N.M., S.6)

„Ja da gibt es natürlich schon sehr deutliche, deutlich unterschiedliche Schulkulturen, was sich zum Beispiel äußert in der Lehrer- und in der Schülerrolle. Der Schüler in Frankreich ist stärker ein Objekt. Ein Objekt, das auch nicht unbedingt Datenschutz genießt. […]Also in dieser Hinsicht sag ich mal gibt es vielleicht andere oder in Deutschland stärker ausgeprägte Individualrechte, die auch Kindern zu Gute kommen, während man in Frankreich also vielleicht eher davon ausgeht, das ist also hier der Zögling und wir als Eltern und Lehrer haben die Aufgabe die Zöglinge hier der Klasse sozusagen in die richtige Façon zu bringen, so ungefähr hatte ich da immer das Gefühl, dass die Schüler in Frankreich sehr viel weniger Rechte haben." (Herr Q.J., S.22)

Durch Bildungssysteme, so wird deutlich, werden Werte vermittelt, die sich mitunter zwischen den einzelnen Teilregionen erheblich unterscheiden. Gemeinsame grenzüberschreitende Bildungseinrichtungen, wie etwa das deutsch-französische Gymnasium in Saarbrücken, das Schengen-Lyzeum in Perl oder die Universität der Großregion können helfen, solche Unterschiede aufzudecken, bewusst zu machen und zur Reflektion anzuregen. Die Unterschiede aufzuheben, das fordert jedoch so direkt niemand.

> Erfahrungen, die in bestimmten Bildungssystemen gesammelt werden, prägen die Identität. Unkenntnis anderer Bildungssysteme kann die interkulturelle Kommunikation schwächen, umgekehrt führt das Kennenlernen und Verstehen – nicht das Übernehmen – anderer Bildungssysteme zu Verständnis und Toleranz im Umgang miteinander.

4.5 Zur Bedeutung der Polyzentralität

Wie bereits herausgestellt wurde, ist die Polyzentralität ein Merkmal, das die meisten grenzüberschreitenden Verflechtungsräume eint. Ob die Großregion jedoch tatsächlich polyzentral ist, darüber gibt es geteilte Meinungen. Ebenso geteilt sind die Meinungen darüber, ob Polyzentralität denn tatsächlich ein Vorteil grenzüberschreitender Verflechtungsräume ist, wie bislang der Literatur mehrheitlich entnommen werden konnte, oder ob es sich zum Nachteil auswirkt. Im Folgenden werden die Ansichten der interviewten Akteure auf diese Fragen untersucht.

Auch wenn die Großregion sich tendenziell als polyzentraler Raum präsentiert, was auch an den Städtenetzen wie Quattropole oder LELA[634] erkenntlich wird, kommt Luxemburg offensichtlich eine besondere Rolle innerhalb der Großregion zu: Es ist der einzige Nationalstaat innerhalb der Großregion, Luxemburg ist die stärkste Wirtschaftskraft im Kooperationsraum (Luxemburg hat den größten Wohlstand je Einwohner und die größte Wirtschaftsleistung je Beschäftigter innerhalb der EU)[635], es ist das Ziel der meisten Grenzpendler, es befindet sich geographisch gesehen im Zentrum der Großregion und grenzt als einzige Teilregion an alle anderen Teilregionen. Christian Schulz bemerkt dazu: „Luxemburg spielt als kleiner Nationalstaat innerhalb der so genannten ‚Großregion' Saarland-Lothringen-Luxemburg-Rheinland-Pfalz-Wallonien nicht nur eine institutionelle Sonderrolle (staatliche Souveränität), sondern hat sozio-ökonomisch und kulturell eine Bedeutung erlangt, die weit über die Staatsgrenzen ausstrahlt und zu einem zentralen Faktor für grenzüberschreitende Regionalisierungsprozesse geworden ist."[636]

---

[634] Quattropole ist ein Netz der Städte Luxemburg, Trier, Metz, Saarbrücken. LELA ist ein Netz der Städte Luxemburg, Esch/Alzette, Longwy und Arlon.
[635] Vgl. Niedermeyer, Martin; Moll, Peter (2007): S.312.
[636] Schulz, Christian (2008): S.91.

In fast allen Gesprächen wird Luxemburgs Sonderposition thematisiert – obwohl keine der Leitfragen direkt darauf abzielt. Man kann die Akteure grob in zwei Gruppen einteilen: diejenigen, die Luxemburg gerne mehr Kompetenzen bezüglich der Großregion zusprächen und diejenigen, die am Ideal der Polyzentralität der Großregion festhalten und Luxemburg keine Sonderfunktion geben möchten.

Bei einigen Akteuren bemerkt man den Wunsch nach einem stärkeren Luxemburg, das eine Art Zentrum der Großregion übernehmen könnte. Dieses Anliegen wird stets sehr zaghaft formuliert, wie bei Herrn Q.J. Er ist ein Akteur, der sich mehr Kompetenzen für Luxemburg wünscht. Es fällt auf, dass er zunächst angibt, niemand wolle eine Hauptstadt der Großregion:

„Ja, ja. Auf alle Fälle. Wollen alle. Also da gibt es niemanden, der sagt, wir wollen da jetzt ne Hauptstadt haben. Das ist in der Tat polyzentral." (Herr Q.J. S. 10)

Auf mein Nachhaken, ob man nicht vielleicht Luxemburg als Hauptstadt bezeichnen könne, äußert er sich jedoch als Befürworter eines starken Luxemburgs mit mehr Zentralfunktionen:

„Ich hätte persönlich nichts dagegen. Und würde mich freuen, wenn dort ein größeres Engagement für die Großregion vorhanden wäre. Es ist ja schon ein erfreuliches Engagement. Es gibt da jetzt ja auch ein Ministerium da, direkt den Zuschnitt da, auch Zuständigkeit für die Großregion. [...] Und ich glaube, das ist jetzt auch strategisch geschickt zu sagen, nein, wir wollen weiterhin polyzentrisch hier funktionieren. Aber Luxemburg ist ja geographisch in der Mitte. Und hier gewisse Zentralitätsaufgaben zu übernehmen, glaube ich, das würde vieles erleichtern. Wobei man das ja nicht zu sehr formalisieren muss, dass man sagt, Luxemburg soll die Hauptstadt sein. Aber gewisse zentrale Aufgaben wären sicher am Besten in Luxemburg anzusiedeln. Und die hätten dann auch hier die ja, personelle weiß ich nicht, aber die finanziellen Möglichkeiten, äh, da entsprechend erfolgreich zu arbeiten." (Herr Q.J., S.10f.)

Später vermutet er, dass viele andere seine Meinung teilen, diese aber nicht öffentlich äußern:

„Ich denke vielleicht wünschen sich das etliche andere auch. Ob man das auch laut sagt, weiß ich nicht. Aber generell sagt man, Luxemburg, das wäre schon auch gut wenn man dort Verantwortung für die Großregion übernimmt." (Herr Q.J., S.11)

Zu Beginn des Polyzentralitäts-Themas behauptet er also, eine polyzentrale Großregion ohne Hauptstadt würde von allen gewollt. Später wünscht er sich dann mehr zentrale Aufgaben für Luxemburg. Dieser Widerspruch hängt sicher damit zusammen, dass die sozial erwünschte Meinung eine polyzentrale Großregion verlangt, praktische Gründe aber Anlass geben, bestimmte Aufgaben besser zentral verwalten zu lassen. Was in jedem Nationalstaat selbstverständlich ist, scheint in der Großregion noch ein Tabuthema. Das könnte als ein Zeichen dafür gewertet werden, dass eine großregionale Identität noch nicht ausreichend ausgeprägt ist: Die Großregion wird offenbar nicht als Einheit gesehen.

Frau J.Q., die von „Luxemburg plus 100" als Hauptkooperationsraum spricht, antwortet auf mein Nachfragen, ob sie denn dann Luxemburg als Zentrum betrachte, ähnlich wie Herr Q.J.. Auch sie befürwortet, dass Luxemburg Zentrumsaufgaben übernimmt, ist auch der Meinung, dass dies in der Realität bereits der Fall ist, fürchtet jedoch, diese Meinung sei in der Öffentlichkeit nicht sehr beliebt:

„Ja, da muss man immer aufpassen [lacht], dass man anderen Regionen nicht auf die Füße tritt. […] ich sag mal, so rein geographisch ist es schon so, dass man Luxemburg als Zentrum bezeichnen kann. Weil auch viele, jetzt zum Beispiel das Sekretariat, Interreg-Sekretariat für die Großregion hier ist in Luxemburg angesiedelt, es gibt das Haus der Großregion, das soll umstrukturiert werden, und das Haus der Großregion befindet sich schon hier, die haben schon Räume und Personal. Gut, die Leute reden nicht gern darüber, aber ich bin fast sicher, dass das dann auch in Luxemburg stattfinden wird, das ist dann praktisch so dieses Sekretariat der Gipfelvertreter. […] Und so denke ich, konzentriert sich ziemlich viel, was so mit der Großregion zu tun hat, schon hier. Auch wenn alle Kompetenzen haben, aber so räumlich ist es eigentlich schon der beste Ort, um sich zu treffen." (Frau J.Q., S.15)

Das Hauptanliegen der Gruppe der Polyzentralitätsbefürworter ist die Bewahrung der Vielfalt. Frau I.R. antwortet auf die Frage, ob die Großregion ein Zentrum haben sollte:

„Nein, denke ich nicht. Nein, ich denk es gibt genug Zentren, also es gibt schon Zentren. Ich denke nicht, nein. Das wäre zu schade. […] Dann wären die anderen Zentren, die es schon gibt m, würden die verblassen oder in Vergessenheit geraten." (Frau R.I., S.10)

Herr G.T. ist ebenfalls dagegen, Luxemburg die Stellung des Großregion-Zentrums zu geben. Er begründet dies damit, dass ein rotierendes System bei Treffen zwar etwas umständlich ist, man jedoch bei gegenseitigen Besuchen etwas über die jeweils andere Region erfahren kann:

„Da gibt es so eine Vorgehensweise, wir treffen uns immer da, wo es für alle relativ zentral ist. Also Luxemburg, sag ich mal, Luxemburg, Luxemburg Stadt. Und die andere Variante zu sagen, wir fahren reihum zu den Nachbarn. Diese sag ich mal zentrale Lösung halte ich auf Dauer für ungesund. Weil mit dem Besuch des Partners erfahr ich ja auch einmal was also groß bedeutet, wie viel der Partner immer zu mir fahren muss, welche Strecken das sind, m, wie die Partner arbeiten, in welchen Gebäuden, in welcher Umgebung, in welcher Stadt. Und das finde ich ganz wichtig für ein Grundverständnis für Zusammenarbeit. Insofern plädiere ich immer dafür, mindestens in der Anfangsphase von Netzwerken, von internationalen Kooperationen, auch persönlich diese Fahrtstrecken zu machen. Wenn das passiert ist, in der zweiten Phase, ist das, was ich vermisse, zu sagen, wir nutzen moderne Kommunikationsmittel wie Videokonferenzen, Telefonkonferenzen und sonst so was. (Herr G.T., S.14)

Stellvertretend für andere Polyzentralitätsbefürworter zeigen die Zitate von Frau R.I. und Herrn G.T., dass das Hauptanliegen dieser Gruppe die Bewahrung der Vielfalt ist. Luxemburg als offizielles Zentrum der Großregion kann die sozialen Identitäten anderer Teilregionen bedrohen, wenn diese sich übergangen fühlen. Die Großregion möchte weder von innen noch von außen als Einheit im Sinne eines homogenen Raumes mit Luxemburg als Hauptstadt wahrgenommen werden. Die Akteure verstehen die Großregion vielmehr, in Anlehnung an Keupp, als Patchwork-Raum, der seine Heterogenität bewahren will. Das wollen alle Akteure, auch die Monozentralitätsbefürworter. Allerdings unterscheiden sie sich von den Monozentralitätsgegnern dadurch, dass sie keine Gefahr der einzelnen sozialen Identitäten befürchten, wenn Luxemburg sich verstärkt mit zentralen Aufgaben befasst. Sie fürchten keine Unterordnung der einzelnen sozialen Identitäten unter Luxemburgs sozialer Identität, da sie die Teilregionsidentitäten offenbar als stark genug empfinden.[637] In ihrer Argumentation überwiegen daher die praktischen Gründe, während die Verfechter der Polyzentralität ihr größtes Augenmerk auf das Ideal der kulturellen Vielfalt und Eigenständigkeit legen.

4.6 Abgrenzung in der Großregion

Die Mehrheit der Wissenschaftler, die sich mit Identitäten beschäftigen, vertritt die Meinung, kollektive Identitäten und Gruppenbildungen benötigten Abgrenzung. „[...] Abgrenzung geschieht sowohl durch die übermäßige Betonung der vorhandenen Gemeinsamkeiten als auch durch die bewusste Konstruktion von Gemeinsamkeiten. Mit [...] [der] Konstruktion von Differenz und Gleichheit gelingt es auch komplexen Großgruppen wie Nationen oder Gesellschaften, eine eigene Identität auszuformen."[638] Auch wenn Gesellschaften niemals homogen,

---

[637] Vgl. Tajfel, Henri (1982 b): S.133.
[638] Walkenhorst, Heiko (1999): S.97.

sondern immer soziale Gebilde mit internen Grenzen und Differenzen sind, bedarf es gleichzeitig „für dieses Verständnis schon aus logischen Gründen eines Begriffs gesellschaftlicher Einheit, damit die Differenziertheit des Differenzierten überhaupt erst gesehen werden kann."[639] Die gegenwärtige Konjunktur „eines differenztheoretischen Denkens" ist auch eine Folge der Postmodernitätsdebatten, in deren Zusammenhang Verschiedenheit nicht mehr nur noch auf das Gemeinsame bezogen wird, sondern auch als Andersheit und Singularität im Sinne von Inkommensurabilität gedacht wird.[640]

Wenn Identitäten stets aus einer Überbetonung der Grenzen zwischen innen und außen konstruiert sind, müsste also eine großregionale Identität im Inneren Homogenität erzeugen und sich nach außen abgrenzen.

Abgrenzung nach außen ist, so Stuart Hall, wichtig für Identität, weil eine Person nur wissen kann wer sie ist, wenn sie weiß, wer sie nicht ist. „Die Engländer sind nicht deshalb rassistisch, weil sie die Schwarzen hassen, sondern weil sie ohne den Schwarzen nicht wissen, wer sie sind. Sie müssen wissen, wer sie *nicht* sind, um zu wissen, wer sie sind."[641] Keupp et al., ebenfalls in Bezug auf Hall, bezeichnen die Definition der Identität über die Abgrenzung zur Nicht-Identität als Merkmal der aktuellen pluralisierten Gesellschaft.[642] Der Interviewpartner N.M. bezeugt diesen Aspekt am Beispiel der Bewohner der Deutschsprachigen Gemeinschaft:

„Eigentlich das Suspekte an der Deutschsprachigen Gemeinschaft ist, dass wir unsere Identität m, am, dass wir eine negative Identität aufbauen, dass wir genau wissen, was wir nicht sind, aber schlecht definieren können, was wir sind. Also wir wissen, wir sind keine Deutschen, wir wissen wir sind keine Wallonen, obwohl wir in der wallonischen Region wohnen." (Herr N.M., S.10)

Da jede Kultur ständigen Interpretationsprozessen seitens der Handelnden unterworfen ist, kann eine eindeutige Abgrenzung nicht möglich sein. „Deshalb wird es auch plausibel, daß ‚Gemeinsames' eher in Abgrenzung zu stärker Verschiedenem, als über eindeutige Bestimmung des wirklich ‚Gleichen' oder ‚Gemeinsamen' erreicht werden kann."[643] Zeitler bezeichnet Identität als Prozess der Selbstobjektivierung. „Dazu werden spezifische Merkmale der geteilten Lebenswelt selektiert und zu einem konsistenten Muster verbunden, das dann der Selbstdefinition aber auch der Abgrenzung dient."[644]

---

[639] Nassehi, Armin (1997): S.113.
[640] Vgl. Ricken, Norbert; Balzer, Nicole (2007): S.57.
[641] Hall, Stuart (1999): S.93.
[642] Vgl. Keupp et al. (1999): S.172.
[643] Werlen, Benno (1992): S.15.
[644] Zeitler, Klaus (2001): S.123.

Die Bedeutung der Differenz für Identität kann auch bei Pierre Bourdieu nachgelesen werden: „Eine jede soziale Lage ist mithin bestimmt durch die Gesamtheit dessen, was sie nicht ist, insbesondere jedoch durch das ihr Gegensätzliche: soziale Identität gewinnt Kontur und bestätigt sich in der Differenz."[645] Allerdings zeichnet sich im aktuellen wissenschaftlichen Diskurs die Tendenz ab, Abgrenzung nicht als alleiniges und zwingend erforderliches Mittel zur Identitätskonstruktion anzuerkennen. Im Kapitel zu Patchwork-Identitäten wurde bereits auf Walter Reese-Schäfer verwiesen, wonach Mehrfach-Identitäten kein Bedürfnis nach Gegenbildern haben müssen. Auch Beck wendet sich entschieden gegen „die Legende [die] bis heute ihre blutige Kraft bewahrt, die besagt: Das Eigene muss sich gegen das Fremde ab- und eingrenzen, damit Identität, Politik, Gesellschaft, Gemeinschaft, Demokratie möglich werden. Man könnte sie die territoriale Entweder-Oder-Theorie der Identität nennen."[646] Stattdessen fordert Beck, wie bereits weiter oben erläutert wurde, einen kosmopolitischen Blick. „In einer Welt globaler Krisen und zivilisatorisch erzeugter Gefahren verlieren die alten Unterscheidungen von innen und außen, national und international, Wir und die Anderen ihre Verbindlichkeit, und es bedarf eines neuen, kosmopolitischen Realismus, um zu überleben."[647] Eine strikte Abgrenzung ist nach Beck schon daher nicht möglich, da globale Interdependenzen allseits verbreitet und bekannt sind. Die Menschen leben alle in der gleichen Weltrisikogesellschaft, Probleme wie Aids, Klimawandel oder BSE kennen keine Nationalstaatsgrenzen, sie sind interdependent.[648]

Um eine mögliche identitätsstiftende Wirkung von Abgrenzung in der Großregion zu untersuchen, muss man aber sowohl die Abgrenzung der einzelnen Identitäten innerhalb der Großregion untereinander, als auch die Abgrenzung der ganzen Großregion nach außen betrachten. Schnell wird deutlich, dass es sich bei der Großregion um ein heterogenes Gebilde handelt, das auch von den Interviewten als solches wahrgenommen wird. Für die Bildung und Festigung von Identitäten erscheint dies zunächst eine schlechte Voraussetzung. Homogenität, ob gefühlt oder tatsächlich, ermöglicht nicht nur eine bessere Betonung der Gemeinsamkeiten, die ein inneres Zusammengehörigkeitsgefühl stärkt, sondern erleichtert auch eine schnellere Identifikation von außen, die Identitäten zuträglich ist.[649]

---

[645] Bourdieu, Pierre (1987): S.279.
[646] Beck, Ulrich (2004): S.13.
[647] Ebd. S.25.
[648] Vgl. ebd.
[649] Auf die besondere Bedeutung der Wahrnehmung von außen für Identitäten wird in Kapitel 4.9 näher eingegangen.

Die Heterogenität der Großregion wird von den Akteuren nicht verschwiegen. Manche Differenzen werden als störend für die Zusammenarbeit und letztlich auch für ein großregionales Bewusstsein empfunden. Hierzu zählen vor allem die Kompetenzunterschiede der einzelnen Regionen. Am stärksten wird dieser Unterschied am Beispiel des Gegensatzes Lothringen-Luxemburg betont. Akteure aus Lothringen, das Teil eines zentralistischen Staates ist, haben deutlich weniger Entscheidungsbefugnis als Akteure aus dem kleinen Nationalstaat Luxemburg. Diesen Unterschied nennt die große Mehrheit der Interviewten als besonderen Störfaktor der Zusammenarbeit. Manche Akteure sagen sehr deutlich, dass sie sich Teilregionen mit ähnlichen Strukturen und Kompetenzen wie die der eigenen Teilregion näher fühlen.[650] Die Kompetenzunterschiede, die aufgrund der unterschiedlichen politischen Systeme bestehen, machen die Heterogenität ständig bewusst. Sie werden zwar häufig als Störfaktor empfunden, man ist jedoch der Auffassung, so der Eindruck, der in den Interviews entstand, daran nichts ändern zu können und auch nicht zu wollen und akzeptiert die Unterschiede daher. Sie aufzuheben wird sogar eindeutig abgelehnt.

Neben den als störend empfundenen Differenzen, sind andere Differenzen als Ausdruck einer vielfältigen Großregion explizit gewünscht.

„Der Bereich der kulturellen Zusammenarbeit ist sicherlich einer der spannendsten Bereiche, weil dort etwas stattfindet, was man in anderen Bereichen so nicht hat. Die Kultur lebt davon, dass man die Andersartigkeit, das Unterschiedlichsein, das Verschiedensein nutzt und in Wert setzt. Wenn in vielen Bereichen, im Bereich beispielsweise der Steuergesetzgebung im rechtlichen Rahmen, Ziel der Zusammenarbeit ist, Einheitlichkeit bei den Rechtsbedingungen herzustellen, so ist bei der Kultur eigentlich genau das Gegenteil wichtig und richtig, nämlich die Unterschiedlichkeit, die sich auch an der Grenze und durch die Grenze ausdrückt zu erhalten. Und damit durch den Effekt der Nähe ein Plus an Angebot, an kultureller Infrastruktur, an Veranstaltungen herzustellen, das über die Region hinaus interessant ist." (Herr I.R., S.9)

Herr A.B.s Meinung zur Vielfalt innerhalb der Großregion steht auch für die Einstellung vieler anderer Interviewter. Es wird deutlich, dass störende Unterschiede durchaus bewusst sind und Homogenisierung in vieler Hinsicht als Vereinfachung gelten könnte, trotzdem jedoch nicht erstrebenswert ist, da die Heterogenität als wertvolles Gut erkannt wird:

---

[650] Z.B. Frau D.W. aus dem Saarland fühlt sich Rheinland-Pfalz nahe wegen der ähnlichen Strukturen.

„Beruflich gesehen ist alles das, was uns gesetzlich in den Füßen ist, störend. Das ist klar. Deshalb würde ich prinzipiell sagen, wenn man das aufheben würde und wenn man dann die französische Gesetzgebung und die Vorschriftenlage so macht wie unsere, dann haben wir am wenigsten Probleme, dann können wir genauso machen wie intern. Aber weiß nicht, ob das erstrebenswert ist, weil irgendwo bin ich jemand, das ist das Persönliche, was da mit reinfließt, der es eigentlich ganz gut findet, wenn es verschiedene Staaten mit verschiedenen Kulturen, mit verschiedener Auffassung, Lebensauffassung und -ausführung gibt, weil mir das gefällt, weil ich das interessant finde. Wenn alles gleich wäre, wenn jeder gleich reden würde, das selbe machen würde, dann wäre es nicht mehr interessant und dann wäre es nichts besonderes mehr, mit denen zu tun zu haben. [...] Wenn das alles gleich ist, dann ist es uninteressant. Beruflich ist es einfacher, das ist gar keine Frage, alles zu vereinheitlichen. Aber persönlich, privat finde ich das einfach ein Unterschied in Kultur, finde ich klasse." (Herr A.B., S.15f)

„Das ist ja gerade wieder das Interessante weil jedes Gebiet hat ihre Eigenheiten und in der Großregion zusammen sind sie ein wunderschöner bunter Teppich. Das erinnert mich, ich vergleiche das gern mit Paris, die Metro dort ist ja sehr gut ausgebaut, und Paris hat ja tausend Gesichter, wenn sie in einem Viertel einsteigen und in einem anderen Viertel aussteigen, haben Sie ein anderes Paris, aber Sie sind in Paris. Und so ähnlich finde ich die Großregion: jedes Gebiet der Großregion hat ein eigenes Gesicht aber zusammen sind wir eine Großregion." (Frau Y.B., S.7)

„Auf der anderen Seite glaube ich, ist das total wichtig, dass man das [die Differenz, Anm. A.S.] akzeptiert, denn man will ja nicht mit seinesgleichen kooperieren, sondern man will ja einen Mehrwert für alle Beteiligten dadurch haben, dass sich unterschiedliche Personen mit unterschiedlichem kulturellen Hintergrund, unterschiedlichen Mentalitäten begegnen. [...] dass man sozusagen eine breitere Messlatte braucht und sozusagen auch in der Differenz und in der Akzeptierung von Differenz, also ich sag jetzt Alterität, das ist so der Überbegriff, wir meinen das gleiche, der eigentliche Mehrwert liegt. Und dass der nicht beseitigt werden kann, denn ansonsten ist die grenzüberschreitende Zusammenarbeit nicht mehr so attraktiv. Die Schwierigkeit macht erst das Interesse." (Herr Q.J., S.19)

Herr Q.J. erklärt, die Heterogenität sei der eigentliche Anreiz der Kooperation, da man einen Mehrwert anstrebe, der in der Alterität der Teilräume liege.

In anderen Antworten wird deutlich, dass die innere Heterogenität der Großregion als Besonderheit oder gar Alleinstellungsmerkmal derselben gedeutet werden kann und damit auch als Abgrenzung nach außen fungiert. Die Großregion definiert sich demnach auch über die Unterschiede der einzelnen Teilregionen, die inneren Grenzen sind ein konstitutives Merkmal der inneren Definition. Die Vielfalt der Großregion wird als Modell für Europa gewertet.

Frau E.F., eine Lehrerin einer deutsch-luxemburgischen Schule, erklärt ihr ursprüngliches Interesse für das binationale Schulprojekt und ihre Motivation daran mitzuarbeiten wie folgt:

> „Weil m, ich fand das einfach ganz, ganz wichtig oder finde es immer noch ganz wichtig, dass man da eine Annäherung schafft. Also wirklich wie in dem Sinne von der Großregion, dass man nicht mehr so sehr merkt, wo man gerade ist." (Frau E.F., S.2)

Dieser Wunsch nach Homogenisierung bleibt die Ausnahme. Er ist auch eher als Wunsch nach Gleichheit im Sinne von Gleichberechtigung als im Sinne von Homogenität zu verstehen. Das wird unter anderem an dieser späteren Aussage Frau E.F.s zu den unterschiedlichen Kulturen innerhalb der Großregion deutlich:

> „Ich finde die eher bereichernd muss ich sagen." (Frau E.F., S.19)

Ohne kulturelle Unterschiede wäre es „ja furchtbar langweilig" (Frau E.F., S.19). Obwohl die interviewten Akteure der Großregion nicht versuchen, künstliche innere Homogenität zu erzeugen, ist der Wunsch der Abgrenzung nach außen spürbar:

> „Wir sind ja auch, das ist ja auch interessant für die Großregion, dass alle Mitgliedsstaaten, die da betroffen sind, sind EU-Mitgliedsstaaten der ersten Stunde. Das zeichnet uns auch aus gegenüber von anderen Großregionen. Also ich gehöre zu denen, die sagen, dass wir nicht die schönsten und besten und tollsten Grenzgänger hier sind, aber wir haben einige Alleinstellungsmerkmale, […]." (Herr S.H., S.7)

Herr S.H. betont ein Merkmal der Großregion, das für ihn deshalb besondere Bedeutung hat, weil es die Großregion von anderen grenzüberschreitenden Verflechtungsräumen abgrenzt. Auch bei anderen Akteuren sind Tendenzen spürbar, (vermeintliche) Alleinstellungsmerkmale der Großregion hervorzuheben, um sich von anderen Räumen abzugrenzen. So etwa bei Herrn W.D.:

> „Und unsere drei Länder [Deutschland, Luxemburg, Frankreich, Anmerkung A.S.], die bilden halt hier den, wie soll ich mich ausdrücken, den Kernpunkt des Abendlandes." (Herr W.D., S.18)

Ähnliche metaphorische Überbetonungen der großregionalen Bedeutung sind auch in anderen Quellen bereits festgestellt worden. So berichten Wissenschaftler der Universität Luxemburg, die Werke über die Großregion untersuchen, von inflationärer Verwendung von „Umschreibungen, die der Großregion eine besondere geografische, kulturelle oder gar politisch-wirtschaftliche Zentralität in Europa zusprechen"[651]. Ebenso finden sie häufig Zuschreibungen, die der Großregion, oder zumindest einem Teil ihrer Bewohner, Modellcharakter für Europa bescheinigen.[652] Frau Y.B.s Aussage veranschaulicht dies:

„Und das ist hier Europa im Kleinen. Denn ich glaube, nirgendwo wird das Werden Europas so hautnah erlebt, wie in Grenzregionen. Gerade dort, wo verschiedene Ländergrenzen zusammenstoßen. Und wir im Westen sind eben inmitten dieses Grenzraums. [...] wenn ich im Innern eines Landes lebe, dann kann ich sagen, gut ich lebe Mitten im Land, aber ich habe dort nicht die Möglichkeit, so viele interessante Dinge zu erleben, wie in einer Grenzregion." (Frau Y.B., S.3;5)

Die Grenznähe verleiht den einzelnen Teilregionen etwas Besonderes. Besucher von außerhalb werden über die Grenzen geführt, schnelle Grenzüberschreitungen sind ein gerne demonstriertes Charakteristikum der Großregion. Die Heterogenität ist dem zuträglich: die Möglichkeit der Abwechslung, der Erfahrung von Vielfalt auf engstem Raum macht den Reiz dieses Merkmals aus und lässt es zur Abgrenzungsmöglichkeit nach außen werden. Ein Bemühen um Demonstration innerer Homogenität, wie es in anderen Identitätsräumen zu beobachten ist, wäre in diesem Fall kontraproduktiv:

„Also, m, wenn ich Besuch hab aus'm Ausland, also aus Amerika oder aus Ostasien, dann fahr ich auch mal so ein bisschen rum, nach Luxemburg und nach Frankreich rein; und die finden das auch immer ganz spannend, weil die sind das nicht gewohnt bei den großen Ländern, die die oft haben. Und das finde ich immer ganz spannend, dass man auf so einem kleinen geografischen Gebiet so viele Unterschiede auch hat. M, ja die Häuser sehen schon ein bisschen anders aus, das ganze Umfeld wirkt ein bisschen anders. Ja, in Geschäfte gehen, wenn ich jetzt in einem luxemburgischen Supermarkt bin oder in einem französischen, das sieht ganz anders aus wie in einem deutschen. Das finde ich dann auch immer ganz spannend, es gibt dann andere Produkte, die man einkaufen kann. Und ja, wenn man abends mal ausgehen will, man kann mal nach Luxemburg fahren, da gibt es viel, man kann schön essen gehen, auch wenn es ein bisschen teuer ist [lacht]. M, ja man hat eigentlich viel mehr Möglichkeiten." (Frau P.K., S.14)

Herr S.H. erkennt in dem Differenz-Erleben durch Grenzüberschreitung ebenfalls einen großen Vorteil und ein Spezifikum der Großregion:

---

[651] Colas-Blaise, Marion; Freyermuth, Sylvie; Kmec, Sonja; Tore, Gian Maria; Schulz, Christian (2010): S.147.
[652] Vgl. ebd. S.149.

„Das heißt, der Luxemburger, der ins Saarland kommt, ich gehe nachher kurz in die Innenstadt noch, ich bringe meine Erfahrungen mit als Luxemburger und ich fühle mich dann wohl oder unwohl in der Saarbrücker Fußgängerzone. Aber ich spüre sofort, oho, hier ist etwas anderes. Hier sind die Menschen anders, die sprechen eine andere Sprache, die ich aber gut verstehe, die haben einen anderen Akzent, es riecht nach anderen Lebensmitteln, es ist einfach anders. Und ich partizipiere dann sozusagen an einem Teil saarländischer Identität, ich nehm das wieder mit nach Hause. Wenn ich morgen nach Metz fahre, geht es mir ähnlich. Und ich freue mich auch wirklich darauf und ich esse auch, in Saarbrücken esse ich andere Sachen als in Metz und umgekehrt usw. Und so funktioniert ja auch die Großregion: man überquert immer Grenzen, um auf der anderen Seite was zu finden, was man bei sich nicht findet oder was man glaubt nicht zu finden, das heißt es ist auch oft ein Perzeptionsproblem." (Herr S.H., S.1)

Herr S.H. nennt das Erleben von Differenz ein Perzeptionsproblem. Offenbar suchen die Menschen gezielt nach dem Anderen, dem Exotischen. Auch er selbst bildet diesbezüglich keine Ausnahme: erzählt er doch von seiner Freude als Luxemburger, in Metz oder Saarbrücken andere Eindrücke als zuhause zu erleben.

Das, was Herr S.H. also in Anspielung darauf, dass Differenzen übertrieben wahrgenommen werden, als Perzeptionsproblem betitelt, ist in Wahrheit kein Problem, sondern eine Stärke der Großregion.

Frau Y.B. schildert die gleiche Erfahrung:

„Das ist, schauen Sie gerade mit dem Einkaufen: unsere gehen rüber einkaufen, die gehen zu uns einkaufen, jeder sucht in dem Anderen das, was es bei uns halt nicht gibt. Das Besondere, Schönere." (Frau Y.B., S.10)

Betonung oder gar Erzeugung innerer Homogenität ist in der Großregion also unerwünscht, weil die Heterogenität gerade den „Charme" (Frau D.W., S.9), den „Reichtum" (Frau X.C., S.5) und den „Kitzel" (Frau Y.B., S.11) ausmacht. Jede Region möchte ihre Eigenständigkeit behalten, andernfalls fürchten die Akteure eine Vermischung der Kulturen. Die Existenz unterschiedlicher lokaler und nationaler Identitäten gilt als Voraussetzung für die Entstehung eines großregionalen Zusammengehörigkeitsgefühls (Frau X.C., S.3). Die vorhandene Identität soll nicht durch eine Großregion-Identität abgelöst werden, vielmehr werden Mehrfach-Identitäten und sich immer weiter entwickelnde dynamische Identitäten angestrebt:

„Die Identität, die man hat, dass die gut ist. Und nicht, dass man eine Identität jetzt haben muss, eine Großregions-Identität. Die muss man nicht haben, wenn man sie noch nicht hat. Man hat die, die man hat, die ist toll. Und dann guckt man mal ein bisschen über den Tellerrand. Und dann kriegt man ja auch eine. So wie Kinder ja auch eine Identität bekommen, die ist ja nicht vollständig, die ist im Leben nie vollständig. Die ändert sich ja auch. Das ist wichtig." (Frau E.F., S.14)

Auch die Beibehaltung der verschiedenen Sprachen steht außer Frage und gilt manchen als Reiz:

„Wir hier, wir sprechen jeden Tag mehrere Sprachen hier. Dann kommt jemand aus Deutschland und dann reden wir deutsch, dann kommt jemand aus Frankreich, dann reden wir französisch, dann kommt jemand aus Belgien, französisch, dann sind wieder die Luxemburger, die anrufen, dann reden wir luxemburgisch. Unter uns reden wir manchmal Englisch weil wir einer hier haben, die spricht nicht so gut französisch, die spricht aber ausgezeichnet englisch, dann wenn wir dann alle hier zusammen sitzen, dann reden wir englisch. Also das ist toll. Diese Vielfalt so, Europa, das ist toll." (Frau Z.A., S.14)

Bei Frau R.I. ist eine Vermischung trotzdem sichtbar:

„Vorher war ich, m, vorher war ich eher französisch von der Kultur. Ich hab viel von der deutschen Kultur, aber die Art zu arbeiten, dadurch, dass ich hier studiert hab und eingeschult war in Frankreich hab ich schon ein System drin gehabt, das war französisch. Jetzt dass ich in Trier arbeite und viel mit den anderen Regionen arbeite, hat sich das ein bisschen vermischt. Also ich nehm ein bisschen von allen, aber früher war das eher französisch." (Frau R.I., S.14)

„Bevor ja, bevor ich nach Deutschland gekommen bin, aber ich geh jetzt auch für Saarländerin, wenn ich in Luxemburg bin [beide lachen]. Also das ist auch sehr lustig, weil je nachdem, wo man ist, kann man sich immer, kann man immer anders betrachtet werden. Die, die mich als Französin sehen wollen, sehen eine Französin, die, die mich als Saarländerin sehen wollen, sehen auch eine Saarländerin. [...]" (Frau B.Y., S.3)

Frau B.Y. empfindet es als lustig, nicht genau identifizierbar zu sein. Sie erzählt, sie fühle sich großregional (S.3). Da bei Frau B.Y. diese neue Kategorie der Identifizierung schon in Ansätzen ausgebildet ist, muss sie nicht um ihre soziale Identität fürchten. Sie genießt es, dass die Grenzen innerhalb der Großregion nicht mehr klar erkennbar sind, und freut sich, dass andere sie nicht sofort in die richtige Teilregion zuordnen können. In diesem Fall ist Frau B.Y. aber eher eine Ausnahme. Bei den anderen Gesprächspartnern ist dies nicht so stark ausgeprägt.

Brücher und Dörrenbächer,[653] die die saarländisch-lothringische Grenzkultur nach Zügen einer Mischkultur untersuchen, stellen fest, dass die

---
[653] Brücher, Wolfgang; Dörrenbächer H. Peter (2000).

jeweiligen kulturellen Identitäten beibehalten werden, eine gegenseitige Beeinflussung fand und findet im Grenzgebiet jedoch statt. Selbst wenn Saarländer und Lothringer sich scheinbar entfremden, so der Ausblick von Brücher und Dörrenbächer, wird „durch solche scheinbare Entfremdung das Interesse für die Nachbarn jenseits der Staatsgrenze eher größer"[654] Brücher und Dörrenbächer werten „dies geradezu als Reaktion auf die wachsende Globalisierung mit ihren Tendenzen zu kultureller Vereinheitlichung."[655] Die Attraktivität eines so entstehenden saarländisch-lothringischen-Raumes bestünde im Miteinander der Kulturen, nicht in der Vermischung.

Vorliegende Analyse bestätigt diesen Ausblick. Das Miteinander der Kulturen und die Vielfalt lassen die Großregion für die Akteure attraktiv erscheinen. Die Akteure möchten keinen einheitlichen Kulturraum Großregion. Für die Entwicklung eines großregionalen Bewusstseins ist keine innere Homogenität erforderlich. Großregionale Identität basiert auf Differenz. Innere Abgrenzung ist nicht diskriminierend, sondern vielmehr identitätsstiftend, das Leben in einem abwechslungsreichen Raum wirkt verbindend. „Ohne individuelle Freiheit und Verschiedenheit ergibt sich nicht eine Gemeinschaft, sondern ein Kollektiv, eine Masse. Im Hinblick auf den Prozess der Kommunikation ist Differenz nicht primär ein Mangel an Gemeinschaft, sondern im Gegenteil eine Voraussetzung und teilweise auch ein Maß für ihre Möglichkeit und Lebendigkeit."[656] Es kann vermutet werden, dass die Vielfalt deshalb akzeptiert und gewünscht wird, weil die Differenzen innerhalb der verschiedenen Teilregionen teilweise marginal sind. Große Kultur- oder Mentalitätsunterschiede werden kaum thematisiert, es sind vielmehr die kleinen Andersartigkeiten, die den „Charme" auszumachen scheinen. Frau Z.A. und Herr A.B. bringen die Vermutung auf den Punkt:

„Ein Franzose und ein Türke, das ist ein anderer Kulturkreis. Da sind die Unterschiede größer. Aber jetzt da groß herauszuarbeiten, was unter Deutschen, Franzosen, Belgiern und Luxemburgern ist: letztendlich ist das so eine, wenn man von kleinen Sachen absieht, die Eigenheiten jeder Nation, ist das zwischen ein. Also ich würde nicht so weit gehen und sagen, dass da große Mentalitätsunterschiede. Nicht im Großen, nicht so extrem wie das mit Türken sein kann oder mit asiatischen Kulturen." (Frau Z.A., S.15)

„[...] Nur hat man jetzt vielleicht das Problem, wenn sich kulturell was vermischt, kann es zu Problemen kommen. Aber das ist in dieser Großregion, denke ich, kein Problem. Weil die Kulturen sind sich ja viel zu ähnlich, dass es da jetzt zu

---

[654] Ebd. S.32.
[655] Ebd. S.32.
[656] Vogt, Markus (2007): S.38.

Problemen kommt. Die unterscheiden sich ja nur marginal. Nicht wie wenn jetzt jemand aus Japan vor der Tür stehen würde – das wäre was ganz anderes." (Herr A.B., S.16)

Frau E.F. bringt im Interview zweimal das Beispiel der verschiedenen Besteckbenutzung zur Sprache, als kulturelle Unterschiede thematisiert werden:

> „Also ob ich jetzt mit Messer und Gabel esse den Kuchen, oder ob ich den mit nem kleinen Gäbelchen esse." (Frau E.F., S.19).

Dieser kleine kulturelle Unterschied zwischen deutscher und luxemburgischer Essgewohnheit stellt für sie keinen Grund zur Sorge dar. Andere Interviewte nennen mir als erstes die unterschiedliche Gestaltung des Mittagessens in Frankreich und Deutschland, vor allem im Hinblick auf die Dauer, als markanten kulturellen Unterschied. Aber auch wenn die beschriebenen kulturellen Unterschiede sich zumeist auf scheinbar unwichtige Kleinigkeiten wie die Mittagspausengestaltung beziehen, darf nicht außer Acht gelassen werden, dass auch die Feststellung der geringsten kulturellen Unterschiede bewusst oder unbewusst zu Hierarchiebildung oder -verfestigung beitragen kann. Denn Kultur, so Kühne in Bezug auf Bourdieu, ist von Machtbeziehungen geprägt und trägt zur Unter- und Überordnung von Menschen bei.[657] So liegt der Verdacht nahe, die überaus häufige Erwähnung der ausgiebigen französischen Mittagspause seitens deutscher Interviewter beinhalte hintergründig auch eine Hierarchiebildung, beispielsweise in Bezug auf die (vermeintlich) effizientere deutsche Arbeitskultur gegenüber der französischen.

Gerade weil die Differenzen zwischen den Teilregionen und anderen Nachbarregionen marginal sind, so die Vermutung, die sich in verschiedenen Interviews bestätigt findet, will man sie nicht beseitigen. Im Gegenteil, um die eigene Identität zu wahren, werden die Unterschiede in manchen Situationen tendenziell eher überbetont denn verschwiegen:

> „Wir identifizieren uns sehr stark mit der Deutschsprachigen Gemeinschaft. Eben weil die Unterschiede zwischen uns und Deutschland so gering sind, muss man ganz vehement auf sein Belgier-Sein bestehen. Und in Belgien, da die Unterschiede kulturell so groß sind, eigentlich, m, muss man ganz vehement auf sein Deutschsprachig-Sein bestehen. Also um sich, um ne Identität überhaupt aufrecht halten zu können, muss man sich von dem jeweiligen Nachbarn differenzieren." (Herr N.M., S.10)

Das Beispiel zeigt, dass die teilregionalen Identitäten für die eigene soziale Identität (bislang) weitaus bedeutender sind als eine großregionale Identität.

---

[657] Vgl. Kühne, Olaf (2008b): S.228.

Das richtige Maß an Heterogenität scheint überdies von großer Bedeutung. Sind die (kulturellen) Unterschiede zu groß, können Überfremdungsängste, Ängste vor Schwächung der sozialen Identität und Abwehrhaltungen ausgelöst werden. Im Falle der Großregion sind die Alteritäten offensichtlich gerade so deutlich, dass Diversifizierungen – und somit Bewahrung der eigenen sozialen (Teilregion-) Identität – gut möglich sind, jedoch auch nicht so beachtlich, dass sie zu störend wirken würden.

Wie wichtig Alterität, also das Unterscheidende, zur Bewahrung der sozialen Identität ist, zeigen beispielhaft die andauernden Bemühungen vieler Saarländer, sich von Rheinland-Pfälzern abzugrenzen. Das Saarland nennt gerne seine geographische und kulturelle Nähe zu Frankreich, wenn es sich dem restlichen Deutschland präsentiert. Das Bild eines frankophilen Saarlandes wird offenbar gerne als Abgrenzung zu den anderen Bundesländern genutzt[658]. Dies geschieht jedoch nicht mit dem Zusatz *Großregion*, es wird auch selten die Nähe zu Lothringen betont, sondern eher zu Frankreich im Allgemeinen. Im Gegensatz dazu grenzt sich das Saarland öffentlich gerne von seinem Nachbarn Rheinland-Pfalz ab. Eine Erklärung hierfür sind sicher die immer wieder auftretenden Diskussionen bezüglich einer Länderneugliederung innerhalb Deutschlands, bei der das Saarland mit Rheinland-Pfalz vereint werden könnte. Die soziale Identität des Saarlandes wäre durch dieses Szenario womöglich in Gefahr. Die Folge ist eine verschärfte Abgrenzung; die Betonung der Eigenständigkeit und des französischen Charakters des Saarlandes können damit auch erklärt werden. Denn die Gefahr. dass das Saarland mit Lothringen zusammengefügt wird, besteht nicht, die soziale Identität wird also durch ein Betonen der Nähe zu Frankreich nicht bedroht. Unter der Überschrift „SaarLorLux statt Neugliederung" zitiert die saarländische Zeitung „Die Woch" den Vorsitzenden der Europa-Union Saar, Hanno Thewes: „'Die Zukunft unseres Landes liegt in einer noch intensiveren Zusammenarbeit in SaarLorLux', so Thewes. Eine Verlagerung des politischen Zentrums nach Mainz oder Wiesbaden wäre das Ende der SaarLorLux-Kooperation und würde die ‚Regionenbildung neuer Art', die gerade im Entstehen sei, zum Erliegen bringen."[659] Thewes nutzt hier die Grenznähe des Saarlandes beziehungsweise die Zugehörigkeit zu einem grenzüberschreitenden Verflechtungsraum als Argument gegen eine Länderneugliederung. Er grenzt das Saarland intensiver von den nahen deutschen Bundesländern ab, als von Lothringen und Luxemburg. Wieder kann zur Erklärung die Theorie der sozialen Identität herangezogen werden: das Saarland muss sich zur Aufrechterhaltung seiner sozialen Identität stärker von Rheinland-Pfalz abgrenzen, das eine direkte

---

[658] Die Tendenz des Saarlandes, sich gerne frankophil zu präsentieren, wird in den Interviews mit Frau B.Y., Herrn I.R. und Herrn E.V. deutlich.
[659] Die Woch. 7. März 2009. (10/2009).

Bedrohung darstellt, als von Luxemburg oder Lothringen, die in diesem Kontext ungefährlich für sein Fortbestehen und somit seine soziale Identität sind. Denn dass das Saarland Lothringen und Luxemburg näher steht und zu ihnen mehr Verflechtungen unterhält als zu Rheinland-Pfalz kann durch die Interviews nicht bestätigt werden. Vielmehr darf vermutet werden, dass eine starke öffentliche Abgrenzung von Rheinland-Pfalz das Gegenteil zeigt: wenn die Unterschiede zwischen zwei Räumen von außen nicht klar erkennbar sind, tendieren die Menschen, die ihre soziale Identität bedroht spüren, dazu, die innere Homogenität intensiv zu betonen und sich von dem als Bedrohung empfundenen Raum stark abzugrenzen und die Unterschiede besonders hervorzuheben. Offenbar bestätigt sich hier, dass „[...] raumbezogene Identitäten sich erst dann [verfestigen], wenn sie in Frage gestellt werden."[660] Ebenso demonstriert dieses Beispiel, „dass sich hinter der Begeisterung für Differenz und kulturelle Vielfalt in den Zentren des Westens nicht zuletzt das Bemühen verbirgt, das Eigene durch Einverleibung des Fremden vor der Auflösung und Auszehrung zu bewahren."[661]

Eine intensive Abgrenzung nach außen lässt offenbar darauf schließen, dass die soziale Identität als gefährdet wahrgenommen wird. Dass keine extremen Abgrenzungsversuche seitens der Akteure innerhalb der Großregion zwischen den einzelnen Teilregionen spürbar sind, ist demnach ein gutes Zeichen dafür, dass die sozialen Identitäten nicht durch die anderen Teilregionen als direkt bedroht wahrgenommen werden. Das ist sicher auch damit zu erklären, dass die Unterschiede zwischen den Teilregionen, wie beschrieben, akzeptiert und als besonderes Charakteristikum der Großregion sogar gewünscht werden. Versuche einer Homogenisierung des grenzüberschreitenden Verflechtungsraumes wären demnach nicht identitätsfördernd, sondern -gefährdend.

Die Auswahl der Interviewten muss immer mit in Betracht gezogen werden. Alle Befragten waren direkt oder indirekt beruflich in die Großregion involviert. Ihr Regionalbewusstsein ist daher mit hoher Wahrscheinlichkeit intensiver von der Großregion beeinflusst als das der übrigen Bevölkerung. Dies erklärt auch, warum sich manche Analyseergebnisse vorliegender Arbeit von Ergebnissen anderer Forschungen bezüglich des Regionalbewusstseins oder der Identität von Großregionbewohnern mitunter deutlich unterscheiden. So bescheinigt beispielsweise eine junge Studie zur Identität der Bewohner Luxemburgs und deren Verhältnis zur Großregion dem Untersuchungsgebiet eine weitaus geringere Bedeutung. Dort heißt es: „Über Gemeinsames und Verbindendes wurde weitaus weniger gesprochen als über Trennendes und Abstoßendes oder das mitunter anziehende Andere. Zwar lässt sich vielfach ein gewisses Bewusstsein für

---

[660] Zeitler, Klaus (2001): S.122.
[661] Eickelpasch, Rolf; Rademacher, Claudia (2010): S.114.

Luxemburgs Position in einer komplexen Grenzraumsituation ausmachen. Hinweise auf ein zunehmendes Selbstverständnis etwa als ‚Sar-Lor-Luxois' sind jedoch auch implizit kaum zu finden."[662] Allerdings ließ sich vielfach „eine grundsätzliche Sensibilisierung für ‚das Gemeinsame im anderen' jenseits der Grenze [...] ausmachen."[663]

Knippschild schildert eine ähnliche Erfahrung wie die der vorliegenden Untersuchung am Beispiel des Städteverbunds Kleines Dreieck (Zittau, Bogatynia, Hrádek nad Nisou). Kulturelle und mentale Unterschiede haben in diesem Kooperationsraum keineswegs negative Auswirkungen, sie werden vielmehr positiv wahrgenommen und als Motor der Kooperation verstanden. „Je länger die Kooperation andauert, desto eher werden negative Vorbehalte neutralisiert beziehungsweise unterschiedliche Arbeitsweisen und Mentalitäten anerkannt und als bereichernd angesehen."[664] Und auch der grenzüberschreitende Kooperationsraum Euregio Maas-Rhein möchte seine kulturelle Vielfalt keineswegs homogenisiert wissen. „Ein Identitätsraum, der sich auf die affektiven Bindungen der Menschen stützen könnte, ist die EMR [Euregio Maas-Rhein, Anm. A.S.] nicht und soll sie auch nicht werden, würde man damit doch die regionalen Identitäten der fünf Nachbarregionen überspringen. In der EMR hat man also das Paradigma der Integration und der gemeinsamen Identität aufgegeben und hebt vielmehr die Differenzen sowie die Angebotsstruktur und den Möglichkeitsraum, den sie eröffnen, hervor."[665] Almut Kriele bezeichnet die kulturelle Heterogenität als janusköpfig, da sie die Kooperation sowohl bereichert als auch erschwert.

Während die EU zur Stärkung ihrer Identität vor allem darum bemüht ist, sich nach außen abzugrenzen und dies durch die Konstruktion „vereinfachte[r] negative[r] Bilder des (bedrohlichen) Anderen, Nicht-Europäischen"[666] – etwa einem kulturell und politisch verachteten und unterlegenen Amerika[667] - versucht, ist dieser Punkt in der Identitätskonstruktion der Großregion und anderer grenzüberschreitender Verflechtungsräume vernachlässigbar.

Neben Projekten, an denen alle Teilräume der Großregion beteiligt sind, werden von vielen Akteuren ausdrücklich auch bilaterale Projekte oder Projekte, die über die Großregion hinausgehen, begrüßt. Eine Akteurin aus der Deutschsprachigen Gemeinschaft Belgien berichtet beispielsweise von einem Projekt, an dem auch Liechtenstein beteiligt ist:

---

[662] Colas-Blaise, Marion; Freyermuth, Sylvie; Kmec, Sonja; Tore, Gian Maria; Schulz, Christian (2010): S.153.
[663] Ebd. S.155.
[664] Knippschild, Robert (2009): S.236.
[665] Kriele, Almut (2005): S.91.
[666] Krause, Johannes (2009): S.349.
[667] Vgl. ebd.

„Und ich arbeite in der Großregion, also SaarLorLux, jetzt seit zehn Jahren, ungefähr zehn Jahren. Und wir machen jedes Jahr eine interkulturelle Schulung zusammen, also es gibt Leute, inzwischen ist Liechtenstein dazugekommen [lacht], wir sagen SaarLorLuxLi. Aber das ist Zufall, weil der Jugendarbeiter das so toll fand das Projekt, hat er sich da mit eingeklinkt." (Frau M.N., S.2).

Solche Beispiele weisen darauf hin, dass eine klare Abgrenzung nach außen nicht prioritär ist und stattdessen häufig der Wunsch einer variablen Geometrie spürbar ist. Dies ist sicherlich auch dadurch bedingt, dass bei vielen Akteuren ein generelles Interesse an grenzüberschreitenden und internationalen Themen bemerkt werden kann, welches sich nicht nur auf die Großregion beschränkt.

4.7 Die Macht der Gewohnheit – Zur Rolle des Habitus bei grenzüberschreitenden Verflechtungen

Das Verhalten und Handeln von Individuen ist nicht völlig frei bestimmbar. Es unterliegt gewissen Verflechtungen, Strukturen und nicht zuletzt auch inkorporierten Gewohnheiten und deren Imitation. Es ist deshalb nur schwer wandelbar. Bourdieu spricht vom Hystereseseffekt des Habitus[668]. Das bedeutet, dass der Habitus sich einem Wandel der Lebensbedingungen nur verzögert anpassen kann. Somit wird der Habitus „vom gesellschaftlichen Wandel überholt. [...] Der Habitus gewährleistet über die Wahrnehmungs-, Bewertungs- und Handlungsmuster eine aktive Präsenz früherer Erfahrungen in der Gegenwart und eine Konstanz der Praktiken im Zeitverlauf, die eher durch die Dispositionen der Vergangenheit als des Gegenwärtigen geprägt sind."[669] Bourdieu verwendet den Habitus als Erklärungshilfe, es handelt sich um eine Art Vermittlungsinstanz zwischen dem Handeln und der Struktur.[670] Bourdieus Habitus-Konzept wurde vor allem durch sein Werk „Die feinen Unterschiede" bekannt, indem er sich sehr ausgiebig mit den einverleibten Geschmäckern, Vorlieben und Gewohnheiten der verschiedenen sozialen Schichten beschäftigt, und dadurch (auch) die Macht des Habitus aufzeigt. Das Konzept lässt sich jedoch nicht nur auf die klassischen Gesellschaftsschichten anwenden. Es ermöglicht beispielsweise auch eine Erklärung der unterschiedlichen Verhaltensweise der Geschlechter. „So wie die weiblichen Dispositionen zur Unterwerfung wird auch die männliche Disposition zur Herrschaft durch langwierige

---

[668] „Im allgemeinsten Sinne ist mit Habitus die Haltung des Individuums in der sozialen Welt, seine Dispositionen, seine Gewohnheiten, seine Lebensweise, seine Einstellungen und seine Wertvorstellungen gemeint." (Fuchs-Heinritz, Werner; König, Alexandra; 2005: S.113.)
[669] Barlösius, Eva (2006): S.87.
[670] Vgl. Ebd. S.47f.

Sozialisationsarbeit gelernt. Männer lernen, Herrschaft zu beanspruchen und auszuüben, meint Bourdieu."[671] Da der Habitus abhängig von Strukturen und handlungsprägend ist, „bringen die Akteure Strukturen sozialer Ungleichheit und Machtbeziehungen hervor [...], ohne dass ihnen dieses Werk als solches bewusst und Inhalt ihrer Absichten wäre."[672] Bourdieu spricht daher auch vom Paradoxon des objektiven Sinns ohne subjektive Absicht.[673] Diesem Gedanken entspricht auch Elias' Verständnis des Alltagsbegriffs, den Hermann Bausinger wie folgt zusammenfasst: „Alltag ist demnach der Raum, in dem wir uns unreflektiert bewegen, dessen Wege wir im Schlaf gehen, ohne Aufwand, dessen Bedeutungen und Konstellationen uns unmittelbar zugänglich sind, wo man tut, was man eben tut, wo das Handeln den Charakter des Natürlichen hat, wo wir die Vorstellung vom Sinn unseres Tuns selbstverständlich mit anderen teilen."[674]

Es kann also vermutet werden, dass auch ein grenzüberschreitendes Bewegen und Handeln der Großregionbewohner im Habitus inkorporiert und vom Hysteresiseffekt betroffen ist. Die Grenzen waren lange Zeit eine Barriere, freies grenzenloses Bewegen scheint zwar in dem heutigen Gebiet der Großregion eine Selbstverständlichkeit, jedoch, so die Vermutung, sind alte Gewohnheiten noch immer einverleibt. Diese Annahme, deren Untersuchung eine eigene Forschung bedürfte, soll im Folgenden knapp geprüft werden. Das Habitus-Konzept ist bei der Betrachtung alter Gewohnheiten im Hinterkopf. Es kann hier jedoch keine umfangreiche Analyse des Habitus der Befragten vorgenommen werden. Trotz der etwas simplifizierten Betrachtung ist dieser Forschungsexkurs im Rahmen der Untersuchung zu Identitäten und Stereotypen interessant und sicher lohnenswert.

In Herrn E.V.s Dorf in Rheinland-Pfalz an der unmittelbaren Grenze zu Luxemburg ist die Grenzgängerbewegung deutlich spürbar. Rheinland-Pfälzer pendeln zum Arbeiten ins besser bezahlende Luxemburg, bleiben nach Möglichkeit jedoch in ihrer Heimat wohnhaft, Luxemburger ziehen ins günstigere rheinland-pfälzische Grenzdorf, gehen jedoch ihrer Arbeit und häufig auch ihren Freizeitbeschäftigungen in der Heimat Luxemburg nach. Häufig nehmen sie auch ihre Kinder morgens mit nach Luxemburg, um sie in den dortigen Kindergarten zu bringen. Der ebenfalls grenznah lebende Rheinland-Pfälzer Herr V.E. befürchtet daher, dass sich das Neubaugebiet seines Dorfes „zu ner Schlafburg [...] ausdehnen" (Herr V.E., S.2) kann. Er selbst spricht von „alten Gewohnheiten" (Herr V.E., S.13) als Grund der Hinderung einer gemeinsamen Identität:

---

[671] Schmitzer, Ulrike (2007): S.28.
[672] Weiß, Ralph (2009): S.33.
[673] Vgl. ebd. S.33.
[674] Bausinger, Hermann (1996): S.33.

„Ich würde jetzt aus dem hohlen Bauch raus sagen: alte Gewohnheiten. Das muss erst wachsen. Alte Gewohnheiten. Dass man sagt, wir sind Luxemburger, wir wohnen zwar hier in Deutschland, und dass man auch als Deutsche sagt, wir wohnen ja nur in Luxemburg. Dass man, das ist noch nicht so, dass sie sich mit dieser Region identifizieren, dass sie sagen, egal wo ich wohn, hier bin ich daheim. Das wird sich meiner Ansicht nach ändern. Es muss sich auch ändern. Weil das, ja im Moment glaub ich wirklich sind das die alten Gewohnheiten. Gucken Sie die jüngeren Generationen, die haben schon wieder ein ganz anderes Verhältnis dazu. Ich hab zum Beispiel einen Sohn, der in Luxemburg arbeitet. Der bedingt durch seine Tätigkeit in Luxemburg jetzt ein Jahr lang in Liechtenstein war, dann in der Schweiz und jetzt wieder zurück nach Luxemburg kommt. […] Und das glaub ich, empfindet ein Jüngerer, oder kann er einfacher als wenn ich jetzt an meine Generation denke." (Herr V.E., S.13)

Als ich Herrn A.B. danach frage, in welchen anderen Teilregionen der Großregion er sich vorstellen könnte, zu wohnen und zu arbeiten, erklärt er mir, dass es ihm generell schwer fiele, das Gewohnte aufzugeben:

„Mir liegt viel an dem gewohnten deutschen System und ich würde mich schwer zurecht finden mit 33 Jahren ein komplett anderes System, […], es ist ein anderer Staat, es ist etwas, was m, es ist nicht Deutschland. Es hat nicht, ich weiß nicht, es ist nicht Deutschland, mit dem was ich über 33 Jahre gewohnt und erlebt und gelernt habe. Es ist Frankreich oder Luxemburg. Es ist ein Unterschied. Ich weiß nicht, im alltäglichen Leben ist es mit Sicherheit gleich. Es gibt Häuser und Mietwohnungen, es gibt Menschen und Freunde, es gibt Bäcker und Metzger, es gibt die Post, es gibt das Amt. Aber da fängt es schon an. Wenn ich zu einer Behörde gehe in Frankreich, ist die wohl anders aufgebaut und strukturiert, wenn ich in Frankreich einen Bauantrag stelle, ist es anders als wenn ich den in Deutschland stelle, wie ich den in Deutschland gewöhnt bin. Ich habe gelernt, wie es ist, in Deutschland einen Bauantrag zu stellen. Ich weiß nicht, wie es in Frankreich ist. Oder einen Personalausweis zu beantragen, ich weiß es nicht. Es ist in Frankreich was anderes. Es ist, eine Einkommensteuer zu machen, ich glaube, meine Angst bezieht sich immer viel auf die Verwaltung, weil ich denke, dass das was anderes ist. Oder das Berufsleben an sich. Im Berufsleben hat man viele Dinge, die im alltäglichen Ablauf so und so sind und die im Ausland anders sind. In Frankreich macht man zwei Stunden Mittagspause, in Deutschland macht man es nicht. […] Ich würde das nicht wollen, ich könnte das nicht, es würde mir unglaublich schwer fallen." (Herr A.B., S.17f.)

Herrn A.B.s Angst vor der ihm fremden Verwaltung im Ausland als Grund für seine Heimatbezogenheit ist eher die Ausnahme. Deutlich häufiger bemerkt man bei den Interviewten ein Unbehagen bezüglich fremden Gewohnheiten des alltäglichen Lebens wie etwa der unterschiedlich gestalteten Mittagspause, die Herr A.B. ebenfalls nennt. Der Habitus ist sowohl „*Erzeugungsprinzip* objektiv klassifizierbarer Formen von Praxis" als auch „*Klassifikationssystem* (principium divisionis) dieser Formen"[675]. Das heißt, dass der Habitus auch dafür sorgt, dass der eigene Lebensstil (beispielsweise die knappe Mittagspause) hervorgebracht und weitergegeben wird, gleichzeitig klassifiziert und von anderen (beispielsweise Lebensstilen mit langer Mittagspause) unterschieden und bewertet wird.

Viele Handlungen unterliegen einem Automatismus. Auch wenn grenzüberschreitende Verflechtungen im Alltag zwischenzeitlich theoretisch kaum mehr Barrieren überwinden müssen, so bleibt dem Subjekt die Gewohnheit durch seine Trägheit inkorporiert, trennende Strukturen werden durch habitusgeleitetes Handeln erneuert.

4.8 Einfluss großregionaler Identitäten auf das Handeln

Ein wichtiges Ziel grenzüberschreitender Verflechtungsräume ist stets die Erzeugung einer gemeinsamen Identität. Hier ist auch die Großregion keine Ausnahme. Doch warum ist es überhaupt nötig, eine gemeinsame großregionale Identität zu haben? Was sind die Vorteile? Dass Identitäten das Handeln der Subjekte beeinflussen gilt als sicher: „Subjekte beziehen ihre Handlungsfähigkeit zu allen Zeiten und in allen Kulturen aus ihrem Sinn dafür, wer sie sind."[676] Doch wie beeinflusst eine großregionale Identität das Handeln der Akteure? Um dies herauszufinden, wurde in den Interviews zum einen direkt danach gefragt, warum die Akteure eine großregionale Identität vorteilhaft fänden, und zum anderen wurde aus anderen Antworten analysiert, inwiefern sich ein großregionales Bewusstsein auf die Wahrnehmung und damit auch auf das Handeln auswirkt.

Das Ergebnis zeigt, dass alle interviewten Akteure der Großregion gegenüber zumindest eine positive Einstellung haben. Eine großregionale Identität ist noch nicht stark ausgeprägt, jedoch in Ansätzen spürbar. Ein Eindruck über das Handeln und das Engagement der Akteure kann nur aus ihren eigenen Erzählungen gewonnen werden. Die Akteure, bei denen eine besondere Affinität zur Großregion besteht, die zumeist durch persönliches Interesse oder durch Stolz hervorgerufen ist, wirken stark motiviert. Frau F.U. beispielsweise empfindet die Großregion als Modell für Europa. Das macht sie stolz und regt sie an, weiter für das Gelingen dieses Modells zu arbeiten.

Herr Q.J. antwortet auf die Frage nach der Bedeutung einer gemeinsamen Identität:

---

[675] Bourdieu, Pierre (1987): S.277.
[676] Rosa, Hartmut (2007): S.50.

„Äh ja, da glaube ich, kann das hilfreich sein in Krisenzeiten, die wir jetzt eigentlich wenig erlebt haben. Wenn sich tatsächlich sehr dringende Probleme stellen, könnte dann eine solche grenzüberschreitende Solidarität schon hilfreich sein, äh für die gesamte Region. Wenn wir eine prosperierende Wirtschaft haben, dann glaube ich, kommen alle einigermaßen gut zurecht. Aber sollte es tatsächlich noch tiefere Einschnitte geben, jetzt in der wirtschaftlichen Entwicklung, dann wäre natürlich ein Zusammengehörigkeitsgefühl hilfreich für wechselseitige Solidarität, die im Augenblick nicht nachgefragt wird und auch deshalb nie auf dem Prüfstand war." (Herr Q.J., S.5)

Seiner Ansicht nach wird also eine großregionale Identität in krisenfreien Zeiten nicht unbedingt benötigt, in Krisenzeiten allerdings kann sie Solidarität stiften.

In einigen Interviews wurde sichtbar, dass das großregionale Bewusstsein mancher Akteure erst durch die Arbeit mit der Großregion entstand. Als Beispiel kann Herrn S.H.s Antwort auf meine Frage, was seine Motivation sei, für die Großregion zu arbeiten, und was ihn daran reize, dienen:

„M, das mache ich seit zwanzig Jahren jetzt. Erstes Mal bin ich Geograph, Geographen, die meisten zumindest, nicht alle, sind neugierige Menschen, sind interessiert an dem, was in der Welt um sie herum passiert sozusagen, möchten das dann auch verstehen, analysieren, quantifizieren, qualifizieren usw. Ich habe dann zuerst in der sozialwissenschaftlichen Forschung gearbeitet in Luxemburg, da habe ich sozusagen über die Statistik habe ich die Großregion kennen gelernt, also die Unterschiede. Unterschiede in Bereich der Wirtschaftsstruktur, der Sozialstruktur usw." (Herr S.H., S.14)

Offenbar spielt es keine entscheidende Rolle, auf welchem Weg man zu einem großregionalen Bewusstsein gelangt. Denn Herr S.H. ist heute ein begeisterter Freund der Großregion. Das hieße, die Existenz der ‚üblichen' Identitätsanker eines Raumes, wie Sprache oder Geschichte, die auch hier untersucht wurden, sind für die Entstehung einer regionalen Identität, bzw. Bewusstseinsbildung nicht zwingend erforderlich.

Auch in anderen Fällen wird deutlich, dass dem großregionalen Bewusstsein ein allgemeines Interesse an europäischen, internationalen oder grenzüberschreitenden Fragestellungen vorausgeht. Viele Interviewte sind zufällig zu ihrer speziellen Arbeit mit der Großregion gekommen und weisen dennoch heute eine – zumindest im Vergleich zur Bevölkerung – überdurchschnittliche Affinität zur Großregion auf.

„Also ich bin in der Großregion, also ich bin in Lothringen geboren und für mich hat meine Region früher nicht so viel groß bedeutet. Hab gedacht, statt in dieser Region hätt ich genauso in einer anderen Region sein können und äh als ich angefangen habe, mich in der Großregion zu bewegen, d.h. über die Grenze zu gehen, ist mir dieser Raum viel spannender geworden. Und m, wenn man seine Region manchmal in seinem Land betrachtet, z.B. Lothringen innerhalb von Frankreich, denkt man naja, dass ist vielleicht nicht sehr viel, Saarland ist vielleicht das kleinste Land von Deutschland gegenüber Berlin, Hamburg keine Ahnung denkt man vielleicht naja, aber in diesem ganzen Gefüge sozusagen finde ich den Raum sehr attraktiv. Ich habe immer mehr Schwierigkeiten, mich, also die Region zu verlassen. Weil ich entdecke immer neue Felder, natürlich sind die Regionen an sich eigentlich eher klein, aber wenn man das als Ganzes sieht, ist die Großregion genauso groß, größer als die Schweiz." (Frau B.Y., S.2)

Das allgemeine Interesse an anderen Sprachen, Kulturen und Geschichte wirkt sich ebenfalls scheinbar positiv auf ein Grenzregion-Bewusstsein aus.

„Ich meine einfach, dass zwischen Menschen keine Grenzen sein dürfen." (Herr U.F., S.15)

Ähnlich wie Herr U.F. schildern mir viele Interviewte ihre Motive für den Einsatz in der grenzüberschreitenden Zusammenarbeit mit sehr allgemeinen Werten. Als Ergebnis vorliegender Untersuchung kann daher festgehalten werden, dass ein großregionales Bewusstsein nicht unbedingt eine Voraussetzung für engagiertes Handeln der Akteure ist, es entsteht allerdings offenbar häufig im Laufe der Tätigkeit. Allerdings ist es von Vorteil, wenn neben der nationalen Identität die Offenheit für andere Identitäten, etwa grenzübergreifende Identitäten, stark ausgeprägt ist.

Deppisch fasst zusammen, „dass ein vorhandenes Bewusstsein über die Existenz einer relevanten Region die Kooperation erleichtert, aber keine notwendige Voraussatzung für diese darstellt. Eine sozio-emotionale oder ideelle Bindung der Akteure an ihre Region wird aber nicht als entscheidend für die Kooperationsprozesse angesehen."[677]

Die Stärkung einer großregionalen Identität ist daher nicht unabdingbar für ein gelingendes Kooperieren innerhalb der Großregion. Jedoch würde eine solche Identität die Motivation der Akteure und damit ihr Engagement vermutlich stärken. Das wird beispielsweise bei Herrn Q.J. deutlich, der lobend erwähnt, wie viele Akteure der Großregion bei den Festlichkeiten zum Tag der Deutschen Einheit 2009 (Gastgeber: Saarland und die Großregion) anwesend waren. Es freut und motiviert ihn, zu sehen, dass auch privates Interesse bei den Akteuren besteht. Das großregionale Bewusstsein anderer kann also vermutlich Menschen begeistern und eigenes Bewusstsein antreiben. Wenn berufliche Aktivität durch persönliches Interesse gestützt wird, kann dies nur von Vorteil

---

[677] Deppisch, Sonja (2007): S.69.

sein. Das Ziel der Großregion, eine großregionale Identität anzustreben, ist daher auf jeden Fall verständlich.

Spellerberg und Kühne finden in Untersuchungen zum Heimatbewusstsein der Saarländer heraus, dass ein Heimatbewusstsein durch persönliche Aktivität und Teilnahme verstärkt wird. „Heimat ist dort, wo sich Personen als tätige, mitgestaltende Gesellschaftsmitglieder erleben [...]."[678] Die auffallend hohe Affinität der befragten Akteure zur Großregion kann also sicher auch damit erklärt werden, dass sie aktiv daran partizipieren und zur Mitgestaltung beitragen. Die Arbeit stärkt also das Heimat- bzw. Großregionalbewusstsein. Umgekehrt kann vermutet werden, dass sich dieses Bewusstsein positiv auf die Arbeit auswirkt. Frau E.F. drückt diese Vermutung ebenfalls aus:

> „Aber man muss es [die ganze Region, Anm. A.S.] sich aneignen, man muss es als etwas begreifen, was einem gehört und nicht, wo man nichts zu sagen hat. [...] Indem man sich einmischt. Indem man dahin geht, indem man da mitmacht, zuallererst mit den Leuten redet. Indem man dahin geht. Und nicht m, zurückschreckt, wenn einer einen anblafft, weil er es noch nicht verstanden hat." (Frau E.F., S.18)

Einen Raum als „etwas zu begreifen, was einem gehört", woran Frau E.F. appelliert, eröffnet die psychologischen Funktionen des Besitzes: „Herrschaft über ihn, Autonomie gegenüber Dritten, Selbstverwirklichung".[679] Frau E.F. Auffassung bezüglich der Bedeutung des Sich-zu-Eigen-Machens einer Region kann mit Tilmann Habermas als Ortsbindung bezeichnet werden. Denn diese beschreibt zunächst „die aktuelle Handlungsdisposition. Die Möglichkeit, sich an einen Ort zu binden, und die Möglichkeit, ihn aufzusuchen (sowie natürlich seine Qualitäten), wirken sich je nachdem, wie wichtig eine Ortsbindung für das Individuum ist, stabilisierend auf das Selbstgefühl, die subjektive Identität aus"[680].

Knippschild berichtet von Problemen der grenzüberschreitenden Zusammenarbeit, die durch Unsicherheit ausgelöst werden. Die Unsicherheit, so Knippschild, basiert auf fehlender Erfahrung in der grenzüberschreitenden Kooperation, fehlenden Fremdsprachenkenntnissen und mangelnder interkultureller Kompetenz.[681] Unsicherheit schwächt die soziale Identität und fördert damit die Entstehung und Verfestigung weiterer Stereotype und Outgroup-Abwertungen. Wenn Unsicherheit Probleme bei der grenzüberschreitenden Zusammenarbeit auslöst, dann wäre die Entstehung einer gemeinsamen Identität positiv zu werten. Denn eine gemeinsame Identität würde

---
[678] Kühne, Olaf; Spellerberg, Annette (2010): S.176.
[679] Habermas, Tilmann (1996): S.159.
[680] Ebd. S.157.
[681] Vgl. Knippschild, Robert (2009): S.235.

Unsicherheiten, die aufgrund schwacher sozialer Identität der einen Teilregion im Vergleich zu einer anderen entstehen, verhindern, indem statt der Teilregionidentitäten die Identität einer neuen Überkategorie „Großregion" salient würde. Die Akteure müssten sich als Angehörige ein und derselben Kategorie nicht ständig vergleichen, was Unsicherheit vermeiden könnte. Die Perpetuierung einer großregionalen Identität ist also zwar bei den untersuchten Akteuren keine unabdingbare Voraussetzung für eine gute grenzüberschreitende Kooperation, sie kann jedoch dazu beitragen, dass anstatt möglicherweise trennender Kategorisierungen, die Stereotype hervorrufen, in vielen Fällen gemeinsame Kategorien salient werden. Da der Mensch, so Tajfels Untersuchungen, nach der größtmöglichen Differenz zwischen In- und Outgroup strebt und dafür eine Diskriminierung der Outgroup in Kauf nimmt, ist es auf jeden Fall erstrebenswert, bei großregionalen Kooperationen interne Outgroups zu verhindern. So würden alle Akteure für die Besserstellung der gemeinsamen Gruppe Großregion eintreten und es bestünde weniger die Gefahr, dass Akteure, welche die soziale Identität ihrer Teilregion als gefährdet empfinden, andere Teilregionen diskriminieren.

Die übergeordnete Kategorie Großregion wirkt heute im Gegensatz zu den Kategorien der einzelnen Teilregionen, die über eine stärker ausgeprägte Identität verfügen, noch sehr selten handlungs- und entscheidungsrelevant. Trotzdem muss es nicht zwangsläufig zu Outgroup-Diskriminierung kommen. Laut Tajfel (1978) variieren Situationen „auf dem Kontinuum zwischen eindeutig interpersonellem Verhalten und eindeutig intergruppalem Verhalten."[682] Kooperationen innerhalb der Großregion tendieren häufig dazu, intergruppales Verhalten hervorzurufen, also Verhalten zwischen Personen, „das vollkommen durch deren Zugehörigkeit in verschiedenen sozialen Gruppen oder Kategorien und deren Beziehung dieser Kategorien zueinander bestimmt ist"[683]. Denn großregionale Kooperationen setzen häufig voraus, dass aus allen Teilregionen Akteure beteiligt sind. Solche Kooperationen haben die Kategorisierung der Großregion in sechs Teilregionen verinnerlicht und stärken sie durch diese Auflagen. In den Interviews wurden aber auch Arbeitsweisen beschrieben, die eher interpersonelles Verhalten aufzeigen. Als Beispiel soll hier Frau J.Q.s Erfahrung dienen:

> „[...] es hat sehr viel auch mit Personen zu tun. Also es ist jetzt zum Beispiel so, dass auf der [Ebene auf der sie arbeitet, Anm. A.S.], hier arbeiten viel mit seit drei Jahren mit mir, einige haben gewechselt, manche kennen sich schon seit vier, fünf Jahren, manche erst seit zwei, drei Jahren, aber so, wir kennen uns schon eine lange

---

[682] Mummendey, Amélie (1984): S.10.
[683] Ebd. S.10f.

Zeit und haben auch schon auch wirklich Höhen und Tiefen miteinander durchlebt [lacht] und da ist es jetzt so, dass wir wirklich in Sitzungen die Personen sehen und nicht irgendwie die Vertretung der Region. Und das klappt auch sehr gut." (S.24)

Die Interviews mit Akteuren, die nicht unmittelbar für die Großregion arbeiten, jedoch von grenzüberschreitenden Kooperationen betroffen sind, zeigen, dass in dieser Gruppe das Gebilde Großregion häufig eine sehr viele geringere Rolle spielt und teilweise für deren Selbstkonzept völlig unwichtig ist. Als Beispiel kann Herr A.B. genannt werden. Er kennt zu Beginn des Interviews das genaue Abmaß der Großregion nicht, er kennt keine großregionalen Symbole und findet dies alles auch nicht bedeutend. Trotzdem kooperiert er gerne mit den französischen und den luxemburgischen Nachbarn, er sieht darin eine Bereicherung. Ähnliches gilt für Herrn W.D. und für Frau Z.A. Für sie alle sind die Begriffe *Großregion* oder gar *Großregion-Identität* im Alltag unwichtig. Ihre Identifikationskategorien sind stark national geprägt. Trotzdem ist eine Identifizierung mit der Grenzregion deutlich spürbar. Die Existenz einer Überkategorie Großregion ist also nicht das einzige Mittel, Kooperation zu ermöglichen.

Exkurs: Forumsdiskussionen

Eine Analyse zweier Internetforumsdiskussionen[684], in der Deutsche und Luxemburger über Peer Steinbrücks Äußerungen zu Luxemburg als Steueroase, in dessen Zusammenhang er Luxemburg in einem Atemzug mit der Hauptstadt von Burkina Faso nannte, diskutieren, zeigt sehr deutliche Beispiele, wann in Diskussionen die persönliche Identität zu Gunsten der sozialen (Gruppen-)Identität in den Hintergrund tritt und wann Stereotype benutzt werden. Es wird demonstriert, dass Stereotype erst durch Kategorisierung ermöglicht werden. Schnell entwickeln sich in der Diskussion positive oder negative Stereotype zweier Kategorien: [685]

---

[684] http://www.diegrenzgaenger.lu/index.php?p=forum&f_a=disc&f_id=9457&page=1#item_1, http://www.diegrenzgaenger.lu/index.php?p=forum&f_a=disc&f_id=9457&page=2 http://wort.lu/wort/web/europa_und_welt/artikel/19809/steinbrueck_legt_im_streit_um_steueroasen_nach.php., http://wort.lu/wort/web/letzebuerg/artikel/22752/deutsche-firmen-bekommen-luxemburger-entruestung-zu-spueren.php.
[685] Es soll an dieser Stelle ausdrücklich darauf hingewiesen werden, dass es sich auch hier um eine exemplarische Analyse handelt. Es werden Beispiele aus der Forumsdiskussion herausgegriffen, die zur Überprüfung und Veranschaulichung der vorher erläuterten Wirkung von Identitäten und Stereotypen beitragen. Die Forumsdiskussion wird in dem Sinne nicht statistisch ausgewertet. Des Weiteren wird darauf aufmerksam gemacht, dass in der Forumsdiskussion nicht immer eindeutig sichtbar ist, ob es sich bei dem Schreiber um einen Luxemburger, einen Deutschen oder einen Angehörigen einer anderen Nationalität handelt.

- die Luxemburger,
a. die den Deutschen Arbeitsplätze bieten und somit für wirtschaftlichen Aufschwung in der Umgebung sorgen:

„Außerdem möchte ich nicht wissen, wie es in Zukunft in Rheinland-Pfalz oder im Saarland aussieht, wenn es mit Luxemburg wirklich bergab geht. Dann werden sich Teile dieser Bundesländer wie seinerzeit die Zonenrandgebiete entwickeln." (quasi, 5. Mai 2009, diegrenzgaenger.lu)

b. die ihren Reichtum nur den Nachbarstaaten verdanken und als kleines Land ohnehin alleine nicht bestehen könnten:

„Naja aber mal ehrlich: Luxemburg lebt von Leuten, die ihre Staaten bescheißen. Dass andere Länder das nicht lustig finden, ist verständlich." (EddieIrvine79, 6. Mai 2009, diegrenzgaenger.lu)

„Warum muss man in Lux. weniger Steuern zahlen? Damit wären wir wieder bei der Frage, ob der kleine Staat nicht zu sehr vom Geld der großen Nachbarn Frankreich und Deutschland profitiert." (LuxLuchs, 7. Mai 2009, diegrenzgaenger.lu)

- die Deutschen,
a. die von Luxemburg profitieren:

„Unsere deutschen Nachbarn sollten einmal versuchen, ihre Großkotzigkeit abzubauen […]." (Jean Schons, 5. Mai 2009, wort.lu)

„Hauptsache von sich ablenken, was da alles schief läuft. Mit einer Prise Neid kommen dann solche Sachen raus…" (celt, 6. Mai 2009, diegrenzgaenger.lu)

b. die auch ohne Luxemburg gut leben könnten, da sie größer und einflussreicher sind:

„Wenn Luxemburg seine Finanzindustrie verringert (verringern muss), was auch nicht von heute auf morgen geschieht, dann geht zudem das Saarland oder Rheinland-Pfalz auch nicht zugrunde, denn wir sprechen hier von ca. 20.000 Arbeitnehmern. Klar, das ist für Regionen wie Trier schmerzhaft, aber deutschlandweit ist das einfach irrelevant (in D arbeiten 40 Mil.)!" (LuxLuchs, 6. Mai 2009, diegrenzgaenger.lu)

Die Kategorisierung in *die* Luxemburger und *die* Deutschen ist in der Diskussion allgegenwärtig. Die Gruppen sind geschlossen, entweder gehört man zu der einen oder zu der anderen, entweder ist man für den einen oder für den anderen. Die geäußerten Stereotype sind sich dabei sehr ähnlich. Die Luxemburg-Kritiker wie die Deutschland-Kritiker werfen dem jeweiligen Land vor, auf Kosten des anderen zu leben und von dessen System zu profitieren. Die Zuschreibungen der Kategorien, also die Stereotype, bedingen sich. Scheinbar existiert die eine Position nur in Abgrenzung zur anderen: Werfen Luxemburger den Deutschen vor, sie profitierten von Luxemburg, so besteht gleichzeitig auf anderer Seite die Meinung, auf Luxemburg nicht angewiesen zu sein. Behaupten die Deutschen, die Luxemburger könnten nicht ohne ihre Nachbarstaaten bestehen, so betonen die Luxemburger für wirtschaftlichen Aufschwung in der ganzen Region zu sorgen.

Es wird deutlich, dass die Kategorie „Großregion-Bewohner" hinter den Nationalstaats-Kategorien „Deutsche" und „Luxemburger" zurücktritt bzw. häufig gar nicht erst auftritt, und das obwohl sicher ein großer Teil der Diskutierenden Grenzgänger ist. Die nationalen Identitäten sind deutlich stärker, die nationale Kategorisierung ist die Grundlage der Diskussion und die Basis der vorgenommenen Stereotypisierungen. Als Grund hierfür lässt sich anführen, dass der ‚Angreifer' Peer Steinbrück als (damaliger) deutscher Finanzminister für die mitdiskutierenden Luxemburger *der* Repräsentant der Outgroup „Deutschland" ist, bei dem ‚Angegriffenen' handelt es sich um den Staat Luxemburg und das Diskussionsthema selbst beruht auf der Kategorisierung „Deutschland" – „Luxemburg", bzw. deren unterschiedlicher Steuerpolitik.

Nicht alle Diskussionsteilnehmer beteiligen sich an der Homogenisierung der jeweiligen Outgroup. So wird beispielsweise immer wieder von einzelnen, sowohl aus Luxemburg als auch aus Deutschland, darauf hingewiesen, dass Steinbrück nicht die Meinung aller Deutschen vertritt, die Kategorie „Deutschland" wird also durchaus auch heterogen wahrgenommen.

Interessant für vorliegende Forschung sind allerdings die Stimmen, bei denen deutlich wird, dass eine einzelne Aussage eines deutschen Politikers einen Gruppenkonflikt auszulösen im Stande ist.

Die Kritik Steinbrücks am Luxemburger Staat soll hier nur als Beispiel dienen, inhaltlich wird das Streitthema nicht näher beleuchtet.

Die starke Betonung der dem Streit zugrunde liegenden Kategorisierung „Luxemburg(er)" – „Deutschland (Deutsche)" löst intergruppale Argumentationen der Diskutierenden aus. Jeder Mitdiskutierende kann sich eindeutig einer Gruppe zuordnen. Die Forumsteilnehmer werden somit (größtenteils) nicht als Individuen, sondern als Repräsentanten einer der beiden Gruppen wahrgenommen. Wenn Tajfel also davon ausgeht, dass Situationen auf einem „Kontinuum zwischen eindeutig interpersonellem Verhalten und eindeutig intergruppalem Verhalten"[686] variieren, so kann hier von einer Situation nahe dem intergruppalen Extrem gesprochen werden. Die Diskussion des Forums ist eine

---

[686] Mummendey, Amélie (1984): S.10.

Situation, in der die Beziehung zwischen den beiden Gruppen Luxemburg – Deutschland salient ist. Daher argumentieren die Menschen tendenziell eher als Vertreter ihrer Gruppe denn als Individuum. Sie kategorisieren sich selbst, was zu „einer stereotypen Wahrnehmung des Selbst und der Outgroup"[687] führt. Die Heterogenität innerhalb der In- und der Outgroup wird weitgehend ausgeblendet.

Auf beiden Seiten wird immer wieder die Dependenz thematisiert: die Vertreter der Gruppe Luxemburg betonen Deutschlands Abhängigkeit von Luxemburg und umgekehrt. Die Verschiedenheit der beiden Staaten – (in diesem Kontext) beruhend auf wirtschaftlichem Gefälle und unterschiedlicher (Steuer)Politik, ist eigentlich verantwortlich für die funktionalen Beziehungen zwischen Deutschland (vor allem Saarland und Rheinland-Pfalz) und Luxemburg und daher bislang in der Forschung eher positiv bewertet. Ohne diese Differenzen gäbe es vermutlich weniger Grenzpendler. Die funktionalen Beziehungen, so ergab auch die Interviewanalyse, sind für ein großregionales Bewusstsein von Bedeutung. Grenzpendler, sei es aus beruflichen (arbeiten) oder privaten (einkaufen, Freizeitaktivitäten) Gründen, werden in nicht zu vernachlässigendem Umfang durch das bestehende wirtschaftliche Gefälle zu Grenzpendlern. Heterogenität, so ergab ebenfalls die Interviewanalyse, wird ausdrücklich gewünscht. Jedoch, so macht diese Diskussion sehr deutlich, bildet die Heterogenität – vor allem der politischen Systeme – Grund zu verstärkter Kategorisierung und damit im Konflikt die Basis für Ingroup-Aufwertungen und Outgroup-Diskriminierungen. Mit anderen Worten: eine heterogene Großregion, in der die jeweiligen Teilregionidentitäten und Nationalidentitäten weiterhin deutlich stärker bleiben als eine großregionale Identität, wird immer anfällig sein für Intergruppenkonflikte.

Die Forumsdiskussion beruht auf einem intergruppalen Konflikt. „Im Zentrum des Konflikts steht das ‚Aushandeln sozialer Identitäten'. Die entscheidende Frage, die Individuen implizit an soziale Konflikte stellen, ist die Frage, ob der Konflikt eine bedrohte soziale Identität, die z.B. durch einen unbefriedigenden Status der Ingroup im gesellschaftlichen System gegeben ist, wiederherstellen kann, oder ob der Konflikt sogar zur Selbstwertsteigerung oder Aufrechterhaltung der sozialen Identität beitragen kann."[688]

Mit „Grenzgänger" wird eine neue Kategorie eröffnet, die in diesem Zusammenhang als eine Unterkategorie zu „Deutsche" gewertet wird. Ein Diskutierender appelliert daran, dass die Mitglieder der Gruppe „Grenzgänger", also die „Gleichgesinnten", zusammenhalten sollen. Hier wird deutlich, dass auch diese Gruppe bestrebt ist, ihre soziale Identität positiv zu halten.

---

[687] Zick, Andreas (2002): S.413.
[688] Ebd. S.411.

Auch an anderer Stelle wird sichtbar, dass nicht nur die beiden Gruppen „Luxemburger" und „Deutsche" bestehen, sondern auch noch die (Zwischen-) Kategorie „(deutsche) Grenzgänger". Allerdings wird die Gruppe nicht immer so eigenständig wahrgenommen wie von dem Zitierten oben. Bei anderen ist die Selbstkategorisierung als Deutsche deutlich stärker ausgeprägt und somit beeinflusst diese Gruppe ihr Verhalten und ihre Positionierung im Gruppenkonflikt:

> „Außerdem ist es im Streit um Steuerhinterziehung kein Argument, wenn ein paar Arbeitsplätze, wir reden hier von ca. 20.000 deutschen Grenzgängern, zur Disposition stehen. In Deutschland arbeiten 40 Millionen (!!) Menschen. Man muss das schon trennen: zum einen die persönliche Situation (Arbeitnehmer in Luxembourg) und die ‚Randregion' Trier/Saarland und zum anderen der deutsche Staat, der das große Ganze im Blick haben muss und der nur seine Steuern eintreiben will und muss." (LuxLuchs, 7. Mai 2009, diegrenzgaenger.lu)

Der Nachteil für die deutschen Teile der Großregion würde hier gebilligt, die Bewahrung der positiven sozialen Identität der Gruppe „Deutsche / Deutschland" ist LuxLuchs wichtiger als die der Gruppe „Grenzgänger bzw. Großregion".

Neben dem bereits erwähnten Versuch der Bildung einer weiteren Kategorie der „Grenzgänger", die manchmal zwischen den beiden Konfliktgruppen, häufig jedoch auch nur unter der Konfliktgruppe „Deutsche / Deutschland" einzuordnen ist, sind zwei weitere Konfliktregelungsstrategien zu beobachten.

- Behauptung, dass ein Vergleich zwischen den Gruppen nicht möglich ist:

Eine Fremdgruppe, „mit der der Konflikt gesucht oder eingegangen wird, [muss] als hinreichend vergleichbar beurteilt werden."[689] Anmerkungen, Luxemburg und Deutschland ließen sich aufgrund des enormen Größenunterschiedes und den dadurch resultierenden unterschiedlich starken sozialen Verantwortungen nicht vergleichen, könnten als Versuch gedeutet werden, dem Vergleich mit einer die soziale Identität der Ingroup bedrohenden Outgroup zu entgehen.

- weitere Kategorisierung:

Eine weitere erkennbare Konfliktregelungsstrategie ist die der weiteren Kategorisierung. Hierzu wurde schon der Versuch beschrieben, die Kategorie „Grenzgänger" einzubringen, um nicht mehr eindeutig Stellung für eine der beiden Konfliktparteien beziehen zu müssen. Ein anderer Forumsteilnehmer macht darauf aufmerksam, dass die Kategorie „Deutsche" weiter kategorisierbar

---

[689] Ebd. S.412.

ist, um zu betonen, dass Steinbrück kein Repräsentant einer homogenen Gruppe „Deutsche" ist:

> „Herr Steinbrück ist Hamburger. Diese Leute nennen Pferd und Reiter beim Namen und stoßen dabei auch mal an. Das ärgert nicht nur Luxemburger, sondern sogar innerhalb Deutschlands, insbesondere in Süddeutschland, wo die Mentalität ganz anders ist, kann so etwas zu Irritationen führen." (D.W., 6. Mai 2009, wort.lu)

Das Beispiel des durch Peer Steinbrücks Worte ausgelösten Konfliktes macht deutlich, dass Gruppenkonflikte neben einer verstärkten (Selbst-)Kategorisierung und Stereotypisierung (z.B. Überheblichkeit der Deutschen, sozialer Raubbau der Luxemburger) auch noch andere stärker greifbare Auswirkungen auslösen können, die allesamt dem Zwecke der Ingroup-Aufwertung und Outgroup-Abwertung dienen. Eine reelle Auswirkung spürten beispielsweise deutsche Handwerker, denen Luxemburger Kunden als Reaktion auf die „wenig diplomatischen Bemerkungen des deutschen Finanzministers Steinbrück über das kleine Nachbarland"[690] die Aufträge stornierten. Stereotype sind zwar nicht die Ursache von Interessenkonflikten, „wenn sie jedoch einmal *existieren*, dann werden sie auch zu kausalen Faktoren, die bei der Analyse von Intergruppenbeziehungen in Betracht gezogen werden müssen."[691]

Deutlich wird an diesem Gruppenkonfliktbeispiel auch, dass die Selbstkategorisierung zu nationalen Gruppen offenbar sehr stark ausgeprägt ist und daher schnell ein intergruppales Verhalten salient werden kann. Eine Selbstkategorisierung als Grenzgänger oder Großregionbewohner war in diesem Konflikt sehr schwach ausgeprägt. Das beruht sicher auch darauf, dass dem Konflikt ein steuerpolitisches Thema zugrunde liegt und Steinbrück ein Repräsentant der Bundesrepublik ist. Dadurch erfolgt eher eine Selbstkategorisierung als „Deutsche". Trotzdem betonen manche Mitdiskutierenden ihre besondere Position als Grenzgänger, in der sie sich von dem Großteil der Gruppe „Deutsche" unterscheiden. Diese, wenn auch bislang nur schwach auftretende neue Möglichkeit der Selbstkategorisierung, zeigt, dass die Bildung neuer Kategorien, die weniger geschlossen sind als nationale Kategorien, zukünftig Auswege aus solchen klassischen (Staats)Gruppenkonflikten bieten können, bei denen Individuen entweder zur einen oder zur anderen Gruppe gehören.

---

[690] Bingenheimer, Volker (2009).
[691] Tajfel, Henri (1982 b): S.66.

4.9 Zur Rolle der Außenwahrnehmung

4.9.1 Fragestellung

Jede Identität benötigt ein Identifiziert-Werden von außen. Diese Außensicht beeinflusst wiederum das Selbstbild und damit die Identität. Es findet eine wechselseitige Einflussnahme zwischen Innenwahrnehmung und Außenwahrnehmung statt – beide bedingen sich. „Eine Gruppe ist [...] das Ergebnis von Wahrnehmungen, die konsensual von innen und außen zu derselben Kategorie führen [...]."[692] Von anderen kategorisiert werden zu können ist also eine Voraussetzung für die Existenz einer Gruppe. Dies ist – knapp zusammengefasst – der derzeitige Forschungsstand der Identitätswissenschaftler. Die Idee basiert auf dem Prinzip der Differenz: Ohne erkennbare Abgrenzung kann keine Gruppe von außen als solche erkannt und identifiziert werden, demnach wird also auch kaum ein identitätsstiftendes Selbstbild entstehen können.

Doch welche Rolle spielt die Außenwahrnehmung in der Praxis? Wurde doch im Kapitel 4.6 darauf hingewiesen, dass der Homogenisierung nach innen und der Abgrenzung nach außen in grenzüberschreitenden Verflechtungsräumen keine große Bedeutung zukommt, sondern im Gegenteil, im Innern selbst Heterogenität und Vielfalt und damit auch Abgrenzung von zentraler Bedeutung sind. Identität benötigt Selbstdarstellung. Wie aber kann sich die Großregion selbst darstellen, wenn Abgrenzung nach außen keine große Rolle zu spielen scheint? Es wird in folgendem Kapitel zu klären sein, in welchem Zusammenhang Selbstkonzept, Selbstdarstellung und Außenwahrnehmung der Großregion stehen. Mummendey regt an, die Theorie der sozialen Identität und die Theorie des Selbstkonzepts in der Hinsicht zu verknüpfen, „daß sich die Selbstdarstellung des Individuums auf die Gruppe ausdehnt – Selbstdarstellung würde gewissermaßen zur *Gruppendarstellung*."[693] „Die Selbstdarstellung eines Individuums wäre größtenteils bedeutungsgleich mit der Darstellung der eigenen sozialen Identität, also mit der Präsentation von Positionen, Kognitionen und Bewertungen im Kontext von Intergruppen-Beziehungen."[694] Das Selbstkonzept der Großregion aus der Sicht ihrer Akteure wurde bereits vorgestellt.[695] Mummendey zufolge, in Bezug auf Turner, würde also ein Gruppenmitglied versuchen, eine positive Außendarstellung zu präsentieren, um im Vergleich mit Outgroups positiv abzuschneiden und dadurch eine positive soziale Identität

---

[692] Mummendey, Amélie (1984): S.9 (nach Tajfel).
[693] Mummendey, Hans Dieter (1995): S.109.
[694] Ebd. S.109.
[695] Vgl. zu Selbstkonzept: Mummendey, Hans Dieter (1995), hierzu besonders S.55.

seiner Gruppe zu erlangen.[696] Im folgenden Kapitel soll daher untersucht werden, wie sich Gruppendarstellung und Außenwahrnehmung gegenseitig beeinflussen. Erving Goffmans Theorie der Selbstdarstellung zufolge, prägt die Selbstdarstellung das Bild, das Außenstehende haben, Selbstdarstellung beeinflusst entscheidend das Image. Sie kann somit als Instrument dienen, um bei anderen genau den Eindruck hervorzurufen, den man hervorrufen möchte [697] Da der Kommunikationsstrom jedoch nicht nur vom sich selbst Präsentierenden aus zum Beobachter in eine Richtung fließt, sondern der Beobachter auch noch die manipulierbaren Aspekte der Selbstdarstellung mit bedenken kann, haben auch diese eine Wirkung auf die Außenwahrnehmung.[698] Jedoch kann der sich selbst Präsentierende wiederum auch diesen Faktor bedenken und in seine Darstellung einarbeiten. „Diese Art von Kontrolle, die der Einzelne ausübt, stellt die Symmetrie des Kommunikationsprozesses wieder her und schafft die Bühne für so etwas wie ein Informationsspiel – einen potentiell endlosen Kreislauf von Verheimlichung, Entdeckung, falscher Enthüllung und Wiederentdeckung."[699] Da es für das Selbstkonzept der Gruppe, also für ihre Identität, wichtig ist, sich nach außen positiv zu präsentieren, ist es eine Grundvoraussetzung zur Entstehung und Festigung einer Identität, sich selbst darstellen zu können. Wird eine Gruppe aber, wie es im Falle der Großregion ist, von außen nicht oder nur unzureichend wahrgenommen, dann steht dies vermutlich einer Selbstpräsentation im Wege, selbst wenn das Selbstkonzept ein positives ist. Für die Gruppenidentität hätte dies negative Folgen.

Um dies zu untersuchen, werden im Folgenden zunächst erneut Interviewpassagen analysiert. Diese Analyse soll zeigen, wie die Akteure die Außenwahrnehmung der Großregion einschätzen, oder welche Erfahrungen sie diesbezüglich bereits gesammelt haben. Ziel ist es, herauszufinden, wie die gefühlte oder tatsächliche Außenwahrnehmung die Selbstdarstellung und damit auch das Selbstkonzept beeinflussen.

Im Anschluss an die Interviewauswertung folgt eine Untersuchung der Außenwahrnehmung und des Images von Grenzregionen im Allgemeinen und der Großregion im Speziellen seitens der jeweiligen Nationalstaaten und seitens Europa. Hierzu werden politische Reden, Beschlüsse und Raumordnungskonzepte einer genaueren Betrachtung unterzogen.

---

[696] Vgl. ebd. S.109.
[697] Vgl. Goffman, Erving (2010): S.8.
[698] Vgl. ebd. S.10f.
[699] Ebd. S.12.

4.9.1.1 Gefühlte Außenwahrnehmung der Großregion seitens der Akteure – Einfluss auf das Selbstbild

Die Interviews zeigen, dass die Akteure mehrheitlich der Auffassung sind, die Großregion werde von außen kaum wahrgenommen. Viele reagierten überrascht auf die Frage: „Was denken Sie, wie wird die Großregion von außen gesehen?". Von außen als Großregionbewohner (bzw. SaarLorLuxer) identifiziert zu werden, daran glauben die Akteure offenbar nicht.

Frau P.K. bringt die Gedanken vieler auf den Punkt:

> „Ich glaub nicht, wenn ich jetzt nem Deutschen in Hamburg irgendwas von der Großregion erzähle oder ich frage, was ist denn die Großregion, dass der das dann weiß." (Frau P.K., S.11)

Ähnlich reagiert Frau H.S. auf meine Frage:

> „Ich frag mich, ob man das überhaupt wahrnimmt." (Frau H.S., S.24)

Auch Herr G.T. äußert erhebliche Skepsis bezüglich der Wahrnehmung der Großregion von außen:

> „Eher sehr zurückhaltend. Ich glaube, dass jemand in Paris oder Brüssel, Großregion, wenig betrachtet, also in der Bevölkerung der Begriff Großregion nicht existiert. Da sind ganz andere regionale Einheiten, […], so Eifel beispielsweise oder Räume im Hunsrück, bestimmte Räume an der Mosel entlang, also die haben eine gemeinsame Identität. Aber Großregion?". (Herr G.T., S.25)

Ebenso können Frau L.O.s, Frau T.G.s und Frau Z.A.s Antworten eingestuft werden:

> „Viele kennen die Länder im Einzelnen, aber dass es so einen Verbund gibt, da sind sich viele nicht bewusst, denke ich." (Frau L.O., S.29)

> „Ja, das ist dann schwierig, das Konzept, dass jemand sich, wenn man irgendwo in Amerika ist und der wird gefragt, wo kommt man her und dann sagt der bestimmt nicht, ich komme aus der Großregion. Weil dann weiß kein Mensch wovon er spricht. Wenn ich jetzt hier in Metz sage, ich komme, ich wohne auch hier in der Großregion, dann denkt der Metzer wahrscheinlich, die ist von Luxemburg oder von Arlon oder von irgendwo. Aber Großregion als Aushängeschild denke ich, dass das schwierig ist, das nach außen zu kommunizieren." (Frau T.G., S.9f.)

„Also ich weiß nicht, ob der Kollege aus Wien da weiß, was die Großregion ist. Glaube ich nicht. Also wenn wir jetzt von so weit reden. Einer aus, weiß nicht, wie bekannt ist die Großregion, wissen die Leute das? Also, dass das so als Gebilde bekannt ist, ich glaube nicht." (Frau Z.A., S.17)

Bei allen Zitierten, denen noch weitere hinzugefügt werden könnten, wird deutlich, dass die Bekanntheit der Existenz des grenzüberschreitenden Verflechtungsraums Großregion bei der Bevölkerung außerhalb bezweifelt wird. Diese Vermutung vieler fand sich bei manchen auch schon bestätigt. Als Beispiel sollen hier Herrn C.D.s Erfahrungen dienen:

„Das Problem ist, dass die Großregion nicht so bekannt ist, außer in unserer Region. Ich bin immer erstaunt, wenn ich einen Bericht schicke nach Paris, muss ich immer erklären, was unsere Großregion ist. Dann sagen die, was ist denn das, die Großregion? Dann sage ich, die Großregion ist die Zusammenarbeit von Saarland, Lothringen, Luxemburg und Belgien, der Wallonie. Dann muss ich immer erklären, was unsere Großregion ist. Es ist leider nicht sehr bekannt, wenn man jetzt von der Region weggeht. Ich muss sagen, ich bedauere es." (Herr C.D., S.14)

Am Beispiel von Frau P.K. und Herrn E.V. wird deutlich, dass das Handeln der Akteure von dieser empfundenen oder erfahrenen Nicht-Wahrnehmung von außen geprägt wird:

„Wir hatten nämlich schon mal die Diskussion gemeinsame Messeauftritte organisieren, also im Ausland. Und da war mal die Diskussion, ob wir da auftreten als Großregion. Nur kein Mensch außerhalb von dieser Region kann was mit diesem Begriff anfangen. Also wenn ich nach Italien auf ne Messe gehe zum Beispiel und da kann man was mit Deutschland, Frankreich, Belgien und Luxemburg anfangen, aber nicht mit dem Begriff Großregion. Und da sagt auch der, also dieser Kartenumriss, sagt den Leuten auch nichts." (Frau P.K., S.10)
„Ja, wir haben es dann nicht so gemacht. [...] Also auch wenn ich als deutsches Unternehmen oder als deutschen Gemeinschaftsstand jetzt nach China gehe mit dem Begriff Rheinland-Pfalz, ich glaub kaum, dass ein Chinese was mit Rheinland-Pfalz, na gut vielleicht noch mit Rheinland-Pfalz weil da Trier ist und Trier kennen die alle. Ja aber mit Deutschland können die natürlich eher was anfangen als mit nem Bundesland, je nachdem wo man sich dann befindet auf der Welt und dem Begriff Großregion, also das ist doch außerhalb von unserer Region sehr unbekannt." (Frau P.K., S.10)

Frau P.K. schildert hier eine Situation in der man sich dagegen entschied, sich als Großregion gemeinsam auf einer ausländischen Messe zu präsentieren. Der Grund hierfür lag nicht im mangelnden Selbstbild – die Akteure selbst hatten ja die Idee der gemeinsamen Messeauftritte –, sondern in der fehlenden Außenwahrnehmung und der daraus folgenden Annahme einer wenig effizienten Vermarktung.

Herr E.V., der sich beruflich mit Tourismus befasst, nennt ebenfalls die fehlende Außenwahrnehmung der Großregion, bzw. das fehlende Image des Verflechtungsraumes als Grund dafür, dass man für gemeinsame Aktionen vermutlich zunächst nicht mit dem Zusatz „Großregion" werben wird, – dieser werde zu selten verstanden – sondern eher auf eine inhaltliche Vermarktung setzt und Begriffe wie „Städtetrips" verwendet. Wenn die Großregion einmal über ein besseres Image, bzw. überhaupt erst über eine Außenwahrnehmung verfügt, dann, so räumt er ein, könne man auch in der Tourismusbranche mit dem Begriff „Großregion" werben.

Fehlende Außenwahrnehmung, oder auch fehlende wahrgenommene Außenwahrnehmung, führt zumindest in Bereichen, die auf wirtschaftliche Effizienz angewiesen sind, dazu, dass der Betroffene eher dazu neigt, auf eine Präsentation des gemeinsamen Selbstbilds nach außen zu verzichten.

Das genaue Gegenteil zu Frau P.K.s Erfahrungen liest man in der von der Französischen Gemeinschaft Belgiens und der Wallonischen Region herausgegebenen internationalen Zeitschrift W+B. Hier wird berichtet, dass die Entscheidung eines gemeinsamen Auftritts der Großregion auf der internationalen Messe in Plovdiv für alle Beteiligten sehr vorteilhaft war, obwohl „das Konzept der ‚Großregion' (wie übrigens auch die Wallonie) in Bulgarien unbekannt ist. [...] Wäre [...] jede Region allein hierher gekommen, hätte sie nur verlieren können. Die Tatsache, auf einem gemeinsamen Stand ‚Großregion' mit den jeweiligen Besonderheiten aufzutreten, vermittelt ein globales Bild. Davon fühlten sich die Bulgaren angesprochen und versuchten herauszufinden, welcher Markt sich hinter dieser Großregion verbirgt."[700]

Dass die Akteure die Großregion noch nicht in den Köpfen der Bewohner außerhalb des Verflechtungsraumes vermuten, wurde oben dargestellt. Bei Fachleuten und Akteuren von außerhalb jedoch wird teilweise über eine mögliche Wahrnehmung gemutmaßt. Häufig begegnet man bei der Interviewanalyse der Annahme, die Großregion werde als Vorbild („best practice für andere Regionen", Frau H.S., S.25, „eine Art Pilotgroßregion Europa", Frau E.F., S.5) für andere grenzüberschreitende Verflechtungsräume oder als Modell für Europa gesehen.

Frau J.Q. wundert sich darüber, dass das Selbstbild der Großregionbewohner schlechter ist, als die Außenwahrnehmung, die sie, vor allem als Reaktion auf das Projekt der Kulturhauptstadt 2007, positiv empfand:

---

[700] W+B (Dezember 2007): S.9.

„Also da bin ich immer wieder überrascht, dass das Image von der Bevölkerung, die hier lebt, manchmal schlechter ist als von außen, hab ich so den Eindruck. M, weil ja, weil schon so auf EU-Ebene zum Beispiel, als es Kulturhauptstadt war, dass man schon so sagt, ja die Region ist Modellregion dafür, dass man mal sehen kann, wie funktioniert das und äh, das ist ja schon ein europäisches Projekt die Kulturhauptstadt, dass man schaut. Also zum Beispiel nach 2007 kamen ganz viele Delegationen aus Holland, aus Spanien, also alle, die jetzt irgendwie zukünftig Kulturhauptstädte machen, haben sich informiert, wie hat denn das funktioniert und wie war das mit dem grenzüberschreitenden, würden Sie es noch mal machen, also so, dass man auf einmal so von ganz Europa Anfragen erhalten hat, m, das ist schon ganz schön. Ich glaub schon, [...] dass von außen, also zumindestens sagen wir mal von den Institutionen, wie Europäische Kommission und so, die Region schon als Modellregion gesehen wird. Ich glaub jetzt von anderen Besuchern eher als Urlaubsregion vielleicht so, aber ich glaub den meisten normalen Menschen ist das nicht bewusst, dass wenn sie hier reinkommen und hier Urlaub machen, dass es was besonderes ist." (Frau J.Q., S.28)

Die Besonderheit der Großregion als europäische Modellregion, so Frau J.Q.s Eindruck, wird nicht von außenstehenden Bevölkerungsgruppen, sondern lediglich von Experten anerkannt.

Diejenigen Interviewten, die nicht direkt für die Großregion arbeiten, legen weniger Wert auf eine Außenwahrnehmung. Ihnen ist in erster Linie die positive Selbstwahrnehmung der Großregionbewohner wichtig:

„Soweit sie wahrgenommen wird von außen, wird sie sicher positiv gesehen. Es ist nur eine Frage, inwieweit unsere Großregion hier, in weiter entfernten Gegenden wahrgenommen wird. Das ist die andere Frage. Aber, ich denke, das ist ja auch gar nicht notwendig. Für uns hier, die wir hier leben, ist die Großregion wichtig." (Frau Y.B., S.14)

„Ich hab so das Gefühl, dass wenn man das vom inneren Deutschland her sieht, dass denen diese Großregion nicht so bewusst ist. Habe ich den Eindruck. Und wenn der dann den Atlas aufschlägt, da sieht er dann ja nix von dieser Großregion. Also die Großregion ist erstmal wichtig für die Leute, die in dieser Großregion wohnen, leben und arbeiten." (Herr W.D., S.24f.)

Eine Verknüpfung von Innen- und Außenwahrnehmung benennen die, anders als die Gruppe der Interviewten, die beruflich in erster Linie für die Großregion arbeiten, nicht.

Wie schon angesprochen wurde, fürchten viele Akteure Luxemburgs zentrale Funktion innerhalb der Großregion, weil eine Bedrohung der einzelnen sozialen Identitäten und eine Bedrohung der großregionalen Polyzentralität dadurch entstehen könnten. Werden die Vermutungen der Interviewten zur

Außenwahrnehmung der Großregion genauer betrachtet, findet sich diese Befürchtung erneut:

Frau P.K. beklagt sich darüber, dass deutschen Handwerkern, die in Luxemburg erfolgreiche Geschäfte absolvieren, indirekt vorgeworfen wird, sie bräuchten dafür keine Anstrengungen zu unternehmen:

> „Also man kann nicht da stehen und warten, dass einem die Aufträge nur so zufliegen. Also, die, die erfolgreich sind, die haben auch einiges da investiert und einiges getan. Es ist auch nicht so, dass, es kommt manchmal so rüber, grad im Handwerk, dass viele sagen, ja das ist irgendwie das Land, wo da Milch und Honig fließt. Das ist überhaupt nicht so. Also unsere Handwerksbetriebe, die in Luxemburg sehr aktiv sind, die müssen sich das oft hart erkämpfen. Die haben jahrelang sich zum Beispiel auf der Messe präsentiert oder sind da durch irgendwelche sonstigen Maßnahmen sehr aktiv. Die werden nicht irgendwie hier angesprochen auf der Straße [lacht], hier kannste mal nen Auftrag machen." (Frau P.K., S.16)

Auf meine Nachfrage, von wem dieses Bild des Landes Luxemburg, in dem Milch- und Honig fließen, stamme, antwortet sie:

> „Ja, ich glaub in der Bevölkerung oder ja, vielleicht auch durch Medien oder vielleicht auch außerhalb von unserer Region. Also ich hab ja auch Kontakt mit vielen anderen Handwerkskammern, wir treffen uns öfter auch in Berlin so mit dem Kreis und die sagen immer, ach ihr habt es ja gut, ihr habt ja Luxemburg und ihr habt ja so viele Aufträge. Ja, also es klingt immer so, wie als müssten die Handwerker nix dafür tun. Also müssten die sich nur hinstellen und dann käme denen alles zugeflogen. Aber es ist nicht mehr so. Also ne Zeitlang war es wirklich mal sehr gut. Aber es ist wie in jeder anderen Region, dass jeder sich anstrengen muss und etwas dafür tun muss." (Frau P.K., S.17)

Der Verdienst der rheinland-pfälzischen Handwerker, so befürchtet Frau P.K. offenbar, wird durch diese Annahme nicht genügend anerkannt und Luxemburgs Funktion von außen falsch gedeutet.

Frau R.I. vermutet, Außenstehende seien „erstaunt" über die Dynamik, wenn sie sich die Großregion näher betrachten. Das heißt, Frau R.I. selbst empfindet die Großregion als dynamisch, denkt jedoch nicht, dass dies auch so von außen wahrgenommen wird, denn sonst würde sie kein Erstaunen als Reaktion erwarten. Auch sie vertritt die Meinung, dass Luxemburg bei der Außenbetrachtung der Großregion eine besondere Rolle zugeschrieben wird:

> „Ich glaub, erstaunt erstmal, dass es soviel Dynamik gibt in dieser Großregion. Ich glaub das ist auch wirklich einmalig, so viele Organisationen, Netzwerke, grenzüberschreitend, ich glaub, schon erstmal erstaunt, und dann denke ich, dass

Luxemburg natürlich immer so das Herz bleibt. Weil die dreisprachig sind. Und Deutschland-Frankreich, durch die Geschichte." (Frau R.I., S.22)

Da sie Luxemburg, Frankreich und Deutschland erwähnt, frage ich im Interview, wie denn dann Belgien wahrgenommen werde:

„Ja. Ich glaub, das ist verblasst. Ich glaub, die Leute sind überrascht, dass es dabei ist und das ist auch so. ja, ich glaub schon." (Frau R.I., S.22)

Auch Frau O.L. ist der Meinung, die Leistungen und die Besonderheiten der Großregion würden von außen nicht selbstverständlich erkannt. Neben der ungenügenden Außenwahrnehmung der Vorzüge der Großregion beklagt sie jedoch auch das mangelnde Selbstbewusstsein der Bewohner bezüglich der Besonderheiten der Großregion.

„Und dass man so schnell in einem anderen Land ist, das ist übrigens, wenn man dann mit polnischen oder japanischen oder australischen Teilnehmern arbeitet: das ist auch für die ist das Wahnsinn, dass man so schnell über die Grenze in einem anderen Land sein kann: unvorstellbar. Also solche Aspekte, die für uns, deshalb sage ich für die Grenzgänger oder für uns, einfach so selbstverständlich sind, aber das nehmen wir nicht wahr. [...] Aber ich finde das immer schön wenn dann Nicht-Europäer solche Sachen, die frappierend sind, einfach mal hervorheben und sagen, oh ihr habt so viel Glück. Und die Leute hier gucken dann, weil wir arbeiten mit Trierer Studenten, und die sagen: ja, stimmt. Und das finde ich immer schön, durch diese Beobachtung von außen. Das ist natürlich auch ein identitätsstiftender Faktor, oder wenigstens mal für eine Reflektion, dass man sich sagt, stimmt eigentlich. Dieses: ich zeig dir mal, was du da vor der Nase hast seit ewig und noch nie gesehen hast. Also das sind ein bisschen die verschiedenen Ergebnisse." (Frau O.L., S.33)

Auch sie stellt bei Treffen mit Außenstehenden fest, dass das Stereotyp von Luxemburg als wirtschaftlichem Motor der Großregion verbreitet ist:

„Und das war im Prinzip bei diesem letzten Seminar mit Baden-Württembergern der Punkt, dass sie sagen, oh ist der Wahnsinn, mit Luxemburg als wirtschaftliches Zentrum. Das ist auch witzig, wie die das auch beschrieben haben – Luxemburg als wirtschaftliches Zentrum der ganze Rest funktioniert dann drum herum und dank Luxemburg leben wir alle, so ich übertreibe ein bisschen, aber so ungefähr." (Frau O.L., S.33)

Wie Frau P.K. ist auch Frau O.L. offenbar der Meinung, das Bild der Außenstehenden von der Großregion fokussiere zu sehr Luxemburgs wirtschaftliche Stärke.

Ebenso erwartet Herr V.E. eine Außenwahrnehmung, die Luxemburg fokussiert. Jedoch, anders als bei den zuvor Zitierten, deckt sich das Selbstkonzept, das er von der Großregion, bzw. seiner Teilregion hat, mit der suggerierten Außenwahrnehmung:

„Ich glaube, der von weiter auf die Region guckt, der sieht erstmal Luxemburg. Weil Luxemburg über das Parlament und über die, den Bereich Banken einen Namen hat und dann der nächste Punkt wird sein Trier, alte Römerstadt. Und von der wirtschaftlichen Entwicklung her sind wir hier ja eigentlich ein ziemlich schlechter Stand. Wenn wir Luxemburg nicht hätten, hätten wir meiner Ansicht nach viele Arbeitslose mehr. Und viele würden hier aus der Region, die ihre Arbeit woanders finden, wegziehen. Wir sind froh, dass wir Luxemburg da haben als Arbeitgeber." (Herr V.E., S.14)

Frau H.S. erwartet folgende Außenwahrnehmung:

„Das ist, ich spekuliere jetzt vielleicht, aber ich würd sagen oder erwarten vielleicht, das Bild, das man von der Großregion vielleicht in Brüssel hat, erstens es ist ne junge Euregio, zweitens ist sie sehr wirtschaftlich geprägt durch den Standort Luxemburg, es ist noch viel zu tun, um dieses Niveau-Gefälle, von dem ich da eben auch gesprochen hab vielleicht m, auszugleichen, dennoch kann es eine Region sein, wo es funktionieren kann, ganz einfach weil durch die Konflikte mit den unterschiedlichen Partnern m zumindestens eine große Bereitschaft auch da ist, diese Konflikte auch anzugehen. Ich glaube, da sind andere Euregios in der Europäischen Union, die ganz andere Konflikte noch, die noch ganz andere Sträuße auszufechten haben." (Frau H.S., S.25f.)

Auch hier wird die Annahme deutlich, für Außenstehende könne die Großregion in manchen Aspekten Vorbild- oder Modellcharakter haben. Über negative Zuschreibungen von außen vermutet sie:

„Ich denke mal vielleicht den größten Vorbehalt, den man gegenüber der Großregion haben könnte, wäre zu sagen, es ist in erster Linie ein künstlicher Verbund, m, der in erster Linie wirtschaftliche Interessen verfolgt. Und da aufgestülpt eben diese Struktur der Großregion. Wir haben da auch noch andere Aspekte, dass man das eben erst mal sehr gut aufbauen muss. Weil es nicht unbedingt so gegeben ist wie in anderen Regionen, wo es dann geschichtlich, politisch, wie auch immer, gewachsen ist. So wie es bei uns wahrscheinlich auch sehr stark empfunden wird, das Gefälle zwischen der Euregio Maas-Rhein und der Großregion Saar-LorLux." (Frau H.S., S.26)

Ihr eigenes Selbstkonzept der Großregion als willkürliches top-down Gebilde mit in erster Linie wirtschaftlichen Interessen projiziert sie auch in ihre Vermutungen der Außenwahrnehmung. Der Euregio Maas-Rhein, zu der sie als Deutschsprachige Belgierin ebenfalls gehört, schreibt sie dieses Bild nicht zu. Frau H.S. vermutet also, dass es von außen negativ gewertet wird, wenn ein grenzüberschreitender Verflechtungsraum in erster Linie wirtschaftliche Interessen verfolgt. „Andere Aspekte" sollten ihrer Meinung nach in den Vordergrund gerückt werden, um die Außenwahrnehmung positiv zu beeinflussen.

Eine andere Perspektive auf die Außenwahrnehmung Luxemburgs beschreibt Christian Schulz. Er erfährt in Interviews, dass das Fremdbild von Luxemburg sich häufig deutlich vom Selbstbild der Luxemburger unterscheidet. Während Leute, die in Luxemburg wohnen, diese Stadt häufig als klein aber sympathisch, sauber, kulturell vielfältig usw. beschreiben, sehen diese sich außerhalb Luxemburgs oft mit einem anderen Fremdbild konfrontiert: Sie werden fast schon bemitleidet, in Luxemburg arbeiten zu müssen. Diese Stadt sei langweilig und die Leute die dort wohnten, würden dies nur tun, weil sie dort arbeiteten: „Mangelnde Kenntnis über Luxemburg trägt, außerhalb des unmittelbaren Einzugsgebiets, weiterhin zu einem verzerrten Image bzw. zu einer starken Reduktion auf persistente Stereotype (,Paradies für Steuerflüchtlinge') bei."[701] Hierbei handelt es sich allerdings nicht um die Außenwahrnehmung Luxemburgs als Mitglied der Großregion, wie bei den oben beschriebenen Meinungen, sondern als eigenständiger Raum.

Über Außenwahrnehmungen einzelner Teilräume wurde auch in den für vorliegende Arbeit geführten Interviews spekuliert – ohne gezielt danach gefragt zu werden. Hierbei fällt ins Auge, dass vor allem über die Außenwahrnehmung einzelner Teilregionen seitens des jeweiligen Nationalstaates nachgedacht wurde. So äußerte sich die gebürtige Französin Frau O.L. zum Bild Frankreichs über Lothringen, der Lothringer Herr C.D. berichtete ebenfalls von dem seiner Meinung nach negativen Bild, das die Franzosen von Lothringen haben, Herr I.R. zum Image des Saarlandes in Deutschland und Herr N.M. reflektiert anhand persönlicher Erfahrung das Bild, das die Belgier über die Deutschsprachigen Belgier haben.

„Deswegen fand ich das auch interessant, obwohl für sagen wir mal 90 % der Franzosen das Bild von dieser Ecke hier, also sagen wir mal Lothringen, Franzosen, nicht Lothringen, Luxemburg, Saarland, ein ganz schlechtes Image hat. Ne, ich denke vielleicht für das Saarland für die Norddeutschen ein Bild durch die Stahlindustrie, durch die Gruben usw. ein ganz schlechtes Bild. Von daher habe ich gedacht, naja, ich weiß nicht, ob das so was ist." (Frau O.L., S.3)

---

[701] Schulz, Christian (2008): S.95.

Herr E.V. ist der Meinung, das Saarland werde von außerhalb immer noch in erster Linie mit Kohle und Stahl in Verbindung gebracht. Es sei nach außen nicht positiv besetzt, das könne man auch daran erkennen, dass große saarländische Firmen nicht mit dem Standort Saarland werben würden. Sowohl Frau O.L. als auch Herr E.V. sind also der Meinung, Kohle und Stahl als Assoziationen mit dem Saarland seien schlecht für dessen Image.

Herr N.M. schildert eine interessante Erfahrung, die zeigt, wie eng Außen- und Innenwahrnehmung zusammenhängen:

> „Ich persönlich fühle mich, ich fühle, dass ich derselben Kultur angehöre wie die Deutschen, mit denen ich zu tun habe, ja. Also ich war zum Beispiel im Austausch in Mexiko mit dem Rotary Club. Und da waren Belgier bei, da waren auch Deutsche bei und zu den Deutschen fühlte ich mich zugehörig aufgrund dieser kulturellen Komponente, also da hätte auch keiner gemerkt, dass ich kein Deutscher bin, wenn ich es nicht gesagt hätte, sowohl sprachlich als auch von der Denkweise her, vom Humor her." (Herr N.M., S.6f.)
>
> „M die Deutschen, wie gesagt, wenn ich nicht sagen würde, dass ich Belgier bin, dann würden die das gar nicht merken, dann würden die mich für jemanden aus dem Rheinland halten. Kann ich, denke ich, sagen." (Herr N.M., S.7)

Das Gefühl, der deutschen Kultur anzugehören, wird verstärkt durch Außenstehende, die ihn auf den ersten Eindruck als Deutschen identifizieren.

Herr S.H. misstraut offenbar nach außen präsentierten Selbstbildern. Am Beispiel Luxemburgs unterstreicht er seine Meinung, dass sich Menschen verstellen, um eine positive Außenwahrnehmung ihrer Ingroup zu erreichen:

> „Ob jetzt die Leute in Befragungen, wenn man sie fragt, fühlen Sie sich zuerst als Saarländer, als Deutscher, als SaarLorLuxer, als Europäer, äh, ich misstraue sowieso Befragungen dieser Art, weil ich unterstelle mal, dass viele Menschen sich in ein tolles, freundliches, menschenoffenes, weltoffenes Bild stellen wollen. Also die Luxemburger sagen anscheinend dann, bei diesen Eurobarometerbefragungen, ja wir sind natürlich zuerst Europäer bevor wir Luxemburger sind, und das ist meiner Meinung nach aber Quatsch. Also wenn es dann ums Eingemachte geht, und auch unser Premierminister, der als großer Europäer gilt, der ist auch manchmal einfach nur Premierminister eines kleinen Landes, was seine Interessen zu verteidigen versucht, insbesondere gegenüber den größeren Mitgliedsstaaten Frankreich, Deutschland usw. Das ist einfach so, in diesem Spannungsfeld leben wir." (Herr S.H., S.7f.)

Werner Bellwald beschreibt am Beispiel der Schweiz, wie wichtig die Außenwahrnehmung für das Selbstbild einer Gruppe ist. Das Bild, das die Touristen durch Reiseführer und durch eigene Wahrnehmung von der Schweiz erlangen, wird von den Schweizern rezipiert. Stereotype werden auf diese Weise übernommen und dienen selbst wieder der Identitätssicherung.[702] Dies, so wurde bereits im Kapitel zum Forschungsstand berichtet, zeigen auch andere Untersuchungen. So stellte Herman Tertilt fest, dass Saarländer ihr negatives Image als rückständige und provinzielle Region durch Aufgreifen der Außenwahrnehmung selbst verstärkten: „Indem man das Image so emphatisch negiert, übernimmt man es auf subtile Weise und transportiert es als Autostereotyp weiter."[703] Rolf Parr zeigt am Beispiel Luxemburg, welch enormen Einfluss die Außenwahrnehmung auf das Selbstbild einer Gruppe haben kann. Parr zufolge wird die Perzeption Außenstehender, in der Luxemburg als Zentrum Europas dargestellt und mit entsprechenden Symbolen wie das Herz oder der Motor Europas besetzt wird, „von innen her übernommen und dann wieder nach außen hin reproduziert"[704], äquivalent also dem von Bellwald beschriebenen Prozess in der Schweiz. Wie in Bezug auf Christian Schulz' Forschungen zu Luxemburg jedoch bereits gesagt wurde, müssen Selbst- und Fremdbild nicht gleich sein. Eine schlechte Außenwahrnehmung kann ein schlechtes Selbstbild bestärken, dies muss jedoch offenbar nicht der Fall sein.

Herr U.F.s Meinung, die Großregion müsse besser nach außen „verkauft" werden, impliziert, dass ein positives Fremdbild der Großregion entweder nicht oder nicht ausreichend besteht:

„Ich glaub schon, wir müssen die Großregion besser nach außen verkaufen. Das ist wirklich ein Problem. Für mich ist das schon, das was Priorität hat, dass wir die Großregion nach außen besser verkaufen sollen." (Herr U.F., S.10)

Dass Herr U.F. die Ausbildung eines solchen Fremdbilds der Großregion als prioritär empfindet, weist darauf hin, dass ihm die Bedeutung der Außenwahrnehmung für die Konstitution einer Gruppe bewusst ist.

Frau O.L., die für die politische Bildung arbeitet, berichtet von ihrer Erfahrung mit unterschiedlichen Außenwahrnehmungen der Großregion. Demnach unterscheidet sich die Pariser Perspektive auf die Großregion erheblich von der Baden-Württemberger: Obwohl die Pariser Besucher die Großregion „interessant" fanden und „jeder Luxemburg kennt", bleibt die Großregion für sie „wirtschaftlich uninteressant und Randgebiet und eh nicht Paris" (Frau O.L., S.32). Die Teilnehmer aus Baden-Württemberg hingegen waren „offener für solche neuen Zusammensetzungen", fanden, dass das Gebiet „interessant" sei und „Potential" habe (Frau O.L., S.32). Auf Frau O.L.s Frage, ob sie sich vorstellen könnten in einem Unternehmen der Großregion zu arbeiten, lehnten

---

[702] Vgl. Bellwald, Werner (2000): S.48ff.
[703] Tertilt, Herman (1986): S.205.
[704] Parr, Rolf (2009): S.13.

die Pariser ab („nee, kommt nicht in Frage. Auch weil es so weit weg von alles Mögliche.", Frau O.L., S.32), die Baden-Württemberger zeigten sich weniger abgeneigt.

4.9.1.2 Fazit

Die befragten Akteure vertreten überwiegend die Ansicht, die Großregion werde von außen nicht wahrgenommen. Immer dann allerdings, wenn Fremde die Großregion kennenlernen, ist das Bild tendenziell positiv. Lediglich bei Experten, beispielsweise Vertretern anderer Handwerkskammern oder Politikern, wird eine Wahrnehmung der Großregion erkannt oder vermutet. Hier fällt auf, dass sich das (vermutete) Bild mit dem der Selbstwahrnehmung größtenteils zu decken scheint: Die Großregion wird demnach als Europa im Kleinen bzw. Modellregion angesehen, bei der jedoch Luxemburg immer eine besondere Stellung des Motors der Großregion einnimmt.

Wie das Beispiel des gescheiterten gemeinsamen Messeauftritts zeigt, kann als Folge der empfundenen Nicht-Wahrnehmung ein Verzicht der Selbstdarstellung genannt werden. Das Beispiel des gelungenen gemeinsamen Messeauftritts zeigt hingegen, dass eine Selbstdarstellung, selbst bei noch fehlender Außenwahrnehmung, erfolgreich sein kann, indem sie das Interesse der Fremden weckt und durch die Selbstpräsentation die Außenwahrnehmung beeinflusst.

Das Beispiel von Herrn N.M. hat deutlich gemacht, wie prägend die Außenwahrnehmung tatsächlich ist: Für den deutschsprachigen Belgier, der von außen häufig als Deutscher wahrgenommen wird, ist diese Außenwahrnehmung bedeutsam für sein Selbstkonzept. Durch das Identifiziert-Werden als Deutscher fühlt er sich auch stärker dieser Kategorie zugehörig.[705]

Insgesamt wurde gezeigt, dass eine (möglicherweise) gefühlte fehlende Außenwahrnehmung die Selbstpräsentation und damit auch das Selbstkonzept, also die Identität der Gruppe negativ beeinflusst: Resignation ob des mangelnden Identifiziert-Werdens führt zu einer verminderten Selbstpräsentation der Kategorie Großregion und stattdessen zu einem Rückgriff auf andere, bekanntere Kategorien.

---

[705] Auch wenn er sich weiterhin als Belgier sieht.

4.9.2 Außenwahrnehmung der Großregion seitens der Nationalstaaten und Europa

Es wird in dieser Forschung vermutet, dass Entscheidungsträger der EU sowie der einzelnen Nationalstaaten Grenzregionen tendenziell eher als rückständig betrachten und dass die Notwendigkeit, sie wirtschaftlich besonders zu fördern, diesen Eindruck verstärkt. Ebenso wird angenommen, dass – äquivalent zu der Kategorisierung der interviewten Akteure in Kern und Rand der Großregion und der damit einhergehenden Stereotypisierung in leistungs- und bindungsstarke und -arme Regionen – eine ähnliche Stereotypisierung seitens der Akteure Europas und der Nationalstaaten vorgenommen wird. Dies bedeutet, dass Grenzregionen der Kategorie „Rand" zuzuordnen sind und man von ihnen weniger Interesse und Engagement erwartet als von „Kernregionen".

Diese Vermutung gründet auch auf Schilderungen interviewter Akteure, die besonders die Sichtweise Frankreichs auf Lothringen und Deutschlands auf das Saarland als eher negativ und rückständig einstufen.

Des Weiteren wird vermutet, dass Grenzregionen als Modellregionen für Europa betrachtet werden und ihnen daher keine eigenen Merkmale zugesprochen werden.

Zu prüfen ist außerdem, ob man Grenzregionen allgemein und die Großregion speziell als gemeinsame Kulturräume mit gemeinsamen historischen Wurzeln betrachtet, oder doch vielmehr als wirtschaftliche Kooperationsgeflechte, die in erster Linie dem jeweiligen Nationalstaat Vorteile bringen könnten.

4.9.2.1 Image von Grenzregionen

„Grenzregionen galten als Problemzonen und politische Stiefkinder nationalstaatlicher Prioritäten."[706] Und auch aus Sicht der Raumordnungs- und Raumentwicklungspolitiken sind die Regionen an den Grenzen der jeweiligen Nationalstaaten tendenziell benachteiligt, sie werden aufgrund ihrer dezentralen Lage [...] auf staatlicher Ebene in ihren großräumigen und intensiven Verflechtungen nicht adäquat wahrgenommen."[707]

Im Jahr 1983 schreibt Günter Endruweit: „Dass Grenzlagen – wenn man sie so nimmt, wie sie nun einmal sind – Entwicklungsprobleme bieten, ist so offensichtlich, dass es keiner prinzipiellen Begründung bedarf."[708] Aber auch fast dreißig Jahre später haben Grenzregionen häufig ein negatives Image. Das

---

[706] Witt, Andrea (2003): S.12.
[707] Hartz, Andrea (2009): S.43.
[708] Endruweit, Günter (1983): S.138.

erklärt sich durch die Vielzahl der Schwierigkeiten, mit denen Regionen an Nationalstaatsgrenzen besonders in der Vergangenheit, als Grenzen noch größere Bedeutung hatten, konfrontiert waren und teilweise auch noch heute sind. Als solch typische Probleme von Grenzregionen können genannt werden: ihre Isoliertheit von den Hauptentscheidungszentren und Wirtschaftszentren, ihre oftmals mangelhafte Infrastruktur oder die verstärkte Anhäufung „schmutziger Industrien"[709] wie Chemiefabriken, Kernkraftwerke oder Abfallbeseitigungsanlagen. Seitens der EU werden Grenzregionen daher verstärkt gefördert. Daraus könnte sich das negative Image jedoch noch intensivieren: „Wenn im Zusammenhang mit Grenzregionen in erster Linie Nachteile erörtert und Grenzregionen als Problemräume wahrgenommen werden, besteht die Gefahr, dass sich ein Negativimage von Grenzregionen herausbildet bzw. verfestigt."[710]

Auch die beteiligten Regionen der Großregion mussten in der Vergangenheit häufig Imageprobleme und negative Stereotype seitens ihrer jeweiligen Nationalstaaten hinnehmen. Die Teilgebiete eint die Eigenschaft „zur Peripherie der beteiligten Staaten zu gehören. Indirekt betrifft dies selbst das Großherzogtum, da es von den Peripherien der Nachbarländer umschlossen wird."[711] Als noch heute spürbare Nachteile der einzelnen Teilräume nennt Brücher beispielsweise: „In ihren Zentren herrschten Desinteresse, Vorurteile, ja Misstrauen gegenüber den abgelegenen Randgebieten. Die Entfernung zu diesen, verschärft durch mangelhafte Verkehrsanbindung, führte zu ihrer Vernachlässigung und wirtschaftlicher Benachteiligung, zumal ihnen ein Hinterland fehlte. [...] Die Summe dieser Benachteiligungen, verstrickt mit der Krise der Montanindustrie, verschaffte dem Raum überdies sein bekanntes, zähes Negativimage, das entsprechend auf ihn zurückschlägt."[712] Um Oskar Lafontaines Erfolg bei den Saarländern zu erklären, interpretiert die taz noch jüngst: „[...] Und vor allem war er ‚der Oskar', weil er es in der Republik zu etwas gebracht hat. Das schätzen die Saarländer, weil sie noch immer darunter leiden, nicht so ganz dazuzugehören."[713]

Im Rahmen des Ideals des Europas der Regionen erleben die Grenzregionen einen Bedeutungs- und damit auch Imagewandel. Wurden sie zuvor in erster Linie als periphere Räume betrachtet, schreibt man ihnen nun immer häufiger die

---

[709] Vgl. Schabhüser, Brigitte (1993): S.655f. (bezieht sich auf Manthey, Gunter: Möglichkeiten der gemeinschaftlichen Regionalpolitik für die Entwicklung der Grenzregionen: Die INTERREG-Initiative und andere begleitende Maßnahmen. In: Grenzübergreifende Raumplanung. Erfahrungen und Perspektiven der Zusammenarbeit mit den Nachbarstaaten Deutschlands. Forschungs- und Sitzungsberichte der ARL 188. Hannover. 1992.)
[710] Ebd. S.664.
[711] Brücher, Wolfgang (1989): S.527.
[712] Ebd. S.527.
[713] taz.de: 21.08.2009.

Rolle der „Experimentierfelder der europäischen Integration"[714] zu, die grenzüberschreitende Kooperation wird „vor allem mit einer symbolischen Funktion für den Europäischen Einigungsprozess im Ganzen bedacht"[715]. Die „Integration eines neuen Europas [soll in den Grenzregionen] modellartig stattfinden [...]. Ein eigenständiger ‚Lebensraum' soll entstehen, der von der Bereitschaft zur Kommunikation getragen wird, und letztlich ‚Frieden in Europa' garantiert."[716] Besonders die grenzüberschreitende Kooperation zwischen Deutschland und Frankreich gilt „als eine der wichtigsten Triebkräfte für die Entwicklung der Europäischen Union"[717]. „Die Staatsgrenze selbst und die sie umgebenden Grenzräume rücken [...] aus einer peripheren Lage ins Zentrum der Aufmerksamkeit; Grenzregionen werden zu Kontakt- und Interaktionsräumen."[718] Durch die neue zentrale Lage steigt auch das Marktpotential der ehemals peripheren Regionen.[719]

Auch Simone Ahrberg stellt fest, dass Grenzregionen seitens der EU verstärkt die Rolle des Bindeglieds zwischen Nachbarstaaten und die Vorreiterrolle der europäischen Integration zugeschrieben wird.[720] Grenzüberschreitende Zusammenarbeit findet daher nicht selten „im Spannungsfeld zwischen lokaler Versöhnungsstrategie und ideeller Überfrachtung statt"[721]. Ahrberg erklärt sich die besondere Betrachtung der Grenzregionen damit, dass „in den politischen Debatten über die europäische Integration [...] der zwischenmenschliche, soziale Aspekt gegenüber den politischen und wirtschaftlichen Dimensionen zunehmend an Gewicht [gewinnt]"[722] und eine Identifikation der Bürger mit der EU erreicht werden soll.

Neben der Großregion werden auch andere grenzüberschreitende Verflechtungsräume immer wieder gerne als *Europa auf kleinem Raum* tituliert bzw. präsentieren sich selbst so. Beispielsweise der Alpen-Adria Raum: „Auf engstem Raum befindet sich hier das charakteristische Merkmal des europäischen Raumes, seine kulturelle Vielfalt."[723] Ebenso, um nur eines der zahlreichen weiteren Beispiele zu nennen, finden sich Beiträge zur deutsch-

---

[714] Banse, Christian (2004): S.35 (er bezieht sich auf Isolde Roch).
[715] Deppisch, Sonja (2007): S.47.
[716] Banse, Christian (2004): S.45.
[717] Ebd. S.65.
[718] Riedel, Heiko (1994): S.207.
[719] Vgl. Stiller, Silvia (2004): S.19.
[720] Ahrberg, Simone (2004): S.97.
[721] Niedermeyer, Martin; Moll, Peter (2007): S.297.
[722] Ebd. S.97.
[723] Fercher, Peter; Seidenberger, Christian (2003): S.433.

dänischen Grenzregion, die diese als *Brückenbauer* und *Modell für Europa* titulieren.[724]

Trotz dieses feststellbaren positiven Imagewandel der Grenzregionen bestehen die negativen Imagefaktoren in der Öffentlichkeit parallel weiter fort. So berichtet beispielsweise DIE ZEIT von der bevorstehenden Eröffnung des Centre Pompidou in Metz, „in der Provinz, in Lothringen". Die meisten Franzosen, besonders die Pariser, so schreibt DIE ZEIT in ihrem Bericht, halten „Metz für eine öde Garnisonstadt irgendwo an der Grenze zu Deutschland und Luxemburg, in einer Gegend also, die früher einmal von strategischer Bedeutung war, heute aber vor allem unter dem Niedergang von Bergbau und Schwerindustrie zu leiden hat."[725] Die Existenz des Kooperationsraums Großregion wird in dem Artikel nicht erwähnt.

In der Diskussion um Grenzregionen ist feststellbar, dass die lokalen und regionalen Akteure verstärkt in den Mittelpunkt der Debatte treten und dabei weiterhin bestehende Abhängigkeiten vom jeweiligen Nationalstaat nicht selten ausgeklammert werden.[726] Andrea Witt glaubt eine wachsende Außenwahrnehmung von Grenzregionen und parallel ein größeres Selbstbewusstsein deren Bewohner zu erkennen. „Innerhalb der Europäischen Union", so Witt, „bezeichnen sich Grenzregionen selbst inzwischen als wirtschaftliche Ballungszentren."[727] Häufig ist hinter einer solchen Selbstpräsentation von Grenzregionen oder -städten auch eine Marketingstrategie zu vermuten.[728]

Es entsteht der Eindruck, dass westliche Grenzregionen ein etwas weniger rückständiges Image haben als östliche Grenzregionen. Die Grenzregionen im Westen und Südwesten Deutschlands, so der Anschein, werden tendenziell häufiger symbolisch als europäische Modellregionen, Bindeglieder oder Friedenssicherer aufgeladen. Über östliche Grenzregionen gibt es hingegen in der Fachliteratur häufiger Untersuchungen, die sich mit den wirtschaftlichen Auswirkungen der durch die EU-Osterweiterung neu entstandenen grenzüberschreitenden Verflechtungsräume beschäftigen.[729]

Ein Blick in die Literatur zu grenzüberschreitenden Verflechtungsräumen vermittelt außerdem den Eindruck, dass die kulturellen Gemeinsamkeiten oder eine gemeinsame Identität der Kooperationsräume von der Außenperspektive eher selten explizit hervorgehoben werden. Diese ‚weichen' Faktoren, so die

---

[724] Caspari, Friedhelm (2004): S.1.
[725] Finkenzeller, Karin (2010) [In: DIE ZEIT, Nr. 18, 29.April 2010].
[726] Vgl. Witt, Andrea (2003): S.13.
[727] Ebd. S.13.
[728] Vgl. hierzu Becker, Franziska (2006): S.54f.
[729] Vgl. hierzu beispielsweise: Born, Karl Martin; Fichtner, Timo; Krätke, Stefan (Hg.): Chancen der EU-Osterweiterung für Ostdeutschland. Arbeitsmaterialien der ARL. Nr. 321. Hannover. 2006.

Erkenntnis, werden als Vorteile der Zusammenarbeit weit weniger beachtet als die genannten allgemeinen symbolischen Werte oder die wirtschaftlichen Vorteile.

4.9.2.2 Image des ländlichen Raums

Grenzregionen zeichnen sich häufig dadurch aus, dass sie wenige Metropolen, stattdessen jedoch eine große Fläche ländlichen Raumes aufweisen. „Der ländliche Raum wird häufig zunächst als Kategorie des *Nicht-Städtischen* aufgefasst und damit negativ definiert."[730] Der politische und wissenschaftliche Diskurs zum ländlichen Raum ist geprägt von stereotypen Vorstellungen. „Ländliche Räume werden auf der einen Seite idyllisiert: ruhig, naturnah, schöne Landschaft, intakte Dorfgemeinschaft. [...] Auf der anderen Seite wird mit dem Landleben oftmals Autoabhängigkeit, geringes Angebot an Dienstleistungen und Kultur sowie eine hohe soziale Kontrolle assoziiert."[731] Der ländliche Raum erfährt in jüngster Zeit, wie auch für Grenzregionen bereits festgestellt, einen Imagewandel. Das stellt Albrecht auch für Lothringen fest: „Der ländliche Raum wird heute assoziiert mit Lebensqualität, Überschaubarkeit und einem mit dem Eigenheimbau einhergehenden sozialen Aufstieg."[732] Besonders für Wohnen und Erholung ist der ländliche Raum demnach gefragter denn je.[733]

Das EUREK (Europäisches Raumentwicklungskonzept) spricht sich dafür aus, ländliche Räume nicht als homogene Räume „mit gleichen Entwicklungshemmnissen und -chancen" [zu betrachten.] [...] Die Vielfalt ländlicher Entwicklung in der EU macht also deutlich, dass Raumentwicklungsstrategien an den lokalen und regionalen Bedingungen, Besonderheiten und Bedürfnissen ansetzen müssen."[734]

4.9.2.3 Fazit

Bezüglich des Images von Grenzregionen kann ein Wandel in der Wahrnehmung festgestellt werden. Das Image von Grenzregionen und ländlichem Raum – Grenzregionen sind häufig ländlich geprägt – war lange Zeit ein negatives. Die

---

[730] Franzen, Nathalie; Hahne, Ulf; Hartz, Andrea; Kühne, Olaf; Schafranski, Franz; Spellerberg, Annette; Zeck, Holger (2008): S.1.
[731] Ebd. S.9.
[732] Albrecht, Susanne (1995): S.7.
[733] Vgl. ebd. S.9.
[734] EUREK: S.25.

negative Stereotypisierung der Kategorie „Rand", die auch in der Großregion selbst vorzufinden ist, war in den Nationalstaaten weit verbreitet. Jedoch verändern sich die räumlichen Kategorien im Zuge der Globalisierung und vor allem mit wachsender Bedeutung der Europäischen Union: Grenzregionen sind nun nicht mehr nur noch die Ränder der Nationalstaaten, sondern rücken ins Zentrum Europas.

Da Stereotype jedoch sehr langlebig sind und Grenzen in der Wahrnehmung der Bevölkerung noch immer existieren, kann vermutet werden, dass das Negativ-Image der peripheren, rückständigen Grenzregion nur sehr langsam weichen wird. Ansätze eines Wandels sind jedoch sowohl in der Selbstdarstellung als auch in der Außenwahrnehmung nicht zu übersehen, wie hier am Beispiel Lothringen verdeutlicht werden soll: „Als europäischer Kulturraum erfährt der Grenzraum eine Aufwertung, da nicht mehr der trennende, sondern vielmehr der verbindende Charakter Lothringens herausgestellt wird."[735] „Gerade die Grenzsituation hat die Entwicklung Lothringens nachhaltig beeinflußt. Sie reicht von der Entstehung des lotharingischen Mittelreiches über die Einverleibung Lothringens durch Frankreich bis in die Zeit der Weltkriege, wo es vollends zur militärischen Grenzbastion wurde. Erst im Rahmen der deutsch-französischen Annäherung und der europäischen Integration erfolgt in jüngerer Zeit eine Umbewertung der geographischen Lage: Die Grenzsituation im Saar-Lor-Lux-Raum impliziert zugleich verbindende Elemente. Hieraus ergeben sich möglicherweise Chancen für Lothringen als zentraleuropäische Region."[736]

> Im Zuge der Europäisierung und Globalisierung gewinnen Grenzräume, deren Image bisher durch Peripherie, Abgeschiedenheit und Rückständigkeit negativ geprägt war, verstärkt an Bedeutung.

Dies gilt nicht nur für die Teilgebiete der Großregion. Auch das Elsass beispielsweise profitiert von dem gesellschaftlichen Wandel, durch den „das Elsass von seiner peripheren Lage in eine stärkere Zentrallage innerhalb des Oberrheingrabens gerückt [ist], der auch neuer Schwerpunktraum internationaler Investitionen ist."[737]

Der positive Imagewandel der Grenzregionen von der nationalen Randlage hin zu einer europäischen Zentrumslage ist offenbar im Vollzug. Außer der positiveren Außenwahrnehmung profitieren die Grenzregionen jedoch „trotz mas-

---

[735] Jätzold, Ralph; Müller, Beate (1994): S.9.
[736] Albrecht, Susanne (1995): S.2.
[737] Wackermann, Gabriele (2000): S.51.

siver Regionalhilfe und Gemeinschaftsinitiativen"[738] bislang wenig davon. „So vermeldet der zweite Zwischenbericht der Europäischen Kommission zum wirtschaftlichen und sozialen Zusammenhalt vom 30. Januar 2004, daß die regionalen Disparitäten innerhalb der Mitgliedstaaten weiter zugenommen haben."[739] Einzelne Regionen spüren dennoch offenbar eine Bedeutungszunahme ihrer Region durch die Öffnung der Grenzen und die verstärkten Verflechtungen. So berichtet beispielsweise Herr W.D. aus Perl:

> „Perl hat ja enorm an Bedeutung gewonnen, was Einkaufsmöglichkeiten betrifft. Wenn wir früher in einen Supermarkt wollten, dann mussten wir bis nach Merzig fahren [...].Ich kann hier in Perl kann ich alles mit dem Fahrrad machen. Das Auto nehme ich nur noch, wenn ich einen Kasten Sprudel kaufe oder Apfelsaft, also die schweren Sachen. Oder wenn ich mir einen Mantel kaufe, dann muss ich in die Stadt fahren." (Herr W.D., S.15)

4.9.2.4 Außenwahrnehmung der Großregion (von Europa, von den vier Nationalstaaten)

Außenwahrnehmung der Großregion seitens Europas

Das 1999 vereinbarte Europäische Raumentwicklungskonzept (EUREK) beschreibt als Leitbild eine polyzentrische europäische Raumstruktur. „Das Ziel des EUREK ist die ‚Schaffung von mehreren dynamischen Zonen weltwirtschaftlicher Integration, die im Raum der EU gut verteilt sind und aus miteinander vernetzten, international gut erreichbaren Metropolregionen und daran angebundenen Städten und ländlichen Gebieten unterschiedlicher Größe bestehen'."[740]

Der erste Satz des EUREKs lautet: „Das charakteristische Merkmal des Territoriums der Europäischen Union (EU) ist seine auf engem Raum konzentrierte kulturelle Vielfalt."[741] Es folgt der Zusatz, dadurch unterscheide man sich von anderen großen Wirtschaftsräumen der Welt wie den USA, Japan oder MERCOSUR. Lokale und regionale Identitäten sollen daher erhalten bleiben. Das EUREK strebt „schrittweise ein räumliches Gleichgewicht mit dem Ziel einer geographisch ausgewogeneren Verteilung des Wachstums auf dem Territorium der EU (Kohäsionsziel)"[742] an. Grenzübergreifenden Raument-

---

[738] Schmitt-Egner, Peter (2005b): S.21.
[739] Ebd. S.21.
[740] EUREK: S.21. in: Krätke, Stefan (2000): S.119.
[741] Ebd. S.7.
[742] Ebd. S.7.

wicklungskonzepten schreibt das EUREK eine „Schlüsselrolle"[743] zu, die regionalen und lokalen Gebietskörperschaften bezeichnet es dabei als „Schlüsselakteure"[744], das Subsidiaritätsprinzip wird betont.

Ernst-Hasso Ritter weist darauf hin, dass die Zusammenarbeit grenzüberschreitender Räume aus europäischer Sicht „geradezu ein Lebenselixier für das Bestehen einer gemeinsamen Raumentwicklungspolitik"[745] ist. „Die grenznachbarschaftlichen und transnationalen Kooperationen sind heute Eckpfeiler der europäischen Raumentwicklungspolitik, denn sie schärfen das europäische Raumbewusstsein, mildern die entwicklungshemmenden Einflüsse nationalstaatlicher Grenzen, bringen die innereuropäischen Vernetzungsstrukturen voran und sind so für den territorialen Zusammenhalt in der europäischen Gemeinschaft unerlässlich."[746]

Die vorgestellten Leitbilder des EUREK: Polyzentralität, kulturelle Vielfalt, territoriale Kohäsion, Stärkung der regionalen und lokalen Gebietskörperschaften durch Subsidiarität, beschreiben Themenfelder, von denen Grenzregionen stark betroffen sind. All dies sind auch Leitbilder der grenzüberschreitenden Zusammenarbeit. Die Grenzregionen waren mit diesen Fragen und Problemen schon lange vor dem Beschluss des EUREK konfrontiert. Das Leitbild des Europas der Regionen und damit die Stärkung der Regionen ist ebenfalls ein Thema, das grenzüberschreitende Verflechtungsräume schon sehr lange beschäftigt.

Leitbilder der EU scheinen sich mit denen der Grenzregionen weitgehend zu decken. Die EU ist sich dem hohen Erfahrungswert der Grenzregionen bezüglich dieser Themen bewusst. Nicht umsonst spricht sie den grenzübergreifenden Raumentwicklungskonzepten eine Schlüsselrolle zu.

Außenwahrnehmung der Großregion seitens Deutschlands

Von offizieller deutscher Seite wird häufig die besondere Bedeutung der deutsch-französischen Zusammenarbeit für Europa hervorgehoben. Mit der Regelung der Saarfrage, so der damalige Bundespräsident Köhler in einer Rede zum 50. Jahrestag der Volksabstimmung über das Saarstatut, wurde die gute deutsch-französische Beziehung „zum Motor der europäischen Integration"[747]. Neben der europäischen Identität des Saarlandes betont Köhler jedoch gleich-

---

[743] Vgl. ebd. S.46.
[744] Vgl. ebd. S.46.
[745] Ritter, Ernst-Hasso (2009): S.154.
[746] Ebd. S.157f.
[747] Bulletin der Bundesregierung Nr. 86-1 vom 24. Oktober 2005.

zeitig die Verwurzelung des Saarlandes in der deutschen Sprache und Kultur. Die Gründung der Europäischen Gemeinschaft für Kohle und Stahl betrachtet der Bundespräsident als Zeichen dafür, dass „es uns Europäern gelungen ist, altes Denken und alte Feindschaft zu überwinden und zu neuen Formen der Zusammenarbeit und durchaus auch der Sicherheit durch gegenseitige Abhängigkeit zu finden".[748] Die grenzüberschreitende Zusammenarbeit der Saarländer empfindet Köhler als Zeichen eines „Europas von unten", da die Saarländer demonstrierten, dass eine starke regionale Identität möglich sei, ohne sich „von anderen abzuschotten".[749] Auch die Bundeskanzlerin schreibt dem Saarland vor allem eine Mittlerfunktion zwischen Deutschland und Frankreich zu.[750] Und auch sie bezeichnet die deutsch-französische Zusammenarbeit als „Eckpfeiler und Motor der europäischen Integration"[751]. Der europapolitische Sprecher der CDU/CSU-Bundestagsfraktion weist auf neue Chancen deutscher Grenzregionen hin. Durch die EU-Osterweiterung würde deren bisherige Randlage zu Gunsten der neuen EU-Zentrumslage in den Hintergrund rücken.[752]

Insgesamt entsteht der Eindruck, für die deutschen Grenzregionen an den östlichen Rändern wird die grenzüberschreitende Zusammenarbeit, die dort erst seit relativ junger Zeit möglich ist, positiv für die Verbesserung der schwachen wirtschaftlichen Situation gewertet. An den übrigen Grenzen wird hingegen verstärkt auf die Rolle des Motors für Europa, die friedensstiftende Funktion und das brückenbildende Element hingewiesen. Die grenzüberschreitenden Verflechtungsräume, die im Rahmen der EU-Osterweiterung entstanden sind, erfahren besondere Berücksichtigung, wenn es darum geht, wirtschaftliche Vorteile zu betonen.

Die grenzüberschreitende Zusammenarbeit an Deutschlands südlichen und südwestlichen Grenzen dagegen konnte sich „von unten nach oben entwickeln […], folgte[n] den regionalen und lokalen Bedürfnissen und hatte[n] Zeit zu reifen. […] [Sie gilt] als Erfolgsgeschichte und hat Vorbildcharakter für viele andere Regionen Europas."[753] Vor allem die deutsch-französischen Verflechtungen werden immer wieder positiv hervorgehoben.

---

[748] Ebd.
[749] Ebd.
[750] Vgl. http://www.bundesregierung.de/Content/DE/Archiv16/Artikel/2007/01...07-01-01-merkelrede-50jahre-saarland,layoutVariant=Druckansicht.html
[751] Vgl. ebd.
[752] Vgl. http://library.fes.de/pd/www.cducsu.bundestag.de/2000/hintz73i.htm
[753] Ritter, Ernst-Hasso (2009): S.150.

Außenwahrnehmung der Großregion seitens Belgiens

Die Region Wallonien möchte ausdrücklich die Nähe zum wirtschaftlich stärkeren Großherzogtum Luxemburg nutzen, um Vorteile für den wirtschaftlich schwachen Südosten der wallonischen Provinz Luxemburg zu erreichen.[754] Allerdings erkennt man auch die Notwendigkeit, dafür zu sorgen, dass die wallonischen Grenzregionen nicht zum bloßen Banlieu der Stadt Luxemburg degradiert werden: „Cet enjeu nous semble important pour limiter la dépendance éxterieure, limiter les déplacements sur de longues distances et éviter que les communes frontalières ne deviennent que le banlieue résidentielle de Luxembourg-ville."[755]

Belgiens föderales System kennt drei Gemeinschaften (die der Flamen, der Französischsprachigen Gemeinschaft und der Deutschsprachigen Gemeinschaft) und drei Regionen (Wallonische Region, Region Flandern und die Region Brüssel-Stadt). Die Deutschsprachige Gemeinschaft ist demnach keine eigenständige Region, sondern zählt zur Wallonischen Region. In der Wallonischen Region, so Berge und Grasse, fürchtet man aus Angst vor einer „sukzessive[n] Abspaltung dieses gut entwickelten Landesteils"[756] einen allzu großen Kompetenzausbau der Deutschsprachigen Gemeinschaft.

Im Gegensatz zu den anderen betrachteten Nationalstaaten kann man in Belgien nicht von einer gesamt-belgischen Identität ausgehen.[757] Zu groß scheint der Konflikt zwischen Flamen und Wallonen. In der Deutschsprachigen Gemeinschaft allerdings „identifiziert man sich sehr stark mit dem Föderalstaat, weshalb man die Bewohner der DG augenzwinkernd auch gerne als ‚die letzten wahren Belgier' bezeichnet."[758]

Aufgrund der weitgehenden Eigenständigkeit der einzelnen belgischen Gemeinschaften und dem Fehlen einer gesamt-belgischen Identität, so der Eindruck, steht der Nationalstaat Belgien der grenzüberschreitenden Verflechtung seiner Teilregionen nicht im Wege: weiterer Machtverlust und Identitätsverlust sind offenbar dadurch nicht zu befürchten. Eine Ausnahme, glaubt man Berge und Grasse, bildet die Deutschsprachige Gemeinschaft, um deren Zugehörigkeit die Wallonische Region bei allzu starken Verflechtungen und eigenständigen Kooperationen offenbar bangt.

---

[754] Vgl. CPDT, Nr. 9, August 2009.
[755] Ebd. S.17.
[756] Berge, Frank; Grasse, Alexander (2004): S.11.
[757] Vgl. ebd. S.11f.
[758] Ebd. S.12.

Außenwahrnehmung der Großregion seitens Frankreichs

Im Gegensatz zu anderen europäischen Staaten, ist der französische Zentralstaat kein Freund des Ideals des Europas der Regionen. Auphan und Brücher behaupten sogar, Frankreich wolle sich mit Hilfe seiner Raumordnung gegen eine Europäisierung seines Territoriums wehren.[759] Zwar, so die Autoren, bewege sich Frankreich in Richtung einer Dezentralisierung und Regionalisierung,[760] doch handele es sich hierbei um eine Regionalisierung *à la française* und nicht um eine Regionalisierung *à l'européenne*. Der französische Zentralstaat benötige zur Eingliederung in die Raumordnung der EU die französischen Regionen, jedoch sollen diese schwach bleiben und wichtige Verhandlungen mit der EU weiterhin auf nationalem Niveau geführt werden.[761]

Dass der französische Nationalstaat seinen Grenzregionen jedoch verstärkt Aufmerksamkeit zukommen lässt, spürten in jüngster Vergangenheit auch das Saarland und Luxemburg. So wurden beispielsweise der saarländische Minister für Inneres und Europa, Stephan Toscani, sowie der Luxemburgische Minister für Inneres und die Großregion, Jean-Marie Halsdorf, im Februar 2010 zu einem Kongress über Grenzraumpolitik nach Paris eingeladen, mit Luxemburg traf Frankreich jüngst ein Abkommen über die grenzüberschreitende Zusammenarbeit. Dies wird von Luxemburger Seite als besonderer Fortschritt der grenzüberschreitenden Verflechtung gewertet. Jean-Marie Halsdorf äußert sich in einem Interview dazu: „Die Unterzeichnung der Konvention mit Frankreich ist ein besonderes Ereignis in unseren bilateralen Beziehungen. Dass ein Zentralstaat sich nun explizit um die Verstärkung der grenzüberschreitenden Kooperation bemüht, ist quasi einmalig. Die Initiative kam von französischer Seite. Frankreich hat festgestellt, dass in unserem Grenzraum eine große Dynamik existiert, die auch neue Arbeitsplätze generiert. Täglich profitieren rund 70.000 Lothringer von unseren Vorteilen. Nun will der Zentralstaat die Region Lothringen unterstützen, damit auf französischer Seite ein ‚Pendant' entsteht."[762]

Gewisse „latent vorhandene Ängste" auf französischer Seite stellt Heinz Schmitt, der sich mit den grenzüberschreitenden Beziehungen am mittleren Oberrhein befasst, trotz allem weiterhin fest: „Nur selten zum Ausdruck gebracht, aber ständig latent vorhanden sind gewisse Ängste sowohl in Paris als

---

[759] Vgl. Auphan, Etienne; Brücher, Wolfgang (2005): S.7. Vgl. hierzu auch: Brücher, Wolfgang (1992): S.192-193.
[760] Frankreichs Kongress hat am 17. März 2003 die Verfassung geändert: „Frankreichs Republik ist von nun an ‚dezentral organisiert', und die Region wurde von einer gesetzmäßigen zu einer verfassungsmäßigen Gebietskörperschaft erhoben". (Auphan, Etienne; Brücher, Wolfgang (2005): S.8)
[761] Vgl. Auphan, Etienne; Brücher, Wolfgang (2005): S.7-9.
[762] Luxemburger Wort. 01.02.2010. Interview mit Jean-Marie Halsdorf.

auch im Elsass selbst, die Elsässer könnten sich zu sehr mit den Deutschen einlassen. Das Bemühen, diesen Verdacht zu zerstreuen und sich als besonders loyale Franzosen darzustellen, erklärt manche Verhaltensweisen."[763]

Außenwahrnehmung der Großregion seitens Luxemburgs

Bei Luxemburg kann man nicht wie bei den anderen Nationalstaaten von Außenwahrnehmung sprechen, da der gesamte Staat Luxemburg Teil der Großregion ist. Daher wird die Grenzlage auf Seiten Luxemburgs sehr deutlich wahrgenommen. Luxemburg ist auch auf höchster Ebene sehr engagiert bezüglich der großregionalen Zusammenarbeit. Das Innenministerium wurde 2009 umbenannt in „Ministerium des Inneren und für die Großregion". Die Luxemburger Politik denkt großregional. Das ist in dieser Form bei den drei anderen Nationalstaaten noch nicht spürbar.

Jean-Claude Sinner (Ministerium für Nachhaltige Entwicklung und Infrastruktur) erkennt in der Großregion ein „Modellregion der grenzüberschreitenden Zusammenarbeit innerhalb der Europäischen Union"[764]. Durch die Etablierung der Großregion als Metropolregion erkenne Luxemburg die Chance, auch zukünftig eine große Rolle innerhalb Europas spielen zu können.[765]

Am Beispiel der enormen Anzahl der Naturparke innerhalb der Großregion erklärt Sinner den Bedeutungswandel von Grenzregionen: „Die Naturparke sind häufig an den Grenzen gelegen, und das ist nicht verwunderlich. Ich erkläre mir das mit der folgenden kausalen Kette: Grenzlage – in der Entwicklung zurückgeblieben – daher naturbelassen – daher Naturpark. Und heute, wo die Bedeutung der Grenzen als trennendes Element kaum noch besteht, im Gegenteil, wo die Nähe zum Nachbarn ein Potential darstellt, sind sie die Champions der grenzüberschreitenden Zusammenarbeit schlechthin. Sie sind denn auch vielfach engagiert bei Interreg-Projekten."[766]

Luxemburgs Premier Jean-Claude Juncker betont die gegenseitige Abhängigkeit der einzelnen Teilregionen der Großregion. Er sieht für alle Beteiligten klare wirtschaftliche Vorteile in der grenzüberschreitenden Kooperation. In einem Europa der Regionen, in dem Nationalstaaten in den Hintergrund treten und Regionen an Bedeutung gewinnen, so Junckers Ansicht,

---

[763] Schmitt, Heinz (2006): S.423.
[764] Sinner, Jean-Claude (2009): S.3.
[765] Vgl. ebd.
[766] Ebd. S.7.

können die Verflechtungen der Großregion großen Nutzen bringen. Die „Großregion bedeutet de facto das Ende der lokalen Schizophrenie."[767]

Das wirtschaftliche Potential, das die Großregion als Kooperationsgeflecht entwickeln kann und sich somit gegen Konkurrenz behaupten kann, erfährt große Beachtung in der luxemburgischen Perspektive.

4.9.2.5 Außenwahrnehmung der einzelnen Teilregionen

Während die Wallonen von außen in den letzten Jahren hauptsächlich durch ihre Auseinandersetzungen mit den Flamen in Erinnerung geblieben sein dürften[768], wird die Deutschsprachige Gemeinschaft Belgiens häufig als Musterbeispiel herangezogen, wenn es um gelungene grenzüberschreitende Verflechtung geht. Die kleine Gemeinschaft, in der lediglich 72.000 Einwohner leben, ist eine Minderheit, die es im Laufe der Jahre zu erstaunlich viel Autonomie im belgischen Staat gebracht hat, „eine Eigenständigkeit, die immer wieder gerne mit dem schon leicht überstrapazierten Superlativ der ‚bestgeschützten Minderheit in Europa' beschrieben wird"[769]. Sicher auch durch die weitgehende Zweisprachigkeit der Bewohner, genießt die Deutschsprachige Gemeinschaft Belgiens heute das Ansehen einer toleranten und weltoffenen Gemeinschaft. Ihre Bewohner selbst, wie im vorangehenden Teil der Arbeit beschrieben, präsentieren ihre Gemeinschaft gerne als Brückenbauer zwischen deutschsprachigen und französischsprachigen Belgiern, sowie zwischen deutschsprachiger und französischsprachiger Kultur allgemein.

Im Allgemeinen erfährt Belgien weniger wegen seiner grenzüberschreitenden Verflechtung, als vielmehr aufgrund der innerbelgischen Konflikte Aufmerksamkeit in der Fachliteratur. Auch Rheinland-Pfalz, so der Eindruck, der nach der Literaturrecherche entstand, wird seltener als Grenzregion kategorisiert als dies bei dem Saarland und Lothringen der Fall ist. Dies mag unter anderem daran liegen, dass Rheinland-Pfalz wirtschaftlich vor allem mit der Rhein-Main-Region in Zusammenhang gebracht wird.

Luxemburg wird von außen als Motor der Großregion gesehen. Die europäische Kulturhauptstadt 2007 hat dieses Bild noch verstärkt. In einer Pressemeldung der Bundesregierung zum Besuch des Kulturstaatsministers Bernd Neumann im Rahmen des Kulturhauptstadtjahres ist sogar die Rede von

---

[767] Trierischer Volksfreund. 29.4.2002. Interview mit Jean-Claude Juncker.
[768] Vgl. hierzu beispielsweise Berichte zum jüngsten innerbelgischen Konflikt, in dessen Zusammenhang der belgische Premier Yves Leterme am 26.4.2010 zurückgetreten ist. [siehe: http://www.zeit.de/politik/ausland/2010-04/Belgien-Hintergrund?page=all&print=true]
[769] Berge, Frank; Grasse, Alexander (2004): S.10.

der „Großregion Luxemburg"[770], dabei hieß das Projekt „Luxemburg und die Großregion".

4.9.2.6 Zusammenfassung

Grenzregionen sind innerhalb ihres Nationalstaates mit negativem Image besetzt. Betrachtet man sie als Teilregionen eines grenzüberschreitenden Verflechtungsraums, ändert sich dieses Bild zum Positiven. Dies ist beispielsweise am Fall Lothringen sichtbar: „Die zentrale europäische Lage, welche mit der Saar-Lor-Lux-Region unterstrichen wird, steht in Kontrast zu dem peripheren Raum, den Lothringen innerhalb Frankreichs darstellt."[771] Auch der ländliche Raum erfährt in jüngster Vergangenheit eine Aufwertung.

Diese veränderte Außenwahrnehmung beeinflusst auch die Selbstdarstellung der Großregion und der einzelnen Teilregionen: Man präsentiert sich gerne als „kleines Stück Europa"[772] und betont, dass „die Idee eines vereinten und befriedeten Europas gerade hier geboren wurde"[773] und die vier teilnehmenden Staaten der Großregion „Mitgliedsstaaten der ersten Stunde" (Herr S.H., S.7) der EU sind.

Auffallend bei Juncker und bei Sinner, aber auch bei den zitierten deutschen Politikern Merkel und Köhler, ist, dass die Großregion immer im Zusammenhang mit Europa gesehen wird.

Die Großregion wird von Seiten Europas oder der jeweiligen Nationalstaaten nicht als zusammengehöriger, eigenständiger Raum thematisiert. Es ist nicht oder nur selten die Rede von spezifischer gemeinsamer Kultur, Identität oder Geschichte – vielmehr findet eine allgemeine Kategorisierung als europäischer Grenzraum statt.

Die einzelnen Nationalstaaten fokussieren jeweils die (wirtschaftlichen) Vorteile, die die Grenzregionen den Teilregionen ihres Staates bzw. ihrem ganzen Staat, bringen können.

Da die Großregion von außen nicht als eigenständige Kategorie, sondern vielmehr als eine von vielen europäischen Grenzregionen betrachtet wird, werden ihre Fortschritte nicht als Selbstzweck angesehen. Nicht ihr Voranschreiten als

---

[770] Vgl. http://www.bundesregierung.de/Content/DE/Archiv16/Artikel/2007/10/2007-10-18-neumann-luxemburg.layoutVariant=Druckansicht.html
[771] Jätzold, Ralph; Müller, Beate (1994):S.1.
[772] W+B (Dezember 2007): S.26.
[773] Ebd. S.27.

ein Raum, die Stärkung ihrer kulturellen Eigenarten oder ihrer grenzüberschreitenden Identität stehen im Mittelpunkt, sondern der Nutzen, den Europa und die jeweiligen Nationalstaaten von der Zusammenarbeit daraus ziehen. Die klassischen räumlichen Kategorien „Europa", „Deutschland", „Frankreich, „Belgien", „Luxemburg" oder auch „Saarland", „Lothringen", „Rheinland-Pfalz", „Wallonien" und „Deutschsprachige Gemeinschaft" liegen der Bewertung zugrunde. Eine Kategorie „Großregion" herrscht in der Fremdwahrnehmung nicht vor und auch in der inneren Wahrnehmung dominieren die ‚klassischen' territorialen Kategorien. Allerdings werden neben wirtschaftlichen Interessen auch allgemeine Werte-Interessen wie deutsch-französische Freundschaft, Brückenbauer zwischen den Kulturen usw. als wichtig erachtet. Die Vielfalt der Räume wird nicht in Frage gestellt. Besonders seitens Frankreichs, aber auch seitens Deutschlands und Belgiens wird immer wieder die Zugehörigkeit der jeweiligen Teilregion zum entsprechenden Nationalstaat betont. Man möchte Kooperation, aber niemand zweifelt die ‚eigentliche' Identität (also die nationale) als die wichtigste an. Das Denken in nationalen Kategorien ist in den Köpfen weiterhin an erster Stelle.

Der kleine Nationalstaat Luxemburg ist bedingt durch seine volle Mitgliedschaft offenbar mehr an einer starken Großregion interessiert, bzw. profitiert auch im Verhältnis mehr davon als die Nationalstaaten der anderen Teilregionen, die nationalpolitisch kein vergleichbares Engagement demonstrieren. Das zeigt auch die Einrichtung eines Ministeriums des Inneren und der Großregion in Luxemburg. Jean-Claude Sinner meint dazu: „Ich kenne keinen anderen Fall in Europa, wo die grenzüberschreitende Kooperation bis in den Namen eines Ministeriums vorgedrungen ist. Dies ist sicherlich der konkrete Ausdruck, dass die Großregion für Luxemburg nicht nur wichtig ist, sondern unverzichtbar."[774] In Luxemburgs Fall ist es darüber hinaus, im Gegensatz zu Deutschland, Belgien und Frankreich, nicht hinderlich für die großregionale Zusammenarbeit wenn weiterhin die oberste Priorität das Vorankommen des Nationalstaats ist. Denn das Herzogtum empfindet die grenzüberschreitende Verflechtung im Rahmen der Großregion als Chance, die Bedeutung des eigenen Staates im Europäischen Verbund zu stärken.

Die Bedeutung und Wirkung von Grenzen ist auch von der Größe des Staates abhängig, was Luxemburgs besonderes Interesse an der Großregion erklärt: „So liegt bei kleineren Staaten ein im Verhältnis zum Gesamtterritorium größerer Bereich im Einflussbereich der Grenzen als bei größeren Staaten, was sich auch auf die Aufmerksamkeit auswirken kann, welche die Staaten ihren Grenzgebieten bzw. grenzüberschreitenden Beziehungen zumessen."[775]

---

[774] Sinner, Jean-Claude (2009).
[775] Deppisch, Sonja (2007): S.47.

4.9.3 Ausblick

Grenzregionen werden auch von außen häufig als Modell für Europa, Brückenbauer oder Motor der europäischen Integration betitelt. Damit werden ihnen keine spezifischen eigenen Eigenheiten zugeschrieben. Hier könnten andere Forschungen anknüpfen, denn es bleibt auch weiterhin zu untersuchen, wie wichtig Abgrenzungen zukünftig für Identitätsbildungsprozesse sein werden. Weiter oben wurde zwar gezeigt, dass eine innere Identifizierung bei den Akteuren auch ohne (starke) Abgrenzung im Sinne einer Exklusion möglich scheint, jedoch ist ein Identifiziert-Werden von außen ohne Abgrenzung nur schwer möglich. Und das Identifiziert-Werden ist wichtig für Selbstkonzept und Selbstpräsentation einer Gruppe.

Mit der häufigen Betonung, Europa sei eine Chance für die Grenzregionen, beispielsweise um aus ihrer peripheren Lage herauszukommen, wird indirekt auch bestätigt, dass Grenzregionen bislang für ihre Nationalstaaten eher uninteressant und unwirtschaftlich, eben „Ränder", waren. Der regelmäßige Bezug auf die Bedeutung für Europa kann im schlimmsten Fall für die Grenzregionen als Degradierung zu einer bloßen Übergangskategorie wirken.

Noch scheint der Europabezug jedoch keine negativen Konsequenzen zu zeigen. Auch in der nach außen repräsentativen Darstellung vieler Grenzregionen wird „die wachsende Bedeutung der Grenzregionen für die europäische Integration"[776] gerne betont. Dies lässt sich zum einen als Reaktion auf die Zuschreibungen von außen verstehen, zum anderen als Betonung eines (derzeit scheinbar noch bestehenden) Alleinstellungsmerkmals: In den Grenzräumen, so die Suggestion, ist Europa bereits gelebte Realität. „Gerade die grenzüberschreitenden polyzentrischen Metropolräume können als Kulminationspunkte der Europäischen Einigung gelten. So ist die Großregion nicht allein ein Beispiel für ein neues europäisches Bewusstsein, sondern auch für einen neuen, grenzüberschreitenden funktionalen Bezug in Ergänzung der traditionellen nationalstaatlichen Orientierungen."[777]

Das Problem einer eigenen Kategorie „Großregion" (oder anderen grenzüberschreitenden Verflechtungsräumen) ist, dass sie mit wenig anderen Kategorien vergleichbar ist. Eine Außenwahrnehmung, die ja auch eine Abgrenzung impliziert, bzw. die Einteilung in ‚wir' und ‚andere', ist daher fast nicht möglich. Deutsche denken nicht etwa ‚wir Deutsche' und ‚die Großregionalen', jedoch denkt man eventuell ‚wir Bayern', ‚die Saarländer' oder ‚wir Norddeutsche', ‚die Süddeutschen', ‚wir Belgier', ‚die Franzosen'. Von

---

[776] Fiedler, Pit (2006).
[777] Stellungnahme der Großregion zum Grünbuch der Europäischen Kommission (Luxemburg, 3.02.2009). S.2.

außen wird diese Kategorie also daher wenig wahrgenommen, weil die Kategorie „Großregion / grenzüberschreitender Verflechtungsraum" für die Konstitution der eigenen Identität belanglos ist: Man vergleicht sich nicht mit ihr und differenziert sich daher auch nicht von ihr. „Fremdheit ist keine Eigenschaft, auch kein objektives Verhältnis zweier Personen oder Gruppen, sondern die Definition einer Beziehung."[778]

Ein weiteres Indiz für eine fehlende Außenwahrnehmung der Großregion bzw. grenzüberschreitenden Verflechtungsräumen ist der Mangel an Stereotypen. Es gibt keine bekannten Stereotype über die Großregion oder andere grenzüberschreitenden Verflechtungsräume, lediglich zu den einzelnen Teilregionen. Das zeigt, dass noch keine dementsprechende Kategorisierung und daher keine besondere Außenwahrnehmung feststellbar sind. Stereotype hätten hier zunächst eine positive Wirkung: Sie würden den grenzüberschreitenden Verflechtungsräumen Aufmerksamkeit verschaffen und das Interesse an ihnen wecken.

Das Fehlen der Stereotype zeigt, dass die grenzüberschreitenden Verflechtungsräume / die Großregion nicht als *eine* Kategorie gesehen werden.

Auch wenn die Zuschreibung von außen, also die Außenwahrnehmung einer Gruppe, die Selbstpräsentation und das Selbstkonzept einer Gruppe entscheidend beeinflusst, kann jedoch festgestellt werden, dass sich die Selbstpräsentation und das Selbstkonzept nicht nur an der Außenwahrnehmung orientieren. Am Beispiel der Großregion konnte gezeigt werden, dass Außenwahrnehmung, Selbstkonzept und -darstellung als ‚Brückenbauer' und ‚Modell für Europa' sich gegenseitig beeinflussen und verstärken. Jedoch betonen die Großregion und andere grenzüberschreitende Verflechtungsräume nicht nur ihre starken wirtschaftlichen Verflechtungen, vielfach werden besonders die kulturellen Gemeinsamkeiten betont[779], die in der Außenwahrnehmung eine untergeordnete Rolle spielen.

4.10 Bedeutung von Netzwerken

Wie wirken Netzwerke? Welche Chancen bieten sie? Wie kann es gelingen, dass einerseits nicht eine einzige ausschließliche großregionale Identität geschaffen wird, aber Einheit in der Differenz postuliert? Akteure sollen das Kategoriendenken ablegen und gemeinsam an einem Strang ziehen, gleichzeitig will man aber die Identitäten nicht aufgeben, denn gerade die Vielfalt der Kulturen und

---

[778] Hahn, Alois (1994): S.140.
[779] Zumindest von offizieller Seite und von Seiten der Akteure.

Identitäten ist sehr beliebt in der Großregion. Wie also sollen Netzwerke aufgebaut sein?

Netzwerke zeichnen sich im Gegensatz zu den Governanceformen Markt und Hierarchie dadurch aus, dass ihre Beziehungen nicht nur transaktionsbezogen sind. Außerdem stellt das Vertrauen den Governancemechanismus dar.[780] Durch die große Bedeutung des Vertrauens gewinnen auch die „strukturelle Einbettung in soziale Beziehungen, das heißt Beziehungen, deren Inhalt nicht unmittelbar mit der Transaktion verbunden ist"[781] sowie die „Tauschhistorie", also Erfahrungen aus früheren Transaktionen, an Bedeutung, was weder bei Markt noch bei Hierarchie der Fall ist.[782]

Markt	Netzwerk	Hierarchie
Beziehungen ausschließlich transaktionsbezogen	Beziehungen nicht nur transaktionsbezogen	Beziehungen ausschließlich transaktionsbezogen
Inhalt: Geld, Dienstleistungen, Güter	Inhalt: Beliebig, z. B. Geld, Freundschaft	Inhalt: Geld, Arbeit
flüchtig, kurze Dauer	längerfristig	Langfristig
Governancemechanismus: Preise	Governancemechanismus: Vertrauen	Governancemechanismus: Weisungen

Abbildung 15: Idealtypen – Markt, Netzwerk und Hierarchie (nach: Wald, Andreas; Jansen, Dorothea: 2007, S.97)

Netzwerke auf regionaler Ebene erleben in jüngster Vergangenheit ein stetiges Wachstum. „Zum einen bringen sie Regionalentwicklung auf den Punkt, indem sie lokale Entwicklungsprojekte und Konflikte durch eine lokale Brille betrachtet, konkret angehen. Zum andern [...] versuchen sie sich in einem neuen Modus der Steuerung. Kooperativer Diskurs in Netzwerken erscheint ihnen attraktiver als die Steuerung innerhalb fester Organisationen und gesetzlich geregelter Verfahren."[783] Sich in neuen Organisationsformen einfügen zu können, ist eine recht

---

[780] Vgl. Wald, Andreas; Jansen, Dorothea (2007).
[781] Ebd. S.99.
[782] Vgl. Ebd. S.98.
[783] Diller, Christian (2002): S.148.

junge Entwicklung. Bis in die 60er-Jahre des letzten Jahrhunderts galt der Nationalstaat als einzig denkbare Organisationsform. Erst durch die Globalisierung entstehen verschiedene Organisationsmöglichkeiten nebeneinander. Diese Möglichkeit, „mehrere Organisationsformen gleichzeitig zu nutzen, […] [bildet den Grundstein für die Entwicklung] multiple[r] Identitäten und die Dezentrierung des sozialen Subjekts."[784]

Von Regional Governance spricht man, „wenn man sich auf netzwerkartige regionale Formen der Selbststeuerung unter Einbezug von Akteuren aus Politik, Verwaltung, Wirtschaft und/oder Zivilgesellschaft bezieht und sich der Prozess darauf richtet, die regionale Entwicklung voranzutreiben."[785]

In grenzüberschreitenden Verflechtungsräumen sind Netzwerke auch beliebt weil „sich die grenzüberschreitende Zusammenarbeit nicht an bestehenden grenzüberschreitenden Verwaltungsstrukturen orientieren kann, und auch aufgrund des häufig ressortübergreifenden Charakters der grenzüberschreitenden Zusammenarbeit sind Netzwerke sinnvoll."[786] Nach Fürst benötigt kollektives Handeln Führungsinstanzen. „Institutionalisierte regionale Akteure können leichter solche Führungsaufgaben übernehmen als individuelle Akteure und sind deshalb – zumindest in Deutschland – typische Promotoren von Governance."[787] Institutionalisierung, so Fürst, dient der Effizienzsteigerung. „Locker gekoppelte Netzwerke können – trotz Bildung von Sozialkapital (Vertrauen, Solidarität) – nicht sicherstellen, dass sich die Akteure auch finanziell und mit Personalressourcen stärker engagieren. Allerdings führt Institutionalisierung zu Fragen der Legitimation, sodass Gremien dazu tendieren, repräsentativ besetzt zu werden, was ihre Handlungsfähigkeit mindern kann."[788]

Christian Diller bemerkt in einer Analyse regionaler Netzwerke, dass deren Stärke vor allem in der Kooperation weicher Themenfelder wie Naherholung oder Tourismus feststellbar ist. Schwierigere Themen, harte Konflikte oder Projekte, die materielle Werte erbringen, sind Diller zu Folge eher selten erfolgreich durch Netzwerke bearbeitbar. Trotz allem zieht Diller eine positive Bilanz. Durch die erfolgreiche Kooperation in „einfachen" Projekten seien auch positive Auswirkungen auf das Kooperationsklima anderer, „schwierigerer" Themenfelder spürbar. Ihr Vorteil bestehe darin, Vertrauen zwischen den Akteuren zu schaffen und die regionale Identität zu fördern.[789] Auch unter den interviewten Akteuren herrscht teilweise Skepsis wenn es um die Effizienz von Netzwerken

---

[784] Nederveen Pieterse, Jan (1998): S.99.
[785] Fürst, Dietrich (2007): S.356.
[786] Klein-Hitpaß, Katrin (2006): S.17.
[787] Fürst, Dietrich (2007): S.359.
[788] Ebd. S.361.
[789] Vgl. Diller, Christian (2002): S.148.

geht. Herr G.T. beispielsweise stellt klar die Bedeutung des Mehrwerts heraus und macht metaphorisch auf die Gefahr des sich Verstrickens oder Verfangens in Netzwerken aufmerksam:

> „[…] Netzwerke generell bin ich, ich freu mich über Netzwerke, sage aber auch immer: Achtung, in Netzwerken kann man sich auch verstricken, das ist so. Netzwerke sind modisch, ist en vogue, Netzwerke, die nicht ein klares Ziel haben, die nicht ein klarer Mehrwert für alle mitbringt, bin ich sehr skeptisch. Weil sie auf Dauer nicht funktionieren. Und da muss man auf Dauer noch einige Dinge überprüfen, wo man sich mehr Netzwerke, in den Strukturen verheddert als sonst was und nicht mehr zu der dahinter stehenden Arbeit kommt. Das ist jetzt eine sehr dezidierte Meinung." (Herr G.T., S.12)

Zusammenfassend bescheinigt Diller kooperativen Netzwerken insbesondere gute Dienste „als Themensucher, Ideengeber und Problemstrukturierer in den Anfangsphasen regionaler Kooperationen."[790] Auch unter den interviewten Akteuren finden sich Stimmen, die diese Funktion der Netzwerke bestätigen. Herr Q.J. beispielsweise erkennt in grenzüberschreitenden Netzwerken vor allem eine Chance, die Anfangsphase von Kooperationen, in denen bestenfalls zunächst keine Konflikte zu lösen sind, positiv zu beeinflussen, um dann in Problemzeiten auf Erfahrungen und erprobte Strukturen zurückgreifen zu können:

> „[…] in jedem Fall ist es strategisch wichtig, gemeinsame Ziele zu entwickeln, in den Zeiten, in denen man nicht sozusagen so fundamentales Konfliktmanagement machen muss. Da kann man dann sozusagen schon grenzüberschreitende Kooperation mit der Formulierung von strategischen Zielen trainieren, damit im Notfall, wenn also hier große Probleme entstehen sollten, Netzwerke vorhanden sind, auf die man dann aufbauen kann. Also ich glaube beides muss hier bedacht werden bei der grenzüberschreitenden Zusammenarbeit. Einerseits muss sie belastbar sein in Problemzeiten, so dass man erkennt, dass man möglicherweise etliche Probleme viel besser gemeinsam lösen kann, auf der anderen Seite, wenn man so dringende Probleme nicht hat, sollte man versuchen, über Ziel- äh, Strategien, diese grenzüberschreitende Zusammenarbeit so zu gestalten, dass auch solche Probleme gar nicht erst entstehen. […]." (Herr Q.J., S.8f.)

Diller weist auch darauf hin, dass die, Netzwerken gerne attestierte, „Innovationsfreundlichkeit" keineswegs unbestritten ist: „Netzwerke sind nicht per se durch lose und flexible Bindungen zwischen Akteuren gekennzeichnet, die Raum für neue Entwicklungskorridore lassen. Netzwerke sind nicht per se innovationsfreundlicher."[791] Grund hierfür sei beispielsweise die in Netzwerken nicht

---

[790] Ebd. S.152.
[791] Diller, Christian (2002): S.150.

selten anzutreffende „Cliquenwirtschaft". Denn häufig sind Netzwerke homophil, das heißt Akteure wählen Partner aus ähnlichem Milieuhintergrund, was „vielfach eine Ausschließung des Andersartigen"[792] zur Folge hat.
Auch bei den interviewten Akteuren ist die Netzwerk-Eigenschaft, ausschließend wirken zu können, bewusst, wie das Zitat von Herrn I.R. belegt:

> „[...] Netzwerke als solche entziehen sich aber dadurch, dass sie meistens nicht unmittelbar wahrnehmbar sind, dadurch, dass sie nicht für jeden zugänglich sind, dadurch dass sie den Charakter eines closed shop haben, dadurch entziehen sich Netzwerke oftmals der allgemeinen Aufmerksamkeit und verfolgen damit auch andere strategische Ziele. Sie sind also nicht vergleichbar mit offiziellen institutionellen Kooperationsstrukturen." (Herr I.R., S.6)

Häufig herrscht Homophilie in Netzwerken, da sich durch die Kooperation mit ähnlichen Partnern Unsicherheiten vermeiden lassen. Der Aufbau von Vertrauen sowie die Gültigkeit gemeinsamer Regeln und Normen sind in homophilen Netzwerken einfacher herzustellen. Dadurch sind häufig Konflikte schneller zu regeln und der Kooperationsertrag wächst.[793] „Die volkstümliche Weisheit ‚Gleich und gleich gesellt sich gern' ist in vielen Studien der empirischen Sozialforschung wissenschaftlich bestätigt worden."[794] Bourdieu schreibt in seiner Theorie der Feinen Unterschiede, der soziale Raum sei so konstruiert, „dass die Verteilung der Akteure oder Gruppen in ihm der Position entspricht, die sich aus ihrer statistischen Verteilung nach zwei Unterscheidungsprinzipien ergibt, [...] nämlich das ökonomische Kapital und das kulturelle Kapital. Daraus folgt, dass die Akteure umso mehr Gemeinsamkeiten aufweisen, je näher sie einander diesen beiden Dimensionen nach sind, und umso weniger, je ferner sie sich in dieser Hinsicht stehen."[795]

Innerhalb homophiler Netzwerke überwiegen meistens intensive Beziehungen, sogenannte strong ties. Als weak ties hingegen bezeichnet man eher lockere Beziehungen.[796] Neben den bereits erwähnten Vorteilen homophiler, und durch strong ties gekennzeichneten, Netzwerken gibt es auch erhebliche Nachteile: „Die preiswerte Monitoring- und Solidaritätsfunktion eines solchen Netzwerks führt zu Abgrenzung und Misstrauen nach außen, und das heißt auch zur Diskriminierung externer Akteure. Ferner erzeugt sie erheblichen sozialen Druck, unter Umständen den Ausschluss von Austrittsoptionen."[797]

---

[792] Kühne, Olaf (2010): S.29.
[793] Vgl. Jansen, Dorothea; Wald, Andreas (2007): S.194.
[794] Schnegg, Michael; Lang, Hartmut (2002): S.30.
[795] Bourdieu, Pierre (2006, zuerst 1989): S.358. (vgl. auch: Bourdieu, Pierre 1987).
[796] Vgl. Jansen, Dorothea; Wald, Andreas (2007): S.190.
[797] Ebd. S.191.

Starke Homogenität innerhalb von Netzwerken begünstigt folglich zwar Vertrauen und kann auch nötige Sanktionssysteme ermöglichen, jedoch wirkt sich Homogenität „ab einem Schwellenwert"[798] negativ auf die Produktivität eines Netzwerkes aus. „Überzogene Harmonievorstellungen bergen [...] eine Gefahr in sich, da meist aus dieser Harmonieorientierung heraus der Versuch resultiert, Konflikte aus dem Netzwerk herauszuhalten, obwohl sie eigentlich eine potentielle Produktivkraft darstellen."[799] Nicht zuletzt aufgrund des sozialen Ausschlusses Andersartiger in vielen Netzwerken bedeutet „[...] die Verlagerung von Entscheidungskompetenz in Netzwerke eine Aushöhlung demokratischer Legitimation."[800]

Netzwerke schaffen Vertrauen – aber sie benötigen es auch, es ist die Voraussetzung der Kooperation. Fehlende Sanktionsmöglichkeiten und häufig unmögliche Quantifizierbarkeit von Leistung und Gegenleistung können nur durch gegenseitiges Vertrauen der Akteure ausgeglichen werden.[801] Förderlich für ein starkes Vertrauen, so Klein-Hitpaß, sind räumliche, soziale und kulturelle Nähe. Räumliche Nähe ermöglicht demnach vertrauensschaffende face-to-face Kooperationen. Soziale Distanz, also soziale Ungleichheit, ist nach Aussage Klein-Hitpaß' ein Vertrauenshindernis. Zugehörigkeit zu ähnlichen kulturellen Gemeinschaften wirkt sich dementsprechend positiv auf die Vertrauensbildung aus. Insbesondere die Übereinstimmung ‚primordialer' Merkmale wie Sprache, Geschlecht, Herkunft, Nationalität oder Religion wirken demnach begünstigend auf die Entstehung einer vertrauensvollen Beziehung.[802]

Da diese Faktoren jedoch kaum erwerbbar sind, „bieten weder die soziale Distanz noch die kulturelle Nähe Ansatzpunkte für vertrauensfördernde Maßnahmen."[803] Frau J.Q. bemerkt ebenfalls die positive Wirkung von Ähnlichkeit und Vertrauen auf das Kooperationsklima in Netzwerken:

„Es gibt viele Netzwerke, die schon gut laufen, wie gesagt bei Film, da kennen sich die Leute, da brauchen wir auch gar nicht viel intervenieren, die rufen sich an, machen einfach, das läuft, ob sie jetzt eine Finanzierung von uns bekommen oder nicht, die finden sonst auch irgendwo Geld, sagen wir mal, wenn Personen dahinterstehen, die das auch verinnerlicht haben, die da auch dahinterstehen, das würde ich bei den Filmleuten jetzt zum Beispiel sagen, die haben so was wie so ne Kooperationsbereitschaft und auch so ne gemeinsame Vision, da funktioniert das auch so." (Frau J.Q., S.8f.)

---

[798] Ebd. S.197.
[799] Zeitler, Klaus (2001): S.179.
[800] Kühne, Olaf (2010): S.29.
[801] Vgl. hierzu Klein-Hitpaß, Katrin (2006) und Wald, Andreas; Jansen, Dorothea (2007): S.98.
[802] Vgl. Klein-Hitpaß, Katrin (2006): S.33.
[803] Ebd. S.37.

Die geschilderte Erfahrung bekräftigt Heiner Keupps Behauptung, zeitgenössische Netzwerke seien „weniger von Statusmerkmalen als vielmehr von gemeinsamen Interessen bestimmt."[804]
Die Akteurin Frau R.I. betont die Eigenschaft der Dauerhaftigkeit von netzwerkartigen Kooperationen:

> „[...] Und Netzwerke sind sehr wichtig weil das auch Nachhaltigkeit hat, also dass man über Jahre eine Zusammenarbeit hat." (Frau R.I., S.8)

Diesem Aspekt widersprechen jedoch einige Wissenschaftler, so beispielsweise Fürst, der anmerkt, dass viele Netzwerkkooperationen nur so lange funktionieren, wie staatliche Fördermittel fließen.[805]

Diese Annahme findet sich auch in der Erfahrung einiger Akteure bestätigt. So schildert beispielsweise Frau K.P. aus der Deutschsprachigen Gemeinschaft Belgiens, dass ihre Zusammenarbeit momentan mit der Großregion effektiver verläuft als die mit der Euregio Maas-Rhein, die „eingeschlafen ist" (Frau K.P, S.5), weil ein gemeinsames Büro der Euregio, welches zuvor alle zwei Monate einen Austausch der Akteure ihres Arbeitsbereiches ermöglichte, „aus Kostengründen eingestampft wurde" „und damit ist alles gefallen [...]. Und als das Büro weg war, war auch der Motor weg" (Frau K.P., S.5).

Das weiter oben zitierte Beispiel der Netzwerke beim Film beschreibt indessen das Gegenteil: Hier ist das geteilte Interesse am Film ausreichende Motivation und es kommt zu einer Kooperation, „ob sie jetzt eine Finanzierung von uns bekommen oder nicht" (Frau J.Q., S.8).

Stärken	Schwächen
▪ Aufbau von Vertrauen / Beseitigung von Unsicherheiten	▪ Cliquenwirtschaft / soziale Schließung
▪ Flexibilität (in Zeiten multipler Identitäten, außerdem in Hinsicht auf Themenvielfalt)	▪ Nicht erfolgsversprechend bei „harten" Konflikten, „schwierigen" Themenfeldern
▪ Fördern regionale Identität	▪ Aushöhlung demokratischer Legitimation
▪ Blick durch „lokale Brille"	▪ Fehlende Sanktionsmöglichkeiten
▪ Ideengeber	▪ Keine Dauerhaftigkeit nach Ende der Fördergeldzahlung garantiert
▪ Bringen soziales Kapital	

Abbildung 16: Eigenschaften von Netzwerken (eigene Darstellung)

---

[804] Keupp, Heiner (1994): S.343.
[805] Vgl. Fürst, Dietrich (2007): S.363.

5 Schlussbemerkungen

5.1 Fazit und Typenbildung

Mehrdimensionale Teilidentitäten, oder Patchwork-Identitäten, werden immer bedeutungsvoller. Dieser Aussage vieler Wissenschaftler bezüglich der Konstruktion von Identitäten in der Postmoderne kann zugestimmt werden. In der Großregion, stellvertretend für grenzüberschreitende Verflechtungsräume, ist dieser Trend eindeutig feststellbar. Zwar sind nationale Identitäten weiter eindeutig messbar und damit auch Grundlage der meisten Selbst- und Fremdkategorisierungen und Stereotypisierungen, jedoch können in verschiedenen Kontexten jeweils andere Identitäten aktiviert und handlungsrelevant werden. Eine großregionale Identität wird sich dementsprechend patchworkartig zusammensetzen. Diese Entwicklung ist zu begrüßen. Denn wenn „Entweder-Oder"-Identitäten zu Gunsten von „Sowohl-als-auch"[806]-Identitäten an Bedeutung verlieren, bedeutet dies eine Chance, Gruppenkonflikte zu mindern.

Es gibt Ansätze eines Regionalbewusstseins oder einer gemeinsamen Identität bei Akteuren der Großregion. Wann welche Identität einberufen wird, hängt davon ab, zu welcher Gruppe der Akteur sich in jenem Moment selbst kategorisiert. Da die Kategorie „Großregion" bislang nicht häufig salient ist, dienen eher andere Gruppen wie etwa „Sprachzugehörigkeit" oder „Nationalität" als Grundlage der Selbstkategorisierung. Die Untersuchung zeigte, dass die Akteure der Großregion die Möglichkeit der Mehrfach-Identität haben. Was auf den ersten Blick nach einem patchworkartigen Nebeneinander aussieht, lässt, auch wenn es zu keiner absoluten Vermischung der Identitäten kommt, gegenseitige Einflussnahme zu, es kommt also eher zu einem patchworkartigen Miteinander. Die Innengrenzen der Großregion wirken regelrecht konstitutiv für großregionale Identität(en), die Vielfalt wird als Spezifikum der Region empfunden, Heterogenität ist ausdrücklich erwünscht. Grenzen bleiben demnach wichtig, um Identitäten zu konstituieren. Franziska Becker betont, dass die „Aufhebung räumlicher Grenzen neue identitäre Grenzziehungen nach sich zieht."[807] Jedoch findet sich in der Großregion eine andere, neue Art der

---

[806] Vgl. Beck, Ulrich (2004).
[807] Becker, Franziska (2006): S.61.

Abgrenzung zur Identitätsbildung. Es handelt sich dabei nämlich nicht um eine exklusivistische Abgrenzung. Die Grenzen werden durchlässiger, die Menschen, ganz im Sinne der Postmoderne, ordnen sich gleichzeitig mehreren Gruppen zu, die sich gegenseitig nicht (immer) ausschließen. Klare Abgrenzungen sind heute kaum noch möglich, doch die Großregion zeigt, dass Abgrenzung auch ohne Exklusion funktionieren kann. Grenzen sind nach wie vor wichtig, besonders ihre symbolische Bedeutung. Ein klares Gegenbild ist dafür aber nicht zwangsläufig erforderlich.

Im Folgenden werden acht Identitätstypen vorgestellt und ihre Verbreitung und Bedeutung bei den interviewten Akteuren erläutert[808]. Die große Anzahl unterschiedlicher Identitätstypen ist auch ein Zeichen dafür, dass Identitäten heute vielfältig sind. Subidentitäten bilden keine Gefahr, sie sind eine Chance in einer Zeit, in der Individualität einen hohen Stellenwert besitzt. „Mehr Menschen als je zuvor, in mehr Teilen der Welt als zuvor ziehen heute mehr Variationen ‚möglicher' Leben in Betracht als je zuvor."[809] In postmodernen Gesellschaften können regionale Identitäten eine Synthese mit der Weltgesellschaft eingehen, Subkulturen im Raum werden dabei akzeptiert. Kühne erkennt in „einer solchen glokalisierten regionalfixierten Selbstdefinition" das Potential einer neuen Identifikation mit Heimat fernab überkommener exklusivistischer regionaler Identitäten. Stattdessen könnten Weltoffenheit und Toleranz konstituierende Faktoren einer solchen Identifikation sein, deren Aufbau patchworkartig ist und die sich auf „polyvalente variable Raumbezüge" und geistige Dimensionen von Heimat gründet.[810] Vielfalt wird in der Großregion eindeutig gewünscht, die Akteure sind stolz darauf und sehen darin einen Mehrwert. Homogenität wird nicht angestrebt. *Eine* großregionale Identität wird es nicht geben, sondern viele großregionale Sub- bzw. Patchworkidentitäten. Bis in die 1960er-Jahre war der Nationalstaat die einzige mögliche Organisationsform. Die Globalisierung erweiterte die Bandbreite von Organisationsmöglichkeiten, die nebeneinander bestehen können.[811] „Multiple Identitäten und die Dezentrierung des sozialen Subjekts beruhen auf der Fähigkeit der Individuen, mehrere Organisationsformen gleichzeitig zu nutzen."[812] Grenzüberschreitende Verflechtungsräume können hierfür als Laboratorium betrachtet werden.

---

[808] Hier werden nur Identitätstypen beleuchtet, die für großregionale Identität von besonderem Interesse sind. ‚Klassische' andere Identitäten, wie nationale, lokale, europäische usw. werden nicht extra genannt, diese wurden auch nicht vornehmlich untersucht.
[809] Appadurai, Arjun (1998): S.21.
[810] Vgl. Kühne, Olaf (2006): S.116.
[811] Vgl. Nederveen Pieterse, Jan (1998): S.98.
[812] Ebd. S.99.

	Typ	Merkmal
1	Territoriale großregionale Identität	Selbstkonzept: Großregion-Bewohner, Kategorie „Großregion" meistens salient
2	Mehrwert-Identität	Mehrwert der grenzüberschreitenden Zusammenarbeit als Motivation
3	Subidentität europäischer Identität	Großregion keine eigene Kategorie, sondern ein ‚Modell für Europa'
4	Grenzregionale Identität	Alltägliche Grenzerfahrung in Gegenwart und Vergangenheit erzeugt Zusammengehörigkeitsgefühl
5	Kulturelle Identität	Kulturelle Gemeinsamkeiten im Vordergrund (Sprache)
6	Werte-Identität	Frieden, Toleranz, Freiheit
7	Transnationale Identität	Pluri-lokale dauerhafte, strukturierte Beziehungen über nationalstaatliche Grenzen hinweg. (alltagsweltliche Beziehungsgeflechte). Nationalstaaten verlieren *nicht* an Bedeutung. (Pries, L.: 2002)
8	Kosmopolitische Identität	„Im Denken, Zusammenleben und Handeln [wird] die Anerkennung von Andersheit zur Maxime [...]. Unterschiede werden weder hierarchisch geordnet noch aufgelöst, sondern als solche akzeptiert, ja positiv bewertet." (Beck, U.: 2006)

Abbildung 17: Identitätstypen in der Großregion

Da in der Großregion Mehrfachidentitäten existieren, handelt es sich bei den acht genannten Typen nicht um ausschließende Typen, sie bestehen, mit verschiedener Intensität, nebeneinander.

Eine Besonderheit stellt Typ 1 *Territoriale großregionale Identität* dar. Dieser Typ, vergleichbar einer nationalen Identität, konnte bei keinem der befragten Akteure festgestellt werden und es kann vermutet werden, dass er auch in Zukunft nicht vorkommen wird. Grund hierfür ist die Verschiedenheit nationaler und großregionaler bzw. grenzüberschreitender Identitäten. Neu entstehende Identitäten können nicht mehr dem Schema nationaler Identitäten folgen. Beck ist sogar mit Enzensberger der Meinung, nationale Identitäten lebten nur als Illusionen weiter,[813] sie sind demnach nicht mehr zeitgemäß. Häufig ist in den Köpfen die nationale Identität der Inbegriff von Identität, an dem alles gemessen wird. Wird nach großregionaler Identität gefragt, ist daher die Gefahr groß, dass die Befragten deren Existenz verneinen, weil sie nicht mit der nationalen vergleichbar ist und die Vorstellungskraft der Interviewten (noch) nicht ausreicht, andere Identitätsarten als Identität bezeichnen zu können.[814] Dies war in besonderem Maße bei der Interviewten Frau Z.A. bemerkbar. Sie kritisiert das Bestreben seitens europäischer und großregionaler Akteure solche Identitäten zu fordern und zu fördern. Gleichzeitig empfindet sie selbst jedoch „europäisch denken und über die Grenze hinaus denken" und „gucken: was machen die anderen" „extrem wichtig" (Frau Z.A., S.10). Sie plädiert daher dafür, „den Leuten dann vielleicht ihr Nationalbewusstsein [zu] überlassen und dass sie dann aber, dass sie aber, wie soll ich sagen, dass sie dann aber europäisch denken, ohne sich vielleicht damit zu identifizieren." (Frau Z.A., S.10). „Und zu sagen, ich fühl mich als Europäerin: ja von der Arbeit natürlich. Aber das ist ein großes Wort, das würde ich nicht in den Mund nehmen." (Frau Z.A., S.11). Frau Z.A. selbst, so die Analyse, verfügt über eine europäische und eine grenzregionale Identität (Typ 4). Der Terminus ‚Identität' wird jedoch in den Köpfen der Mehrheit so stark mit dem Konzept der nationalen Identität assoziiert, dass neuere Identitätsformen, bei denen andere Kriterien entscheidend sind als die klassischen der nationalen Identitäten – etwa Abstammung, Sprache, politische Einheit – nicht als solche erkannt und bezeichnet werden. Dass heute andere Kriterien bei der Identitätsbildung eine Rolle spielen als bei nationalen Identitäten, zeigt auch die folgende Betrachtung der weiteren Identitätstypen.

Die Identitätstypen 2, 3 und 4 sind typisch für die Großregion, bzw. für grenzüberschreitende Verflechtungsräume, während die Typen 5, 6, 7 und 8 keine expliziten grenzüberschreitenden Identitätstypen darstellen, in solchen Räumen jedoch eine spezifische Ausprägung finden.

Von *Mehrwert-Identität* kann in der Großregion gesprochen werden, da für viele Akteure bereits der Gedanke des Mehrwertes der Kooperation einen Ansporn darstellt, sich näher mit der Großregion zu beschäftigen, sich um ihr Gelingen zu bemühen und nicht zuletzt auch, sich als Teil dieser zu fühlen und die Gruppenmitgliedschaft nach innen und außen mit dem Mehrwert zu

---

[813] Vgl. Beck, Ulrich (2004): S.70.
[814] Eine ganz ähnliche Problematik ist aus der Diskussion bezüglich einer europäischen Identität bekannt. Auch hier gibt es, so die vorherrschende Meinung der Wissenschaft, „wichtige inhaltliche Unterschiede zwischen nationalen und europäischen Identitätskonstruktionen: Dem modernen europäischen bzw. EU-Selbstverständnis fehle ein militärischer Gründungsmythos und politische Elemente stünden gegenüber kulturellen Errungenschaften im Vordergrund. Zudem werde europäische Identität überwiegend als offene, ‚pluralistische' Identität konzipiert." (Marxhausen, Christiane (2010): S.22f.).

rechtfertigen. Um welchen Mehrwert es sich dabei handelt, ist sehr unterschiedlich und keineswegs festgelegt. Der Identitätstyp der Mehrwert-Identität unterscheidet sich stark von dem der klassischen räumlichen Identität, beispielsweise einer Nation. Großregionale Identität(en) werden nicht nach dem Muster nationaler Identitäten funktionieren. Das ist vor allem daran zu erkennen, dass die Akteure stets einen Mehrwert verlangen. Bei nationalen Identitäten ist der Mehrwert eher selten die Bedingung der Identifikation. Anders als bei nationalen Identitäten sind primordiale, oder als solche wahrgenommene, Faktoren bei einer großregionalen Identitätsbildung zweitrangig. Eine großregionale Identität, oder besser großregionale Identitäten, werden niemals für alle gleich aussehen. Abhängig davon, auf welchen Mehrwert die sich identifizierende Person abzielt – etwa kulturelle Vielfalt, wirtschaftlicher Aufschwung, verbessertes Bildungssystem, persönliche Horizonterweiterung –, bilden sich mehrere Subidentitäten heraus. Daher wird es vermutlich auch keine raumbezogenen großregionalen Symbole geben, die bei allen identitätsstiftend wirken, wie dies bei Nationen mit Flagge oder Hymne der Fall ist. Vielmehr wird jede Subgruppe ihre Symbole finden müssen, von vielen Menschen geteilte Symbole werden zunehmend multivokal.

Der Typ *Subidentität europäischer Identität* findet sich ebenfalls bei vielen Interviewten. Ihn zeichnet aus, dass die Großregion als Europa im Kleinen gedacht wird und nicht als eigenständiger Raum mit besonderen Alleinstellungsmerkmalen (außer dem des Modellcharakters). Dieser Typ ist dem Typ der Werte-Identität ähnlich. Denn wichtig bei der Subidentität europäischer Identität sind allgemeine europäische Werte. Dass die Entwicklung grenzregionaler Identitäten nicht ohne die europäischer Identitäten zu denken ist, scheint sicher. „Die Entwicklung und Ausformung der grenzüberschreitenden politischen Zusammenarbeit [hängt, Anm. A.S.] von der supranationalen Integration ab […]. Es spricht zwar viel dafür, dass die Mikro-Integration nun wiederum einen Beitrag zur Stabilisierung der Makro-Integration leistet, aber eine erhebliche Legitimations- oder Handlungskrise der Europäischen Union würde sicherlich auch gravierende Folgen in der Grenzregion nach sich ziehen."[815] Top-Down- und Bottom-Up- Prozesse gehen in Grenzregionen miteinander einher.

Grenzregionale Identität bedeutet, dass die Grenze selbst identitätsstiftendes Merkmal ist. Die alltägliche Grenzerfahrung mitsamt den dadurch vorhandenen historischen und gegenwärtigen Vor- und Nachteilen verbindet und schafft ein Zusammengehörigkeitsgefühl.

Dem Raum kommt bei den verschiedenen Identitätstypen sehr unterschiedliche Bedeutung zu. Beim ersten Typ ist der Raum sehr wichtig und

---

[815] Blatter, Joachim (2002): S.274.

der entscheidende Identitätsanker. Dieser Identitätstyp existiert jedoch nicht. Beim zweiten Typ spielt der Raum eine weitaus geringere Rolle, die genaue Abgrenzung des Identifikationsraums scheint nebensächlich. Gleiches gilt für den dritten Typ: hier ist zwar die Zugehörigkeit zu Europa und damit auch die geographische Lage innerhalb des Raumes ‚Europa' unabkömmlich, jedoch spielt wie im zweiten Typ das genaue Abmaß der Großregion keine bedeutende Rolle. Beim vierten Identitätstyp verhält es sich etwas anders. Hier erhält der Raum wieder Bedeutung. Denn die Grenznähe ist der entscheidende Identitätsanker, dabei wird die Großregion häufig enger definiert als sie nach politischer Abgrenzung tatsächlich ist. Bei den vier folgenden Identitätstypen ist der Raum nicht von prioritärer Bedeutung.

Kulturelle Identität, bei der die kulturellen Gemeinsamkeiten im Vordergrund des Zusammengehörigkeitsgefühls stehen, ist bei den Akteuren der Großregion genauso zu finden wie auch *Werte-Identität*, die sich dadurch auszeichnet, dass allgemeine Werte, wie Frieden, Toleranz oder Freiheit verbindend wirken. Hier beziehen sich die Akteure teilweise auf spezifisch großregionale oder grenzüberschreitende Kultur und Werte. Wichtige Voraussetzung für das angestrebte Ideal der Einheit in Vielfalt sind offenbar die gemeinsamen Werte. „Ohne eine angemessene Basis von gemeinsamen Werten kann keine Gesellschaft vital bleiben oder auch nur überleben."[816] Viele Interviewte betonen, die Kooperation funktioniere vor allem deshalb so gut, weil die Differenzen nur marginal seien. Vergleichbares geht auch aus der Analyse hervor.

Die Kulturelle- und die Werte-Identität sind jedoch oftmals an Sprache gekoppelt und dadurch nicht frei von Exklusivismus.

Die beiden letzten Typen, *transnationale Identität* und *kosmopolitische Identität*, bedürfen näherer Betrachtung, da sie, obwohl sicher nicht nur in Grenzregionen vorkommend, in grenzüberschreitenden Verflechtungsräumen in besonderer Weise vorfindbar sind.

Transnationalismus zeichnet sich durch pluri-lokale dauerhafte, strukturierte Beziehungen über nationalstaatliche Grenzen hinweg aus. Dabei verlieren Nationalstaaten *nicht* an Bedeutung. Ludger Pries' Vorstellung der Transnationalisierung der sozialen Welt, statt einer globalisierten Welt, also einer Welt, die sich durch grenzüberschreitende, aber nicht durch überall präsente Phänomene auszeichnet,[817] kann vermutlich in grenzüberschreitenden Verflechtungsräumen eher festgestellt werden, als in Binnenregionen. „In ihrem alltäglichen Handeln, durch neue Formen von Organisationen und durch die Ent-

---

[816] Vogt, Markus (2007): S.39. [Er zitiert hier Etzioni, Amitai: Die Entdeckung des Gemeinwesens. Das Programm des Kommunitarismus. Frankfurt. 1998. S.105].
[817] Pries, Ludger (2008).

wicklung neuer sozialer Institutionen weben immer mehr Menschen mit an transnationalen Beziehungsgeflechten, die sozialen Halt und neue gesellschaftliche Orientierungen geben."[818] Da vorliegende Untersuchung nicht die Bevölkerung der Großregion generell, sondern die Akteure fokussiert, kann nur im Hinblick auf andere Forschungen vermutet werden, dass für die Entstehung einer transnationalen sozialen Welt in der Großregion noch etwas Zeit benötigt werden wird. Bei vielen der befragten Akteure allerdings waren neben den beruflichen Verflechtungen auch private transnationale Beziehungsgeflechte des alltäglichen Handelns bemerkbar. Die, auch in vorliegender Forschung festgestellte, weiterhin hohe Bedeutung nationaler Identitäten bildet laut Pries ebenso wenig einen Widerspruch zu Transnationalisierung wie das Fortbestehen der Bedeutung des Raumes.

Kosmopolitisierung, nach der Definition des Soziologen Ulrich Beck, „ist ein nichtlinearer, dialektischer Prozess, in dem das Universelle und das Kontextuelle, das Gleichartige und das Verschiedenartige, das Globale und das Lokale nicht als kulturelle Polaritäten, sondern als zusammenhängende und sich gegenseitig durchdringende Prinzipien zu entschlüsseln sind."[819] „Während die Nationalstaatsepoche eine monologische Imagination der Ab- und Ausgrenzung der Anderen und Fremden hervorgebracht und institutionalisiert hat, beruht die kosmopolitische Epoche auf einer *dialogischen Imagination des internalisierten Anderen.*"[820] Die Vorstellung der Gleichwertigkeit aller und der gegenseitigen Durchdringung, jedoch ganz ohne eine universalistische Auflösung der Andersheit zu denken oder wünschen, findet sich bei allen Interviewten zumindest im Ansatz. Es besteht offenbar der gesellschaftliche Trend[821], sich nicht nur vom ‚Anderen' abzugrenzen, sondern den ‚Anderen' als Bereicherung für das ‚Selbst' zu sehen. In- und Outgroups, um wieder auf Tajfels Termini zurückzukommen, durchdringen sich und sind sich zusehends dieser gegenseitigen Einflussnahmen bewusst. Trotz gegenseitiger Beeinflussung bleiben sie jedoch bestehen, es kommt zu keiner Auflösung oder Vereinheitlichung. Eine Einheitskultur wird weder gelebt noch gewünscht. Der ‚Andere', bzw. die Outgroup hat jedoch eine solche Wirkung auf das ‚Selbst', bzw. die Ingroup, dass er als konstitutiv für dessen Identität angesehen werden kann. Im Fall der Großregion heißt das: Jede Teilregion bleibt als eigener Kultur- und Identitätsraum bestehen, wird jedoch durch die anderen Teilräume durchdrungen und beeinflusst, wobei die einzelnen Teilregionidentitäten und Nationalidentitäten ihre Bedeutung nicht verlieren und

---

[818] Ebd. S.18.
[819] Beck, Ulrich (2004): S.113.
[820] Ebd. S.122.
[821] Vgl. die Vorbemerkungen zum Gesellschaftsbild und zur Identitätsentwicklung in der Postmoderne, Kapitel 3.1.2.

auch keine sogenannte Mischkultur entsteht. Denn die ‚Durchdringung', die hier stattfindet, wird zu keiner Auflösung im Sinne einer Vereinheitlichung führen. Absehbar ist jedoch eine Entwicklung, bei der die Teilregionen jeweils Teil an der Identität der anderen Teilregionen erlangen, indem die Bewohner ihre Beziehung zum ‚Anderen' als konstitutiv für die eigene Identität erkennen.

Die Idealform des Kosmopolitismus, in der „im Denken, Zusammenleben und Handeln die Anerkennung von Andersheit zur Maxime wird [und] Unterschiede [...] weder hierarchisch geordnet noch aufgelöst, sondern als solche akzeptiert, ja positiv bewertet [werden]"[822], ist jedoch noch nicht erreicht. Denn, auch wenn die Akteure stets auf die positiven Eigenschaften der Vielfalt aufmerksam machen und diese nicht auflösen möchten, kann eine hierarchische Ordnung festgestellt werden. Bestes Beispiel hierfür ist die verbreitete Bezeichnung ‚Großregion der zwei (bzw. der verschiedenen) Geschwindigkeiten'. Doch auch wenn der soziale Kosmopolitismus noch nicht in reiner Form vorfindbar ist, besteht nach der Forschung der Eindruck, grenzüberschreitende Verflechtungsräume könnten hierbei eine Vorreiterrolle übernehmen. Eine kosmopolitische Gesellschaft, die das nationalstaatliche Politikmodell überwindet, ist noch nicht feststellbar, allerdings kann von einer „Zunahme sozialer Interdependenzen"[823] und einem Bewusstsein dieser durchaus gesprochen werden. Nida-Rümelin zu Folge muss der anthropologische Kosmopolitismus besondere „Bindungen lokaler, kultureller, religiöser oder nationaler Zugehörigkeiten" ablehnen, da er „von der grundsätzlichen Gleichheit aller Menschen, ihrem gleichen moralischen Status und dem sich daraus ergebenden normativen Gebots gleichen Respekts aus[geht]"[824]. Ein solcher Kosmopolitismus erscheint im Hinblick auf die Forschungsergebnisse vorliegender Arbeit in weiter Ferne oder gar unerreichbar. Jedoch, so auch Nida-Rümelin, stellt sich nicht die Frage, ob Kosmopolitismus angestrebt wird, sondern es stellt sich die Frage, welcher Kosmopolitismus angestrebt wird. Eine Gesellschaft der Einheit in Vielfalt, also keine vollständig vermischte, hybridisierte Gesellschaft, sondern eine, die Differenz zulässt, ohne diese hierarchisch zu ordnen und die auch weiterhin sämtliche bestehenden Teilidentitäten (nationale, lokale, kulturelle usw.) zulässt, so die Interpretation der Interviews, ist das konsensfähigste Idealbild einer großregionalen Gemeinschaft.

„Europa kann und wird weder Staat noch Nation werden. Darum kann es auch nicht mit nationalstaatlichen Begriffen gedacht werden. Der Weg zur Einigkeit Europas führt nicht über seine Einheitlichkeit, sondern über die Anerkennung seiner nationalen Partikularitäten. Gerade seine Vielfalt ist die

---

[822] Beck, Ulrich (2006).
[823] Nida-Rümelin, Julian (2006): S.228.
[824] Ebd. S.229.

Quelle, aus der Europa schöpfen kann. Und nur im europäischen Zusammenspiel liegt die Lösung nationaler Probleme."[825] Gleiches gilt für die Großregion. Sie kann nicht mit nationalstaatlichen Begriffen gedacht werden, daher wird es auch keine nationalstaatsähnlichen Symbole und Identitäten geben. „Europa jedoch wird immer noch national als ‚unvollendete Nation', als ‚unvollendeter Bundesstaat' gedacht und so behandelt, als ob es beides – Nation und Staat – werden müsste. Es ist nicht zuletzt dieses Unvermögen, die historisch neuartige Realität der Europäisierung zu begreifen und zu verstehen, die die eigentliche Misere Europas ausmacht. Und hier liegt auch ein wesentlicher Grund, warum die EU-Institutionen den Bürgern, denen sie dienen soll, unnahbar, unwirklich und oft sogar bedrohlich erscheinen."[826] Auch dieser Gedanke Becks lässt sich auf die Großregion übertragen. Es besteht eine gesellschaftliche Unfähigkeit, die großregionale Realität von außen wie von innen wahrzunehmen. Es wäre falsch zu denken, dass es keine großregionale Identität(en) oder ein großregionales Bewusstsein gibt, nur weil es sich nicht mit einem nationalen Bewusstsein vergleichen lässt. „Zukunftsfähige Gemeinschaftsformen müssen sich im Umfeld der gesellschaftlichen Bedingungen und Mentalitäten der Postmoderne etablieren können. Zielperspektive kann deshalb nicht die Rekonstruktion traditioneller Gemeinschaften sein, sondern ihre Transformation im Blick auf sich wandelnde Bedürfnisse und Herausforderungen."[827]

Ähnlich wie Schlottmann et al. bezüglich Mitteldeutschlands beschreiben, beinhalten auch großregionale Identitäten eine Vielschichtigkeit identifikatorischer Bezüge.[828] Aktuelle Identitätskonstituierungen der untersuchten Akteure der Großregion weisen postmoderne Eigenschaften auf: Sie sind mehrdimensional, dynamisch und prozesshaft. Es kann jedoch auch festgehalten werden, dass der Mensch sich nach wie vor nach beständigen Ordnungssystemen sehnt, herkömmliche Kategorisierungen werden genutzt, um die Welt zu ordnen und sich in ihr zu orientieren. Klassifizierungen werden offenbar nach wie vor gebraucht. Jedoch, und dies kann wieder als postmodern eingestuft werden, sind einige dieser Kategorien durchlässig und veränderbar.

Auch wenn es auf den ersten Blick anders scheinen mag, schließen sich postmoderne Pluralität und die Existenz raumbezogener Identitäten nicht aus. Es ist gerade das Besondere der Postmoderne, dass sich nichts ausschließt, dass alles möglich ist und keine schwarz-weiß-Betrachtungen zulässig sind. Trotzdem fragt Christiane Marxhausen, ob sich eine postmoderne Identität überhaupt

---

[825] Beck, Ulrich (2005): S.6.
[826] Ebd.: S.7.
[827] Vogt, Markus (2007): S.41.
[828] Vgl. Schlottmann, Antje; Felgenhauer, Tilo; Mihm, Mandy; Lenk, Stefanie; Schmidt, Mark (2007): S.331f.

denken lässt.[829] In Bezug auf andere Wissenschaftler behauptet Marxhausen, die „Idee Europa" könne zwar das Ideal der Einheit in Vielfalt vorantreiben, jedoch kann sie, „der dem Identitätsbegriff inhärenten Unterscheidung zwischen ingroup und outgroup letztlich nicht entgehen."[830] Zwar bestätigt auch vorliegende Forschung die andauernde Existenz von ingroup und outgroup, jedoch behält Abgrenzung nicht die große Bedeutung, die sie im nationalen Identitätskontext innehat. Außerdem lässt das Beispiel des grenzüberschreitenden Verflechtungsraums Großregion, wenn auch noch etwas zaghaft, hoffen, dass zukünftig vielfältigere und durchlässigere Identitätskategorien zur Verfügung stehen werden. Allerdings muss auch Zygmunt Bauman zugestimmt werden, der dem postmodernen Menschen unterstellt, alles auf einmal zu wollen, den Kuchen zu essen und ihn gleichzeitig zu behalten: „[...] sie wollen ihre Wahlfreiheit genießen und ausüben und dabei zugleich das happy end garantiert und die Ergebnisse abgesichert wissen. [...] [I]hre wahre Sehnsucht richtet sich auf eine risikofreie Freiheit. Freiheit und Risiko wachsen und schwinden jedoch nur gemeinsam. So ist eine endgültige Lösung für die mißliche Lage des modernen Individuums nicht in Sicht."[831] Die interviewten Akteure sind neuen Identitätsmöglichkeiten und neuen, veränderten Handlungsräumen zwar offen gegenüber eingestellt, jedoch ist diese Offenheit noch immer begrenzt, der Nationalstaat, das Bundesland, oder das Département werden als Identitätsbezugspunkt noch immer höher eingeschätzt als neue, beispielsweise grenzüberschreitende Räume. Sie suchen offenbar tatsächlich eine risikofreie Freiheit. Die Möglichkeit des grenzüberschreitenden Handelns und auch Identifizierens ist eine Freiheit, die nur solange erwünscht ist, wie die Differenzen innerhalb des Handlungs- und Identitätsraums überschaubar bleiben, die soziale Identität der am häufigsten salienten Gruppe also nicht gefährdet ist, so zumindest der Eindruck der qualitativen Forschung. Daran anzuknüpfen, um diese und andere Vermutungen zu verifizieren, könnte eine interessante Aufgabe für eine quantitativen Studie sein.

Eine Großregion-Identität nach Typ 1 wäre rückwärtsgewandt und nur als Gegenbewegung zu Entbettungsprozessen der Globalisierung zu verstehen. Dass es den Typ 1 unter den Befragten nicht gibt, ist somit nicht beunruhigend. Die Propagierung einer Großregion-Identität im Sinne des Typs 1 ist nur als Top-Down Prozess denkbar. Als Bottom-Up Identitätstypen sind alle anderen vorgestellten Typen möglich. Sie sind überdies eher dazu geeignet, Exklusivismus weitestgehend zu vermeiden und das Andere als Bereicherung des Eigenen zu erkennen.

---

[829] Vgl. Marxhausen, Christiane (2010): S.30.
[830] Ebd. S.30.
[831] Bauman, Zygmunt (1999): S.343f.

Einerseits muss jeder Mensch eine stabile soziale Identität haben, nur so kann er Anderes akzeptieren, ohne sein Eigenes in Gefahr zu sehen. Andererseits sollten die bestehenden Identitätsgruppen möglichst durchlässig sein, um Exklusivismus zu vermeiden. Ist die Gruppe allerdings zu offen und verfügt über überhaupt keine Alleinstellungsmerkmale, so dient sie nicht der Identifikation. Die Kunst zukünftiger Patchwork-Identitäten wird es daher sein, den sich Identifizierenden beides zu bieten: Individualität – durch die Einmaligkeit in ihrer Zusammensetzung, dabei aber auch Durchlässigkeit und Freiheit des Wechsels. Dies gelingt, so der Eindruck, den die Studie hinterlässt, zurzeit nur dadurch, dass im Mittelpunkt der Patchwork-Identitäten immer noch einige wichtige ‚Hauptidentitäten' stehen, die nahezu undurchlässig, trotz allem jedoch individuell gestaltbar sind (etwa nationale oder lokale Identitäten). Die einzelnen Teilregiongruppen werden weiterhin als weitgehend undurchlässig wahrgenommen, in Anlehnung an Tajfel befindet sich die Perzeption auf dem Kontinuum von Überzeugungsstrukturen damit näher am Extrem des sozialen Wandels als an dem der sozialen Mobilität.[832] Der Rest des Patchwork-Ensembles ist dann durchaus offen für etwas risikoreichere, weniger starre Identitäten (etwa Identitätstypen 2-8). Bislang bildet die politische Grenze noch die häufigste Kategorisierungsgrundlage und damit auch die häufigste Basis für Stereotypenbildung, welche wiederum durch ihre Langlebigkeit das bestehende System mit den vorhandenen Kategorien stärken. Jedoch sind verstärkt auch andere Kategorisierungsgrundlagen denkbar. Kategorien ganz abzuschaffen wäre theoretisch zwar die beste Möglichkeit, Diskriminierung sozialer Gruppen und Eigengruppenfavorisierung entgegenzuwirken, dies ist allerdings unrealistisch. Anzustrebendes Ziel sollte daher nicht die Abschaffung von Kategorien sein, sondern die Stärkung neuer, durchlässigerer Kategorien.

Die interviewten Akteure sind ein positives Beispiel, dass postmoderne Identitätskonzepte nicht in totaler Entwurzelung und Haltlosigkeit münden müssen. Alle Befragten erwecken den Eindruck, gut mit dem Patchwork klarzukommen. Ihre soziale Identität scheint ausreichend stark, um auch andere Teilidentitäten zuzulassen. Jedoch sei auch hier erneut daran erinnert, dass die Interviewpartner vorliegender Forschung kein repräsentatives Abbild der Großregionbevölkerung darstellen. Die postmoderne „Bastelidentität", die Identitätssuche als kreativen Prozess der Selbstorganisation versteht, in der das Selbst „sich in einem kontinuierlichen Prozess der Selbstbefragung und Selbststilisierung stets von neuem erschaffen"[833] muss, so kann vermutet werden, erzielt nicht für alle Menschen die gleiche positive Wirkung. Damit Individuen eine flexible Identität zu ihrem Vorteil nutzen können, benötigen sie unter

---

[832] Vgl. Tajfel, Henri (1982 b): S.91ff.
[833] Eickelpasch, Rolf; Rademacher, Claudia (2010): S.22.

anderem „ausreichend materielle Absicherung, Beziehungs- und Kommunikationsfähigkeit, Fähigkeit zum Aushandeln, kreative Gestaltungskompetenz."[834] Soziales, ökonomisches und kulturelles Kapital[835] sind in gewisser Weise Voraussetzung für großregionale Identitäten. Denn auch, wenn die vorgestellten acht Identitätstypen alle durchlässiger sind als beispielsweise nationale Identitäten, so sind sie doch nicht wirklich für alle offen. Die bestehende Ungleichheit innerhalb der Gesellschaft, erkennbar etwa in der ungleichen Bildung, begrenzt auch hier den Zugang. Weitere Studien könnten an vorliegende anknüpfend Identitäten und Stereotype in der Großregion oder anderen grenzüberschreitenden Verflechtungsräumen bei anderen Untersuchungsgruppen erforschen. Denn es kann vermutet werden, dass eine Fokussierung auf weniger privilegierte Interviewpartner, Modernisierungsverlierer etwa, einen vollständig andersartigen Blickwinkel auf den Einfluss der Grenzverflechtungen auf Identitäten und Stereotype zeichnet.

Die Großregion sollte postmodern gedacht werden. Es empfiehlt sich nicht, auf nationalstaatsähnliche Identifikation zu hoffen. Eine übertriebene Identitätspolitik, könnte leicht als „verzweifelte[r] Kampf um soziale Anerkennung"[836] gedeutet werden.

5.2 Handlungsempfehlungen

Um dem beschriebenen Ideal einer Großregion, die Patchwork-Identitäten zulässt, auf offenen, nicht exklusivistischen Kategorien aufbaut und Einheit in Vielfalt ohne Hierarchie anstrebt, näherzukommen, können einige Handlungsempfehlungen gegeben werden:

Identitäten und Stereotype, so hat die Forschung gezeigt, bilden sich durch bestehende Kategorien. Um geschlossene Identitätsgruppen zu vermeiden und Stereotype aufzubrechen, wäre daher eine Dekategorisierung die effektivste Lösung. Es sollte angestrebt werden, in den meisten Situationen interpersonales statt intergruppales Verhalten herbeizuführen. Sinnvoller und erfolgsversprechender als eine Dekategorisierung ist jedoch eine Rekategorisierung[837]. Die häufigsten Kategorisierungsgrundlagen, die derzeit in der Großregion bestehen, sind relativ starr und undurchlässig. Anzustreben sind daher durchlässigere (Sub-)Kategorien. Zu diesem Zweck sollten Projekte gefördert werden, denen andere Kategorisierungen als die gewohnten (Nationalität, bzw. Teilregion) zugrunde

---

[834] Ebd. S.29.
[835] Vgl. Bourdieu, Pierre (1987).
[836] Keupp, Heiner (1997b): S.292.
[837] Vgl. zu Dekategorisierung und Rekategorisierung z.B. Otten, Sabine; Matschke, Christina (2008).

liegen. Denkbar wären Projekte zu Mosel oder Eifel, zu denen sich Bewohner verschiedener Teilregionen gleichermaßen zählen.

Neben der Stärkung neuer offenerer Subkategorien sollte auch die Überkategorie „Großregion" weiterhin gefördert werden. Es gilt hier jedoch größte Vorsicht. Förster warnt davor, dass durch Rekategorisierungen in eine größere Gruppe andere möglicherweise diskriminiert werden.[838] Außerdem möchte jede kleine Teilgruppe ihre Werte in die übergeordnete Gruppe projizieren, jeder möchte der ‚Typische' (beispielsweise Großregionale / SaarLorLuxer) sein.[839] Ich stimme an dieser Stelle Förster zu, der die Ansicht vertritt, es sei lohnenswerter „bestehende Gruppengrenzen zu verändern; sie durchlässiger zu gestalten und immer wieder aufs Neue zu überlegen, welche Abgrenzungen zu anderen wirklich wichtig sind."[840]

Zur Stärkung einer Überkategorie „Großregion" geeignet sind Projekte, die gemeinsame Ziele anstreben, statt in erster Linie Teilinteressen zu erfüllen. Projekte hingegen, die immer streng auf die Quote achten und die Akteure strikt nach Teilregionen trennen, sollten zukünftig verringert werden, da sie die Kategorisierung und Stereotypisierung nach Teilregionen entscheidend fördern. Solche Projekte leisteten zwar wichtige Dienste in der Anfangsphase, doch Ziel sollte es längerfristig sein, die Zusammenarbeit an andere, offenere Kategorisierungen, etwa Sportbegeisterte, Künstler, Filmleute, Radfahrer usw. zu knüpfen.

Vertrauen erleichtert die Zusammenarbeit, fördert das Zusammengehörigkeitsgefühl und deckt, durch die verstärkt interpersonelle statt intergruppale Wahrnehmung, die Konstruiertheit von Stereotypen auf. Vertrauen aufzubauen sollte daher ein zentrales Anliegen grenzüberschreitender Verflechtungsräume sein. Aus diesem Grund sollten verstärkt Kontaktmöglichkeiten geschaffen werden, etwa durch Veranstaltungen oder durch eine gezielte Förderung gleicher Interessengebiete. In Projekten ist Kontinuität entscheidend für die Motivation und für die Vertrauensbildung. Sowohl die Projekte selbst als auch das Personal, sollten daher möglichst selten fluktuieren. Somit kennen Netzwerkmitarbeiter schneller den passenden Ansprechpartner und verlieren rascher Berührungsängste. Doch wenn das Wahren von Kontinuität empfohlen wird, darf nicht vergessen werden, darauf zu achten, Homophilie zu vermeiden. Denn es ist möglich, „über die Beeinflussung von Identifikationsprozessen Interessen zu wahren."[841] Es ist daher ratsam, Netzwerke immer wieder daraufhin zu unter-

---

[838] Förster, Jens (2007): S.254.
[839] Vgl. Förster, Jens (nach Mummendey, Amélie) (2007): S.257f.
[840] Ebd. S.274.
[841] Fach, Wolfgang; Köhnke, Karl Christian; Midell-Matthias; Mühler, Kurt; Siegrist, Hannes; Tzschaschel, Sabine; Wollersheim, Hans-Werner (1998): S.7.

suchen. Bürger in verschiedene Aktionen mit einzubeziehen, kann die Gefahr mindern, dass eine kleine homogene Elitegruppe über die Geschehnisse der Großregion entscheidet.

Häufig ist Unwissenheit ein Problem in der grenzüberschreitenden Zusammenarbeit. Sowohl interkulturelle Kompetenzen als auch Wissen über Kompetenzen und administrativen Aufbau der Nachbarregion erleichtern vertrauensvolle Beziehungen. Dieses Wissen könnte bestenfalls bereits im Schulunterricht (in der jeweiligen Fremdsprache oder in Politik) vermittelt werden.

Im Umgang mit Stereotypen empfiehlt es sich, darauf aufmerksam zu machen, dass es sich bei Stereotypen um Homogenisierungen und Vereinfachungen handelt, die sozial konstruiert sind. Sozialpsychologen haben herausgefunden, dass Gedankenunterdrückung erst recht diskriminierendes Verhalten hervorrufen kann.[842] Besser also ist es, Stereotype beispielsweise in grenzüberschreitenden Workshops offen zu thematisieren. Am besten eignet sich ein Perspektivwechsel, um die Konstruiertheit der Stereotype zu veranschaulichen. Dies fiel bei den Interviewten auf, die bereits in verschiedenen Regionen (der Großregion) lebten. Solch große berufliche Mobilität lässt sich nicht verordnen, jedoch gibt es die Möglichkeit, Austausche, ob mit der Schule oder im Beruf, beispielsweise wie Frau A.Z. es mit Krankenpflegeschülern organisiert, zu veranstalten und zu fördern.

Nicht wie Dinge wirklich sind, sondern wie über sie gesprochen wird, ist entscheidend.[843] Die große Diskriminierungsgefahr, die in sprachlichen Wendungen steckt, muss deutlich gemacht werden. Wenn den Akteuren bewusst ist, zu welch negativen Auswirkungen Metaphern wie ‚Großregion der zwei Geschwindigkeiten' oder ‚Luxemburg als Motor der Großregion' führen können, werden sie diese zukünftig eher vermeiden.

Sprache ist *die* Kategorisierungsgrundlage in der Großregion. Mehrsprachigkeit erleichtert grenzüberschreitendes Handeln und grenzüberschreitende Identifikationsprozesse, weil sich die Gefahr der Exklusion durch Sprachkenntnisse entscheidend verringern lässt. Sprachkurse in Deutsch und Französisch sollten verstärkt als Weiterbildungsmaßnahmen bei Akteuren und Bewohnern gefördert werden. Die Beschäftigung mit der Sprache des Nachbarn lässt Berührungsängste in den Hintergrund treten, weckt darüber hinaus Interesse an der anderen Kultur und schafft Zugang zu gemeinsamen Themen.

Die Untersuchung hat gezeigt, dass großregionale Identität(en) nicht mit nationalen Identitäten vergleichbar sind. Identitäten grenzüberschreitender

---

[842] Vgl. Förster, Jens (2007): S.226.
[843] Vgl. Schlottmann, Antje (2005): S.74, in Bezug auf Werlen, Paasi und Giddens; vgl. aber auch Brubaker, Rogers (2007).

Verflechtungsräume können als Muster für neue Identitäten in Zeiten der Glokalisierung[844] betrachtet werden. Großregionale Identität(en) verstehen sich eher als grenzüberschreitende Identität(en), das genaue Abmaß der Großregion ist daher für ein gemeinsames Bewusstsein nicht so entscheidend wie angenommen wurde. Die Bürger, wie auch die Akteure, entwickeln daher eher ein grenzüberschreitendes, nicht aber unbedingt ein großregionales, Bewusstsein. Bilaterale Projekte sind somit nicht als Abgrenzung zu den restlichen Teilregionen zu begreifen. Im Gegenteil: Immer alle Teilregionen einbeziehen zu wollen wirkt zwanghaft und unnatürlich.[845]

Symbole haben großes identitätsstiftendes Potential. Grenzübergreifende Symbole zu stärken, sollte daher Ziel sein. Wichtig ist jedoch, nicht den Anspruch zu verfolgen, damit alle zu erreichen. Denn in postmodernen Identitätsräumen orientieren sich nicht alle am Gleichen, die Nation mit ihren Symbolen darf nicht zum Vorbild genommen werden. Symbole, die allen gerecht werden wollen, wirken konstruiert und haben somit keine identitätsstiftende Wirkung. Etwas anders verhält es sich mit räumlichen Symbolen. Aber auch diese verfügen über ein nicht zu unterschätzendes Identifikationspotential. Hier liegt ebenfalls der Vorteil vor allem in der Möglichkeit, bestehende, starre und geschlossene Kategorisierungsgrundlagen zu umgehen und neue, durchlässigere Subkategorien zuzulassen. Räumliche Symbole sollten, auch wenn sie nicht die gesamte Großregion betreffen, wie beispielsweise Mosel, Saar, Eifel oder Warndt, in einem grenzüberschreitenden Verflechtungsraum, der sich nicht an nationalen Identitäten orientiert, sondern an Identitäten postmoderner Gemeinschaften, die Subidentitäten zulassen, gefördert werden.

Die Forschung hat gezeigt, dass großregionale Identität(en) im Gegensatz zu ‚klassischen' Identitäten nicht auf Exklusion aufbauen. Der Abgrenzung nach außen kommt eine geringere Bedeutung zu. Es besteht die Möglichkeit, auf Eigenarten des Identitätsraumes hinzuweisen, ohne ausschließend wirken zu müssen. Diese Taktik, die Abgrenzung zur Identitätsfindung nicht auf Basis der Exklusion, sondern eher der Nicht-Inklusion voranzutreiben, wird auch in der EU festgestellt, und dort bisweilen auch kritisiert.[846] Jedoch ist dieses Vorgehen das Richtige. Es ist effektiver, sich an Gemeinsamem zu orientieren und sich über Gemeinsamkeiten zu identifizieren – diese können auch lediglich in bestim-

---

[844] Ich beziehe mich hierbei auf Roland Robertsons Theorie der ‚Glokalisierung', die behauptet, dass Globalisierung die Bedeutung des Lokalen nicht aufhebt, sondern globale und lokale Prozesse sich gegenseitig beeinflussen.
[845] Vgl. hierzu auch die möglichen negativen Auswirkungen von Quotierungen. In: Förster, Jens (2007): S.232ff.
[846] Vgl. Wagner, Hartmut (2006).

mten Kontexten Gültigkeit aufweisen, statt sich übertrieben auf eine Abgrenzung nach außen zu fokussieren, die dann schnell willkürlich wirkt.

Zwar ist das wirtschaftliche Gefälle der Großregion auch ein Antrieb der Kooperation, doch sollte sich das Gefälle weiter verschärfen, wird dies ein gemeinsames regionales Bewusstsein schwierig machen und Ressentiments verstärken. Vereinzelt sind solche Aversionen bereits bekannt, die durch das wirtschaftliche Ungleichgewicht der Großregion hervorgerufen wurden. Dazu zählt beispielsweise der Vorwurf des sozialen Raubbaus der Luxemburger.

In der Studie ist sehr deutlich geworden, dass ein Bewusstsein des Mehrwerts der grenzüberschreitenden Zusammenarbeit unabkömmlich ist. Da der Großregion, oder eher deren Teilregionen, tendenziell noch ein rückständiges Image zukommt, ist der Mehrwert der grenzüberschreitenden Verflechtung in der Bevölkerung vermutlich nicht für alle sofort offensichtlich. Es ist daher umso wichtiger, immer wieder den zusätzlichen Mehrwert, der durch die Großregion entsteht, hervorzuheben.

Einheit trotz Vielfalt und dabei Offenheit! Das ist knapp zusammengefasst das Ziel der befragten Akteure. Dies zu erreichen und der Bevölkerung zu vermitteln wird ein langwieriger Prozess, der jedoch seinen Anfang bereits gefunden hat. Was Ulrich Beck für Europa sagt, gilt auch für die Großregion: „Wenn es eine Idee gibt, die die Europäer heute einen könnte, dann ist es die des kosmopolitischen Europas, weil diese den Europäern die Angst des Identitätsverlustes nimmt, die konstitutionelle Toleranz im Umgang der vielen europäischen Nationen miteinander zum Ziel erhebt und zugleich neue politische Handlungsräume in einer globalisierten Welt eröffnet."[847] Die Idee der Großregion lässt sich leichter vermitteln, wenn von vornherein klar gestellt wird, dass neue Identifikationspotentiale geschaffen werden, dabei aber keine bestehenden Identitäten ersetzt werden sollen. Niemand muss sich assimilieren, jeder darf sich jedoch auf seine Weise einbringen. Den Kosmopolitismus zu stärken ist ein Ziel, das nicht nur die Großregion verfolgen sollte. Aber grenzüberschreitende Verflechtungsräume könnten diese Aufgabe als Motivation verstehen, die gesellschaftlichen Prozesse in einer Art Laboratorium zu entwickeln und voranzutreiben.

---

[847] Beck, Ulrich (2005): S.12.

Literatur

Ahrberg, Simone: *Französisch-deutsche Grenzregion: Grenzwahrnehmung von Jugendlichen.* In: Banse, Christian; Stobbe, Holk (Hg.): *Nationale Grenzen in Europa.* Peter Lang Verlag. Frankfurt am Main. 2004. S.97-115
Ahrens, Daniela: *Grenzen der Enträumlichung.* Leske & Budrich. Opladen. 2001.
Albrecht, Susanne: *Entwicklungsprobleme und Entwicklungsperspektiven im ländlichen Raum Lothringens.* In: Europa Regional. 1/1995. S.1-13.
Amann, Wilhelm; Fehlen, Fernand; Mein, Georg: *Sozio-kulturelle Milieus in Luxemburg.* In: IPSE (Hg.): *Doing Identity in Luxemburg.* Transcript Verlag. Bielefeld. 2010. S.37-61.
Amann, Wilhelm; Bourg, Viviane; Dell, Paul; Lentz, Fabienne; Di Felice, Paul; Redekker, Sebastian: *Bilder und Identitäten.* In: IPSE (Hg.): *Doing Identity in Luxemburg.* Transcript Verlag. Bielefeld. 2010. S.165-234.
Ames, Gerhard: *Wer, zum Teufel, ist Elisabeth?* In: Bohr, Kurt; Winterhoff-Spurk, Peter (Hg.): *Erinnerungsorte – Ankerpunkte saarländischer Identität.* Röhrig Universitätsverlag. St. Ingbert. 2007. S.33-42.
Ante, Ulrich: *Zum praktischen Rückgriff auf das „Regionalbewußtsein".* In: Würzburger Geographische Arbeiten. Band 89. Würzburg. 1994. S.51-63.
Appadurai, Arjun: *Globale ethnische Räume.* In: Beck, Ulrich (Hg.): *Perspektiven der Weltgesellschaft.* Suhrkamp. Frankfurt am Main, 1998. S.11-40.
Arens, Detlev: *Kulturraum Rhein-Maas.* In: Arens, Detlev (Hg.): *Rhein Maas. Kulturraum in Europa.* Rheinland-Verlag. Köln. 1991. S.3-22.
Aschauer, Wolfgang: *Zum Nutzen von „Ethnizität" und „Regional-" oder „Heimatbewußtsein" als Erklärungskategorien geographischer Theoriebildung.* In: Kritische Geographie. Heft 7. Wien. 1990.
Assmann, Aleida: *Zum Problem der Identität aus kulturwissenschaftlicher Sicht.* In: Lindner, Rolf (Hg.): *Die Wiederkehr des Regionalen. Über neue Formen kultureller Identität.* Campus Verlag. Frankfurt am Main. 1994. S.13-35.
Augé, Marc : *Krise der Identität oder Krise des Andersseins? Die Beziehung zum Anderen in Europa.* In: Kaschuba, Wolfgang: *Kulturen – Identitäten – Diskurse. Perspektiven Europäischer Ethnologie.* Akademie Verlag. Berlin. 1995. S.85-99.
Auphan, Etienne; Brücher, Wolfgang: *Frankreichs (De-)Zentralisierung im Kontext der europäischen Integration.* In: Geographische Rundschau. 2005. Heft 9. S.4-10.
Baasner, Frank; Neumann, Wolfgang: *Deutschland-Frankreich: Zusammenarbeit im grenznahen Raum von Mulhouse bis Saarbrücken. Eine analytische Bestandsaufnahme.* Deutsch-Französisches Institut (dfi). Ludwigsburg. 2005.

Baltes, Paul B.: *Das Zeitalter des permanent unfertigen Menschen: Lebenslanges Lernen nonstop?* In: Busch, Rolf (Hg.): *Alternsmanagement im Betrieb. Ältere Arbeitnehmer – zwischen Frühverrentung und Verlängerung der Lebensarbeitszeit.* Rainer Hampp Verlag. München und Mering. 2004. S.35-52

Baltes-Löhr, Christel; Prüm, Agnes; Reckinger, Rachel; Wille, Christian: *Alltagskulturen und Identitäten.* In: IPSE (Hg.): *Doing Identity in Luxemburg.* Transcript Verlag. Bielefeld. 2010. S.235-293.

Banse, Christian: *Die Grenzregion. Zur Metaphorik grenzüberschreitender Zusammenarbeit. Ein Literaturüberblick.* In: Banse, Christian; Stobbe, Holk (Hg.): *Nationale Grenzen in Europa.* Peter Lang Verlag. Frankfurt am Main. 2004. S.35-52.

Barlösius, Eva: *Pierre Bourdieu.* Campus Verlag. Frankfurt am Main. 2006.

Baum-Ceisig, Alexandra; Busch, Klaus; Nospickel, Claudia: *Die Europäische Union. Eine Einführung in die politischen, ökonomischen und sozialen Probleme des erweiterten Europa.* Nomos. Baden Baden. 2007.

Bauman, Zygmunt: *Tourists and Vagabonds. Heroes and Victims of Postmodernity.* Institut für höhere Studien. Wien. 1996.

Bauman, Zygmunt: *Flaneure, Spieler und Touristen. Essays zu postmodernen Lebensformen.* Hamburger Edition. 1997.

Bauman, Zygmunt: *Unbehagen in der Postmoderne.* Hamburger Edition. Hamburg. 1999.

Bauman, Zygmunt: *Vereint in Verschiedenheit.* In: Berghold, Josef; Menasse, Elisabeth; Ottomeyer, Klaus (Hg.): *Trennlinien. Imaginationen des Fremden und Konstruktion des Eigenen.* Drava-Verlag. Klagenfurt. 2000. S.35-46.

Bausinger, Hermann: *Heimat und Identität.* In: Köstlin, Konrad; Bausinger; Hermann (Hg.): *Heimat und Identität. Probleme regionaler Kultur.* Karl Wachholtz Verlag. Neumünster. 1980. S.9-24.

Bausinger, Hermann: *Alltag und Utopie.* In: Kaschuba, Wolfgang; Scholze, Thomas; Scholze-Irrlitz, Leonore (Hg.): *Alltagskultur im Umbruch.* Böhlau Verlag. Weimar Köln Wien. 1996. S.31-48.

Beck, Ulrich: *Der kosmopolitische Blick oder: Krieg ist Frieden.* Suhrkamp. Frankfurt am Main. 2004.

Beck, Ulrich: *Das kosmopolitische Empire.* In: Internationale Politik (IP). Juli 2005. S.6-12.

Beck, Ulrich: *„Wer die nationale Karte zieht verliert".* Interview mit dem Goethe-Institut. 2006. (Quelle: http://www.goethe.de/ges/eur/eid/de1767656; Zugriff: 17.03.2010, 9:14h).

Beck, Ulrich; Grande; Edgar: *Das kosmopolitische Europa.* Suhrkamp. Frankfurt am Main. 2007.

Becker, Franziska: *Grenzüberwindung und Geschichtspolitik an der deutsch-polnischen Grenze.* In: Hengartner, Thomas; Moser, Johannes (Hg.): *Grenzen und Differenzen. Zur Macht sozialer und kultureller Grenzziehungen.* Leipziger Universitätsverlag. 2006. S.51-63.

Bellwald, Werner: *„Wir brauchen mehr Matterhörner!" Symbole der Schweiz, ihrer Kantone und Regionen zwischen Bedeutungslosigkeit und Bedürfnis".* In: Michel,

Paul (Hg.): *Symbole im Dienste der Darstellung von Identität*. Peter Lang Verlag. Bern. 2000. S. 45-64.

Benz, Arthur: *Multilevel Governance*. In: Benz, Arthur; Lütz, Susanne; Schimank, Uwe; Simonis, Georg: *Handbuch Governance*. VS Verlag. Wiesbaden. 2007. S.297-310.

Berge, Frank; Grasse, Alexander: *„Belgien – Zerfall oder föderales Zukunftsmodell?" Buchpräsentation. Redebeitrag der beiden Autoren*. Europabüro der Konrad-Adenauer-Stiftung. 21. April 2004. (Internetquelle: http://www.kas.de/proj/home/events/9/1/year-2004/month-5/veranstaltung_id-10113/index_print.html , Zugriff: 22.04.2010, 08:47h)

Bergem, Wolfgang: *Kultur als Identitätsgenerator in ostdeutschen Regionen*. In: Reese-Schäfer, Walter (Hg.): *Identität und Interesse. Der Diskurs der Identitätsforschung*. Leske und Budrich. Opladen. 1999. S.181-205.

Berger, Uwe: *Salienz sozialer Kategorisierung und Positiv-negativ-Asymmetrie sozialer Diskriminierung*. Herbert Utz Verlag. München. 1998.

Berghold, Josef; Menasse, Elisabeth; Ottomeyer, Klaus (Hg.): *Trennlinien. Imaginationen des Fremden und Konstruktion des Eigenen*. Drava-Verlag. Klagenfurt. 2000.

Bingenheimer, Volker: *Deutsche Firmen bekommen Luxemburger Entrüstung zu spüren*. In: Das Wort. (http://www.wort.lu/wort/web/letzebuerg/artikel/22752/deutsche-firmen-bekommen-luxemburger-entruestung-zu-spueren.php, Zugriff: 25.05.2009, 08.35h).

Blatter, Joachim: *Grenzüberschreitende Regionenbildung und europäische Integration. Erkenntnisse aus einem transatlantischen Vergleich*. In: Conzelmann, Thomas; Knodt, Michèle (Hg.): *Regionales Europa – Europäisierte Regionen*. Campus. Frankfurt am Main. 2002. S.257-278.

Bleier, Suzanne M.: *Identitätsmarketing in 'künstlichen' Gebilden*. In: Reese-Schäfer, Walter (Hg.): *Identität und Interesse. Der Diskurs der Identitätsforschung*. Leske und Budrich. Opladen. 1999. S.207-230.

Blotevogel, Hans H.; Heinritz, Günter; Popp, Herbert: *Regionalbewußtsein – Überlegungen zu einer geographisch-landeskundlichen Forschungsinitiative*. In: Informationen zur Raumentwicklung. Heft 7/8 1987. S.409-434.

Blotevogel, Hans Heinrich: *Sozialgeographischer Paradigmenwechsel? Eine Kritik des Projekts der handlungszentrierten Sozialgeographie von Benno Werlen*. In: Meusburger, Peter (Hg.): *Handlungszentrierte Sozialgeographie. Benno Werlens Entwurf in kritischer Diskussion*. Franz Steiner Verlag. Stuttgart. 1999. S.1-33.

Böhm, Andreas: *Theoretisches Codieren: Textanalyse in der Grounded Theory*. In: Flick, Uwe; Von Kardorff, Ernst; Steinke, Ines: (Hg.): *Qualitative Forschung*. Rowohlt. Reinbek bei Hamburg. 2000. S.475-485.

Bonacker, Thorsten: *Moderne und postmoderne Gemeinschaften. Baumans Theorie symbolischer Integration*. In: Junge, Matthias; Kron, Thomas: *Zygmunt Bauman. Soziologie zwischen Postmoderne und Ethik*. Leske und Budrich. Opladen. 2002. S.183-223.

Borkenhagen, Franz H. U.: *Europa der Regionen – Hintergründe und Potentiale*. In: Klatt, Hartmut (Hg.): *Das Europa der Regionen nach Maastricht. Analysen und Perspektiven*. Verlag Bonn Aktuell. 1995. S.47-56.

Born, Karl Martin; Fichtner, Timo; Krätke, Stefan (Hg.): *Chancen der EU-Osterweiterung für Ostdeutschland.* Arbeitsmaterialien der ARL. Nr. 321. Hannover. 2006.

Böttcher, Winfried: *Zukunft Europas: Ein Europa der Regionen.* In: Baum, Richard; Dumiche, Béatrice; Rouet, Giles: *Europa der Regionen – Euregio Maas-Rhein.* Romanistischer Verlag. Bonn. 2002.

Bourdieu, Pierre: *Die verborgenen Mechanismen der Macht.* Schriften zu Politik und Kultur 1. Herausgegeben von Margarete Steinrücke. VSA-Verlag Hamburg. 2005.

Bourdieu, Pierre: *Sozialer Raum, symbolischer Raum.* In: Dünne, Jörg; Günzel, Stephan (Hg.): *Raumtheorie.* Suhrkamp. Frankfurt am Main. 2006 (zuerst 1989). S.354-367.

Bourdieu, Pierre: *Die feinen Unterschiede. Kritik der gesellschaftlichen Urteilskraft.* Suhrkamp. Frankfurt am Main. 1987.

Breuer, Helmut W.: *„Land ohne Grenzen" – Entwicklung der Regio Aachen in der Euregio Maas-Rhein.* In: Baum, R.; Dumiche, B.; Rouet, G. (Hg.): *Europa der Regionen. Euregio Maas-Rhein.* Romanistischer Verlag. Bonn. 2002. S.297-315.

Briesen, Detlef: *„Historische Ausprägung und historischer Wandel von regionaler Identität in ausgewählten Montanregionen". Einleitung zu einem Abschlußbericht.* In: Briesen, Detlef; Gans, Rüdiger; Flender, Armin (Hg.): *Regionalbewußtsein in Montanregionen im 19. und 20. Jahrhundert. Saarland – Siegerland – Ruhrgebiet.* Universitätsverlag Dr. N. Brockmeyer. 1994. S.7-47.

Brubaker, Rogers: *Ethnizität ohne Gruppen.* Hamburger Edition. Hamburg. 2007.

Brücher, Wolfgang; Quasten, Heinz; Reitel, François (Hg.): *Pilotstudie zu einem Saar-Lor-Lux Atlas.* Schriftenreihe der Regionalkommission Saarland Lothringen Luxemburg Rheinland-Pfalz. Band 8. Saarbrücken Metz Luxemburg Trier. 1982.

Brücher, Wolfgang: *Saar-Lor-Lux: Grenzregion, Peripherie oder Mitte der Europäischen Gemeinschaft?* In: Geographische Rundschau 41. 1989. Heft 10. S.526-529.

Brücher, Wolfgang; Dörrenbächer H. Peter: *Grenzüberschreitende Beziehungen zwischen dem Saarland und Lothringen – Ausdruck einer Mischkultur?* In: Marti, Roland (Hg.): *Grenzkultur – Mischkultur?* Veröffentlichungen der Kommission für Saarländische Landesgeschichte und Volksforschung e.V. Saarbrücken. 2000. S.17-34.

Bulletin der Bundesregierung Nr. 86-1 vom 24. Oktober 2005.

Buß, Eugen: *Regionale Identitätsbildung.* LIT Verlag. Münster. 2002.

CPDT (Conférence Permanente du Développement Territorial Région Wallone): *Le sud-est de la province du Luxembourg.* Número 9. August 2009.

Caspari, Friedhelm: *Deutsch-dänische Grenze: Ein Modell für Europa?* In: Welt online, 7. Juni 2004. (Internetquelle: http://www.welt.de/print-welt/article318492/Deutsch_ daenische_Grenze_Ein_Modell_fuer_Europa.html?print=yes#reqdrucken, Zugriff: 19.03.2010, 11.26h)

Cavet, Marine; Fehlen, Fernand; Gengler, Claude: *Leben in der Großregion. Studie der grenzüberschreitenden Gewohnheiten in den inneren Grenzräumen der Großregion SaarLorLux/Rheinland-Pfalz/Wallonien.* Schriftenreihe Forum Europa 2. 2006.

Colas-Blaise, Marion; Freyermuth, Sylvie; Kmec, Sonja; Tore, Gian Maria; Schulz, Christian: *Räume und Identitäten.* In: IPSE (Hg.): *Doing Identity in Luxemburg.* Transcript Verlag. Bielefeld. 2010. S.105-163.

Chabert, Joe: *The Future of the EU Regions and the Cross-border Regional Cooperation: the Point of View of the Comittee of the Regions.* In: Gu, Xuewu (Hg.): *Grenzüberschreitende Zusammenarbeit zwischen den Regionen in Europa.* Nomos Verlagsgesellschaft. Baden-Baden. 2002. S.211-217.
Charta für die kulturelle Zusammenarbeit in der Region Saar-Lor-Lux-Trier / Westpfalz.
Conzelmann, Thomas: *Große Räume, kleine Räume.* Nomos Verlag. Baden-Baden. 2002.
Deppisch, Sonja: *Governance in grenzüberschreitenden Regionen. Eine empirische Analyse am Beispiel der österreichisch-bayerischen Euregios.* Rohn. Detmold. 2007.
Die Woch. 7. März 2009. (10/2009).
Diez, Thomas (Hg.): *The European Union and the Cyprus Conflict. Modern Conflict, Postmodern Union.* Manchester University Press. 2002.
Diller, Christian: *Zwischen Netzwerk und Organisation. Die Dynamik der Verstetigung regionaler Kooperationen.* In: Raumforschung und Raumordnung. 2/2002. S.146-154.
Donnan, Hastings; Wilson, Thomas M.: *Borders. Frontiers of Identity, Nation and State.* Berg. Oxford. 2001.
Dörrenbächer, H.-Peter; Schulz, Christian: *Cultural and regional integration. The case of the Saar-Lor-Lux cross-border labour market.* In: Koter, Marek; Heffner, Krystian (Hg.): *Multicultural regions and cities.* University of Lódź. S.125-139.
Duhamelle, Christoph; Kossert, Andreas; Struck, Bernhard: *Einleitung. Perspektiven für eine vergleichende Grenzforschung Europas.* In: Duhamelle, Christoph; Kossert, Andreas; Struck, Bernhard (Hg.): *Grenzregionen. Ein europäischer Vergleich vom 18. bis zum 20. Jahrhundert.* Campus Verlag. Frankfurt am Main. 2007. S.9-21.
Dürrschmidt, Jörg: *Globalisierung.* Transcript Verlag. Bielefeld. 2004.
Eder Sandtner, Susanne; Sandtner, Martin: *Regionale Identität über die Grenzen? Die Regio TriRhena im Bewusstsein der Bevölkerung.* In: Schneider-Sliwa; Rita (Hg.): *Regio TriRhena und südlicher Oberrhein: Ein Raum ohne Grenzen?* Basler Stadt- und Regionalforschung. Band 22. 2003. S.7-17
Eichkorn, Patrik: *Die Entwicklung der grenzüberschreitenden Zusammenarbeit auf subnationaler Ebene am Beispiel des Deutsch-Schweizer Hochrheins.* Dissertation der Albert-Ludwigs-Universität zu Freiburg i.Br. 1999.
Eickelpasch, Rolf; Rademacher, Claudia: *Identität.* Transcript Verlag. Bielefeld. 2010.
Endruweit, Günter: *Grenzlage als Bewußtseins- und Imageproblem. Das Beispiel des Saarlandes.* In: Forschungs- und Sitzungsberichte. Band 149. *Probleme räumlicher Planung und Entwicklung in den Grenzräumen an der deutsch-französisch-luxemburgischen Staatsgrenze.* Curt R. Vincentz Verlag. Hannover. 1983. S.137-168.
EUREK (Europäisches Raumentwicklungskonzept). Herausgegeben von der Europäischen Kommission. Angenommen beim Informellen Rat der für Raumordnung zuständigen Minister in Potsdam. 1999.
EURES Regionalprofil Saar-Lor-Lux-Rheinland-Pfalz (2001).
Fach, Wolfgang; Köhnke, Karl Christian; Midell, Matthias; Mühler, Kurt; Siegrist, Hannes; Tzschaschel, Sabine; Wollersheim, Hans-Werner: *Regionenbezogene Identifikationsprozesse. Das Beispiel „Sachsen" – Konturen eines Forschungspro-*

gramms. In: Wollersheim, Heinz-Werner; Tzschaschel; Middell, Matthias (Hg.): *Region und Identifikation*. Leipziger Universitätsverlag. Leipzig. 1998. S.1-32.

Featherstone, Mike: *Undoing culture. Globalization, Postmodernism and Identity*. SAGE Publications. London. Thousand Oaks. New Delhi. 1995.

Feng, Gequn: *Grenzüberschreitende Zusammenarbeit. Die EuroRegion Oberrhein, ein Modell für das Tumen-Projekt in Nordostasien?* Dissertation an der Mathematisch-Naturwissenschaftlichen Fakultät der Christian-Albrechts-Universität zu Kiel. Logos Verlag. Berlin. 2003.

Felgenhauer, Thilo: *„Die versteht Dich, weil sie auch aus Thüringen ist" – zur Analyse von Raumbezugnahmen in alltäglichen Argumentationen"*. In: Geographische Zeitschrift. 2007. Heft 1+2. S.24-36.

Fercher, Peter; Seidenberger, Christian: *Von der Vision zum Projekt – Raumplanung für ein geeintes Europa*. In: Informationen zur Raumentwicklung. Heft 7 / 2003. S.433-439.

Fiedler, Pit: *Die Bedeutung der Grenzregionen für die europäische Integration*. (Internetquelle: http://www.euregio-egrensis.de/presse/pm20060825.php, Zugriff: 24.03.2010, 16:44h).

Filipp, Sigrun-Heide; Mayer, Anne-Kathrin: *Zur Bedeutung von Altersstereotypen*. In: Aus Politik und Zeitgeschichte. 49-50/2005. S.25-31.

Finkenzeller, Karin: *Metz, oh, là, là*. In: DIE ZEIT, Nr.18, 29. April 2010. S.65.

Flender, Armin; Pfau, Dieter; Schmidt, Sebastian: *Regionale Identität zwischen Konstruktion und Wirklichkeit. Eine historisch-empirische Untersuchung am Beispiel des Siegerlandes*. Nomos. Baden-Baden. 2001.

Flender, Armin: *Vom Saargebiet zum Saarland: Zum Gebrauch kollektiver Erinnerungen in einer Grenzregion nach dem Ersten Weltkrieg*. In: Briesen, Detlef; Gans, Rüdiger; Flender, Armin (Hg.): *Regionalbewußtsein in Montanregionen im 19. und 20. Jahrhundert. Saarland – Siegerland – Ruhrgebiet*. Universitätsverlag Dr. N. Brockmeyer. 1994. S.107-143.

forum Nr. 288. Juli 2009.

Förster, Jens: *Kleine Einführung in das Schubladendenken*. Deutsche Verlags-Anstalt. München. 2007.

Franzen, Nathalie; Hahne, Ulf; Hartz, Andrea; Kühne, Olaf; Schafranski, Franz; Spellerberg, Annette; Zeck, Holger: *Herausforderung Vielfalt – Ländliche Räume im Struktur- und Politikwandel*. E-Paper der ARL. Nr. 4. Hannover. 2008.

Fuchs-Heinritz, Werner; König, Alexandra: *Pierre Bourdieu*. UVK. Konstanz. 2005.

Fürst, Dietrich: *Regional Governance*. In: Benz, Arthur; Lütz, Susanne; Schimank, Uwe; Simonis, Georg: *Handbuch Governance*. VS Verlag. Wiesbaden. 2007. S.353-365.

Gans, Rüdiger; Briesen, Detlef: *Das Siegerland zwischen ländlicher Beschränkung und nationaler Entgrenzung: Enge und Weite als Elemente regionaler Identität*. In: Lindner, Rolf (Hg.): *Die Wiederkehr des Regionalen. Über neue Formen kultureller Identität*. Campus Verlag. Frankfurt am Main. 1994. S.64-90.

Ganter, Stephan: *Stereotype und Vorurteile: Konzeptualisierung, Operationalisierung und Messung*. Mannheimer Zentrum für Europäische Sozialforschung (MZES). Mannheim. 1997.

Gaunard, Marie-France: *Transformation of border regions in France through the creation of Euro-Regions. Analysis of the multiculturalism in this european integration process.* In: Koter, Marek; Heffner, Krystian (Hg.): *Multicultural regions and cities.* University of Lódź. 1999. S.117-124.

Geertz, Clifford: *Dichte Beschreibung.* Suhrkamp. Frankfurt am Main. 1987.

Gengler, Claude: *La perception de la Grande Région par ses habitants: en partie un faux débat.* In: *forum* Nr. 288. Juli 2009. S.32-34.

Giddens, Anthony: *Die Konstitution der Gesellschaft. Grundzüge einer Theorie der Strukturierung.* Campus Verlag. Frankfurt am Main. 1988.

Glöckner, Christian: *Die Großregion – Bilanz der bisherigen Zusammenarbeit und Potentiale ihrer Entwicklung.* In: Leinen, Jo (Hg.): *Saar-Lor-Lux. Eine Euro-Region mit Zukunft?* S.83-88. Röhrich Universitäts-Verlag. St. Ingbert. 2001.

Goetze, Dieter: *Identitätsstrategien und die Konstruktion sozialer Räume: eine spanische Fallstudie.* In: Lindner, Rolf (Hg.): *Die Wiederkehr des Regionalen. Über neue Formen kultureller Identität.* Campus Verlag. Frankfurt am Main. 1994. S.184-200.

Goffman, Erving: *Wir alle spielen Theater. Die Selbstdarstellung im Alltag.* Piper Verlag. München. 2010.

Greitemeyer, Tobias: *Sich selbst erfüllende Prophezeiungen.* In: Petersen, Lars-Erik; Six, Bernd (Hg.): *Stereotype, Vorurteile und soziale Diskriminierung.* Beltz Verlag. Weinheim, Basel. 2008. S.80-87.

Greverus, Ina-Maria: *Der territoriale Mensch.* Athenäum. Frankfurt am Main. 1972.

Grigg, David B.: *Regionen, Modelle und Klassen.* (Zuerst 1967). In: Sedlacek, Peter (Hg.): *Regionalisierungsverfahren.* Wissenschaftliche Buchgesellschaft. Darmstadt. 1978. S.64-119.

Grimm, Christoph: *Interregionaler Parlamentarier-Rat (IPR).* In: In: Leinen, Jo (Hg.): *Saar-Lor-Lux. Eine Euro-Region mit Zukunft?* Röhrig Universitätsverlag. St. Ingbert. 2001. S.89-103.

Groß, Bernd; Wille, Christian; Gengler, Claude; Thull, Patrick: *SaarLorLux von A-Z.* ASKO Europa-Stiftung. 2006.

Habermas, Tilmann: *Geliebte Objekte. Symbole und Instrumente der Identitätsbildung.* Walter de Gruyter. Berlin. New York. 1996.

Hahn, Alois: *Die soziale Konstruktion des Fremden.* In: Sprondel, Walter M.: *Die Objektivität der Ordnungen und ihre kommunikative Konstruktion.* Suhrkamp. Frankfurt am Main. 1994. S.140-163.

Hahn, Hans Henning; Hahn, Eva: *Nationale Stereotypen. Plädoyer für eine historische Stereotypenforschung.* In: Hahn, Hans Henning (Hg.): *Stereotyp, Identität und Geschichte. Die Funktion von Stereotypen in gesellschaftlichen Diskursen.* Peter Lang. Frankfurt am Main. 2002. S.17-56.

Hall, Stuart: *Ethnizität: Identität und Differenz.* In: Engelmann, Jan (Hg.): *Die kleinen Unterschiede.* Campus Verlag. Frankfurt am Main. 1999. S.83-98.

Hannerz, Ulf: *Transnational Connections. Culture, People, Places.* Routledge. London. 1996.

Hard, Gerhard: *Das Regionalbewußtsein im Spiegel der regionalistischen Utopie.* In: Informationen zur Raumentwicklung. Heft 7/8 1987. S.419-434.

Hard, Gerhard: *Der Spatial Turn, von der Geographie her betrachtet*. In: Döring, Jörg; Thielmann, Tristan (Hg.): *Spatial Turn. Das Raumparadigma in den Kultur- und Sozialwissenschaften*. Transcript Verlag. Bielefeld. 2008. S.263-315.

Hartz, Andrea: *Grenzüberschreitende Verflechtungsräume*. In: Planerin. 1 /2009. S.43-44.

Hastedt, Claudia: *Selbstkomplexität, Individualität und soziale Kategorisierung*. Waxmann. Münster. 1998.

Haubrich, Hartwig; Schiller, Ulrich; Wetzler, Herbert: *Regionalbewußtsein Jugendlicher am Hoch- und Oberrhein*. Pädagogische Hochschule Freiburg. 1990.

Hellmund, Saskia: *Grenzüberschreitende Kulturvermittlung in Theatern der deutschfranzösischen Grenzregion*. In: Malstätter Beiträge aus Gesellschaft, Wissenschaft, Politik und Kultur. Herausgegeben von Franz Schlehofer, Rudolf Warnking und Markus Gestier. Gollenstein Verlag. 2004

Herrmann, Hans-Walter: *Die Großregion aus historischer und politisch-wirtschaftlicher Sicht – historischer Abriß*. In: Leinen, Jo (Hg.): *Saar-Lor-Lux. Eine Euro-Region mit Zukunft?* Röhrig. Universitätsverlag. St. Ingbert. 2001.

Herrmann, Hans-Walter: *Abbau nationalstaatlicher Grenzen*. In: Aust, Bruno; Herrmann, Hans-Walter; Quasten, Heinz: *Das Werden des Saarlandes - 500 Jahre in Karten*. Veröffentlichungen des Instituts für Landeskunde im Saarland. 2008.

Hoebink, Hein: *Kommentare und Berichte von der anderen Seite der Grenze. Zur Rolle der Printmedien im deutsch-niederländischen Grenzraum*. In: Institut für Europäische Regionalforschungen. INTERREGIONES. Heft 10/2001. *Vom Hollandgänger zum EU-Bürger: Migration und Wahrnehmung im deutschniederländisch-belgischen Grenzraum in historischer und aktueller Perspektive*. S.81-100.

Höreth, Marcus: *The Trilemma of Legitimacy – Multilevel Governance in the EU and the Problem of Democracy*. In: ZEI Discussion Paper. Rheinische Friedrich-Wilhelms-Universität Bonn. C 11. 1998.

Hrbek, Rudolf; Weyand, Sabine: betrifft: *Das Europa der Regionen. Fakten, Probleme, Perpektiven*. Verlag C.H.Beck. München. 1994.

Huber, Andreas: *Heimat in der Postmoderne*. Seismo Verlag. Zürich. 1999.

Interregionale Arbeitsmarktbeobachtungsstelle (IBA): *Atlas zur wirtschaftlichen und sozialen Entwicklung der Großregion*. In: Schriftenreihe der Regionalkommission SaarLorLux-Trier/Westpfalz-Wallonien. Band 18. 2010.

Jansen, Dorothea; Wald, Andreas: *Netzwerktheorien*. In: Benz, Arthur; Lütz, Susanne; Schimank, Uwe; Simonis, Georg: *Handbuch Governance*. VS Verlag. Wiesbaden. 2007. S.188-199.

Jansen, Günter: *Umweltpolitik in der Euregio Maas-Rhein. – Ein Vergleich -*. Dissertation der Rheinisch-Westfälischen Technischen Hochschule Aachen. 1997.

Janssen, Manfred; Woltering, Michael: *Arbeitsmärkte und europäischer Binnenmarkt: Integrationsprozesse am Beispiel der deutsch-niederländischen Grenzregion*. In: Institut für Europäische Regionalforschungen. INTERREGIONES. Heft 10/2001. *Vom Hollandgänger zum EU-Bürger: Migration und Wahrnehmung im deutschniederländisch-belgischen Grenzraum in historischer und aktueller Perspektive*. S.101-132

Jätzold, Ralph; Müller, Beate *Lothringen – Grenzraum und europäischer Kulturraum*. In: Europa Regional. 2/1994. S.1-9.

Johler, Reinhard: *Glokalisierung. Ein Konzept für die kulturwissenschaftliche Zukunft?* In: Volkskunde in Rheinland-Pfalz.23. 2008. S.124-138.

Jonas, Klaus; Schmid Mast, Marianne: *Stereotyp und Vorurteil*. In: Straub, Jürgen; Weidemann, Arne; Weidemann, Doris (Hg.): *Handbuch interkulturelle Kommunikation und Kompetenz*. Verlag J. B. Metzler. Stuttgart. Weimar. 2007. S.69-76.

Junge, Matthias: *Zygmunt Bauman*. In: Kaesler, Dirk (Hg.): *Aktuelle Theorien der Soziologie*. C.H. Beck. München. 2005. S.64-80.

Kaschuba, Wolfgang: *Die Überwindung der Distanz. Zeit und Raum in der europäischen Moderne*. Fischer Taschenbuch Verlag. Frankfurt am Main. 2004.

Keller, Johannes: *Stereotype als Bedrohung*. In: Petersen, Lars-Erik; Six, Bernd (Hg.): *Stereotype, Vorurteile und soziale Diskriminierung*. Beltz Verlag. Weinheim, Basel. 2008. S.88-96.

Keupp, Heiner: *Ambivalenzen postmoderner Identität*. In: Beck, Urlich; Beck-Gernsheim, Elisabeth (Hg.): *Riskante Freiheiten. Individualisierung und modernen Gesellschaften*. Suhrkamp. Frankfurt am Main. 1994.

Keupp, Heiner: *Diskursarena Identität: Lernprozesse in der Identitätsforschung*. In: Keupp, Heiner; Höfer, Renate (Hg.): *Identitätsarbeit heute. Klassische und aktuelle Perspektiven der Identitätsforschung*. Suhrkamp. Frankfurt am Main. 1997a. S.11-39.

Keupp, Heiner: *Die Suche nach Gemeinschaft zwischen Stammesdenken und kommunitärer Individualität*. In: Heitmeyer, Wilhelm (Hg.): *Was hält die Gesellschaft zusammen? Bundesrepublik Deutschland: Auf dem Weg von der Konsens- zur Konfliktgesellschaft*. Band 2. Suhrkamp. Frankfurt am Main. 1997b. S.279-312.

Keupp, Heiner; Ahbe, Thomas; Gmür, Wolfgang; Höfer, Renate; Mitzerschlich, Beate; Kraus, Wolfgang; Straus, Florian: *Identitätskonstruktionen. Das Patchwork der Identitäten in der Spätmoderne*. Rowohlt. Reinbek bei Hamburg. 1999.

Kilp, Andreas: *Die Wahrnehmung des Saar-Lor-Lux-Raumes durch lothringische Industriearbeiter in saarländischen Betrieben*. Diplomarbeit. Saarbrücken. 1998.

Kim, Tae-Won: *G. Simmel, G.H. Mead und der Symbolische Interaktionismus*. Ergon Verlag. Würzburg. 1999.

Klatt, Hartmut (Hg.): *Das Europa der Regionen nach Maastricht. Analysen und Perspektiven*. Bonn Aktuell im Verlag moderne industrie. München / Landsberg am Lech. 1995.

Klauer, Karl Christoph: *Soziale Kategorisierung und Stereotypisierung*. In: Petersen, Lars-Erik; Six, Bernd (Hg.): *Stereotype, Vorurteile und soziale Diskriminierung*. Beltz Verlag. Weinheim, Basel. 2008. S.23-32.

Klein-Hitpaß, Katrin: *Aufbau von Vertrauen in grenzüberschreitenden Netzwerken – das Beispiel der Grenzregion Sachsen, Niederschlesien und Nordböhmen im EU-Projekt ENLARGE-NET*. Universitätsverlag Potsdam. 2006.

Knippschild, Robert: *Außer Spesen nichts gewesen?* In: Raumforschung und Raumordnung. 3/2009. S.228-238.

Köck, Helmuth: *Europa der Regionen. Konstruktiv oder kontraproduktiv für den Europäischen Integrationsprozess?* In: *Europa Regional.* 2005. S.2-11.

Kohlisch, Thorsten: *Regional Governance in europäischen Regionen.* LIT Verlag. Berlin. 2008.

Korff, Gottfried: *Museumsdinge. Deponieren – Exponieren.* Böhlau. Köln. 2007.

Korres, Achim: *Arbeitsmigration in der Euregio Maas-Rhein im 19. und 20. Jahrhundert.* In: Institut für Europäische Regionalforschungen. INTERREGIONES. Heft 10/2001. *Vom Hollandgänger zum EU-Bürger: Migration und Wahrnehmung im deutsch-niederländisch-belgischen Grenzraum in historischer und aktueller Perspektive* S.15-61.

Krämer, Raimund; König, Frank: *Vernetzung europäisierter Regionen: Zwischen Regionalisierung und Europäisierung.* In: Conzelmann, Thomas; Knodt, Michèle (Hg.): *Regionales Europa – Europäisierte Regionen.* Campus. Frankfurt am Main. 2002. S.279-296.

Krause, Arno: *Die Fédération Interantionale des Maisons de l'Europe (FIME). Europa-Kompetenz in der Bildung.* In: Leinen, Jo (Hg.): *Saar-Lor-Lux. Eine Euro-Region mit Zukunft?* Röhrig Universitätsverlag. St. Ingbert. 2001. S.327-333.

Krause, Daniel: *Postmoderne – über die Untauglichkeit eines Begriffs der Philosophie, Architekturtheorie und Literaturtheorie.* Peter Lang. Frankfurt am Main. 2007.

Krause, Johannes: *Die Grenzen Europas. Von der Geburt des Territorialstaats zum Europäischen Grenzregime.* Peter Lang Verlag. Frankfurt am Main. 2009.

Kriele, Almut: *„Grenzen machen diese Region spannend." Zum Politikverständnis der Akteure in der Euregio Maas-Rhein.* In: Kriele, Almut; Lesse, Urs; Richter, Emanuel (Hg.): *Politisches Handeln in transnationalen Räumen. Zusammenarbeit in europäischen Grenzregionen.* Nomos. Baden-Baden. 2005. S.79-96.

Krotz, Friedrich: *Stuart Hall. Encoding/Decoding und Identität.* In: Hepp, Andreas; Krotz, Friedrich; Thomas, Tanja (Hg.): *Schlüsselwerke der Cultural Studies.* VS Verlag. Wiesbaden. 2009. S.210-223.

Kühne, Olaf: *Landschaft in der Postmoderne.* Deutscher Universitätsverlag. Wiesbaden. 2006.

Kühne, Olaf: *Neunkirchen. Eine Stadt zwischen Moderne und Postmoderne.* Veröffentlichungen des Instituts für Landeskunde im Saarland. Band 46. Saarbrücken. 2008a.

Kühne, Olaf: *Distinktion – Macht – Landschaft. Zur sozialen Definition von Landschaft.* VS Verlag. Wiesbaden. 2008b.

Kühne, Olaf: *Das UNESCO-Biosphärenreservat Bliesgau. Entwicklungen, Beteiligungen und Verfahren in einer Modellregion.* In: Standort. 34. 2010. S.27-33.

Kühne, Olaf; Spellerberg, Annette: *Heimat in Zeiten erhöhter Flexibilitätsanforderungen. Empirische Studien im Saarland.* VS Verlag. Wiesbaden 2010.

Küsters, Ivonne: *Narrative Interviews. Grundlagen und Anwendungen.* VS Verlag. Wiesbaden. 2006.

Lamnek, Siegfried: *Qualitative Sozialforschung.* Beltz. Weinheim. 1995.

Lask, Tomke: *Wir waren doch immer Freunde in der Schule. Einführung in die Anthropologie der Grenzräume. Europäisches Grenzverständnis am Beispiel Leidingens.* Röhrig Universitätsverlag. St. Ingbert. 2002.

Lehners, Jean-Paul; Bolle, Lars: *Region in Westeuropa: Am Beispiel der grenzüberschreitenden Region Saar-Lor-Lux.* In: Leinen, Jo (Hg.): *Saar-Lor-Lux: Eine Euro-Region mit Zukunft?* Röhrig Universitätsverlag. St. Ingbert. 2001. S.361-378.

Lepsius, M. Rainer: *Bildet sich eine kulturelle Identität in der Europäischen Union?* In: Reese-Schäfer, Walter (Hg.): *Identität und Interesse. Der Diskurs der Identitätsforschung.* Leske und Budrich. Opladen. 1999. S.91-99.

Lesse, Urs; Richter, Emanuel: *Einleitung.* In: Kriele, Almut; Lesse, Urs; Richter, Emanuel (Hg.): *Politisches Handeln in transnationalen Räumen. Zusammenarbeit in europäischen Grenzregionen.* Nomos. Baden-Baden. 2005. S.7-12.

Levesque, Nancy: *„Heimat...weil ich mich halt auch damit arrangiert habe." Zwischen Fernweh und Nahraum.* In: Mettler-v. Meibom (Hg.): *„Ich gehör hier hin." Spielarten von Identifikation mit dem Ruhrgebiet.* Lit Verlag. Münster. 2004. S.55-83.

Lichtblau, Klaus: *Auf dem Weg in eine andere Moderne?* In: Tönnies-Forum. 2/2007. S.19-31.

Lisiecki, Stanislaw: *Der Bewußtseinswandel der Grenzbewohner in den Forschungen in Slubice und Frankfurt (Oder).* In: Schultz, Helga; Nothnagle, Alan (Hg.): *Grenze der Hoffnung.* Berlin Verlag. 1999. S.259-265.

Lübbe, Hermann: *Der verkürzte Aufenthalt in der Gegenwart. Wandlungen des Geschichtsverständnisses.* In: Kemper, Peter (Hg.): *‚Postmoderne' oder Der Kampf um die Zukunft.* Fischer. Frankfurt am Main. 1988. S. 145-164.

Luxemburger Wort: Interview mit Jean-Marie Halsdorf: *„Das Prinzip der kurzen Wege."* 01.02.2010. (Internetquelle: http://www.gouvernement.lu/functions/printVersion/index.php, Zugriff: 19.03.2010, 10:38h)

Machunsky, Maya: *Substereotypisierung.* In: Petersen, Lars-Erik; Six, Bernd (Hg.): *Stereotype, Vorurteile und soziale Diskriminierung.* Beltz Verlag. Weinheim, Basel. 2008. S.45-52.

Marks, Gary; Hooghe, Liesbet; Blank, Kermit: *European Integration and the State.* In: EUI Working Paper RSC Nr. 95/7.

Marxhausen, Christiane: *Identität-Repräsentation-Diskurs.* Franz Steiner Verlag. Stuttgart. 2010.

Matter, Max: *Zur Frage der regionalen Identität von Zuwanderern aus kleinen Gemeinden.* In: Köstlin, Konrad; Bausinger; Hermann (Hg.): *Heimat und Identität. Probleme regionaler Kultur.* Karl Wachholtz Verlag. Neumünster. 1980. S.65-80.

Mayring, Philipp: *Einführung in die qualitative Sozialforschung.* Beltz. Weinheim und Basel. 2002.

Mayring, Philipp: *Qualitative Inhaltsanalyse. Grundlagen und Techniken.* Beltz. Weinheim. 2010.

Mead, George H.: Geist, Identität und Gesellschaft aus Sicht des Sozialbehaviorismus. Suhrkamp. Frankfurt am Main. 1968.

Mein, Georg: *Heterotopien und andere Gegenorte. Raumtheoretische Konzeptionen von Regionalität und Globalität und ihre politischen Implikationen.* In: Amann, Wilhelm; Mein, Georg; Parr, Rolf (Hg.): *Periphere Zentren oder zentrale Peripherien?* Synchron Verlag. Heidelberg. 2008. S.31-45.

Meiser, Thorsten: *Illusorische Korrelation*. In: Petersen, Lars-Erik; Six, Bernd (Hg.): *Stereotype, Vorurteile und soziale Diskriminierung*. Beltz Verlag. Weinheim, Basel. 2008. S.53-61.

Mielke, Rosemarie: *Soziale Kategorisierung und Vorurteil*. In: Mummendey, Hans D. (Hg.): Bielefelder Arbeiten zur Sozialpsychologie. Nr. 192. November 1999.

Miggelbrink, Judith: *Der gezähmte Blick*. Institut für Länderkunde. Leipzig. 2002.

Mitulla, Claudia: *Die Barriere im Kopf. Stereotype und Vorurteil bei Kindern gegenüber Ausländern*. Leske und Budrich. Opladen. 1997.

Müller, Verena: *INTERREG I und II. Eine Bilanz am Beispiel der EUREGIO*. Shaker Verlag. Aachen. 2009.

Müller-Schnegg, Heinz: *Grenzüberschreitende Zusammenarbeit in der Bodenseeregion*. Dissertation der Hochschule St. Gallen. Rosch-Buch, Hallstadt. 1994.

Mummendey, Amélie: *Verhalten zwischen sozialen Gruppen: Die Theorie der sozialen Identität von Henri Tajfel*. In: *Bielefelder Arbeiten zur Sozialpsychologie*. Universität Bielefeld. Nr. 113. Juli 1984.

Mummendey, Hans Dieter: *Psychologie der Selbstdarstellung*. Hogrefe-Verlag. Göttingen. 1995.

Naglo, Kristian: *Rollen von Sprache in Identitätsbildungsprozessen multilingualer Gesellschaften in Europa*. Peter Lang. Frankfurt am Main. 2007.

Narr, Wolf-Dieter: *Identität als (globale) Gefahr. Zum Unwesen eines leeren Wesensbegriffs und seinen angestrebten Befindlichkeiten*. In: Reese-Schäfer, Walter (Hg.): *Identität und Interesse. Der Diskurs der Identitätsforschung*. Leske und Budrich. Opladen. 1999. S101-128.

Nassehi, Armin: *Inklusion, Exklusion, Integration, Desintegration*. In: Heitmeyer, Wilhelm (Hg.): *Was hält die Gesellschaft zusammen? Bundesrepublik Deutschland: Auf dem Weg von der Konsens- zur Konfliktgesellschaft*. Band 2. Suhrkamp. Frankfurt am Main. 1997. S. 113-148.

Nederveen Pieterse, Jan: *Der Melange-Effekt*. In: Beck, Ulrich (Hg.): *Perspektiven der Weltgesellschaft*. Suhrkamp. Frankfurt am Main, 1998. S.87-124.

Newrly, Petra: *Transnationaler Regionalismus. Die grenzüberschreitende Zusammenarbeit am Oberrhein – ein Beispiel für die Fortentwicklung der europäischen Integration?* LIT Verlag. Münster. 2002.

Nida-Rümelin, Julian: *Zur Philosophie des Kosmopolitismus*. In: Zeitschrift für Internationale Beziehungen. Heft 2. 2006. S.227-234.

Niedermeyer, Martin; Moll, Peter: *SaarLorLux – vom Montandreieck zur „Großregion"*. In: Dörrenbächer, H. Peter; Kühne, Olaf; Wagner, Juan Manuel (Hg.): *50 Jahre Saarland im Wandel*. Veröffentlichungen des Instituts für Landeskunde im Saarland. Band 44. Saarbrücken. 2007. S.297-321.

Nover, Sabine Ursula: *Protest und Engagement*. VS Verlag. Wiesbaden. 2009.

Operationelles Programm. Ziel Europäische Territoriale Zusammenarbeit. INTERREG IV-A Euregio Maas-Rhein. 2007-2013. (nachzulesen auf der Homepage der Regio Aachen).

Oschwald, Hanspeter: *Identität von unten. Europa in seinen Städten und Regionen*. Verlag Josef Knecht. Frankfurt am Main. 1999.

Österreichische Raumordnungskonferenz (ÖROK). Schriftenreihe Nr.169. Wien, April 2005. *„Europaregionen" – Herausforderungen, Ziele, Kooperationsformen.*
Otten, Sabine; Matschke, Christina: *Dekategorisierung, Rekategorisierung und das Modell wechselseitiger Differenzierung.* In: Petersen, Lars-Eric; Six, Bernd (Hg.): *Stereotype, Vorurteile und soziale Diskriminierung.* Beltz Verlag. Weinheim Basel. 2008. S.292-300.
Ottomeyer, Klaus: *Fremdenfeindlichkeit als Selbstwertdroge.* In: Berghold, Josef; Menasse, Elisabeth; Ottomeyer, Klaus (Hg.): *Trennlinien. Imaginationen des Fremden und Konstruktion des Eigenen.* Drava-Verlag. Klagenfurt. 2000. S.17-34.
Paasi, Anssi: *Region and Place: regional identity in question.* In: Progress in Human Geography. 27,4. 2003. S.475-485.
Paasi, Anssi: *The Changing Discourses on Political Boundaries.* In: Van Houtum, Henk; Kramsch, Oliver; Zierhofer, Wolfgang (Hg.): *B/ordering Space.* Ashgate. 2005. S.17-32.
Parr, Rolf: *Wie konzipiert die (Inter-) Diskurstheorie individuelle und kollektive Identitäten? Ein theoretischer Zugriff, erläutert am Beispiel Luxemburg.* In: *forum* 289. September 2009. S.11-16.
Pauly, Michel: *Eine geschichtslose Region.* In: *forum* Nr. 288. Juli 2009. S.27-29.
Petersen, Lars-Erik; Six, Bernd (Hg.): *Stereotype, Vorurteile und soziale Diskriminierung.* Beltz Verlag. Weinheim, Basel. 2008.
Petersen, Lars-Eric; Blank, Hartmut: *Das Paradigma der minimalen Gruppen.* In: Petersen, Lars-Eric; Six, Bernd (Hg.): *Stereotype, Vorurteile und soziale Diskriminierung.* Beltz Verlag. Weinheim Basel. 2008. S.200-213.
Pitz, Martina: *Mei Sprooch és en klän Insel – Zur identitätsstiftenden Funktion des Dialekts im östlichen Lothringen und im Saarland.* In: Schmeling, Manfred; Duhem, Sandra (Hg.): *Sprache und Identität in frankophonen Kulturen.* Leske und Budrich. Opladen. 2003. S.127-147.
Poscheschnik, Gerald: *Quantitativ oder qualitativ? Die Gretchenfrage in der Wissenschaft.* In: Hug, Theo; Poscheschnik, Gerald: *Empirisch forschen.* Verlag Huther & Roth KG. Wien. 2010. S.86-92.
Poscheschnik, Gerald; Lederer, Bernd; Hug, Theo: *Datenauswertung.* In: Hug, Theo; Poscheschnik, Gerald: *Empirisch forschen.* Verlag Huther & Roth KG. Wien. 2010. S.149-188.
Precht, Richard David: *Wir wählen uns alle nur selbst.* In: Die Zeit. (Quelle: http://www.zeit.de/2009/38/Wahlkampf?page=all). 2009. Letzter Zugriff: 22.12.2010, 14.20h.
Pries, Ludger: *Transnationalisierung der sozialen Welt?* 2002. (Quelle: http://www.inccas.de/de/download/publ-2002_lp_transdsozwelt.pdf). Letzter Zugriff: 23.12.2010, 15.20h.
Pries, Ludger: *Die Transnationalisierung der sozialen Welt.* Suhrkamp. Frankfurt am Main. 2008.
Raich, Silvia: Grenzüberschreitende *und interregionale Zusammenarbeit in einem „Europa der Regionen".* Nomos Verlagsgesellschaft. Baden-Baden. 1995.
Rausch, Ulrike: *Grenzüberschreitende Kooperationen. Der kanadisch-US-amerikanische Nordosten und die Oberrheinregion im Vergleich.* Leske+Budrich. Opladen. 2000.

Reckinger, Rachel; Wille, Christian: *Identitätskonstruktionen erforschen*. In: IPSE (Hg.): *Doing Identity in Luxemburg*. Transcript Verlag. Bielefeld. 2010. S.11-36.

Reckinger, Rachel; Schulz, Christian; Wille, Christian: *Identitätskonstruktionen in Luxemburg*. In: IPSE (Hg.): *Doing Identity in Luxemburg*. Transcript Verlag. Bielefeld. 2010. S.295-298.

Redepenning, Marc: *Eine selbst erzeugte Überraschung: Zur Renaissance von Raum als Selbstbeschreibungsformel der Gesellschaft*. In: Döring, Jörg; Thielmann, Tristan (Hg.): *Spatial Turn. Das Raumparadigma in den Kultur- und Sozialwissenschaften*. Transcript Verlag. Bielefeld. 2008. S.317-340.

Reese-Schäfer, Walter: *Einleitung: Identität und Interesse*. In: Reese-Schäfer, Walter (Hg.): *Identität und Interesse. Der Diskurs der Identitätsforschung*. Leske und Budrich. Opladen. 1999. S.7-43.

Regionalprofil Saar-Lor-Lux-Rheinland-Pfalz: EURES: 2001.

Ricken, Norbert; Balzer, Nicole: *Differenz: Verschiedenheit – Andersheit – Fremdheit*. In: Straub, Jürgen; Weidemann, Arne; Weidemann, Doris (Hg.): *Handbuch interkulturelle Kommunikation und Kompetenz*. Verlag J. B. Metzler. Stuttgart. Weimar. 2007. S.56-69.

Riedel, Heiko: *Wahrnehmung von Grenzen und Grenzräumen. Eine kulturpsychologisch-geographische Untersuchung im saarländisch-lothringischen Raum*. In: Arbeiten aus dem Geographischen Institut der Universität des Saarlandes. Band 41. Saarbrücken. 1994.

Riedel, Wolfgang: *Geographie und Heimatbewusstsein*. In: Bremer Beiträge zur Geographie und Raumplanung. Heft 11. 1987. S. 557-563.

Ritter, Ernst-Hasso: *Europäische Raumentwicklungspolitik*. Rohn. Detmold. 2009.

Ritzer, George: *Die McDonaldisierung der Gesellschaft*. Fischer. Frankfurt am Main. 1995.

Robertson, Roland: *Glocalization: Time-Space and Homogeneity-Heterogeneity*. In: Featherstone, Mike; Lash, Scott; Robertson, Roland (Hg.): *Global modernities*. SAGE Publications. London. Thousand Oaks. New Delhi. 1995. S.25-44.

Robertson, Roland: *Glokalisierung: Homogenität und Heterogenität in Raum und Zeit*. In: Beck, Ulrich (Hg.): *Perspektiven der Weltgesellschaft*. Suhrkamp. Frankfurt am Main, 1998. S.192-220.

Rosa, Hartmut: *Identität*. In: Straub, Jürgen; Weidemann, Arne; Weidemann, Doris (Hg.): *Handbuch interkulturelle Kommunikation und Kompetenz*. Verlag J. B. Metzler. Stuttgart. Weimar. 2007. S.47-56.

Roth, Marita: *Stereotype in gesprochener Sprache*. Stauffenburg Verlag. Tübingen. 2005.

Schabhüser, Brigitte: *Grenzregionen in Europa. Zu ihrer derzeitigen Bedeutung in Raumforschung und Raumordnungspolitik*. In: Informationen zur Raumentwicklung. Heft 9/10.1993.

Schäfer, Nicole: *Ansätze einer Europäischen Raumentwicklung durch Förderpolitik – das Beispiel INTERREG*. In: Schriften zur Raumordnung und Landesplanung. Band 14. Augsburg Kaiserslautern. 2003.

Schauer, Hans: *Nationalstaaten und Regionen: Das Europa der Nationalstaaten und das Europa der Regionen – ein Widerspruch?* In: Klatt, Hartmut (Hg.): *Das Europa der*

Regionen nach Maastricht. Analysen und Perspektiven. Verlag Bonn Aktuell. 1995. S.57-67.

Scherer, Roland; Schnell, Klaus-Dieter: *Die Stärke schwacher Netzwerke – Entwicklung und aktuelle Situation der grenzübergreifenden Zusammenarbeit in der Regio Bodensee.* In: *Jahrbuch des Föderalismus: Föderalismus, Subsidiarität und Regionen in Europa.* Nomos Verlag. Baden-Baden. 2002. S.502-518.

Schild, Joachim: *Europäisierung nationaler politischer Identitäten in Deutschland und Frankreich.* (http://www.library.fes.de/pdf-files/akademie/online/50356.pdf, Zugriff: 25.06.2010, 13:51h)

Schiller, Ulrich (1990a): *Selbst- und Fremdbilder der drei Nationen.* In: *Regionalbewußtsein Jugendlicher am Hoch- und Oberrhein.* Pädagogische Hochschule Freiburg. 1990. S.127-188.

Schiller, Ulrich (1990b): *Regionalbewußtsein am Hoch- und Oberrhein?* In: *Regionalbewußtsein Jugendlicher am Hoch- und Oberrhein.* Pädagogische Hochschule Freiburg. 1990. S.223-246

Schilling, Heinz: *Über die Grenze. Zur Interdependenz von Kontakten und Barrieren in der Region Saarland / Lorraine.* In: Schilling, Heinz: *Leben an der Grenze. Recherchen in der Region Saarland / Lorraine.* Schriftenreihe des Instituts für Kulturanthropologie und Europäische Ethnologie. Band 25. Frankfurt am Main. 1986. S.345-391.

Schlesinger, Margit: *Muß Heimat an der Grenze enden?* In: Schilling, Heinz: *Leben an der Grenze. Recherchen in der Region Saarland / Lorraine.* Schriftenreihe des Instituts für Kulturanthropologie und Europäische Ethnologie. Band 25. Frankfurt am Main. 1986. S.11-34.

Schlottmann, Antje: *Entwicklungsprojekte als „strategische Räume".* Verlag für Entwicklungspolitik. Saarbrücken. 1998.

Schlottmann, Antje: *Globale Welt – Deutsches Land. Alltägliche globale und nationale Weltdeutungen in den Medien.* In: Praxis Geographie. 4/2002. S.28-34.

Schlottmann, Antje: *RaumSprache.* Franz Steiner Verlag. Stuttgart. 2005.

Schlottmann, Antje; Felgenhauer, Tilo; Mihm, Mandy; Lenk, Stefanie; Schmidt, Mark: *„Wir sind Mitteldeutschland!" Konstitution und Verwendung territorialer Bezugseinheiten unter raum-zeitlich entankerten Bedingungen.* In: Werlen, Benno (Hg.): *Sozialgeographie alltäglicher Regionalisierungen.* Band 3. Franz Steiner Verlag. Stuttgart. 2007. S.297-336.

Schmid Mast, Marianne; Krings, Franciska: *Stereotype und Informationsverarbeitung.* In: Petersen, Lars-Erik; Six, Bernd (Hg.): *Stereotype, Vorurteile und soziale Diskriminierung.* Beltz Verlag. Weinheim, Basel. 2008. S.33-44.

Schmidt-Lauber, Brigitta: *Das qualitative Interview oder: Die Kunst des Reden-Lassens.* In: Göttsch, Silke; Lehmann, Albrecht (Hg.): *Methoden der Volkskunde.* Dietrich Reimer Verlag. Berlin. 2001. S.165-186.

Schmitt-Egner, Peter: *Grenzregionen im Prozeß der Globalisierung – Probleme, Chancen, Strategien.* In: Leinen, Jo (Hg.): *Saar-Lor-Lux. Eine Euro-Region mit Zukunft?* Röhrig Universitätsverlag. St. Ingbert. 2001. S.155-183

Schmitt-Egner, Peter: *Handbuch zur Europäischen Regionalismusforschung.* VS Verlag für Sozialwissenschaften. Wiesbaden. 2005a.

Schmitt-Egner, Peter: *Transnationale Handlungsräume und transnationaler Regionalismus.* In: Kriele, Almut; Lesse, Urs; Richter, Emanuel (Hg.): *Politisches Handeln in transnationalen Räumen. Zusammenarbeit in europäischen Grenzregionen.* Nomos. Baden-Baden. 2005b. S.15-34.

Schmitt, Heinz: *Schwierige Nachbarschaft – zur Problematik grenzüberschreitender Beziehungen am mittleren Oberrhein.* In: Hengartner, Thomas; Moser, Johannes (Hg.): *Grenzen und Differenzen. Zur Macht sozialer und kultureller Grenzziehungen.* Leipziger Universitätsverlag. 2006. S.419-424.

Schmitzer, Ulrike: *Mit Vollgas ins Leere. Bourdieu und die Illusionen der Aufsteiger.* In: Nöstlinger, Elisabeth; Schmitzer, Ulrike: *Bourdieus Erben. Gesellschaftliche Elitenbildung in Deutschland und Österreich.* Mandelbaum Verlag. 2007. S.9-40.

Schnegg, Michael; Lang, Hartmut: *Netzwerkanalyse.* In: Dies. (Hg.): *Methoden der Ethnographie.* Heft 1. Oktober 2002.

Schneider, Kerstin: *Regionalprogramm und Regionalbewußtsein: eine empirische Pilotstudie über den Einfluß des Fernsehregionalprogramms des Saarländischen Rundfunks auf das Regionalbewußtsein saarländischer Rezipienten.* Diplomarbeit in der Fachrichtung Psychologie der Universität des Saarlandes. Saarbrücken. 1997.

Schöl, Christiane; Stahlberg, Dagmar; Maass, Anne: *Sprachverzerrungen im Intergruppenkontext.* In: Petersen, Lars-Erik; Six, Bernd (Hg.): *Stereotype, Vorurteile und soziale Diskriminierung.* Beltz Verlag. Weinheim, Basel. 2008. S.62-70.

Schöller, Peter: *Traditionsbezogene räumliche Verbundenheit als Problem der Landeskunde.* In: Berichte zur deutschen Landeskunde. Band 58. Heft 1. Trier. 1984. S.31-36.

Schroer, Markus: *Räume, Orte, Grenzen. Auf dem Weg zu einer Soziologie des Raums.* Suhrkamp. Frankfurt am Main. 2006.

Schulz, Christian: *Interkommunale Zusammenarbeit im Saar-Lor-Lux-Raum. Staatsgrenzenüberschreitende lokale Integrationsprozesse.* In: Saarbrücker Geographische Arbeiten. Band 45. Saarbrücken. 1998.

Schulz, Christian: *Die ‚Metropolisierung' Luxemburgs.* In: Amann, Wilhelm; Mein, Georg; Parr, Rolf (Hg.): *Periphere Zentren oder zentrale Peripherien?* Synchron Verlag. Heidelberg. 2008. S.89-97.

Schulz, Christian: *Die Großregion – das unbekannte Wesen?* In: *forum* Nr. 288. Juli 2009. S.25-26.

Schulze, Gerhard: *Die Erlebnisgesellschaft.* Campus Verlag. Frankfurt New York. 1993.

Simmel, Georg: *Soziologie. Untersuchungen über die Formen der Vergesellschaftung.* Suhrkamp. Frankfurt am Main. 1992.

Sinewe, Werner: *Von der internationalen zur transnationalen Politik. Dargestellt am Beispiel der europäischen (Kern-)Region Saar-Lor-Lux-Trier/Westpfalz.* Peter Lang. Europäischer Verlag der Wissenschaften. Frankfurt am Main. 1998.

Sinner, Jean-Claude: *Vorausschauende Raumordnung in der Großregion und speziell im Eifel-Ardennen-Raum als Instrument einer nachhaltigen wirtschaftlichen Entwicklung.* (Referat, Luxemburg vom 19.11.2009, Internetquelle: http://www.evea.de/EVEA-Kongress2009Sinner.pdf; letzter Zugriff: 26.06.2010, 12:15h).

Sloterdijk, Peter: *Der gesprengte Behälter*. In: SPIEGEL spezial. 06/1999. S.25-29.
Soja, Edward W.: *Vom „Zeitgeist" zum „Raumgeist". New Twists on the Spatial Turn*. In: Döring, Jörg; Thielmann, Tristan (Hg.): *Spatial Turn. Das Raumparadigma in den Kultur- und Sozialwissenschaften*. Transcript Verlag. Bielefeld. 2008. S.241-262.
Soric, Dragan: *Die Genese einer europäischen Identität. George Herbert Meads Identitätskonzeption dargestellt am Beispiel des europäischen Einigungsprozesses*. Tectum Verlag. Marburg. 1996.
Stellungnahme der Großregion zum Grünbuch der Europäischen Kommission Le Gouvernement du Grand-Duché de Luxembourg. Präsidentschaft 11. Gipfel. Luxemburg, 3.02.2009.
Stiller, Silvia: *Integrationseffekte in Regionen an EU-Binnengrenzen – Implikationen der Standort- und Handelstheorie*. In: Thormählen, Ludwig (Hg.): *Entwicklung europäischer Grenzräume bei abnehmender Bedeutung nationaler Grenzen*. ARL Arbeitsmaterial. Nr. 308. Hannover. 2004. S.9-19.
Sturm, Roland: *Die „Europafähigkeit" der Regionen"*. In: Lambertz, Karl-Heinz; Grroße-Hüttmann, Martin: *Europapolitik und Europafähigkeit von Regionen*. Nomos Verlag. Baden-Baden. 2009. S.7-11.
Tajfel, Henri: *Social Stereotypes and Social Groups*. In: Turner, John C.; Giles, Howard (Hg.): *Intergroup behaviour*. Basil Blackwell. Oxford. 1981. S.144-167.
Tajfel, Henri (1982 a): *Social identity and intergroup relations*. Cambridge University Press. 1982.
Tajfel, Henri (1982 b): *Gruppenkonflikt und Vorurteil. Entstehung und Funktion sozialer Stereotype*. Verlag Hans Huber. Bern 1982.
Tertilt, Herman: *Wir hatten so eine Impfung bekommen, daß Herr Herr und Knecht Knecht ist. Fragmente einer saarländischen Identität*. In: Schilling, Heinz: *Leben an der Grenze. Recherchen in der Region Saarland / Lorraine*. Schriftenreihe des Instituts für Kulturanthropologie und Europäische Ethnologie. Band 25. Frankfurt am Main. 1986. S.165-205.
Tippelt, Rudolf: *Idealtypen konstruieren und Realtypen verstehen – Merkmale der Typenbildung*. In: Ecarius, Jutta; Schäffer, Burkhard (Hg.): *Typenbildung und Typengenerierung. Methoden und Methodologien qualitativer Bildungs- und Biographieforschung*. Verlag Barbara Budrich. Opladen. 2010. S.115-126.
Trierischer Volksfreund. Interview mit Jean-Claude Juncker: *Großregion bedeutet...das Ende der lokalen Schizophrenie*. 29.04.2002. (Internetquelle: http://www.gouverne ment.lu/functions/printVersion/index.php, Zugriff: 22.03.2010, 09:13h)
Turner, John C.: *Towards a cognitive redefinition of the social group*. In: Tajfel, Henri (Hg.): *Social identity and intergroup relations*. Cambridge University Press. Cambridge. 1982. S.15-40.
Vester, Heinz-Günter: *Kollektive Identitäten und Mentalitäten*. IKO-Verlag für Interkulturelle Kommunikation. Frankfurt am Main. 1996.
Vogel, Berit: *Was bleibt von Luxemburg und Großregion, Kulturhauptstadt Europas 2007?* In: forum für Politik, Gesellschaft und Kultur. Juli 2009. S.47-50.
Vogt, Markus: *Gemeinschaft – mehr als ein Bildungsthema*. In: Tönnies-Forum. 2/2007. S.32-43.

Von Löwis; Sabine; Wiechmann, Thorsten; Müller, Bernhard (Hg.): *Das Modellvorhaben „Regionen der Zukunft"*. In: IÖR-Schriften. Band 45. 2004.

Von Thadden, Rudolf: *Aufbau nationaler Identität. Deutschland und Frankreich im Vergleich*. In: Giesen, Bernhard (Hg.): *Nationale und kulturelle Identität*. Suhrkamp. Frankfurt am Main. 1991. S.493-510.

W+B (Wallonie/Brüssel), zweimonatliche internationale Zeitschrift, herausgegeben von der Französischen Gemeinschaft Belgiens und der Wallonischen Region: *Die Großregion*. Dezember 2007.

Wackermann, Gabriele: *Das Elsass: Wandel und Perspektiven einer europäischen Grenzregion*. In: Geographiva Helvetica. Jg. 55. 2000, Heft 1. S.45-60.

Wagner, Hartmut: *Bezugspunkte europäischer Identität*. LIT Verlag. Berlin. 2006.

Wald, Andreas; Jansen, Dorothea: *Netzwerke*. In: Benz, Arthur; Lütz, Susanne; Schimank, Uwe; Simonis, Georg: *Handbuch Governance*. VS Verlag. Wiesbaden. 2007. S.93-105.

Waldzus, Sven; Wenzel, Michael: *Das Modell der Eigengruppenprojektion*. In: Petersen, Lars-Erik; Six, Bernd (Hg.): *Stereotype, Vorurteile und soziale Diskriminierung*. Beltz Verlag. Weinheim, Basel. 2008. S.240-248.

Walkenhorst, Heiko: *Europäischer Integrationsprozeß und europäische Identität*. Nomos Verlag. Baden-Baden. 1999.

Wardenga, Ute; Miggelbrink, Judith: *Zwischen Realismus und Konstruktivismus: Regionsbegriffe in der Geographie und anderen Humanwissenschaften*. In: Wollersheim, Heinz-Werner; Tzschaschel; Middell, Matthias (Hg.): *Region und Identifikation*. Leipziger Universitätsverlag. Leipzig. 1998. S. 33-46.

Wei, Shu-Er: *Erkennen, Konstruieren und die kulturelle Identität. Überlegung zu Simmels Soziologie der Form*. Dissertation. Universität Bielefeld. 1999.

Weichhart, Peter: *Raumbezogene Identität. Bausteine zu einer Theorie räumlich-sozialer Kognition und Identifikation*. Franz Steiner Verlag. Stuttgart. 1990.

Weiß, Ralph: *Pierre Bourdieu. Habitus und Alltagshandeln*. In: Hepp, Andreas; Krotz, Friedrich; Thomas, Tanja (Hg.): *Schlüsselwerke der Cultural Studies*. VS Verlag. Wiesbaden. 2009. S.31-46.

Weller, Christoph: *Kollektive Identitäten in der internationalen Politik*. In: Reese-Schäfer, Walter (Hg.): *Identität und Interesse. Der Diskurs der Identitätsforschung*. Leske und Budrich. Opladen. 1999. S.249-277.

Welsch, Wolfgang: *Postmoderne – Pluralität als ethischer und politischer Wert*. Wirtschaftsverlag Bachem. Köln. 1988 (a).

Welsch, Wolfgang: *„Postmoderne". Genealogie und Bedeutung eines umstrittenen Begriffs*. In: Kemper, Peter (Hg.): *„Postmoderne" oder der Kampf um die Zukunft*. Fischer. Frankfurt am Main. 1988. S.9-36. (b).

Werlen, Benno: *Regionale oder kulturelle Identität?* In: Berichte zur deutschen Landeskunde. Band 66. Heft 1.Trier. 1992. S.9-32.

Werlen, Benno: *Regions and Everyday Regionalizations*. In: Van Houtum, Henk; Kramsch, Oliver; Zierhofer, Wolfgang (Hg.): *B/ordering Space*. Ashgate. 2005. S.47-60.

Werlen, Benno: *Globalisierung, Region und Regionalisierung. Sozialgeographie alltäglicher Regionalisierungen*. Band 2. Franz Steiner Verlag. Stuttgart. 2007.

Werlen, Benno (2008a): *Körper, Raum und mediale Repräsentation*. In: Döring, Jörg; Thielmann, Tristan (Hg.): *Spatial Turn. Das Raumparadigma in den Kultur- und Sozialwissenschaften*. Transcript Verlag. Bielefeld. 2008. S.365-392.

Werlen, Benno (2008b): *Sozialgeographie*. UTB. Bern Stuttgart Wien. 2008.

Wille, Christian: *Wenn Deutsche mit Franzosen reden*. In: Saarbrücker Zeitung vom 21.4.2004 (Nr. 93), S. C3. (Internetquelle: http://www.christian-wille.de/inhalte/ik/download/pdf%20dateien/downloaddfkomm.pdf)

Wille, Christian: *Grenzgänger zwischen Regionalität und Globalität*. In: Amann, Wilhelm; Mein, Georg; Parr, Rolf: *Periphere Zentren oder zentrale Peripherien?* Synchron Verlag. Heidelberg. 2008. S.47-60.

Wille, Christian: *Eine namenlose Region*. In: *forum* Nr. 288. Juli 2009. S.30-31.

Wilson, Thomas M.; Donnan, Hastings (Hg.): *Border Identitites. Nation and state at international frontiers*. Cambridge University Press. 1998.

Winterhoff-Spurk, Peter: *Nie wirklich daheim? Saarländische Erinnerungsorte und saarländische Identität*. In: Bohr, Kurt; Winterhoff-Spurk, Peter (Hg.): *Erinnerungsorte. Ankerpunkte saarländischer Identität*. Röhrig Universitätsverlag. St. Ingbert. 2007. S.13-32.

Witt, Andrea: *Die deutsch-polnische und die US-mexikanische Grenze – Grenzüberschreitende Zusammenarbeit zwischen regionaler Identität, nationaler Priorität und transkontinentaler Integration*. Dissertation. Humboldt-Universität. Berlin. 2003.

Wollersheim, Hans-Werner: *Identifikation*. In: Wollersheim, Heinz-Werner; Tzschaschel; Middell, Matthias (Hg.): *Region und Identifikation*. Leipziger Universitätsverlag. Leipzig. 1998. S.47-56.

Wolkersdorfer, Günter: *Politische Geographie und Geopolitik zwischen Moderne und Postmoderne*. Heidelberger Geographische Arbeiten. Heft 111. 2001.

Zeitler, Klaus: *Raumbezogene Identität – ein Entwicklungsfaktor für den ländlichen Raum?* Selbstverlag. Lehrstuhl für Sozial- und Wirtschaftsgeographie. Universität Augsburg. 2001.

Zick, Andreas: *Die Konflikttheorie der Theorie sozialer Identitäten*. In: Bonacker, Thorsten (Hg.): *Sozialwissenschaftliche Konflikttheorien*. 2002. Leske und Budrich, Opladen. S.409-426.

Zima, Peter V.: *Theorie des Subjekts*. A. Francke Verlag. Tübingen und Basel. 2000.

Zsivanovits, Karin: *Ideale Europäer durch Identitätsverlust? Luxemburger zwischen transnationaler Medienüberfremdung und kultureller Selbstbehauptung*. (Dissertation) Monsenstein und Vannerdat. Münster 2001.

Internetquellen

http://www.leader-austria.at/leader/veranstaltungen/downloads-veranstaltung/leader-forum/weichhart_erfolgsfaktor_regionalitaet. (Letzter Zugriff: 23.12.2010, 11.30h.)
http://www.dhm.de/lemo/html/dokumente/Die ZuspitzungDesKaltenKrieges_vertrag ElyseeVertrag/index.html (Letzter Zugriff: 25.02.2009. 10:46h)
http://library.fes.de/fulltext/fo-wirtschaft/00308001.htm#E9E1 (Letzter Zugriff: 25.02.2009. 10:52h)
Europarat Zusammenfassung ETS Nr.122: http://conventions.coe.int/Treaty/ger/Summaries/Html/122.htm (Letzter Zugriff: 25.02.2009, 11:05h)
Karlsruher Übereinkommen: http://www.espaces-transfrontaliers.org/de/publikationen/karlsruher_uebereinkommen.pdf (Letzter Zugriff: 9.5.2009, 17h)
http://www.granderegion.net/de/GROSSREGION/BEVOLKERUNG/index.html (Letzter Zugriff: 20.05.2010, 11:30h)
http://www.granderegion.net/de/GROSSREGION/index.html (Letzter Zugriff: 31.05.2010, 10:30h)
http://www.granderegion.net (Letzter Zugriff: 23.12.2010, 11h).
http://www.granderegion.net/de/print/print.html?page=/de/coll_pol/index_EF0E75938A3B47F2A40FD4ECD47B66BB.html&MyDate=19-02-2009 (Letzter Zugriff: 26.02.2009. 11:40h)
http://www.regioaachen.de/index.php?id=131&schrift=1 (Letzter Zugriff: 5.3.2009, 18:00h.)
http//:www.statistik.euregiobodensee.org (Letzter Zugriff: 12.5.09, 20h)
http://www.geographie.uni-marburg.de/parser/parser.php?file=deuframat/deutsch/5/5_2bruecher/kap5.htm (Letzter Zugriff: 12.1.2009, 15:45h)
http://www.quattropole.deepweb.de/bilder/Endbericht_Stand_9_7_07.pdf (Letzter Zugriff: 11.5.09, 12h)
http://www.ecp.public.lu/repertoire/stats/2008/06/index.html Stand: 1.6.2008 (Letzter Zugriff: 26.2.2010, 19:42h)
http://www.unesco.org/culture/ich/index.php?pg=00206 (Letzter Zugriff: 5.3.2010, 8:55h)
http://www.kulturland.rlp.de/node/1055 (Letzter Zugriff: 23.12.2010, 11.35h)
http://www.granderegion.net/de/news/2005/03/20050311-2/index.html?highlight=blauer%22Hirsch (Letzter Zugriff: 23.12.2010, 11.36h).
http://www.diegrenzgaenger.lu/index.php?p=forum&f_a=disc&f_id=9457&page=1#item_1 (Letzter Zugriff: 25.05.2009, 14.24h)
http://www.diegrenzgaenger.lu/index.php?p=forum&f_a=disc&f_id=9457&page=2 (Letzter Zugriff: 25.05.2009, 14.34h)

http://wort.lu/wort/web/europa_und_welt/artikel/19809/steinbrueck_legt_im_streit_um_st eueroasen_nach.php (Letzter Zugriff: 25.05.2009, 13.56h)
http://wort.lu/wort/web/letzebuerg/artikel/22752/deutsche-firmen-bekommen-luxemburger-entruestung-zu-spueren.php (Letzter Zugriff: 25.05.2009, 08:35h)
http://www.taz.de: 21.08.2009
http://www.bundeskanzlerin.de/Content/DE/Archiv16/Rede/2007/01/2007-01-01-merkel rede-50jahre-saarland,layoutVariant=Druckansicht.html (Letzter Zugriff: 23.12.2010, 11.40h).
http://library.fes.de/pd/www.cducsu.bundestag.de/2000/hintz73i.htm (Letzter Zugriff: 23.12.2010, 11.39h).
http://www.zeit.de/politik/ausland/2010-04/Belgien-Hintergrund?page=all&print=true (Letzter Zugriff: 23.12.2010, 11:38h).
http://www.bundesregierung.de/nn_914534/Content/DE/Archiv16/Artikel/2007/10/2007-10-18-neumann-luxemburg.html (Letzter Zugriff: 23.12.2010, 11.41h).
ILMES - Internet-Lexikon der Methoden der empirischen Sozialforschung (http://www.lrz.de/~wlm/ilm_t8.htm, Letzter Zugriff: 02.09.2010, 18.50h)
Augé, Marc: *Marc Augé über „Nicht-Orte" und das „Nicht-Ich".* Artikel aus dem Kunstforum von 1997. Quelle: http://funktionkunst.blogsport.de/2009/11/16/marc-auga-ueber-anicht-ortea-und-das-anicht-icha/ (Letzter Zugriff: 08.10.10, 11:30h)
http://europa.eu/institutions/consultative/cor/index_de.htm (Letzter Zugriff: 09.10.10, 12.45h)
http://ec.europa.eu/regional_policy/funds/gect/index_de.htm (Letzter Zugriff: 09.10.10: 13.35h)
http://ec.europa.eu/regional_policy/interreg3/abc/abc_de.htm (Letzter Zugriff: 09.10.10, 14.00h)
http://www.saarbruecken.de/de/wirtschaft/interregionale_zusammenarbeit/eurodistrict_saarmoselle (Letzter Zugriff: 09.10.10, 17:00h)
http://saar-report.de/2010/05/grosregion-als-labor-fur-evtz-nutzen/print/ (Letzter Zugriff: 17.08.10)
http://europa.eu/institutions/consultative/cor/index_de.htm (Letzter Zugriff: 6.11.2010, 20h)
http://www.spiegel.de/wirtschaft/unternehmen/0,1518,727133,00.html (Letzter Zugriff, 4.11.2010, 10:46h)
http://www.uni-due.de/gesellschaftswissenschaften/profilschwerpunkt/Government.shtml (Letzter Zugriff: 25.11.10, 10h)
http://www.granderegion.net/de/GROSSREGION/ARBEITSMARKT/GRENZGANGER BESCHAFTIGUNG/index.html?iframe=true&width=95%&height=95% (Letzter Zugriff: 21.12.2010, 12h)

VS Forschung | VS Research
Neu im Programm Soziologie

Ina Findeisen
Hürdenlauf zur Exzellenz
Karrierestufen junger Wissenschaftlerinnen und Wissenschaftler
2011. 309 S. Br. EUR 39,95
ISBN 978-3-531-17919-3

David Glowsky
Globale Partnerwahl
Soziale Ungleichheit als Motor transnationaler Heiratsentscheidungen
2011. 246 S. Br. EUR 39,95
ISBN 978-3-531-17672-7

Grit Höppner
Alt und schön
Geschlecht und Körperbilder im Kontext neoliberaler Gesellschaften
2011. 130 S. Br. EUR 29,95
ISBN 978-3-531-17905-6

Andrea Lengerer
Partnerlosigkeit in Deutschland
Entwicklung und soziale Unterschiede
2011. 252 S. Br. EUR 29,95
ISBN 978-3-531-17792-2

Markus Ottersbach /
Claus-Ulrich Prölß (Hrsg.)
Flüchtlingsschutz als globale und lokale Herausforderung
2011. 195 S. (Beiträge zur Regional- und Migrationsforschung) Br. EUR 39,95
ISBN 978-3-531-17395-5

Tobias Schröder / Jana Huck / Gerhard de Haan
Transfer sozialer Innovationen
Eine zukunftsorientierte Fallstudie zur nachhaltigen Siedlungsentwicklung
2011. 199 S. Br. EUR 34,95
ISBN 978-3-531-18139-4

Anke Wahl
Die Sprache des Geldes
Finanzmarktengagement zwischen Klassenlage und Lebensstil
2011. 198 S. r. EUR 34,95
ISBN 978-3-531-18206-3

Tobias Wiß
Der Wandel der Alterssicherung in Deutschland
Die Rolle der Sozialpartner
2011. 300 S. Br. EUR 39,95
ISBN 978-3-531-18211-7

Erhältlich im Buchhandel oder beim Verlag.
Änderungen vorbehalten. Stand: Juli 2011.

Einfach bestellen:
SpringerDE-service@springer.com
tel +49 (0)6221 / 3 45 – 4301
springer-vs.de

Printed in Poland
by Amazon Fulfillment
Poland Sp. z o.o., Wrocław